Eugen Drewermann
Goethes Märchen tiefenpsychologisch gedeutet

Eugen Drewermann

Goethes Märchen tiefenpsychologisch gedeutet

oder

Die Liebe herrscht nicht

Walter Verlag

Die Deutsche Bibliothek – CIP Einheitsaufnahme

Drewermann, Eugen:
Goethes Märchen tiefenpsychologisch gedeutet
oder die Liebe herrscht nicht / Eugen Drewermann. –
Düsseldorf; Zürich: Walter, 2000
ISBN 3-530-16878-5

© 2000 Patmos Verlag GmbH & Co. KG
Walter Verlag, Düsseldorf und Zürich
Alle Rechte, einschließlich derjenigen des auszugsweisen Abdrucks sowie
der fotomechanischen und elektronischen Wiedergabe, vorbehalten.
Satz: Fotosatz Moers, Mönchengladbach
Druck und Einband: Pustet, Regensburg
ISBN 3-530-16878-5

Mehr als zwanzig Personen sind in dem Märchen geschäftig.
»Nun, und was machen sie denn alle?«
Das Märchen, mein Freund.
Xenien, Nr. 36

INHALT

VORWORT 9

DAS MÄRCHEN 15

DEUTUNG 49

Durch das Labyrinth der Brust / Wandelt in der Nacht
  Die Irrlichter 49
  Die Schlange und der Schattenriese 58
  Der Tempel der vier Könige und der
  Alte mit der Lampe 65
  Die Alte und der Mops aus Onyx 77

Die Sonne droben saugt an unserm Blut
  Die unbeglichene Schuld und der Raub des Riesen . . . 91
  Der Prinz, die Alte und die Schlange 99
  Im Garten der schönen Lilie 116
  Der Tod des Kanarienvogels 126
  Der lebende Stein und das steinerne Leben: – der
  Mops aus Onyx und der Jüngling mit dem Habicht . . 144
  Eine Episode aus »Dichtung und Wahrheit« 161

Lasset Lied und Bild verhallen
  Der Ring des Lebens und das Lied der Harfe 168
  Die Weisungen der Schlange und der Habicht 176
  Die Weisungen des Alten 184
  Der Weg ins Leben 195
  Im Tempel der vier Könige 212
  »Es ist an der Zeit« 225
  Die »Bildung« der drei Herrscher
  und die »liebe Lilie« 241
  Der Schatten der Zeit und der Reichtum des Lebens . . 257

BEDEUTUNG 275

Dichter lieben nicht zu schweigen
   Geb' ihm ein Gott zu sagen, was er duldet 277
   Der Geist will aufwärts, wo er ewig bleibt 293
   Liebe bildete dich; werde dir Liebe zuteil 298

ANMERKUNGEN 309

BIBLIOGRAPHIE 342

VORWORT

Wer GOETHES *Märchen* deuten will, der soll schon nach dem Willen seines Autors, nicht (irgend)ein, er soll *das* Märchen schlechterdings auslegen. Nicht als ob GOETHE versucht hätte, in formalem Sinn ein »ideales« Märchen zu erzählen, doch wollte er in dieser Geschichte etwas mitteilen, das, recht verstanden, jedem Märchen wesentlich zugrunde liegt: die Utopie einer vollendeten Harmonie, die Vision einer Aufhebung aller Gegensätze in der Seele des Menschen ebenso wie in der menschlichen Geschichte, die Prophetie eines »ewigen Friedens«[1] im Anbruch eines neuen »Jahrtausends« – MOZARTS *Zauberflöte* gewissermaßen in Literatur gefaßt.[2]

Zahlreiche typische Märchenmotive hat GOETHE in dieser Absicht in seiner Geschichte auf arabeske Weise miteinander verbunden; eine Erzählung entstand, die, seinen eigenen Worten an WILHELM VON HUMBOLDT zufolge, »zugleich bedeutend und bedeutungslos« sein sollte[3], schwebend genug in jedem Falle, um »Bilder, Ideen und Begriffe ineinander« zu schlingen und damit zu Deutungen geradewegs einzuladen.[4]

Nichts aber wäre falscher, als die »eschatologische« Bilderwelt von GOETHES *Märchen* auf ein Leporello symbolisch vergegenständlichter Gedanken zusammenzufalten. Gerade indem GOETHE sich der Märchensprache bedient, deutet er an, daß er die innere wie äußere Einheit des Menschen nicht als die Anwendung einer »richtigen« philosophischen Konzeption von Geschichte auf die historische Wirklichkeit zu begreifen vermag. Hat nicht, erst 6 Jahre zuvor, die Französische Revolution mit ihrem exzessiven »Terror der Vernunft«[5] den klarsten Beweis für die Unmöglichkeit erbracht, die menschliche Realität nach bloßen Begriffen ordnen zu wollen? FRIEDRICH SCHILLER bereits hatte aus der Tugenddiktatur der Jakobiner den Schluß gezogen, daß der Mensch nicht mit den Mitteln aufgezwungener »Moral« »gebessert«, sondern nur »ästhetisch«, durch die Bildung seiner Gefühle, »erzogen« werden könne. Doch waren seine »Briefe«[6] zu diesem Thema, so sehr sie sich auch von KANTS Moralphilosophie zu unterscheiden suchten, nicht in sich selbst erneut nur »Philosophie«, ein untaugliches Mittel also zur »Besserung« des Menschen?

Tatsächlich meint KATHARINA MOMMSEN, GOETHE habe sein *Märchen* zu eben dem Zwecke geschrieben, den Freund diskret auf die Folgerung aus seinen eigenen Gedanken aufmerksam zu machen: – wieder zur Dichtung zu finden und das (nutzlose!) Traktate-Schreiben aufzugeben.[7]

Was aber vermag schon ein »Dichter« gegen den Wahn seiner Zeit? Über welch eine »Macht« sollte er verfügen, die Zeiten zu wenden? Ist es nicht eben doch nur ein »Märchen«, es für »an der Zeit« zu halten, ein »Reich des Friedens« auf Erden könnte je und just jetzt anheben?

Die »Wirklichkeit« jedenfalls zu der Zeit, als GOETHE sein *Märchen* zu Papier brachte, war widersprüchlich und friedlos genug.

Im Jahre 1795 wurde auf der Bühne der Welt das nicht enden wollende Drama der Revolutionskriege in aller Grausamkeit weitergespielt. Drei Jahre zuvor hatte GOETHE die Schrecken des Krieges bei der Kanonade von Valmy und vor allem bei dem Elend der sich zurückziehenden Truppen miterlebt: »nur« etwa 1000 Soldaten hatte man vor dem Feind verloren, fast 19 000 Mann gingen hernach auf erbärmliche Weise an Typhus oder Ruhr, an unbehandelten Verwundungen und mangelnder Versorgung zugrunde.[8] Aus dem Rheinland flohen französische und deutsche Bürger, und so ist es kein Zufall, wenn GOETHE in ihren Kreisen die *Unterhaltungen deutscher Ausgewanderter*[9] ansiedelt, deren Abschluß sein *Märchen* bildet. Diese Geschichte ist in sich selbst eine Botschaft an heimatlos Gewordene, Vertriebene, Entwurzelte, und indem *ein Pastor* sie erzählt, stellt sich zugleich die Frage, was Religion noch in den Tagen der Not den Menschen zu sagen vermag. »Diesen Abend verspreche ich Ihnen ein Märchen, durch das

Sie an nichts und an alles erinnert werden sollen«, stellt jener alte Geistliche den Exulanten in Aussicht und trägt damit an der Seite der Baronesse von C. dafür Sorge, daß in den abendlichen Unterhaltungen die tagespolitischen Themen tunlichst vermieden werden, – der Krieg soll nicht auch noch unter seinen Opfern die ihm eigene Fortsetzung in Rechthaberei und Fanatismus finden. Statt dessen rühmt dieser weise gewordene Geistliche, der *dem Alten mit der Lampe* im *Märchen* selbst aufs äußerste gleicht, gegenüber dem hitzigen Karl ausdrücklich an solchen Werken der Einbildungskraft, wie Märchen es zweifellos sind, »daß wir *ohne Forderungen* genießen, denn sie selbst (sc. die poetische Phantasie, die den Märchen zugrunde liegt, d.V.)«, erklärt er, »kann nicht fordern, sie muß erwarten, was ihr geschenkt wird. Sie macht keine Pläne, nimmt sich keinen Weg vor, sondern sie wird von ihren eigenen Flügeln getragen und geführt, und indem sie sich hin und her schwingt, bezeichnet sie die wunderlichsten Bahnen.«

Die eigentliche Wirkung, die von der Poesie und insbesondere von den Märchen ausgeht, liegt mithin gerade in ihrer Absichtslosigkeit. Alle Morallehren appellieren an den Willen, aber verändern sie das Fühlen des Menschen, das seinem Wollen zugrunde liegt? Selbst die Religionen reden von Gott so, daß sogar noch die Frömmigkeit und die Hingabebereitschaft der Menschen nicht selten in Haß und Zwietracht verwandelt werden. Dichtung hingegen »will« nichts erzwingen, will nichts erreichen; eben deshalb verfügt sie über die in eigentlichem Sinne therapeutische Fähigkeit, den Menschen selbst zu verwandeln, das Widersprüchliche seines Wesens versöhnlich zusammenzuführen und ihn von innen heraus für das Gute, Erhabene und Schöne aufzuschließen. Diese Wirkung, die von der Dichtung ausgeht, ist nach GOETHES Meinung wichtiger als alle ethischen, religiösen oder politischen Bemühungen zur »Besserung« des Menschen. »Ohne Poesie«, sagte er (am 15. Mai 1822 zu dem Justizminister FRIEDRICH VON MÜLLER), »läßt sich nichts in der Welt wirken: Poesie aber ist Märchen.«[10]

Keinesfalls stellt dieses Wort in GOETHES Denken eine bloße

Übertreibung dar. Als er in dem ab 1814 entstandenen *West-östlichen Diwan* auf den Unterschied zwischen Poesie und Prophetie am Beispiel »Mahomets« (MOHAMMEDS) zu sprechen kommt, nennt er die Märchen, die der Prophet verbot, »Spiele einer leichtfertigen Einbildungskraft, die vom Wirklichen bis zum Unmöglichen hin und wider schwebt und das Unwahrscheinliche als ein Wahrhaftes und Zweifelloses vorträgt... Diese Luftgebilde«, fährt er fort, »über einem wunderlichen Boden schwankend, hatten sich (sc. im Orient, d. V.) zur Zeit der Sassaniden ins Unendliche vermehrt, wie sie uns *Tausendundeine Nacht*, an einen losen Faden gereiht, als Beispiele darlegt. Ihr eigentlicher Charakter ist, daß sie keinen sittlichen Zweck haben und daher den Menschen nicht auf sich selbst zurück, sondern außer sich hinaus ins unbedingte Freie führen und tragen.«[11] Dieses auch von moralischen Erziehungsabsichten *Freie* des Märchens, dieses sein Nicht-wirken-Wollen macht gerade seine *heilsame* Wirkung aus. Das Märchen bildet einen Ort der Erweiterung und der Ergänzung, es spielt zwischen Traum und Tag, zwischen Wunsch und Wirklichkeit, zwischen verlangender Sehnsucht und verständiger Einsicht, und seine verborgene Wahrheit liegt eben darin, daß es das scheinbar so Unvereinbare miteinander versöhnt und damit den Menschen selber versöhnlicher stimmt.

Mit GOETHES *Märchen* selbst gesprochen, führt sein Weg »aus der Welt« heraus und geht doch »in die Welt«[12] hinein; es malt eine scheinbar *ganz andere*, »unwirkliche« Welt, auf daß der Entwurf der »Einbildungskraft« (der Imagination) dieser unserer »wirklichen« Welt um so wohltuender sich einpräge. Was könnten wir Menschen sein, wenn wir die Freiheit des »außer uns« mit den Bindungen inmitten dieser Welt zu verbinden vermöchten? Wir würden, erklärt GOETHES *Märchen*, *Liebende* sein!

Denn: »Was ist Lieben?« fragt in einem Brief, geschrieben in GOETHES Gartenhaus, BETTINA VON ARNIM, und antwortet selber, ganz als wollte sie die Schlußszene aus GOETHES *Märchen* kommentieren: »Der Wächter auf der Zinne ruft die nahe

Morgenstunde. Der regsame Geist ahnet schlummernd den Tag, er bricht aus seiner Traumwelt hervor, und der junge Tag umfängt ihn mit seinem Licht, – und das ist die Gewalt der Liebe, daß alles Wirklichkeit ist, was vorher Traum war, und daß ein göttlicher Geist dem in der Liebe Erwachten das Leben erleuchte, wie der junge Tag dem aus der Traumwelt Erwachten.« »Wenn Du liebst, dringst Du ans Licht wie der Same, der in der Erde verborgen war.«[13] Wie also können die Strahlen der eben aufgehenden Sonne, reflektiert in dem *Spiegel*, den ein *Habicht* am Himmel über uns hält, am Ende der Nacht uns endlich erreichen und uns, gleich den drei »Mädchen« der »schönen Lilie«, aus dem Schlafe »erwecken«? Wie kann der *Tempel* aus der »Tiefe« der Erde sich erheben zum Licht?

Hören wir GOETHES *Märchen* einmal möglichst absichtslos, doch mit gespannter Aufmerksamkeit zu und fragen wir uns, welch eine Botschaft es zur Überwindung der Zerrissenheit des menschlichen Denkens und Fühlens, Wollens und Handelns, Fürchtens und Hoffens in seinen Symbolen für uns bereit hält.

Wie läßt es sich deuten, und was ist seine Bedeutung? Was sagt es uns, und was hat es zu sagen? Was, genauer, trägt es dazu bei, das Herz des Menschen zu besänftigen und die menschliche Geschichte zu befrieden? Welch eine »psychologische«, politische (philosophische) und religiöse (theologische) Sicht wirft es auf die menschliche Wirklichkeit? Erst wenn wir Fragen dieser Art beantworten können, dürfen wir glauben, GOETHES *Märchen* in seinem Anliegen »richtig« verstanden zu haben.

DAS MÄRCHEN

An dem großen Flusse, der eben von einem starken Regen geschwollen und übergetreten war, lag in seiner kleinen Hütte, müde von der Anstrengung des Tages, der alte Fährmann und schlief. Mitten in der Nacht weckten ihn einige laute Stimmen; er hörte, daß Reisende übergesetzt sein wollten.

Als er vor die Tür hinaustrat, sah er zwei große Irrlichter über dem angebundenen Kahne schweben, die ihm versicherten, daß sie große Eile hätten und schon an jenem Ufer zu sein wünschten. Der Alte säumte nicht, stieß ab und fuhr mit seiner gewöhnlichen Geschicklichkeit quer über den Strom, indes die Fremden in einer unbekannten, sehr behenden Sprache gegeneinander zischten und mitunter in ein lautes Gelächter ausbrachen, indem sie bald auf den Rändern und Bänken, bald auf dem Boden des Kahns hin und wider hüpften.

»Der Kahn schwankt!« rief der Alte; »und wenn ihr so unruhig seid, kann er umschlagen; setzt euch, ihr Lichter!«

Sie brachen über diese Zumutung in ein großes Gelächter aus, verspotteten den Alten und waren noch unruhiger als vorher. Er trug ihre Unarten mit Geduld und stieß bald am jenseitigen Ufer an.

»Hier, ist für Eure Mühe!« riefen die Reisenden, und es fielen, indem sie sich schüttelten, viele glänzende Goldstücke in den feuchten Kahn. »Ums Himmels willen, was macht ihr?« rief der Alte. »Ihr bringt mich ins größte Unglück! Wäre ein Goldstück ins Wasser gefallen, so würde der Strom, der dies Metall nicht leiden kann, sich in entsetzliche Wellen erhoben, das Schiff und mich verschlungen haben. Und wer weiß, wie es euch gegangen sein wurde; nehmt euer Geld wieder zu euch!«

»Wir können nichts wieder zu uns nehmen, was wir abgeschüttelt haben«, versetzten jene.

»So macht ihr mir noch die Mühe«, sagte der Alte, indem er

sich bückte und die Goldstücke in seine Mütze las, »daß ich sie zusammensuchen, ans Land tragen und vergraben muß.«

Die Irrlichter waren aus dem Kahne gesprungen, und der Alte rief: »Wo bleibt nun mein Lohn?«

»Wer kein Gold nimmt, mag umsonst arbeiten!« riefen die Irrlichter. – »Ihr müßt wissen, daß man mich nur mit Früchten der Erde bezahlen kann.« – »Mit Früchten der Erde? Wir verschmähen sie und haben sie nie genossen.« – »Und doch kann ich euch nicht loslassen, bis ihr mir versprecht, daß ihr mir drei Kohlhäupter, drei Artischocken und drei große Zwiebeln liefert.«

Die Irrlichter wollten scherzend davonschlüpfen, allein sie fühlten sich auf eine unbegreifliche Weise an den Boden gefesselt; es war die unangenehmste Empfindung, die sie jemals gehabt hatten. Sie versprachen, seine Forderung nächstens zu befriedigen; er entließ sie und stieß ab. Er war schon weit hinweg, als sie ihm nachriefen: »Alter! hört, Alter! wir haben das Wichtigste vergessen!« Er war fort und hörte sie nicht. Er hatte sich an derselben Seite den Fluß hinabtreiben lassen, wo er in einer gebirgigten Gegend, die das Wasser niemals erreichen konnte, das gefährliche Gold verscharren wollte. Dort fand er zwischen hohen Felsen eine ungeheure Kluft, schüttete es hinein und fuhr nach seiner Hütte zurück.

In dieser Kluft befand sich die schöne grüne Schlange, die durch die herabklingende Münze aus ihrem Schlafe geweckt wurde. Sie ersah kaum die leuchtenden Scheiben, als sie solche auf der Stelle mit großer Begierde verschlang und alle Stücke, die sich in dem Gebüsch und zwischen den Felsritzen zerstreut hatten, sorgfältig aufsuchte.

Kaum waren sie verschlungen, so fühlte sie mit der angenehmsten Empfindung das Gold in ihren Eingeweiden schmelzen und sich durch ihren ganzen Körper ausbreiten, und zur größten Freude bemerkte sie, daß sie durchsichtig und leuchtend geworden war. Lange hatte man ihr schon versichert, daß diese Erscheinung möglich sei; weil sie aber zweifelhaft war, ob dieses Licht lange dauern könne, so trieb sie die Neugierde und der Wunsch, sich für die Zukunft sicherzustellen, aus dem Felsen heraus, um zu untersuchen, wer das schöne Gold hereingestreut haben könnte. Sie fand niemanden. Desto angenehmer war es ihr, sich selbst, da sie zwischen Kräutern und Gesträuchen hinkroch, und ihr anmutiges Licht, das sie durch das frische Grün verbreitete, zu bewundern. Alle Blätter schienen von Smaragd, alle Blumen auf das herrlichste verklärt. Vergebens durchstrich sie die einsame Wildnis; desto mehr aber wuchs ihre Hoffnung, als sie auf die Fläche kam und von weitem einen Glanz, der dem ihrigen ähnlich war, erblickte. »Find ich doch endlich meinesgleichen!« rief sie aus und eilte nach der Gegend zu. Sie achtete nicht die Beschwerlichkeit, durch Sumpf und Rohr zu kriechen; denn ob sie gleich auf trocknen Bergwiesen, in hohen Felsritzen am liebsten lebte, gewürzhafte Kräuter gerne genoß und mit zartem Tau und frischem Quellwasser ihren Durst gewöhnlich stillte, so hätte sie doch des lieben Goldes willen und in Hoffnung des herrlichen Lichtes alles unternommen, was man ihr auferlegte.

Sehr ermüdet gelangte sie endlich zu einem feuchten Ried, wo unsere beiden Irrlichter hin und wider spielten. Sie schoß auf sie los, begrüßte sie und freute sich, so angenehme Herren von ihrer Verwandtschaft zu finden. Die Lichter strichen an ihr her, hüpften über sie weg und lachten nach ihrer Weise. »Frau Muhme«, sagten sie, »wenn Sie schon von der horizontalen Linie sind, so hat das doch nichts zu bedeuten; freilich sind wir nur von seiten des Scheins verwandt, denn sehen Sie nur« – hier machten beide Flammen, indem sie ihre ganze Breite aufopferten, sich so lang und spitz als möglich –, »wie schön uns Herren von der vertikalen Linie diese schlanke Länge kleidet! Nehmen Sie's uns nicht übel, meine Freundin, welche Familie kann sich des rühmen? Solang es Irrlichter gibt, hat noch keins weder gesessen noch gelegen.«

Die Schlange fühlte sich in der Gegenwart dieser Verwandten sehr unbehaglich; denn sie mochte den Kopf so hoch heben, als sie wollte, so fühlte sie doch, daß sie ihn wieder zur Erde biegen mußte, um von der Stelle zu kommen, und hatte sie sich vorher im dunkeln Hain außerordentlich wohlgefallen, so schien ihr Glanz in Gegenwart dieser Vettern sich jeden Augenblick zu vermindern, ja sie fürchtete, daß er endlich gar verlöschen werde.

In dieser Verlegenheit fragte sie eilig, ob die Herren ihr nicht etwa Nachricht geben könnten, wo das glänzende Gold herkomme, das vor kurzem in die Felskluft gefallen sei; sie vermute, es sei ein Goldregen, der unmittelbar vom Himmel träufle. Die Irrlichter lachten und schüttelten sich, und es sprangen eine große Menge Goldstücke um sie herum. Die Schlange fuhr schnell darnach, sie zu verschlingen. »Laßt es Euch schmecken, Frau Muhme«, sagten die artigen Herren; »wir können noch mit mehr aufwarten.« Sie schüttelten sich noch einige Male mit großer Behendigkeit, so daß die Schlange kaum die kostbare Speise schnell genug hinunterbringen konnte. Sichtlich fing ihr Schein an zu wachsen, und sie leuchtete wirklich aufs herrlichste, indes die Irrlichter ziemlich mager und klein geworden waren, ohne jedoch von ihrer guten Laune das mindeste zu verlieren.

»Ich bin euch auf ewig verbunden«, sagte die Schlange, nachdem sie von ihrer Mahlzeit wieder zu Atem gekommen war; »fordert von mir, was ihr wollt; was in meinen Kräften ist, will ich euch leisten.«

»Recht schön!« riefen die Irrlichter; »sage, wo wohnt die schöne Lilie? Führ uns so schnell als möglich zum Palaste und Garten der schönen Lilie, wir sterben vor Ungeduld, uns ihr zu Füßen zu werfen.«

»Diesen Dienst«, versetzte die Schlange mit einem tiefen Seufzer, »kann ich euch sogleich nicht leisten. Die schöne Lilie wohnt leider jenseit des Wassers.« – »Jenseit des Wassers! Und wir lassen uns in dieser stürmischen Nacht übersetzen! Wie grausam ist der Fluß, der uns nun scheidet! Sollte es nicht möglich sein, den Alten wieder zu errufen?«

»Sie würden sich vergebens bemühen«, versetzte die Schlange; »denn wenn Sie ihn auch selbst an dem diesseitigen Ufer anträfen, so würde er Sie nicht einnehmen; er darf jedermann herüber-, niemand hinüberbringen.« – »Da haben wir uns schön gebettet! Gibt es denn kein ander Mittel, über das Wasser zu kommen?« – »Noch einige, nur nicht in diesem Augenblick. Ich selbst kann die Herren übersetzen, aber erst in der Mittagsstunde.« – »Das ist eine Zeit, in der wir nicht gerne reisen.« – »So können Sie abends auf dem Schatten des Riesen hinüberfahren.« – »Wie geht das zu?« – »Der große Riese, der nicht weit von hier wohnt, vermag mit seinem Körper nichts, seine Hände heben keinen Strohhalm, seine Schultern würden kein Reisbündel tragen; aber sein Schatten vermag viel, ja alles. Deswegen ist er beim Aufgang und Untergang der Sonne am mächtigsten, und so darf man sich abends nur auf den Nacken seines Schattens setzen, der Riese geht alsdann sachte gegen das Ufer zu, und der Schatten bringt den Wanderer über das Wasser hinüber. Wollen Sie aber um Mittagszeit sich an jener Waldecke einfinden, wo das Gebüsch dicht ans Ufer stößt, so kann ich Sie übersetzen und der schönen Lilie vorstellen; scheuen Sie hingegen die Mittagshitze, so dürfen Sie nur gegen Abend in jener Felsenbucht den Riesen aufsuchen, der sich gewiß recht gefällig zeigen wird.«

Mit einer leichten Verbeugung entfernten sich die jungen Herren, und die Schlange war zufrieden, von ihnen loszukommen, teils um sich in ihrem eignen Lichte zu erfreuen, teils eine Neugierde zu befriedigen, von der sie schon lange auf eine sonderbare Weise gequält ward.

In den Felsklüften, in denen sie oft hin und wider kroch, hatte sie an einem Orte eine seltsame Entdeckung gemacht. Denn ob sie gleich durch diese Abgründe ohne ein Licht zu kriechen genötigt war, so konnte sie doch durchs Gefühl die Gegenstände recht wohl unterscheiden. Nur unregelmäßige Naturprodukte war sie gewohnt überall zu finden; bald schlang sie sich zwischen den Zacken großer Kristalle hindurch, bald fühlte sie die Haken und Haare des gediegenen Silbers und brachte ein und den andern Edelstein mit sich ans Licht hervor. Doch hatte sie zu ihrer großen Verwunderung in einem ringsum verschlossenen Felsen Gegenstände gefühlt, welche die bildende

Hand des Menschen verrieten. Glatte Wände, an denen sie nicht aufsteigen konnte, scharfe, regelmäßige Kanten, wohlgebildete Säulen und, was ihr am sonderbarsten vorkam, menschliche Figuren, um die sie sich mehrmals geschlungen hatte und die sie für Erz oder äußerst polierten Marmor halten mußte. Alle diese Erfahrungen wünschte sie noch zuletzt durch den Sinn des Auges zusammenzufassen und das, was sie nur mutmaßte, zu bestätigen. Sie glaubte sich nun fähig, durch ihr eigenes Licht dieses wunderbare unterirdische Gewölbe zu erleuchten, und hoffte auf einmal mit diesen sonderbaren Gegenständen völlig bekannt zu werden. Sie eilte und fand auf dem gewohnten Wege bald die Ritze, durch die sie in das Heiligtum zu schleichen pflegte.

Als sie sich am Orte befand, sah sie sich mit Neugier um, und obgleich ihr Schein alle Gegenstände der Rotonde nicht erleuchten konnte, so wurden ihr doch die nächsten deutlich genug. Mit Erstaunen und Ehrfurcht sah sie in eine glänzende Nische hinauf, in welcher das Bildnis eines ehrwürdigen Königs in lauterm Golde aufgestellt war. Dem Maß nach war die Bildsäule über Menschengröße, der Gestalt nach aber das Bildnis eher eines kleinen als eines großen Mannes. Sein wohlgebildeter Körper war mit einem einfachen Mantel umgeben, und ein Eichenkranz hielt seine Haare zusammen.

Kaum hatte die Schlange dieses ehrwürdige Bildnis angeblickt, als der König zu reden anfing und fragte:

»Wo kommst du her?« – »Aus den Klüften«, versetzte die Schlange, »in denen das Gold wohnt.« – »Was ist herrlicher als Gold?« fragte der König. »Das Licht,« antwortete die Schlange. »Was ist erquicklicher als Licht?« fragte jener. »Das Gespräch«, antwortete diese.

Sie hatte unter diesen Reden beiseite geschielt und in der nächsten Nische ein anderes herrliches Bild gesehen. In derselben saß ein silberner König von langer und eher schmächtiger Gestalt; sein Körper war mit einem verzierten Gewande überdeckt, Krone, Gürtel und Zepter mit Edelsteinen geschmückt; er hatte die Heiterkeit des Stolzes in seinem Angesichte und schien eben reden zu wollen, als an der marmornen Wand eine Ader, die dunkelfarbig hindurchlief, auf einmal hell ward und ein angenehmes Licht durch den ganzen Tempel verbreitete. Bei diesem Lichte sah die Schlange den dritten König, der von Erz in mächtiger Gestalt dasaß, sich auf seine Keule lehnte, mit einem Lorbeerkranze geschmückt war und eher einem Felsen als einem Menschen glich. Sie wollte sich nach dem vierten umsehen, der in der größten Entfernung von ihr stand, aber die Mauer öffnete sich, indem die erleuchtete Ader wie ein Blitz zuckte und verschwand.

Ein Mann von mittlerer Größe, der heraustrat, zog die Aufmerksamkeit der Schlange auf sich. Er war als ein Bauer gekleidet und trug eine kleine Lampe in der Hand, in deren stille Flamme man gerne hineinsah und die auf eine wunderbare Weise, ohne auch nur einen Schatten zu werfen, den ganzen Dom erhellte.

»Warum kommst du, da wir Licht haben?« fragte der goldene König. – »Ihr wißt, daß ich das Dunkle nicht erleuchten darf.« – »Endigt sich mein Reich?« fragte der silberne König. »Spät oder nie«, versetzte der Alte.

Mit einer starken Stimme fing der eherne König an zu fragen: »Wann werde ich aufstehn?« – »Bald«, versetzte der Alte. »Mit wem soll ich mich verbinden?« fragte der König. »Mit deinen ältern Brüdern«, sagte der Alte. »Was wird aus dem jüngsten werden?« fragte der König. »Er wird sich setzen«, sagte der Alte.

»Ich bin nicht müde«, rief der vierte König mit einer rauhen, stotternden Stimme.

Die Schlange war, indessen jene redeten, in dem Tempel leise herumgeschlichen, hatte alles betrachtet und besah nunmehr den vierten König in der Nähe. Er stand an eine Säule gelehnt, und seine ansehnliche Gestalt war eher schwerfällig als schön. Allein das Metall, woraus er gegossen war, konnte man nicht leicht unterscheiden. Genau betrachtet war es eine Mischung der drei Metalle, aus denen seine Brüder gebildet waren. Aber beim Gusse schienen diese Materien nicht recht zusammengeschmolzen zu sein; goldne und silberne Adern liefen unregelmäßig durch eine eherne Masse hindurch und gaben dem Bilde ein unangenehmes Ansehn.

Indessen sagte der goldne König zum Manne: »Wieviel Geheimnisse weißt du?« – »Drei«, versetzte der Alte. »Welches ist das wichtigste?« fragte der silberne König. »Das offenbare«, versetzte der Alte. »Willst du es auch uns eröffnen?« fragte der eherne. »Sobald ich das vierte weiß«, sagte der Alte. »Was kümmerts mich!« murmelte der zusammengesetzte König vor sich hin.

»Ich weiß das vierte«, sagte die Schlange, näherte sich dem Alten und zischte ihm etwas ins Ohr. »Es ist an der Zeit!« rief der Alte mit gewaltiger Stimme. Der Tempel schallte wider, die metallenen Bildsäulen klangen, und in dem Augenblicke versank der Alte nach Westen und die Schlange nach Osten, und jedes durchstrich mit großer Schnelle die Klüfte der Felsen.

Alle Gänge, durch die der Alte hindurchwandelte, füllten sich hinter ihm sogleich mit Gold; denn seine Lampe hatte die wunderbare Eigenschaft, alle Steine in Gold, alles Holz in Silber, tote Tiere in Edelsteine zu verwandeln und alle Metalle zu zernichten. Diese Wirkung zu äußern, mußte sie aber ganz allein leuchten. Wenn ein ander Licht neben ihr war, wirkte sie nur einen schönen, hellen Schein, und alles Lebendige ward immer durch sie erquickt.

Der Alte trat in seine Hütte, die an dem Berge angebaut war, und fand sein Weib in der größten Betrübnis. Sie saß am Feuer und weinte und konnte sich nicht zufriedengeben. »Wie unglücklich bin ich!« rief sie aus; »wollt ich dich heute doch nicht fortlassen!« – »Was gibt es denn?« fragte der Alte ganz ruhig.

»Kaum bist du weg«, sagte sie mit Schluchzen, »so kommen zwei ungestüme Wanderer vor die Türe; unvorsichtig lasse ich sie herein, es schienen ein paar artige, rechtliche Leute; sie waren in leichte Flammen gekleidet, man hätte sie für Irrlichter halten können. Kaum sind sie im Hause, so fangen sie an, auf eine unverschämte Weise mir mit Worten zu schmeicheln, und werden so zudringlich, daß ich mich schäme, daran zu denken.«

»Nun«, versetzte der Mann lächelnd, »die Herren haben wohl gescherzt; denn deinem Alter nach sollten sie es wohl bei der allgemeinen Höflichkeit gelassen haben.«

»Was Alter! Alter!« rief die Frau; »soll ich immer von meinem Alter hören? Wie alt bin ich denn? Gemeine Höflichkeit! Ich weiß doch, was ich weiß. Und sieh dich nur um, wie die Wände aussehen; sieh nur die alten Steine, die ich seit hundert Jahren nicht mehr gesehen habe: alles Gold haben sie heruntergeleckt, du glaubst nicht mit welcher Behendigkeit, und sie versicherten immer, es schmecke viel besser als gemeines Gold. Als sie die Wände rein gefegt hatten, schienen sie sehr guten Mutes, und gewiß, sie waren auch in kurzer Zeit sehr viel größer, breiter und glänzender geworden. Nun fingen sie ihren Mutwillen von neuem an, streichelten mich wieder, hießen mich ihre Königin, schüttelten sich, und eine Menge Goldstücke sprangen herum; du siehst noch, wie sie dort unter der Bank leuchten. Aber welch ein Unglück! unser Mops fraß einige davon, und sieh, da liegt er am Kamine tot; das arme Tier! ich kann mich nicht zufriedengeben. Ich sah es erst, da sie fort waren, denn sonst hätte ich nicht versprochen, ihre Schuld beim Fährmann abzutragen.« – »Was sind sie schuldig?« fragte der Alte. »Drei Kohlhäupter«, sagte die Frau, »drei Artischocken und drei Zwiebeln; wenn es Tag wird, habe ich versprochen, sie an den Fluß zu tragen.«

»Du kannst ihnen den Gefallen tun«, sagte der Alte; »denn sie werden uns gelegentlich auch wieder dienen.«

»Ob sie uns dienen werden, weiß ich nicht; aber versprochen und beteuert haben sie es.«

Indessen war das Feuer im Kamine zusammengebrannt, der Alte überzog die Kohlen mit vieler Asche, schaffte die leuchtenden Goldstücke beiseite, und nun leuchtete sein Lämpchen wieder allein in dem schönsten Glanze, die Mauern überzogen sich mit Gold, und der Mops war zu dem schönsten Onyx geworden, den man sich denken konnte. Die Abwechselung der braunen und schwarzen Farbe des kostbaren Gesteins machte ihn zum seltensten Kunstwerke.

»Nimm deinen Korb«, sagte der Alte, »und stelle den Onyx hinein; alsdann nimm die drei Kohlhäupter, die drei Artischocken und die drei Zwiebeln, lege sie umher und trage sie zum Flusse! Gegen Mittag laß dich von der Schlange übersetzen und besuche die schöne Lilie, bring ihr den Onyx! Sie wird ihn durch ihre Berührung lebendig machen, wie sie alles Lebendige durch ihre Berührung tötet; sie wird einen treuen Gefährten an ihm haben. Sage ihr, sie solle nicht trauern, ihre Erlösung sei nahe, das größte Unglück könne sie als das größte Glück betrachten, denn es sei an der Zeit.«

Die Alte packte ihren Korb und machte sich, als es Tag war, auf den Weg. Die aufgehende Sonne schien hell über den Fluß herüber, der in der Ferne glänzte; das Weib ging mit langsamem Schritt, denn der Korb drückte sie aufs Haupt, und es war doch nicht der Onyx, der so lastete. Alles Tote, was sie trug, fühlte sie nicht; vielmehr hob sich alsdann der Korb in die Höhe und schwebte über ihrem Haupte. Aber ein frisches Gemüs oder ein kleines, lebendiges Tier zu tragen, war ihr äußerst beschwerlich. Verdrießlich war sie eine Zeitlang hingegangen, als sie auf einmal, erschreckt, stille stand; denn sie hätte beinahe auf den Schatten des Riesen getreten, der sich über die Ebene bis zu ihr hin erstreckte. Und nun sah sie erst den gewaltigen Riesen, der sich im Fluß gebadet hatte, aus dem Wasser heraussteigen, und sie wußte nicht, wie sie ihm ausweichen sollte. Sobald er sie gewahr ward, fing er an, sie scherzhaft zu begrüßen, und die Hände seines Schattens griffen sogleich in den Korb. Mit Leichtigkeit und Geschicklichkeit nahmen sie ein Kohlhaupt, eine Artischocke und eine Zwiebel heraus und brachten sie dem Riesen zum Munde, der sodann weiter den Fluß hinauf ging und dem Weibe den Weg frei ließ.

Sie bedachte, ob sie nicht lieber zurückgehen und die fehlenden Stücke aus ihrem Garten wiederersetzen sollte, und ging unter diesen Zweifeln immer weiter vorwärts, so daß sie bald an dem Ufer des Flusses ankam. Lange saß sie in Erwartung des

Fährmanns, den sie endlich mit einem sonderbaren Reisenden herüberschiffen sah. Ein junger, edler, schöner Mann, den sie nicht genug ansehen konnte, stieg aus dem Kahne.

»Was bringt Ihr?« rief der Alte. »Es ist das Gemüse, das Euch die Irrlichter schuldig sind«, versetzte die Frau und wies ihre Ware hin. Als der Alte von jeder Sorte nur zwei fand, ward er verdrießlich und versicherte, daß er sie nicht annehmen könne. Die Frau bat ihn inständig, erzählte ihm, daß sie jetzt nicht nach Hause gehen könne und daß ihr die Last auf dem Wege, den sie vor sich habe, beschwerlich sei. Er blieb bei seiner abschläglichen Antwort, indem er ihr versicherte, daß es nicht einmal von ihm abhange. »Was mir gebührt, muß ich neun Stunden zusammen lassen, und ich darf nichts annehmen, bis ich dem Fluß ein Dritteil übergeben habe.« Nach vielem Hin- und Widerreden versetzte endlich der Alte: »Es ist noch ein Mittel. Wenn Ihr Euch gegen den Fluß verbürgt und Euch als Schuldnerin bekennen wollt, so nehm ich die sechs Stücke zu mir; es ist aber einige Gefahr dabei.« – »Wenn ich mein Wort halte, so laufe ich doch keine Gefahr?« – »Nicht die geringste. Steckt Eure Hand in den Fluß,« fuhr der Alte fort, »und versprecht, daß Ihr in vierundzwanzig Stunden die Schuld abtragen wollt.«

Die Alte tats; aber wie erschrak sie nicht, als sie ihre Hand kohlschwarz wieder aus dem Wasser zog. Sie schalt heftig auf den Alten, versicherte, daß ihre Hände immer das Schönste an ihr gewesen wären und daß sie ungeachtet der harten Arbeit diese edlen Glieder weiß und zierlich zu erhalten gewußt habe. Sie besah die Hand mit großem Verdrusse und rief verzweiflungsvoll aus: »Das ist noch schlimmer! Ich sehe, sie ist gar geschwunden, sie ist viel kleiner als die andere.«

»Jetzt scheint es nur so«, sagte der Alte; »wenn Ihr aber nicht Wort haltet, kann es wahr werden. Die Hand wird nach und nach schwinden und endlich ganz verschwinden, ohne daß Ihr den Gebrauch derselben entbehrt. Ihr werdet alles damit verrichten können, nur daß sie niemand sehen wird.« – »Ich wollte lieber, ich könnte sie nicht brauchen und man säh mirs nicht an«, sagte die Alte; »indessen hat das nichts zu bedeuten, ich werde mein Wort halten, um diese schwarze Haut und diese Sorge bald loszuwerden.« Eilig nahm sie darauf den Korb, der sich von selbst über ihren Scheitel erhob und frei in die Höhe schwebte, und eilte dem jungen Manne nach, der sachte und in Gedanken am Ufer hinging. Seine herrliche Gestalt und sein sonderbarer Anzug hatten sich der Alten tief eingedruckt.

Seine Brust war mit einem glänzenden Harnisch bedeckt, durch den alle Teile seines schönen Leibes sich durchbewegten. Um seine Schultern hing ein Purpurmantel, um sein unbedecktes Haupt wallten braune Haare in schönen Locken; sein holdes Gesicht war den Strahlen der Sonne ausgesetzt, so wie seine schöngebauten Füße. Mit nackten Sohlen ging er gelassen über den heißen Sand hin, und ein tiefer Schmerz schien alle äußeren Eindrücke abzustumpfen.

Die gesprächige Alte suchte ihn zu einer Unterredung zu bringen; allein er gab ihr mit kurzen Worten wenig Bescheid, so daß sie endlich ungeachtet seiner schönen Augen müde ward, ihn immer vergebens anzureden, von ihm Abschied nahm und sagte: »Ihr geht mir zu langsam, mein Herr; ich darf den Augenblick nicht versäumen, um über die grüne Schlange den Fluß zu passieren und der schönen Lilie das vortreffliche Geschenk von meinem Manne zu überbringen.« Mit diesen Worten schritt sie eilends fort, und ebenso schnell ermannte sich der schöne Jüngling und eilte ihr auf dem Fuße nach. »Ihr geht zur schönen Lilie!« rief er aus; »da gehen wir Einen Weg. Was ist das für ein Geschenk, das Ihr tragt?«

»Mein Herr«, versetzte die Frau dagegen, »es ist nicht billig, nachdem Ihr meine Fragen so einsilbig abgelehnt habt, Euch mit solcher Lebhaftigkeit nach meinen Geheimnissen zu erkundigen. Wollt Ihr aber einen Tausch eingehen und mir Eure Schicksale erzählen, so will ich Euch nicht verbergen, wie es mit mir und meinem Geschenke steht.« Sie wurden bald einig; die Frau vertraute ihm ihre Verhältnisse, die Geschichte des Hundes, und ließ ihn dabei das wundervolle Geschenk betrachten.

Er hob sogleich das natürliche Kunstwerk aus dem Korbe und

nahm den Mops, der sanft zu ruhen schien, in seine Arme. »Glückliches Tier!« rief er aus; »du wirst von ihren Händen berührt, du wirst von ihr belebt werden, anstatt daß Lebendige vor ihr fliehen, um nicht ein trauriges Schicksal zu erfahren. Doch was sage ich ›traurig‹! Ist es nicht viel betrübter und bänglicher, durch ihre Gegenwart gelähmt zu werden, als es sein würde, von ihrer Hand zu sterben? Sieh mich an!« sagte er zu der Alten; »in meinen Jahren, welch einen elenden Zustand muß ich erdulden! Diesen Harnisch, den ich mit Ehren im Kriege getragen, diesen Purpur, den ich durch eine weise Regierung zu verdienen suchte, hat mir das Schicksal gelassen, jenen als eine unnötige Last, diesen als eine unbedeutende Zierde. Krone, Zepter und Schwert sind hinweg; ich bin übrigens so nackt und bedürftig als jeder andere Erdensohn, denn so unselig wirken ihre schönen blauen Augen, daß sie allen lebendigen Wesen ihre Kraft nehmen und daß diejenigen, die ihre berührende Hand nicht tötet, sich in den Zustand lebendigwandelnder Schatten versetzt fühlen.«

So fuhr er fort zu klagen und befriedigte die Neugierde der Alten keineswegs, welche nicht sowohl von seinem innern als von seinem äußern Zustande unterrichtet sein wollte. Sie erfuhr weder den Namen seines Vaters noch seines Königreichs. Er streichelte den harten Mops, den die Sonnenstrahlen und der warme Busen des Jünglings, als wenn er lebte, erwärmt hatten. Er fragte viel nach dem Mann mit der Lampe, nach den Wirkungen des heiligen Lichtes und schien sich davon für seinen traurigen Zustand künftig viel Gutes zu versprechen.

Unter diesen Gesprächen sahen sie von ferne den majestätischen Bogen der Brücke, der von einem Ufer zum andern hinüberreichte, im Glanz der Sonne auf das wunderbarste schimmern. Beide erstaunten, denn sie hatten dieses Gebäude noch nie so herrlich gesehen. »Wie!« rief der Prinz; »war sie nicht schon schon genug, als sie vor unsern Augen wie von Jaspis und Prasem gebaut dastand? Muß man nicht fürchten, sie zu betreten, da sie aus Smaragd, Chrysopras und Chrysolith mit der anmutigsten Mannigfaltigkeit zusammengesetzt erscheint?«

Beide wußten nicht die Veränderung, die mit der Schlange vorgegangen war: denn die Schlange war es, die sich jeden Mittag über den Fluß hinüberbäumte und in Gestalt einer kühnen Brücke dastand. Die Wanderer betraten sie mit Ehrfurcht und gingen schweigend hinüber.

Sie waren kaum am jenseitigen Ufer, als die Brücke sich zu schwingen und zu bewegen anfing, in kurzem die Oberfläche des Wassers berührte und die grüne Schlange in ihrer eigentümlichen Gestalt den Wanderern auf dem Lande nachgleitete. Beide hatten kaum für die Erlaubnis, auf ihrem Rücken über den Fluß zu setzen, gedankt, als sie bemerkten, daß außer ihnen dreien noch mehrere Personen in der Gesellschaft sein müßten, die sie jedoch mit ihren Augen nicht erblicken konnten. Sie hörten neben sich ein Gezisch, dem die Schlange gleichfalls mit einem Gezisch antwortete; sie horchten auf und konnten endlich folgendes vernehmen: »Wir werden,« sagten ein paar wechselnde Stimmen, »uns erst inkognito in dem Park der schönen Lilie umsehen und ersuchen Euch, uns mit Anbruch der Nacht, sobald wir nur irgend präsentabel sind, der vollkommenen Schönheit vorzustellen. An dem Rande des großen Sees werdet Ihr uns antreffen.« – »Es bleibt dabei«, antwortete die Schlange, und ein zischender Laut verlor sich in der Luft.

Unsere drei Wanderer beredeten sich nunmehr, in welcher Ordnung sie bei der Schönen vortreten wollten; denn soviel Personen auch um sie sein konnten, so durften sie doch nur einzeln kommen und gehen, wenn sie nicht empfindliche Schmerzen erdulden sollten.

Das Weib mit dem verwandelten Hunde im Korbe nahte sich zuerst dem Garten und suchte ihre Gönnerin auf, die leicht zu finden war, weil sie eben zur Harfe sang; die lieblichen Töne zeigten sich erst als Ringe auf der Oberfläche des stillen Sees, dann wie ein leichter Hauch setzten sie Gras und Büsche in Bewegung. Auf einem eingeschlossenen grünen Platze, in dem Schatten einer herrlichen Gruppe mannigfaltiger Bäume saß sie und bezauberte beim ersten Anblick aufs neue die Augen, das Ohr und das Herz des Weibes, das sich ihr mit Entzücken näherte und bei sich selbst schwur, die Schöne sei während ihrer Abwesenheit nur immer schöner geworden. Schon von weitem rief die gute Frau dem liebenswürdigsten Mädchen Gruß und Lob zu: »Welch ein Glück, Euch anzusehen, welch einen Himmel verbreitet Eure Gegenwart um Euch her! Wie die Harfe so reizend in Eurem Schoße lehnt, wie Eure Arme sie so sanft umgeben, wie sie sich nach Eurer Brust zu sehnen scheint und wie sie unter der Berührung Eurer schlanken Finger so zärtlich klingt! Dreifach glücklicher Jüngling, der du ihren Platz einnehmen konntest!«

Unter diesen Worten war sie näher gekommen; die schöne Lilie schlug die Augen auf, ließ die Hände sinken und versetzte: »Betrübe mich nicht durch ein unzeitiges Lob, ich empfinde nur desto stärker mein Unglück. Sieh, hier zu meinen Füßen liegt der arme Kanarienvogel tot, der sonst meine Lieder auf das angenehmste begleitete. Er war gewöhnt, auf meiner Harfe zu sitzen und, sorgfältig abgerichtet, mich nicht zu berühren. Heute, indem ich vom Schlaf erquickt ein ruhiges Morgenlied anstimme und mein kleiner Sänger munterer als jemals seine harmonischen Töne hören läßt, schießt ein Habicht über meinem Haupte hin; das arme kleine Tier, erschrocken, flüchtet in meinen Busen, und in dem Augenblick fühl ich die letzten Zuckungen seines scheidenden Lebens. Zwar von meinem Blicke getroffen, schleicht der Räuber dort ohnmächtig am Wasser hin, aber was kann mir seine Strafe helfen, mein Liebling ist tot, und sein Grab wird nur das traurige Gebüsch meines Gartens vermehren.«

»Ermannt Euch, schöne Lilie!« rief die Frau, indem sie selbst eine Träne abtrocknete, welche ihr die Erzählung des unglücklichen Mädchens aus den Augen gelockt hatte; »nehmt Euch zusammen, mein Alter läßt Euch sagen, Ihr sollt Eure Trauer mäßigen, das größte Unglück als Vorbote des größten Glücks ansehen; denn es sei an der Zeit. Und wahrhaftig«, fuhr die Alte fort, »es geht bunt in der Welt zu. Seht nur meine Hand, wie sie schwarz geworden ist! Wahrhaftig, sie ist schon um vieles kleiner, ich muß eilen, eh sie gar verschwindet! Warum mußt ich den Irrlichtern eine Gefälligkeit erzeigen, warum mußt ich dem Riesen begegnen und warum meine Hand in den Fluß tauchen? Könnt Ihr mir nicht ein Kohlhaupt, eine Artischocke und eine Zwiebel geben? So bring ich sie dem Flusse, und meine Hand ist weiß wie vorher, so daß ich sie fast neben die Eurige halten könnte.«

»Kohlhäupter und Zwiebeln könntest du allenfalls noch finden: aber Artischocken suchest du vergebens. Alle Pflanzen in meinem großen Garten tragen weder Blüten noch Früchte; aber jedes Reis, das ich breche und auf das Grab eines Lieblings pflanze, grünt sogleich und schießt hoch auf. Alle diese Gruppen, diese Büsche, diese Haine habe ich leider wachsen sehen. Die Schirme dieser Pinien, die Obelisken dieser Zypressen, die Kolossen von Eichen und Buchen, alles waren kleine Reiser, als ein trauriges Denkmal von meiner Hand in einen sonst unfruchtbaren Boden gepflanzt.«

Die Alte hatte auf diese Rede wenig achtgegeben und nur ihre Hand betrachtet, die in der Gegenwart der schönen Lilie immer schwärzer und von Minute zu Minute kleiner zu werden schien. Sie wollte ihren Korb nehmen und eben forteilen, als sie fühlte, daß sie das Beste vergessen hatte. Sie hub sogleich den verwandelten Hund heraus und setzte ihn nicht weit von der Schönen ins Gras. »Mein Mann«, sagte sie, »schickt Euch dieses Andenken, Ihr wißt, daß Ihr diesen Edelstein durch Eure Berührung beleben könnt. Das artige, treue Tier wird Euch gewiß viel Freude machen, und die Betrübnis, daß ich ihn verliere, kann nur durch den Gedanken aufgeheitert werden, daß Ihr ihn besitzt.«

Die schöne Lilie sah das artige Tier mit Vergnügen und, wie es schien, mit Verwunderung an. »Es kommen viele Zeichen zusammen«, sagte sie, »die mir einige Hoffnung einflößen; aber ach! ist es nicht bloß ein Wahn unsrer Natur, daß wir dann, wenn vieles Unglück zusammentrifft, uns vorbilden, das Beste sei nah.

Was helfen mir die vielen guten Zeichen?
Des Vogels Tod, der Freundin schwarze Hand?
Der Mops von Edelstein, hat er wohl seinesgleichen?
Und hat ihn nicht die Lampe mir gesandt?

Entfernt vom süßen menschlichen Genusse,
Bin ich doch mit dem Jammer nur vertraut.
Ach! warum steht der Tempel nicht am Flusse!
Ach! warum ist die Brücke nicht gebaut!«

Ungeduldig hatte die gute Frau diesem Gesange zugehört, den die schöne Lilie mit den angenehmen Tönen ihrer Harfe begleitete und der jeden andern entzückt hätte. Eben wollte sie sich beurlauben, als sie durch die Ankunft der grünen Schlange abermals abgehalten wurde. Diese hatte die letzten Zeilen des Liedes gehört und sprach deshalb der schönen Lilie sogleich zuversichtlich Mut ein.

»Die Weissagung von der Brücke ist erfüllt!« rief sie aus; »fragt nur diese gute Frau, wie herrlich der Bogen gegenwärtig erscheint. Was sonst undurchsichtiger Jaspis, was nur Prasem war, durch den das Licht höchstens auf den Kanten durchschimmerte, ist nun durchsichtiger Edelstein geworden. Kein Beryll ist so klar und kein Smaragd so schönfarbig.«

»Ich wünsche Euch Glück dazu,« sagte Lilie, »allein verzeiht mir, wenn ich die Weissagung noch nicht erfüllt glaube. Über den hohen Bogen Eurer Brücke können nur Fußgänger hinüber schreiten, und es ist uns versprochen, daß Pferde und Wagen und Reisende aller Art zu gleicher Zeit über die Brücke herüber- und hinüberwandern sollen. Ist nicht von den großen Pfeilern geweissagt, die aus dem Flusse selbst heraussteigen werden?«

Die Alte hatte ihre Augen immer auf die Hand geheftet, unterbrach hier das Gespräch und empfahl sich. »Verweilt noch einen Augenblick«, sagte die schöne Lilie, »und nehmt meinen armen Kanarienvogel mit! Bittet die Lampe, daß sie ihn in einen schönen Topas verwandle; ich will ihn durch meine Berührung beleben, und er, mit Eurem guten Mops, soll mein bester Zeitvertreib sein; aber eilt, was Ihr könnt, denn mit Sonnenuntergang ergreift unleidliche Fäulnis das arme Tier und zerreißt den schönen Zusammenhang seiner Gestalt auf ewig.«

Die Alte legte den kleinen Leichnam zwischen zarte Blätter in den Korb und eilte davon.

»Wie dem auch sei«, sagte die Schlange, indem sie das abgebrochene Gespräch fortsetzte, »der Tempel ist erbauet.«

»Er steht aber noch nicht am Flusse«, versetzte die Schöne.

»Noch ruht er in den Tiefen der Erde«, sagte die Schlange; »ich habe die Könige gesehen und gesprochen.«

»Aber wann werden sie aufstehn?« fragte Lilie.

Die Schlange versetzte: »Ich hörte die großen Worte im Tempel ertönen: ›Es ist an der Zeit.‹«

Eine angenehme Heiterkeit verbreitete sich über das Angesicht der Schönen. »Höre ich doch«, sagte sie, »die glücklichen Worte schon heute zum zweitenmal; wann wird der Tag kommen, an dem ich sie dreimal höre?«

Sie stand auf, und sogleich trat ein reizendes Mädchen aus dem Gebüsch, das ihr die Harfe abnahm. Dieser folgte eine andre, die den elfenbeinernen, geschnitzten Feldstuhl, worauf die Schöne gesessen hatte, zusammenschlug und das silberne Kissen unter den Arm nahm. Eine dritte, die einen großen, mit Perlen gestickten Sonnenschirm trug, zeigte sich darauf, erwartend, ob Lilie auf einem Spaziergange etwa ihrer bedürfe. Über allen Ausdruck schön und reizend waren diese drei Mädchen, und doch erhöhten sie nur die Schönheit der Lilie, indem sich jeder gestehen mußte, daß sie mit ihr gar nicht verglichen werden konnten.

Mit Gefälligkeit hatte indes die schöne Lilie den wunderbaren Mops betrachtet. Sie beugte sich, berührte ihn, und in dem Augenblicke sprang er auf. Munter sah er sich um, lief hin und wider und eilte zuletzt, seine Wohltäterin auf das freundlichste zu begrüßen. Sie nahm ihn auf die Arme und drückte ihn an sich. »So kalt du bist«, rief sie aus, »und obgleich nur ein halbes Leben in dir wirkt, bist du mir doch willkommen; zärtlich will ich dich lieben, artig mit dir scherzen, freundlich dich streicheln und fest dich an mein Herz drücken.« Sie ließ ihn darauf los, jagte ihn von sich, rief ihn wieder, scherzte so artig mit ihm und trieb sich so munter und unschuldig mit ihm auf dem Grase herum, daß man mit neuem Entzücken ihre Freude betrachten und teil daran nehmen mußte, so wie kurz vorher ihre Trauer jedes Herz zum Mitleid gestimmt hatte.

Diese Heiterkeit, diese anmutigen Scherze wurden durch die Ankunft des traurigen Jünglings unterbrochen. Er trat herein, wie wir ihn schon kennen; nur schien die Hitze des Tages ihn noch mehr abgemattet zu haben, und in der Gegenwart der Geliebten ward er mit jedem Augenblicke blässer. Er trug den Habicht auf seiner Hand, der wie eine Taube ruhig saß und die Flügel hängen ließ.

»Es ist nicht freundlich«, rief Lilie ihm entgegen, »daß du mir das verhaßte Tier vor die Augen bringst, das Ungeheuer, das meinen kleinen Sänger heute getötet hat.«

»Schilt den unglücklichen Vogel nicht!« versetzte darauf der Jüngling; »klage vielmehr dich an und das Schicksal und vergönne mir, daß ich mit dem Gefährten meines Elends Gesellschaft mache.«

Indessen hörte der Mops nicht auf, die Schöne zu necken, und sie antwortete dem durchsichtigen Liebling mit dem freundlichsten Betragen. Sie klatschte mit den Händen, um ihn zu verscheuchen; dann lief sie, um ihn wieder nach sich zu ziehen. Sie suchte ihn zu haschen, wenn er floh, und jagte ihn von sich weg, wenn er sich an sie zu drängen versuchte. Der Jüngling sah stillschweigend und mit wachsendem Verdrusse zu; aber endlich, da sie das häßliche Tier, das ihm ganz abscheulich vorkam, auf den Arm nahm, an ihren weißen Busen drückte und die schwarze Schnauze mit ihren himmlischen Lippen küßte, verging ihm alle Geduld, und er rief voller Verzweiflung aus: »Muß ich, der ich durch ein trauriges Geschick vor dir, vielleicht auf immer, in einer getrennten Gegenwart lebe, der ich durch dich alles, ja mich selbst verloren habe, muß ich vor meinen Augen sehen, daß eine so widernatürliche Mißgeburt dich zur Freude reizen, deine Neigung fesseln und deine Umarmung genießen kann! Soll ich noch länger nur so hin und wider gehen und den traurigen Kreis den Fluß herüber und hinüber abmessen? Nein, es ruht noch ein Funke des alten Heldenmutes in meinem Busen; er schlage in diesem Augenblick zur letzten Flamme auf! Wenn Steine an deinem Busen ruhen können, so möge ich zu Stein werden; wenn deine Berührung tötet, so will ich von deinen Händen sterben.«

Mit diesen Worten machte er eine heftige Bewegung; der Habicht flog von seiner Hand, er aber stürzte auf die Schöne los, sie streckte die Hände aus, ihn abzuhalten, und berührte ihn nur desto früher. Das Bewußtsein verließ ihn, und mit Entsetzen fühlte sie die schöne Last an ihrem Busen. Mit einem Schrei trat sie zurück, und der holde Jüngling sank entseelt aus ihren Armen zur Erde.

Das Unglück war geschehen! Die süße Lilie stand unbeweglich und blickte starr nach dem entseelten Leichnam. Das Herz schien ihr im Busen zu stocken, und ihre Augen waren ohne Tränen. Vergebens suchte der Mops ihr eine freundliche Bewegung abzugewinnen; die ganze Welt war mit ihrem Freunde ausgestorben. Ihre stumme Verzweiflung sah sich nach Hülfe nicht um, denn sie kannte keine Hülfe.

Dagegen regte sich die Schlange desto emsiger; sie schien auf Rettung zu sinnen, und wirklich dienten ihre sonderbaren Bewegungen, wenigstens die nächsten schrecklichen Folgen des Unglücks auf einige Zeit zu hindern. Sie zog mit ihrem geschmeidigen Körper einen weiten Kreis um den Leichnam, faßte das Ende ihres Schwanzes mit den Zähnen und blieb ruhig liegen.

Nicht lange, so trat eine der schönen Dienerinnen Liliens hervor, brachte den elfenbeinernen Feldstuhl und nötigte mit freundlichen Gebärden die Schöne, sich zu setzen; bald darauf kam die zweite, die einen feuerfarbigen Schleier trug und das Haupt ihrer Gebieterin damit mehr zierte als bedeckte; die dritte übergab ihr die Harfe, und kaum hatte sie das prächtige Instrument an sich gedrückt und einige Töne aus den Saiten hervorgelockt, als die erste mit einem hellen, runden Spiegel zurückkam, sich der Schönen gegenüberstellte, ihre Blicke auffing und ihr das angenehmste Bild, das in der Natur zu finden war, darstellte. Der Schmerz erhöhte ihre Schönheit, der Schleier ihre Reize, die Harfe ihre Anmut, und so sehr man hoffte, ihre traurige Lage verändert zu sehen, so sehr wünschte man, ihr Bild ewig, wie es gegenwärtig erschien, festzuhalten.

Mit einem stillen Blick nach dem Spiegel lockte sie bald schmelzende Töne aus den Saiten, bald schien ihr Schmerz zu steigen, und die Saiten antworteten gewaltsam ihrem Jammer. Einigemal öffnete sie den Mund zu singen, aber die Stimme versagte ihr; doch bald löste sich ihr Schmerz in Tränen auf, zwei Mädchen faßten sie hülfreich in die Arme, die Harfe sank aus ihrem Schoße; kaum ergriff noch die schnelle Dienerin das Instrument und trug es beiseite.

»Wer schafft uns den Mann mit der Lampe, ehe die Sonne untergeht?« zischte die Schlange leise, aber vernehmlich; die Mädchen sahen einander an, und Liliens Tränen vermehrten sich. In diesem Augenblick kam atemlos die Frau mit dem Korbe zurück. »Ich bin verloren und verstümmelt!« rief sie aus; »seht, wie meine Hand beinahe ganz weggeschwunden ist; weder der Fährmann noch der Riese wollten mich übersetzen, weil ich noch eine Schuldnerin des Wassers bin; vergebens habe ich hundert Kohlhäupter und hundert Zwiebeln angeboten, man will nicht mehr als die drei Stücke, und keine Artischocke ist nun einmal in diesen Gegenden zu finden.«

»Vergeßt Eure Not«, sagte die Schlange, »und sucht hier zu helfen; vielleicht kann Euch zugleich mit geholfen werden. Eilt, was Ihr könnt, die Irrlichter aufzusuchen; es ist noch zu hell, sie zu sehen, aber vielleicht hört Ihr sie lachen und flattern. Wenn sie eilen, so setzt sie der Riese noch über den Fluß, und sie können den Mann mit der Lampe finden und schicken.«

Das Weib eilte, soviel sie konnte, und die Schlange schien ebenso ungeduldig als Lilie die Rückkunft der beiden zu erwarten. Leider vergoldete schon der Strahl der sinkenden Sonne nur den höchsten Gipfel der Bäume des Dickichts, und lange

Schatten zogen sich über See und Wiese; die Schlange bewegte sich ungeduldig, und Lilie zerfloß in Tränen.

In dieser Not sah die Schlange sich überall um, denn sie fürchtete jeden Augenblick, die Sonne werde untergehen, die Fäulnis den magischen Kreis durchdringen und den schönen Jüngling unaufhaltsam anfallen. Endlich erblickte sie hoch in den Lüften mit purpurroten Federn den Habicht, dessen Brust die letzten Strahlen der Sonne auffing. Sie schüttelte sich vor Freuden über das gute Zeichen, und sie betrog sich nicht; denn kurz darauf sah man den Mann mit der Lampe über den See hergleiten, gleich als wenn er auf Schlittschuhen ginge.

Die Schlange veränderte nicht ihre Stelle, aber die Lilie stand auf und rief ihm zu: »Welcher gute Geist sendet dich in dem Augenblick, da wir so sehr nach dir verlangen und deiner so sehr bedürfen?«

»Der Geist meiner Lampe«, versetzte der Alte, »treibt mich, und der Habicht führt mich hierher. Sie spratzelt, wenn man meiner bedarf, und ich sehe mich nur in den Lüften nach einem Zeichen um; irgendein Vogel oder Meteor zeigt mir die Himmelsgegend an, wohin ich mich wenden soll. Sei ruhig, schönstes Mädchen! Ob ich helfen kann, weiß ich nicht; ein Einzelner hilft nicht, sondern wer sich mit vielen zur rechten Stunde vereinigt. Aufschieben wollen wir und hoffen. Halte deinen Kreis geschlossen«, fuhr er fort, indem er sich an die Schlange wendete, sich auf einen Erdhügel neben sie hinsetzte und den toten Körper beleuchtete. »Bringt den artigen Kanarienvogel auch her und leget ihn in den Kreis!« Die Mädchen nahmen den kleinen Leichnam aus dem Korbe, den die Alte stehen ließ, und gehorchten dem Manne.

Die Sonne war indessen untergegangen, und wie die Finsternis zunahm, fing nicht allein die Schlange und die Lampe des Mannes nach ihrer Weise zu leuchten an, sondern der Schleier Liliens gab auch ein sanftes Licht von sich, das wie eine zarte Morgenröte ihre blassen Wangen und ihr weißes Gewand mit einer unendlichen Anmut färbte. Man sah sich wechselsweise mit stiller Betrachtung an, Sorge und Trauer waren durch eine sichere Hoffnung gemildert.

Nicht unangenehm erschien daher das alte Weib in Gesellschaft der beiden muntern Flammen, die zwar zeither sehr verschwendet haben mußten, denn sie waren wieder äußerst mager geworden, aber sich nur desto artiger gegen die Prinzessin und die übrigen Frauenzimmer betrugen. Mit der größten Sicherheit und mit vielem Ausdruck sagten sie ziemlich gewöhnliche Sachen; besonders zeigten sie sich sehr empfänglich für den Reiz, den der leuchtende Schleier über Lilien und ihre Begleiterinnen verbreitete. Bescheiden schlugen die Frauenzimmer ihre Augen nieder, und das Lob ihrer Schönheit verschönerte sie wirklich. Jedermann war zufrieden und ruhig bis auf die Alte. Ungeachtet der Versicherung ihres Mannes, daß ihre Hand nicht weiter abnehmen könne, solange sie von seiner Lampe beschienen sei, behauptete sie mehr als einmal, daß, wenn es so fortgehe, noch vor Mitternacht dieses edle Glied völlig verschwinden werde.

Der Alte mit der Lampe hatte dem Gespräch der Irrlichter aufmerksam zugehört und war vergnügt, daß Lilie durch diese Unterhaltung zerstreut und aufgeheitert worden. Und wirklich war Mitternacht herbeigekommen, man wußte nicht wie. Der Alte sah nach den Sternen und fing darauf zu reden an: »Wir sind zur glücklichen Stunde beisammen, jeder verrichte sein Amt, jeder tue seine Pflicht, und ein allgemeines Glück wird die einzelnen Schmerzen in sich auflösen, wie ein allgemeines Unglück einzelne Freuden verzehrt.«

Nach diesen Worten entstand ein wunderbares Geräusch, denn alle gegenwärtigen Personen sprachen für sich und drückten laut aus, was sie zu tun hätten, nur die drei Mädchen waren stille; eingeschlafen war die eine neben der Harfe, die andere neben dem Sonnenschirm, die dritte neben dem Sessel, und man konnte es ihnen nicht verdenken, denn es war spät. Die flammenden Jünglinge hatten nach einigen vorübergehenden Höflichkeiten, die sie auch den Dienerinnen gewidmet, sich doch zuletzt nur an Lilien, als die Allerschönste, gehalten.

»Fasse«, sagte der Alte zum Habicht, »den Spiegel, und mit dem ersten Sonnenstrahl beleuchte die Schläferinnen und wecke sie mit zurückgeworfenem Lichte aus der Höhe!«

Die Schlange fing nunmehr an, sich zu bewegen, löste den Kreis auf und zog langsam in großen Ringen nach dem Flusse. Feierlich folgten ihr die beiden Irrlichter, und man hätte sie für die ernsthaftesten Flammen halten sollen. Die Alte und ihr Mann ergriffen den Korb, dessen sanftes Licht man bisher kaum bemerkt hatte, sie zogen von beiden Seiten daran, und er ward immer größer und leuchtender, sie hoben darauf den Leichnam des Jünglings hinein und legten ihm den Kanarienvogel auf die Brust; der Korb hob sich in die Höhe und schwebte über dem Haupte der Alten, und sie folgte den Irrlichtern auf dem Fuße. Die schöne Lilie nahm den Mops auf ihren Arm und folgte der Alten, der Mann mit der Lampe beschloß den Zug, und die Gegend war von diesen vielerlei Lichtern auf das sonderbarste erhellt.

Aber mit nicht geringer Bewunderung sah die Gesellschaft, als sie zu dem Flusse gelangte, einen herrlichen Bogen über denselben hinübersteigen, wodurch die wohltätige Schlange ihnen einen glänzenden Weg bereitete. Hatte man bei Tage die durchsichtigen Edelsteine bewundert, woraus die Brücke zusammengesetzt schien, so erstaunte man bei Nacht über ihre leuchtende Herrlichkeit. Oberwärts schnitt sich der helle Kreis scharf an dem dunklen Himmel ab, aber unterwärts zuckten lebhafte Strahlen nach dem Mittelpunkte zu und zeigten die bewegliche Festigkeit des Gebäudes. Der Zug ging langsam hinüber, und der Fährmann, der von ferne aus seiner Hütte hervorsah, betrachtete mit Staunen den leuchtenden Kreis und die sonderbaren Lichter, die darüber hinzogen.

Kaum waren sie an dem andern Ufer angelangt, als der Bogen nach seiner Weise zu schwanken und sich wellenartig dem Wasser zu nähern anfing. Die Schlange bewegte sich bald darauf ans Land, der Korb setzte sich zur Erde nieder, und die Schlange zog aufs neue ihren Kreis umher; der Alte neigte sich vor ihr und sprach: »Was hast du beschlossen?«

»Mich aufzuopfern, ehe ich aufgeopfert werde,« versetzte die Schlange; »versprich mir, daß du keinen Stein am Lande lassen willst!«

Der Alte versprachs und sagte darauf zur schönen Lilie: »Rühre die Schlange mit der linken Hand an und deinen Geliebten mit der rechten.« Lilie kniete nieder und berührte die Schlange und den Leichnam. Im Augenblicke schien dieser in das Leben überzugehen; er bewegte sich im Korbe, ja er richtete sich in die Höhe und saß. Lilie wollte ihn umarmen, allein der Alte hielt sie zurück, er half dagegen dem Jüngling aufstehn und leitete ihn, indem er aus dem Korbe und dem Kreise trat.

Der Jüngling stand, der Kanarienvogel flatterte auf seiner Schulter, es war wieder Leben in beiden, aber der Geist war noch nicht zurückgekehrt; der schöne Freund hatte die Augen offen und sah nicht, wenigstens schien er alles ohne Teilnehmung anzusehn, und kaum hatte sich die Verwunderung über diese Begebenheit in etwas gemäßigt, als man erst bemerkte, wie sonderbar die Schlange sich verändert hatte. Ihr schöner, schlanker Körper war in tausend und tausend leuchtende Edelsteine zerfallen; unvorsichtig hatte die Alte, die nach ihrem Korbe greifen wollte, an sie gestoßen, und man sah nichts mehr von der Bildung der Schlange, nur ein schöner Kreis leuchtender Edelsteine lag im Grase.

Der Alte machte sogleich Anstalt, die Steine in den Korb zu fassen, wozu ihm seine Frau behülflich sein mußte. Beide trugen darauf den Korb gegen das Ufer an einen erhabenen Ort, und er schüttete die ganze Ladung, nicht ohne Widerwillen der Schönen und seines Weibes, die gerne davon sich etwas ausgesucht hätten, in den Fluß. Wie leuchtende und blinkende Sterne schwammen die Steine mit den Wellen hin, und man konnte nicht unterscheiden, ob sie sich in der Ferne verloren oder untersanken.

»Meine Herren«, sagte darauf der Alte ehrerbietig zu den Irrlichtern, »nunmehr zeige ich Ihnen den Weg und eröffne den Gang; aber Sie leisten uns den größten Dienst, wenn Sie uns die Pforte des Heiligtums öffnen, durch die wir diesmal eingehen müssen und die außer Ihnen niemand aufschließen kann.«

Die Irrlichter neigten sich anständig und blieben zurück. Der Alte mit der Lampe ging voraus in den Felsen, der sich vor ihm auftat. Der Jüngling folgte ihm gleichsam mechanisch, still und ungewiß hielt sich Lilie in einiger Entfernung hinter ihm; die Alte wollte nicht gerne zurückbleiben und streckte ihre Hand aus, damit ja das Licht von ihres Mannes Lampe sie erleuchten könne. Nun schlossen die Irrlichter den Zug, indem sie die Spitzen ihrer Flammen zusammenneigten und miteinander zu sprechen schienen.

Sie waren nicht lange gegangen, als der Zug sich vor einem großen, ehernen Tore befand, dessen Flügel mit einem goldenen Schloß verschlossen war. Der Alte rief sogleich die Irrlichter herbei, die sich nicht lange aufmuntern ließen, sondern geschäftig mit ihren spitzesten Flammen Schloß und Riegel aufzehrten.

Laut tönte das Erz, als die Pforten schnell aufsprangen und im Heiligtum die würdigen Bilder der Könige, durch die hereintretenden Lichter beleuchtet, erschienen. Jeder neigte sich vor den ehrwürdigen Herrschern, besonders ließen es die Irrlichter an krausen Verbeugungen nicht fehlen.

Nach einiger Pause fragte der goldne König: »Woher kommt ihr?« – »Aus der Welt«, antwortete der Alte. »Wohin geht ihr?« fragte der silberne König. »In die Welt«, sagte der Alte. »Was wollt ihr bei uns?« fragte der eherne König. »Euch begleiten,« sagte der Alte.

Der gemischte König wollte eben zu reden anfangen, als der goldne zu den Irrlichtern, die ihm zu nahe gekommen waren, sprach: »Hebet euch weg von mir, mein Gold ist nicht für euren Gaum.« Sie wandten sich darauf zum silbernen und schmiegten sich an ihn; sein Gewand glänzte schön von ihrem gelblichen Widerschein. »Ihr seid mir willkommen,« sagte er, »aber ich kann euch nicht ernähren; sättiget euch auswärts und bringt mir euer Licht.« Sie entfernten sich und schlichen bei dem ehernen vorbei, der sie nicht zu bemerken schien, auf den zusammengesetzten los. »Wer wird die Welt beherrschen?« rief dieser mit stotternder Stimme. »Wer auf seinen Füßen steht«, antwortete der Alte. »Das bin ich!« sagte der gemischte König. »Es wird sich offenbaren«, sagte der Alte; »denn es ist an der Zeit.« Die schöne Lilie fiel dem Alten um den Hals und küßte ihn aufs herzlichste. »Heiliger Vater«, sagte sie, »tausendmal dank ich dir, denn ich höre das ahnungsvolle Wort zum drittenmal.« Sie hatte kaum ausgeredet, als sie sich noch fester an den Alten anhielt, denn der Boden fing unter ihnen an zu schwanken; die Alte und der Jüngling hielten sich auch aneinander, nur die beweglichen Irrlichter merkten nichts.

Man konnte deutlich fühlen, daß der ganze Tempel sich bewegte wie ein Schiff, das sich sanft aus dem Hafen entfernt, wenn die Anker gelichtet sind; die Tiefen der Erde schienen sich vor ihm aufzutun, als er hindurchzog. Er stieß nirgends an, kein Felsen stand ihm in dem Weg.

Wenige Augenblicke schien ein feiner Regen durch die Öffnung der Kuppel hereinzurieseln; der Alte hielt die schöne Lilie fester und sagte zu ihr: »Wir sind unter dem Flusse und bald am Ziel.« Nicht lange darauf glaubten sie still zu stehn, doch sie betrogen sich: der Tempel stieg aufwärts.

Nun entstand ein seltsames Getöse über ihrem Haupte. Bretter und Balken, in ungestalter Verbindung, begannen sich zu der Öffnung der Kuppel krachend hereinzudrängen. Lilie und die Alte sprangen zur Seite, der Mann mit der Lampe faßte den Jüngling und blieb stehen. Die kleine Hütte des Fährmanns – denn sie war es, die der Tempel im Aufsteigen vom Boden abgesondert und in sich aufgenommen hatte – sank allmählich herunter und bedeckte den Jüngling und den Alten.

Die Weiber schrien laut, und der Tempel schütterte wie ein Schiff, das unvermutet ans Land stößt. Ängstlich irrten die Frauen in der Dämmerung um die Hütte; die Türe war verschlossen, und auf ihr Pochen hörte niemand. Sie pochten heftiger und wunderten sich nicht wenig, als zuletzt das Holz zu klingen anfing. Durch die Kraft der verschlossenen Lampe war die Hütte von innen heraus zu Silber geworden. Nicht lange, so veränderte sie sogar ihre Gestalt; denn das edle Metall verließ die zufälligen Formen der Bretter, Pfosten und Balken und dehnte sich zu einem herrlichen Gehäuse von getriebener Arbeit aus. Nun stand ein herrlicher kleiner Tempel in der Mitte des großen oder, wenn man will, ein Altar, des Tempels würdig.

Durch eine Treppe, die von innen heraufging, trat nunmehr der edle Jüngling in die Höhe, der Mann mit der Lampe leuchtete ihm, und ein anderer schien ihn zu unterstützen, der in einem weißen, kurzen Gewand hervorkam und ein silbernes Ruder in der Hand hielt; man erkannte in ihm sogleich den Fährmann, den ehemaligen Bewohner der verwandelten Hütte.

Die schöne Lilie stieg die äußeren Stufen hinauf, die von dem Tempel auf den Altar führten; aber noch immer mußte sie sich von ihrem Geliebten entfernt halten. Die Alte, deren Hand, solange die Lampe verborgen gewesen, immer kleiner geworden war, rief: »Soll ich doch noch unglücklich werden? Ist bei so vielen Wundern durch kein Wunder meine Hand zu retten?« Ihr Mann deutete nach der offenen Pforte und sagte: »Siehe, der Tag bricht an, eile und bade dich im Flusse.« – »Welch ein Rat!« rief sie; »ich soll wohl ganz schwarz werden und ganz verschwinden; habe ich doch meine Schuld noch nicht bezahlt!« – »Gehe«, sagte der Alte, »und folge mir! Alle Schulden sind abgetragen.«

Die Alte eilte weg, und in dem Augenblick erschien das Licht der aufgehenden Sonne an dem Kranze der Kuppel; der Alte trat zwischen den Jüngling und die Jungfrau und rief mit lauter Stimme: »Drei sind, die da herrschen auf Erden: die Weisheit, der Schein und die Gewalt.« Bei dem ersten Worte stand der goldne König auf, bei dem zweiten der silberne, und bei dem dritten hatte sich der eherne langsam emporgehoben, als der zusammengesetzte König sich plötzlich ungeschickt niedersetzte.

Wer ihn sah, konnte sich, ungeachtet des feierlichen Augenblicks, kaum des Lachens enthalten; denn er saß nicht, er lag nicht, er lehnte sich nicht an, sondern er war unförmlich zusammengesunken.

Die Irrlichter, die sich bisher um ihn beschäftigt hatten, traten zur Seite. Sie schienen, obgleich blaß beim Morgenlichte, doch wieder gut genährt und wohl bei Flammen; sie hatten auf eine geschickte Weise die goldnen Adern des kolossalen Bildes mit ihren spitzen Zungen bis aufs Innerste herausgeleckt. Die unregelmäßigen leeren Räume, die dadurch entstanden waren, erhielten sich eine Zeitlang offen, und die Figur blieb in ihrer vorigen Gestalt. Als aber auch zuletzt die zartesten Äderchen aufgezehrt waren, brach auf einmal das Bild zusammen und leider gerade an den Stellen, die ganz bleiben, wenn der Mensch sich setzt; dagegen blieben die Gelenke, die sich hätten biegen sollen, steif. Wer nicht lachen konnte, mußte seine Augen wegwenden; das Mittelding zwischen Form und Klumpen war widerwärtig anzusehn.

Der Mann mit der Lampe führte nunmehr den schönen, aber immer noch starr vor sich hinblickenden Jüngling vom Altare herab und gerade auf den ehernen König los. Zu den Füßen des mächtigen Fürsten lag ein Schwert in eherner Scheide. Der Jüngling gürtete sich. »Das Schwert an der Linken, die Rechte frei!« rief der gewaltige König. Sie gingen darauf zum silbernen, der sein Zepter gegen den Jüngling neigte. Dieser ergriff es mit der linken Hand, und der König sagte mit gefälliger Stimme: »Weide die Schafe!« Als sie zum goldenen Könige kamen, drückte er mit väterlich segnender Gebärde dem Jüngling den Eichenkranz aufs Haupt und sprach: »Erkenne das Höchste!«

Der Alte hatte während dieses Umgangs den Jüngling genau bemerkt. Nach umgürtetem Schwert hob sich seine Brust, seine Arme regten sich, und seine Füße traten fester auf; indem er den Zepter in die Hand nahm, schien sich die Kraft zu mildern und durch einen unaussprechlichen Reiz noch mächtiger zu werden; als aber der Eichenkranz seine Locken zierte, belebten sich seine Gesichtszüge, sein Auge glänzte von unaussprechlichem Geist, und das erste Wort seines Mundes war ›Lilie‹.

»Liebe Lilie!« rief er, als er ihr die silbernen Treppen hinauf entgegeneilte, denn sie hatte von der Zinne des Altars seiner Reise zugesehn, »liebe Lilie! was kann der Mann, ausgestattet mit allem, sich Köstlicheres wünschen als die Unschuld und die stille Neigung, die mir dein Busen entgegenbringt? O! mein Freund«, fuhr er fort, indem er sich zu dem Alten wendete und die drei heiligen Bildsäulen ansah, »herrlich und sicher ist das Reich unserer Väter, aber du hast die vierte Kraft vergessen, die noch früher, allgemeiner, gewisser die Welt beherrscht: die Kraft der Liebe.« Mit diesen Worten fiel er dem schönen Mädchen um den Hals; sie hatte den Schleier weggeworfen, und ihre Wangen färbten sich mit der schönsten, unvergänglichsten Röte.

Hierauf sagte der Alte lächelnd: »Die Liebe herrscht nicht, aber sie bildet, und das ist mehr.«

Über dieser Feierlichkeit, dem Glück, dem Entzücken hatte man nicht bemerkt, daß der Tag völlig angebrochen war, und nun fielen auf einmal durch die offne Pforte ganz unerwartete Gegenstände der Gesellschaft in die Augen. Ein großer, mit Säulen umgebener Platz machte den Vorhof, an dessen Ende man eine lange und prächtige Brücke sah, die mit vielen Bogen über den Fluß hinüberreichte; sie war an beiden Seiten mit Säulengängen für die Wanderer bequem und prächtig eingerichtet, deren sich schon viele Tausende eingefunden hatten und emsig hin und wider gingen. Der große Weg in der Mitte war von Herden und Maultieren, Reitern und Wagen belebt, die an beiden Seiten, ohne sich zu hindern, stromweise hin und her flossen. Sie schienen sich alle über die Bequemlichkeit und Pracht zu verwundern, und der neue König mit seiner Gemahlin war über die Bewegung und das Leben dieses großen Volks so entzückt, als ihre wechselseitige Liebe sie glücklich machte.

»Gedenke der Schlange in Ehren«, sagte der Mann mit der Lampe; »du bist ihr das Leben, deine Völker sind ihr die Brücke schuldig, wodurch diese nachbarlichen Ufer erst zu Ländern belebt und verbunden werden. Jene schwimmenden und leuchtenden Edelsteine, die Reste ihres aufgeopferten Körpers, sind die Grundpfeiler dieser herrlichen Brücke; auf ihnen hat sie sich selbst erbaut und wird sich selbst erhalten.«

Man wollte eben die Aufklärung dieses wunderbaren Geheimnisses von ihm verlangen, als vier schöne Mädchen zu der Pforte des Tempels hereintraten. An der Harfe, dem Sonnenschirm und dem Feldstuhl erkannte man sogleich die Begleiterinnen Liliens, aber die vierte, schöner als die drei, war eine Unbekannte, die scherzend schwesterlich mit ihnen durch den Tempel eilte und die silbernen Stufen hinanstieg.

»Wirst du mir künftig mehr glauben, liebes Weib?« sagte der Mann mit der Lampe zu der Schönen. »Wohl dir und jedem Geschöpfe, das sich diesen Morgen im Flusse badet!«

Die verjüngte und verschönerte Alte, von deren Bildung keine Spur mehr übrig war, umfaßte mit belebten, jugendlichen Armen den Mann mit der Lampe, der ihre Liebkosungen mit Freundlichkeit aufnahm. »Wenn ich dir zu alt bin«, sagte er lächelnd, »so darfst du heute einen andern Gatten wählen; von heute an ist keine Ehe gültig, die nicht aufs neue geschlossen wird.«

»Weißt du denn nicht«, versetzte sie, »daß auch du jünger geworden bist?« – »Es freut mich, wenn ich deinen jungen Augen als ein wackrer Jüngling erscheine; ich nehme deine Hand von neuem an und mag gern mit dir in das folgende Jahrtausend hinüberleben.«

Die Königin bewillkommte ihre neue Freundin und stieg mit ihr und ihren übrigen Gespielinnen in den Altar hinab, indes der König in der Mitte der beiden Männer nach der Brücke hinsah und aufmerksam das Gewimmel des Volks betrachtete.

Aber nicht lange dauerte seine Zufriedenheit, denn er sah einen Gegenstand, der ihm einen Augenblick Verdruß erregte. Der große Riese, der sich von seinem Morgenschlaf noch nicht erholt zu haben schien, taumelte über die Brücke her und verursachte daselbst große Unordnung. Er war wie gewöhnlich schlaftrunken aufgestanden und gedachte sich in der bekannten Bucht des Flusses zu baden; anstatt derselben fand er festes Land und tappte auf dem breiten Pflaster der Brücke hin. Ob er nun gleich zwischen Menschen und Vieh auf das ungeschickteste hineintrat, so ward doch seine Gegenwart zwar von allen angestaunt, doch von niemand gefühlt; als ihm aber die Sonne in die Augen schien und er die Hände aufhub, sie auszuwischen, fuhr der Schatten seiner ungeheuren Fäuste hinter ihm so kräftig und ungeschickt unter der Menge hin und wider, daß Menschen und Tiere in großen Massen zusammenstürzten, beschädigt wurden und Gefahr liefen, in den Fluß geschleudert zu werden.

Der König, als er diese Untat erblickte, fuhr mit einer unwillkürlichen Bewegung nach dem Schwerte, doch besann er sich und blickte ruhig erst sein Zepter, dann die Lampe und das Ruder seiner Gefährten an. »Ich errate deine Gedanken«, sagte der Mann mit der Lampe; »aber wir und unsere Kräfte sind gegen diesen Ohnmächtigen ohnmächtig. Sei ruhig! er schadet zum letztenmal, und glücklicherweise ist sein Schatten von uns abgekehrt.«

Indessen war der Riese immer näher gekommen, hatte vor Verwunderung über das, was er mit offenen Augen sah, die Hände sinken lassen, tat keinen Schaden mehr und trat gaffend in den Vorhof herein.

Gerade ging er auf die Türe des Tempels zu, als er auf einmal in der Mitte des Hofes an dem Boden festgehalten wurde. Er stand als eine kolossale, mächtige Bildsäule von rötlich glänzendem Steine da, und sein Schatten zeigte die Stunden, die in einen Kreis auf dem Boden um ihn her, nicht in Zahlen, sondern in edlen und bedeutenden Bildern eingelegt waren.

Nicht wenig erfreut war der König, den Schatten des Ungeheuers in nützlicher Richtung zu sehen; nicht wenig verwundert war die Königin, die, als sie mit größter Herrlichkeit geschmückt aus dem Altare mit ihren Jungfrauen heraufstieg, das seltsame Bild erblickte, das die Aussicht aus dem Tempel nach der Brücke fast zudeckte.

Indessen hatte sich das Volk dem Riesen nachgedrängt, da er still stand, ihn umgeben und seine Verwandlung angestaunt. Von da wandte sich die Menge nach dem Tempel, den sie erst jetzt gewahr zu werden schien, und drängte sich nach der Tür.

In diesem Augenblick schwebte der Habicht mit dem Spiegel hoch über dem Dom, fing das Licht der Sonne auf und warf es über die auf dem Altar stehende Gruppe. Der König, die Königin und ihre Begleiter erschienen in dem dämmernden Gewölbe des Tempels von einem himmlischen Glanze erleuchtet, und das Volk fiel auf sein Angesicht. Als die Menge sich wieder erholt hatte und aufstand, war der König mit den Seinigen in den Altar hinabgestiegen, um durch verborgene Hallen nach seinem Palaste zu gehen, und das Volk zerstreute sich in dem Tempel, seine Neugierde zu befriedigen. Es betrachtete die drei aufrecht stehenden Könige mit Staunen und Ehrfurcht, aber es war desto begieriger zu wissen, was unter dem Teppiche in der vierten Nische für ein Klumpen verborgen sein möchte; denn, wer es auch mochte gewesen sein, wohlmeinende Bescheidenheit hatte eine prächtige Decke über den zusammengesunkenen König hingebreitet, die kein Auge zu durchdringen vermag und keine Hand wagen darf wegzuheben.

Das Volk hätte kein Ende seines Schauens und seiner Bewunderung gefunden, und die zudringende Menge hätte sich in dem Tempel selbst erdrückt, wäre ihre Aufmerksamkeit nicht wieder auf den großen Platz gelenkt worden.

Unvermutet fielen Goldstücke, wie aus der Luft, klingend auf die marmornen Platten, die nächsten Wanderer stürzten darüber her, um sich ihrer zu bemächtigen, einzeln wiederholte sich dies Wunder, und zwar bald hier und bald da. Man begreift wohl, daß die abziehenden Irrlichter sich hier nochmals eine Lust machten und das Gold aus den Gliedern des zusammengesunkenen Königs auf eine lustige Weise vergeudeten. Begierig lief das Volk noch eine Zeitlang hin und wider, drängte und zerriß sich auch noch, da keine Goldstücke mehr herabfielen. Endlich verlief es sich allmählich, zog seine Straße, und bis auf den heutigen Tag wimmelt die Brücke von Wanderern, und der Tempel ist der besuchteste auf der ganzen Erde.

DEUTUNG

Durch das Labyrinth der Brust
Wandelt in der Nacht[1]

Die Irrlichter

So oft man GOETHES *Märchen* auch lesen mag, ein Eindruck wird sich immer nur verstärken: es spricht von der Aufhebung aller Gegensätze des menschlichen Herzens und aller Entgegensetzungen des menschlichen Geistes durch jene »vierte Kraft«, »die noch früher, allgemeiner, gewisser die Welt beherrscht«, als es Gesellschaft und Religion, Staat und Kirche, Krone und Schwert, Thron und Tempel, selbst wenn sie »weise« wären, zu tun vermöchten. Gerade weil die Liebe nicht »herrschen« will, beherrscht sie die Herzen der Menschen, bildet sie und verwandelt sie. Freilich, es ist auch eine bittere Tatsachenfeststellung, wenn es heißt: »die Liebe herrscht nicht«, und wir ergänzen müssen: *auf Erden*; sie ist in der Welt, die wir kennen, wie nicht vorhanden, sie muß, im *Märchen* wie in der Wirklichkeit, erst mühsam, wie unter Todesgefahren, gesucht und gefunden werden. Doch eben deshalb braucht es des *Märchens*, um uns als »Landkarte« der Seele und als Prozeßbeschreibung möglicher Umwandlungsformen der Wirklichkeit hilfreich zu sein.

Wieviel hat GOETHE selbst nicht bis dahin schon an Liebesunglück in seinen Romanen und Dramen geschildert – mit den *Leiden des jungen Werthers* (1774)[2], in denen er seine vergebliche Liebe zu CHARLOTTE BUFF zu bearbeiten versuchte[3], beginnend, über das Schauspiel von *Clavigo* (1774) sich fortsetzend, der durch seine Unentschlossenheit zwischen Zuneigung und Karriere die geliebte *Marie* ebenso wie sich selbst zerstört[4], bis hin zu dem Drama *Stella* (1775), das GOETHE ursprünglich seiner Verlobten LILI SCHÖNEMANN hatte widmen wollen und das mit seinem »glücklichen« Ausgang selber ganz wie ein orientalisches Märchen die problematische Liebe eines Mannes (*Fernando*) zu seiner Frau *Cäcilie* und zu der Baronesse *Stella* legitimiert[5], – noch 28 Jahre später, im Jahre 1803, wird GOETHE den Schluß dieser Geschichte ins Tödlich-Tragische umschreiben, indem seine *Stella* nunmehr, sehr »realistisch« für europäische Verhältnisse, Gift zu sich nimmt und Fernando sich erschießt[6]. Wann immer die Liebe in GOETHES Werken sich vorwagt, scheint sie bis hin zu den *Wahlverwandtschaften* (1809)[7] zum Tode verurteilt zu sein. Allein hier, im *Märchen*, tritt sie auf als die Kraft, die eine liebeleere, lieblose Welt zu »erhellen« vermag.

Nacht ist bereits die Zeit, in welcher die Geschichte beginnt; der *große Strom* (des Lebens) ist nach *starkem Regen* über die Ufer getreten; der *alte Fährmann* ist *müde* und schläft. Dunkelheit, Trauer[8] und Erschöpfung also bilden den Hintergrund von allem, was nun geschieht. Doch was eigentlich ist das, wovon nun die Rede geht?

Als wach, ja, als äußerst munter erweisen sich unter den angegebenen Umständen einzig *zwei große Irrlichter*, die von dem *Fährmann* in großer Eile über den Strom gesetzt werden wollen, wobei wir zunächst nicht erfahren, worin diese ihre Eile eigentlich ihren Grund haben könnte.

Das Motiv von dem *Fährmann* ist aus der griechischen Mythologie wohlbekannt: *Charon*, der die Verstorbenen über die sumpfigen Gewässer des Hades setzt, mußte, so wird überliefert, gegen seinen Willen auch den Heros *Herakles*, der den *Kerberos* einfangen wollte, hinüber geleiten, sowie, betört durch den Klang der Leier, *Orpheus* auf der Suche nach seiner verstorbenen *Eurydike*[9]. Alle Geschichten dieser Art schildern eine Überfahrt vom Reich der Lebenden ins Reich der Toten, eine Reise ohne Wiederkehr für gewöhnliche Sterbliche, nur wenn von Helden und Halbgöttern unternommen, mit der Hoffnung verbunden, ins Leben zurückzukehren und den Tod zu besiegen.

Dem *Fährmann* in GOETHES *Märchen* indessen ist, wie die *Schlange* später erklärt, ein solcher Doppeldienst strikt untersagt: selbst wenn er könnte, niemanden *darf* er wieder *hinüberbringen*; und die *Irrlichter* selbst sind denn auch alles andere als »heroische« Erscheinungen. In ihrer *unbekannten, sehr behenden Sprache*, in der sie zischend unter lautem, spöttischem Gelächter miteinander reden, wirken sie in ihrer Doppelgestalt schon als die verkörperte Zwiespältigkeit, und in ihrer stets schwebenden, niemals zur Ruhe kommenden Leichtigkeit und »Unseßhaftigkeit« machen sie ganz den Eindruck einer Geistesart, die nirgendwo haftet.

Wollte man den seelischen Zustand eines Menschen, in diesem Bild gezeichnet, sich vorstellen, so träte eine Persönlichkeit hervor, die buchstäblich entwurzelt ist – »heimatlos« nicht einmal mehr in dem Sinne von Menschen, die, wie *Hermann und Dorothea* (1796)[10], durch Gewalt und Krieg Vertriebene wurden; ihrer ganzen Natur nach können die *Irrlichter* durchaus nicht wissen, was es bedeutet, einen Teil der Welt als sich zugehörig zu fühlen. Ihre Eilfertigkeit, ihre Unruhe, ihr wie Spott erscheinendes Gelächter verrät vielmehr das Ergebnis emotionaler Bindungslosigkeit, eines schweifend-schwebenden Zustandes, der sich außerstande gibt, irgendwo »Platz« zu nehmen[11]. Ein durch und durch *schizoider* Gemütszustand scheint mithin hier gezeichnet, bei dem ein unentwegtes, hastiges, wie getriebenes Suchen einhergeht mit vollständiger Orientierungslosigkeit objektiv und fiktiver Selbstgewißheit subjektiv – unnötig etwa, daß die *Irrlichter* sich bei dem *Fährmann* nach dem Ziel ihrer Reise erkundigen würden; zwar wissen sie, was sie suchen, doch befinden sie sich im Irrtum bereits über ihre Lage: nicht überzusetzen, sondern am Ufer zu bleiben brächte sie näher ans Ziel: der *schönen Lilie*; doch dieses »Wichtigste«, ihre Frage, wo sie denn wohne, haben sie, typisch für ihresgleichen, *vergessen*.

Allein diese Spannung bereits zwischen einer gefühlsfernen Intellektualität und der Person der *schönen Lilie* nimmt in gewisser Weise das gesamte *Thema* des *Märchens* vorweg: wie, ja, ob es möglich sei, aus dem Zwiespalt einer derartig haltlosen, wenngleich nur allzu behenden Geistigkeit »hinüber« zu finden zur Schönheit der Liebe, beziehungsweise zur Liebe der Schönen, deren Lilien-Name schon klingt wie eine ferne Verheißung von Reinheit und Einheit in Denken und Fühlen, in Wesen und Sein. Freilich, man darf während der ganzen Erzählung, wann immer wir die *Irrlichter* so keck parlierend und agierend finden, den *Kontrast* von daher niemals vergessen, in dem sie selber auftreten: ihre zur Schau getragene Heiterkeit ist nur das Gegenstück des *starken Regens*, der im Hintergrund als Traurigkeit den *Strom* anschwellen läßt, ihr »Leuchten« ist das Konterfei zur Dunkelheit, die sie umgibt, und ihr voreiliges Sich-Überhasten wirkt wie das Resultat einer längst aufgestauten, unerfüllten Sehnsucht und Bedürftigkeit. Es scheint in der Tat das Beste, was von diesen *Irrlichtern* zu sagen ist, daß sie *unterwegs* sind zur *schönen Lilie;* denn die Gefahr läge bei ihrer Wesensart durchaus nahe, daß sie in bloß zynischer Pose sich selbst zu gefallen begönnen und, aus Enttäuschung autark, ihres vermeintlichen Witzes genießen wollten, um die Wirklichkeit niemals kennenzulernen.

So aber gehört es bereits zu den Eigentümlichkeiten der Einleitung dieses Märchens, daß es die *Irrlichter* über den *Strom* setzen läßt gerade nicht in der üblichen »Fährmann«-Richtung: von den Lebenden zu den Toten, von den im Licht Gegenwärtigen hinüber ins Reich der Schatten, vom Diesseits ins Jenseits, sondern gerade umgekehrt: was aus der Sicht der *Irrlichter* sich ausnimmt als »Jenseits«, ist gerade in »unserer« Welt das »Diesseits«; »drüben« wohnt aus »unserer« Sicht, vorerst als reine Idealgestalt, als Ziel der gemeinsamen Suchwanderung aller Akteure, wie die blaue Blume der Romantik, die *schöne Lilie*. Den *Irrlichtern* aber bekommt ihr »Irrtum«, wie das Folgende zeigen wird, nicht übel: *nur* indem sie sich auf die »Wirklichkeit«, auf unser »Diesseits«, wenn auch unfreiwilligerweise, einlassen, werden sie, ihrer vorerst noch »vergessenen« beziehungsweise verborgenen Sehnsucht folgend, zu der *schönen Lilie* gelangen können; dann wird sich ihr »Irrtum« als kostbar, ja, in gewissem Sinne als geradezu unerläßlich für alles Weitere erweisen.

Den wohl wichtigsten, zumindest gleich zu Beginn am meisten dramatischen Eindruck von der »Natur« der *Irrlichter* bietet zweifellos ihre Vernarrtheit in *glänzende Goldstücke*; sie recht eigentlich erscheinen als ihr wahres Lebenselixier; nach ihnen lecken sie gierig an den Wänden im Hause der *alten Frau*, mit ihnen gedenken sie ihre »Schuld« gegenüber dem *Fährmann* zu entrichten; Gold werfen sie aus, wann immer sie sich vor Spott und Gelächter zu *schütteln* beginnen. Was also hat es mit diesem so eigenartigen Motiv auf sich?

»Gold« kann bei GOETHE gewiß einfach »Geld« bedeuten, so wenn *Gretchen* im *Faust* die Gier der Menschen nach materiellem Reichtum mit den Worten beklagt: »Nach Golde drängt, / Am Golde hängt / Doch alles. Ach wir Armen.«[12] Doch an *dieser* Stelle trägt das Gold zweifellos eine andere, tiefere Bedeutung. Wenn später der *goldene König* die *Schlange* fragt: »Was ist herrlicher als Gold?« und die *Schlange*, ohne zu zögern, antwortet: »Das Licht«, so stimmt diese Aussage mit GOETHES Auffassung in der *Farbenlehre* überein[13], wonach Gold aufgrund seiner gelben Farbe dem Licht am nächsten steht. »Gold« in GOETHES *Märchen* ist offenbar ein Symbol der »Erleuchtung«, der Bewußtwerdung[14], und so ist seine eigentliche Quelle denn auch in der *Lampe* des *Alten* gelegen, deren Schein *Steine* in Gold zu verwandeln vermag. In Gestalt der *Irrlichter* haben wir es freilich mit einer Art von »Reflektiertheit« oder Intellektualität zu tun, die in sich selbst als gänzlich parasitär beschrieben wird: Nicht was sie selbst erkannt (»beleuchtet«) haben, ist Gold(es wert), sondern was im Schimmer fremder Erkenntnis (durch die *Lampe* des *Alten*) sich in »Gold« verwandelt hat, das bietet ihrer Gier ein schier unersättliches Vergnügen.

Genau betrachtet, repräsentieren die *Irrlichter* mithin eine Geistesart, wie GOETHE sie als ein Negativprodukt der Aufklärung zu karikieren nicht müde wurde: gefühlsenthoben, nüchtern-objektiv, bildungsbeflissen, alles kennend, ohne es zu erkennen, alles wissend, ohne je weise zu werden, alles beurteilend, ohne durch eigene Erfahrung je sich ein Urteil gebildet zu haben, – also »schwebt« in der Ausdrucksweise der GOETHE-Zeit der *Philister* durchs Dasein. »Wir Gebildeten – zu Nichts Verbildeten«, klagt GOETHES *Werther*[15] zum Beispiel und klagt damit zugleich die Unterdrückung jedes wahren Gefühls an, die Zwangsregulierung jeder wahren Liebe, wie sie in jeder emotionslosen (Un)Geistigkeit als Folge enthalten ist: »Feiner junger Herr! Lieben ist menschlich«, spricht im *Werther* der Philister, »nur müßt ihr menschlich lieben! Teilet eure Stunden ein, die einen zur Arbeit, und die Erholungsstunden widmet eurem Mädchen. Berechnet euer Vermögen, und was euch von eurer Notdurft übrig bleibt, davon verwehrt euch nicht, ihr ein Geschenk, nur nicht zu oft, zu machen, etwa zu ihrem Geburts- und Namenstage usw. – Folgt der Mensch, so giebt's einen brauchbaren jungen Menschen, und ich will selbst jedem Fürsten raten, ihn in ein Kollegium zu setzen; nur mit seiner Liebe ist's am Ende, und wenn er ein Künstler ist, mit seiner Kunst. O meine Freunde! Warum der Strom des Genies so selten ausbricht, so selten in hohen Fluten hereinbraust und eure staunende Seele erschüttert? – Liebe Freunde, da wohnen die gelassenen Herren auf beiden Seiten des Ufers, denen ihre Gartenhäuschen, Tulpenbeete und Krautfelder zu Grunde gehen würden, die daher in Zeiten mit Dämmen und Ableiten der künftigen Gefahr abzuwehren wissen.«[16]

Da quillt – in Tränen und Nacht – der *Strom* einer hohen genialischen Gefühlsaufwallung über die Ufer, und diese *Irrlichter* sorgen für nichts als für eine Ruhestörung zur Unzeit. Natürlich sind sie nicht einfach die Zerrfiguren bürgerlicher Spießerei, – zumindest sind sie doch *unterwegs* zu der *schönen Lilie*; und doch »strahlen« sie mit all dem »Gold«, das sie nur immerfort nutzlos in sich hineinschlecken, einzig um selber zu »glänzen«.

Wieviel, um sich eine konkrete Vorstellung des Gemeinten zu schaffen, läßt sich nicht beispielsweise im Felde akademischer Eitelkeiten in gerade diesen Bildern beschreiben? Da wird ein ungeheueres Quantum an »Goldstücken« fremder »Prägung« in sich hineingeschlungen und bleibt doch persönlich vollkommen »unverdaut«! Es dient zu nichts anderem als zur »Zierde« der eigenen »Aura«, als zu der prunkvollen Demonstration eines gelehrten Gehabes, ganz so, als sei das gesamte Bildungs»material« überhaupt nur dazu bestimmt, der bloßen Ichausdehnung in Macht, Reputation und Karriere zu dienen, wohingegen die persönliche Existenz als nichts weiter erscheint denn als eine Art Leuchtstoffröhre, ein Licht ohne Wärme wie ohne innere Beteiligung, ohne eigene Konturen und schon deshalb ohne jeden Ernst. Die Selbstzufriedenheit eines *Wagners* im *Faust*[17] mag für eine solche Geistesart sprechen, wenn er, ohne die unfreiwillige Parodie auf sich selber in seinen Worten auch nur zu bemerken, von dem »groß Ergetzen« fabuliert, »Sich in den Geist der Zeiten zu versetzen; / Zu schauen, wie vor uns ein weiser Mann gedacht, / Und wie wir's dann zuletzt so herrlich weit gebracht.« Was immer Menschen dieser Art berühren, bleibt klein und gerät kleinlich, und all ihr Tun läuft notgedrungen auf die Umschaffung der Natur zu Hervorbringungen bloße Retortenkreaturen hinaus, von Homunculus-Existenzen, gleich ihnen selber.[18]

Das entscheidende Merkmal eines solchen *Irrlichter*-Daseins aber liegt in der Äußerlichkeit der gesamten Lebenseinstellung. Was es wesentlich verkörpert, ist ein Leben im draußen, wie GOETHE selbst es einmal in einem Gedicht über das Gedicht als das Wesen des Philisterhaften beschrieben und dem Dichterischen, dem Genialen gegenübergestellt hat:

> Gedichte sind gemalte Fensterscheiben!
> Sieht man vom Markt in die Kirche hinein,
> Da ist alles dunkel und düster;
> Und so sieht's auch der Herr Philister:
> Der mag denn wohl verdrießlich sein
> Und lebenslang verdrießlich bleiben.
> Kommt aber nur einmal herein!
> Begrüßt die heilige Kapelle;
> Da ist's auf einmal farbig helle,
> Geschicht' und Zierat glänzt in Schnelle,

> Bedeutend wirkt ein edler Schein;
> Dies wird euch Kindern Gottes taugen,
> Erbaut euch und ergetzt die Augen![19]

Es bedeutete diesen Worten zufolge die Neugeburt einer wahren Form von Religion, den Standort der Betrachtung bloßer *Irrlichter-Existenzen* zu »verinnerlichen«, und die Dichtung selber, GOETHES *Märchen* nicht zuletzt, könnte einen entscheidenden Beitrag zu einer solchen Bewußtseinsänderung leisten; die *Irrlichter* selbst freilich werden in der ganzen folgenden Erzählung niemals das Innere des *Tempels* betreten; es ist ihr Wesen, selbst das Heilige nur von außen zu betrachten, einzig die *Lampe* des *Alten*, dieses Kontrastbild zu dem Leuchten der *Irrlichter*, erstrahlt im Innenraum des Tempels nur um so heller; ihr Schein freilich wird verdeckt, sobald andere Lichter neben ihr zu glänzen beginnen.

Recht gut versteht man vor diesem Hintergrund bereits die Unverträglichkeit des *Stroms* mit dem »Gold«, das die *Irrlichter* aus sich herausschütteln. Noch steht uns das Bild von dem »Strom des Genies« deutlich vor Augen, der so ganz anders dahindrängt als die behäbigen Siedler an seinen Uferseiten. Wovon dieser »Strom« aller Kreativität sich »ernährt«, können nur *Früchte der Erde* sein, etwas, worin Kultur und Natur im Rahmen kreatürlicher Einheit sich miteinander verbinden. Die *Irrlichter* hingegen wirken auf den *Strom* (des Lebens) wie in der Philosophie von LUDWIG KLAGES der »Geist« auf die »Seele«: – hemmend, fixierend, erstarrend, feindlich[20], so daß der »große Strom« sich dagegen aufwirft, um das Hindernis seines Fließens hinwegzuschwemmen; alles, was sonst in einem dynamischen Gleichgewicht bliebe, gerät ins »Schwanken«, wird allererst unsicher, ja, geradewegs gefährlich. Es kann den »Strom« nur erregen, wenn die *Irrlichter* ihn mit ihren Goldstücken »abspeisen« wollen. Freilich, mit »Gold« zu bezahlen ist die einzige Rechenart, die sie zu kennen scheinen, ja, sie begreifen ganz augenscheinlich nicht, daß von ihnen künftighin etwas sehr anderes gefordert wird als der Scheinreichtum ihres äußeren

Glanzes. Doch damit befinden die *Irrlichter* vom ersten Augenblick des *Märchens* an sich in einem unauflösbaren Dilemma. Sie wollten »hinüber« zu der *schönen Lilie*; doch auf diesem Wege sind sie als allererstes in allem *schuldig*: sie verfügen nicht über das richtige »Fährgeld«, und selbst die Fahrtrichtung, die sie gewählt haben, beruht, wie wir sehen, auf einer vollkommenen Fehleinschätzung ihrer eigentlichen Lage. Es paßt zu ihnen, daß sie ihrer unbezahlbaren Schuld *scherzend davonschlupfen* möchten, anstatt die bislang *verschmähten* »Früchte der Erde«: *drei Kohlhäupter, drei Artischocken und drei große Zwiebeln* herbeizuholen.

Diese drei »Früchte« haben – neben der für das ganze *Märchen* charakteristischen Dreizahl sowie ihrer runden Form – nur *ein* Merkmal miteinander gemeinsam: daß man sie nur langsam aufblätternd zu sich nehmen kann. Speziell Artischocken aß GOETHE sehr gern, und er übersah an ihnen nicht die mögliche sexualsymbolische Assoziation, als er am 18. 7. 1814 an seine Frau CHRISTIANE schrieb: »Ein Liebchen ist der Zeitvertreib, auf den ich mich jetzt spitze, / Sie hat einen schlanken Leib und trägt eine Stachelmütze.«[21] Die Zwiebel ebenso wie der Kohlkopf können zudem GOETHES Naturverständnis veranschaulichen – man kann sie abblättern, ohne auf ein bevorzugtes Zentrum zu stoßen. »Und so sag ich zum letzten Mal«, schreibt er in seinem »Ultimatum«[22], »Natur hat weder Kern noch Schale; / Du prüfe dich nur allermeist, / Ob Du Kern oder Schale seist.« Doch damit kommen wir einem wirklichen Verständnis der drei »Früchte« nicht näher; wir lassen die Deutung offen, bis wir die Motive des *Märchens* besser begreifen. Doch »prüfe dich«, das nun ist gerade die Forderung, die den *Irrlichtern* am allermeisten widerstrebt. Und doch beginnt erst auf Grund solcher Verwirrungen und Verirrungen die sehnsüchtige Suche nach der *schönen Lilie* Gestalt zu gewinnen, ja, wir ahnen bereits, daß die *Irrlichter* ihren eigentlichen »Ort« im Leben erst finden werden in einer Liebe, die das Leben reifen läßt und durch das Glück, das sich mit ihr verbindet, zu seiner notwendigen Einheit führt.

Die Schlange und der Schattenriese

Was die *Goldstücke* der *Irrlichter* angeht, so sind sie für den *Strom* offenbar derart »aufregend«, daß der *Fährmann* sie tunlichst zu »entsorgen« trachtet, indem er *das gefährliche Gold in einer gebirgigen Gegend in eine ungeheuere Kluft* schüttet; gerade dadurch aber, von allen Akteuren gänzlich unvermutet, wird die *schöne grüne Schlange aus ihrem Schlaf* geweckt, während der *Fährmann* sich wieder schlafen legt.

Diese *Schlange*, so viel erkennt man sogleich, ist das genaue Gegenstück zu den *Irrlichtern*; nicht nur, daß sie, wie jene, begierig die Goldstücke in sich hineinschlingt und dadurch zu leuchten beginnt, es ist vor allem, daß dieses Leuchten von innen her ihr selber alles andere als selbstverständlich erscheint: in ihrem Körper *schmilzt* das Gold *mit der angenehmsten Empfindung*, und zu ihrer *größten Freude* bemerkt sie, daß sie *durchsichtig und leuchtend* geworden ist. Auch die *Schlange* verkörpert offenbar eine bestimmte Art von Erkenntnis; doch was bei den *Irrlichtern* in jeder Form äußerlich bleibt, ist bei der Schlange innerlich: sie »leckt« das »Gold« nicht wie die Irrlichter von den Steinen, sie nimmt die Goldstücke in sich auf und verwandelt sie sich an, und während jene das Gold, einfach so, als wenn es nichts bedeuten würde, aus sich herausschütteln, zeigt die *Schlange* die größte Sorgfalt in der Aufnahme der ihr so unverhofft geschenkten Kostbarkeit. Auch die *Schlange* »leuchtet« durch die Aufnahme von »Gold«, aber das Licht, in welches sie das Gold verwandelt, durchdringt sie selbst ganz und gar und teilt sich den anderen auf das wohltätigste mit. Die *Irrlichter*, mit anderen Worten, treten im besten Falle (!) als bloße Tradenten auf, die etwas weitergeben, das niemals wirklich durch sie hindurchgegangen ist; für die *Schlange* hingegen bedeutet der Verzehr des Goldes eine Durchflutung von »Licht«, das Aufschimmern einer »Erleuchtung«, die ihr Wesen endlich (!) zu seiner eigentlichen, seit langem verheißenen Möglichkeit erhebt.

Auch im folgenden zeigt sich die Schlange als eine Quelle

der Erkenntnis gleich *Mephistos* »Muhme« im Paradiese[23]; doch um so wichtiger ist es, auch in dem Schlangensymbol die Gegenläufigkeit zu der biblisch vorgegebenen Deutung zu bemerken: Keinesfalls tritt die *Schlange* in GOETHES *Märchen* als die große Verführerin zu Schuld und Verwerfung auf. Wohl läßt *das frische Grün* ihrer Farbe sowie ihre Herkunft *von der horizontalen Linie*, wie die *Irrlichter* ihr gegenüber spöttisch bemerken, und nicht zuletzt ihr Kriechen durch *Sumpf und Rohr* sie als eine ferne Nachbildung der zahlreichen Schlangen in den Fruchtbarkeitskulten des Alten Orients erscheinen[24]; – nicht umsonst gab es Interpretationen, die sogar die »Sündenfallgeschichte« der Bibel in *Genesis* 3,1–7 als eine Verführung zu den Riten Kanaans verstehen wollten[25] oder die das Schlangensymbol als Verheißung sexueller Lust (im Zusammenhang mit entsprechenden Initiationsriten) deuteten[26]; doch treffen solche Erklärungen bereits in der Bibel nicht zu; die Schlange *dort* treibt die Menschen vielmehr in einem sich ständig steigernden, hypnotischen Spiel der Angst zu einer »Erkenntnis«, die ihnen nach göttlichem Willen niemals hätte zuteil werden sollen, nämlich daß sie wissend würden wie Gott und zu begreifen begönnen, was es bedeutet, nur Geschöpf sein zu müssen ohne die notwendige bejahende Einheit mit dem Schöpfer[27]. In GOETHES *Märchen* hingegen steht die *Schlange* augenscheinlich für eine gewissermaßen »naturhafte« Erkenntnis, doch *gerade deshalb* haftet ihr nichts von jener biblischen Bosheit und Teufelei an. Ganz im Gegenteil erscheint sie als das rechte Mittel, um endlich die Einseitigkeit der ihr *ähnlichen* »Irrlichter« zu korrigieren, auf die sie denn auch gleich als auf *angenehme Herren von ihrer Verwandtschaft* losschießt. In der erdgebundenen *Schlange* leben mithin all die Kräfte und Inhalte, die imstande sind, einen Menschen von seiner gefühlsfernen, bewußtseins*senkrechten*, sich stets »aufrecht« haltenden Intellektualität zu erlösen. In deutlichem Kontrast zu den Vorstellungen der christlichen Religion lebt GOETHES Schlange deshalb im Zustand vollkommener kreatürlicher Unschuld. *Schuld* kommt gerade nicht durch sie in die Welt; schuldig – gegenüber dem

Leben, nicht gegenüber einem weltenthobenen Jahwe-Gott! – macht den Menschen im *Märchen* einzig eine Intellektualität von der Weise der *Irrlichter*, die sich allem Trieb- und Gemüthaften höhnisch verweigert.

Indem GOETHE in seinem *Märchen* somit den christlichen Sündenfall- und Erlösungsmythos vollkommen *um*schreibt, ja, mit Hilfe des Schlangensymbols in sein gerades Gegenteil verwandelt, weicht die christliche Sicht auf Welt und Mensch einer weit milderen, versöhnlicheren Betrachtung. Vorbei ist die Verleumdung des Menschen als eines »Sünders« von »Anbeginn«[28], vorbei die Denunzierung der Schöpfung als einer durch teuflischen Einfluß »gefallenen« Natur, vorbei die verheerende Aufspaltung des Menschen in einen »Geist«, der Zweifel und damit »Sünde« ist, und in einen Trieb, der mit Laster und Unmoral gleichgesetzt wird. Wie die Schlange des griechischen Heilgottes ASKLEPIOS verkörpert in GOETHES *Märchen* das Schlangensymbol geradewegs ein Prinzip naturhafter Lebenserneuerung und Verwandlung, eine Kraft der Gesundung, welche die Einseitigkeiten und Entgegensetzungen der Seele zu überwinden hilft, in die man den Menschen im Namen der christlichen Moral nur allzu lange gezwängt hat.

Deutlich unterscheidet sich das Wirken der *Schlange* auch von den Machenschaften *Mephistos* im *Faust*. Wohl verhilft auch die Schlange des *Märchens* dem *Jüngling* zur Erfüllung seines Verlangens nach der *schönen Lilie*, ganz so wie *Mephisto* im *Faust* den vereinsamten Gelehrten dahin bringt, sich in *Gretchen* zu verlieben[29]; doch während die Liebe von dem grüblerischen Mann eines haltlos gewordenen Intellekts mit dämonisch-tragischer Macht Besitz ergreift und sein *Gretchen* schließlich in Unglück, Verbrechen, Wahnsinn und Tod treibt, weist die *Schlange* im *Märchen* ganz im Gegenteil einen Weg zur *Befreiung* von dem Fluch auf, der als Liebesangst und Liebesunfähigkeit sowohl über dem *Prinzen* als auch über der *schönen Lilie* lastet. Ja, im entscheidenden Augenblick, als der *Jüngling* bereits entseelt am Boden liegt und zu verwesen droht, beschützt gerade die *Schlange* ihn durch den magischen

Ring, den sie mit ihrem Körper wissend und bewahrend um ihn legt.

Insofern kann es nicht verwundern, wenn die *Schlange* den *Irrlichtern* erklärt, daß sie es sei, die, freilich *erst in der Mittagsstunde*, eine *Brücke* über den *Strom* zu bilden und sie der *schönen Lilie* vorzustellen vermöge. Denn tatsächlich ist die *Schlange* die gestaltgewordene Vermittlung zwischen den beiden nur vermeintlich so entgegengesetzten »Ufern« von Natur und Kultur, Gefühl und Verstand, »Diesseits« und »Jenseits«, Unbewußtem und Bewußtem. Bezeichnenderweise genießt sie es, »*in hohen Felsritzen*« »*gewürzhafte Kräuter*« zu sich zu nehmen und ihren Durst *mit zartem Tau und frischem Quellwasser* zu stillen, und zugleich wiederum verlangt es sie nach Gold, *in Hoffnung des herrlichen Lichtes*, das aus ihr hervorgehen wird, wenn sie es erst einmal von den *Irrlichtern* zu sich genommen hat. Es scheint schwer möglich, die Natur, die ihrer selbst bewußt wird, in ein schöneres Symbol als dieses zu kleiden. Und was am wichtigsten dabei ist: das »Naturhafte« erscheint hier gerade nicht als das Ängstigende, Gefährliche, alle Kultur durch das chaotische Treiben der Sinnenwelt Unterspülende, vielmehr sehnt, dieser Darstellung zufolge, die Natur sich nach nichts mehr denn nach ihrer Erleuchtung durch eben das »Gold«, das nur in den Händen der *Irrlichter* etwas Lebensabgewandtes, steril Feindseliges besitzt. Nicht die Natur also, verkörpert in der wohltätigen *Schlange*, kann »verderbt« oder »verkehrt« sein, allenfalls der menschliche Geist kann selbst das »Gold« der Erkenntnis zu seinem eigenen Schaden lebensfeindlich gebrauchen!

Ganz anders als in der *Faust*-Tragödie sind es in dem *Märchen* demnach nicht die Leidenschaften des Herzens, die den Menschen ins Unheil stürzen, es sind im Gegenteil die Abstraktionen seiner Gedanken, die es ihm *irrlichtelierend* nicht erlauben, einen festen Standpunkt in sich zu finden. Die Liebe, die *Faust* schließlich dahin treibt, den Pudel, als welcher *Mephisto* ihm ursprünglich erschien, in eine *Schlange* umzuwünschen, »daß er vor mir im Sand auf dem Bauch krieche, ich ihn mit den Füßen trete, den Verworfenen«[30], zeigt sich im *Märchen* gerade umgekehrt als das Allheilmedikament vor Zerrissenheit, Angst, Tod und Verzweiflung. Nicht die Schlange des Paradieses also, – wenn überhaupt ein biblisches Bild, so entspricht am ehesten die eherne Schlange des MOSES der Schlüsselgestalt des GOETHESCHEN *Märchens*; denn wie diese, hoch aufgerichtet an einem Stabe, einen jeden im Lager der Hebräer, den die feurigen Schlangen gebissen hatten, wenn er den Blick auf sie richtete, vor dem Tode bewahrte[31], so erhebt sich die *Schlange* im *Märchen*, nachdem sie die Liebenden einander zugeführt hat, als Brücke dazu, auf immer die beiden Uferseiten des *Stroms* durch ihr Selbstopfer miteinander zu verbinden.

Es scheint folglich nicht zu viel behauptet, wenn wir an dieser Stelle schon festhalten, daß GOETHE mit seinem *Märchen* die in seinem ganzen Werk einzige und entscheidende Dichtung vom Glück und Gelingen der Liebe geschaffen hat, und zwar in scharfem Kontrast zu all seinen anderen Romanen und Dramen, zu der *Faust*-Tragödie insbesondere. Nur im *Märchen*, in diesem kleinen Edelstein des gewaltigen Baus seines Werkes, zeigt sich eine mögliche Lösung und Erlösung aus dem ewigen Konflikt, der sonst seine Gestalten (und, wie wir noch sehen werden, ihn selber!) gefangenhält. Derselbe Autor, der in einem sarkastischen Spruch über die Literatur des *Sturm und Drang* bemerken konnte: »Mir will das kranke Zeug nicht munden, / Autoren sollten erst gesunden«[32], hat doch allein in dem *Märchen*, wie zu seiner eigenen Heilung, die Medizin sich selber gemischt (und verordnet), welche die *Schlange*, wie in manchen Erzählungen der Volksmärchen, den zum Tode Verurteilten oder gar schon Verstorbenen zu ihrer Rettung im letzten Augenblick bietet[33].

Allerdings bedeutet die Indienstnahme der *Schlange* für die *Irrlichter*, wo schon keine Gefahr, so doch ein gewisses Maß an Unbill und Ungemach, – man darf die *Mittagshitze* nicht *scheuen*, um auf ihr überzusetzen, denn nur zu dieser Zeit, in der Mitte des Lebens, ist es möglich, daß sie die beiden Ufer überbrückt. Für die *Irrlichter* freilich ist gerade dies *eine Zeit*, *in der* sie *nicht gerne reisen*, und wir verstehen nach dem Gesagten wohl auch schon den Grund: nichts mag so »ungemütlich« für eine rein intellektuelle Haltung werden, als für hitzige Gefühle sich zu erwärmen; gerade das aber ist der Weg, den die *Schlange* weist. Die Alternative zu ihrem »Rezept« besteht allein in dem *Schattenriesen*, der *mit seinem Körper nichts* vermag, dafür aber mit dem Schatten, den er wirft, beim Aufgang und Untergang der Sonne eine gewaltige Macht besitzt und an einer Stelle, *wo das Gebüsch dicht ans Ufer stößt*, gern und mühelos auf dem *Nacken seines Schattens* die *Irrlichter* über den *Strom* setzen würde.

Man versteht die Eigenart dieses *Riesen* am einfachsten von den Zeitangaben her, die seinem Auftreten gesetzt sind; am Morgen (des Lebens) und am Abend (des Lebens), wenn die schrägstehende Sonne (des Bewußtseins) dem Menschen die eigene Existenz in einer beeindruckenden Silhouette entweder vorausmalt oder im Rückblick nachzeichnet, in einer Zeit also, da entweder noch nichts oder nichts mehr sich wirklich entscheidet, könnte es den *Irrlichtern* scheinbar ganz leicht gelingen, sich völlig passiv, rein in der Vorstellung, über den *Strom* tragen zu lassen[34]. Die Unerfahrenheit der Jugend ebenso wie die Abgeklärtheit des Alters vermag sehr leicht zu dem Eindruck zu führen, die Aufgabe des Lebens, eine Synthese zwischen »Diesseits« und »Jenseits« zu bilden, sei ohne weitere Schwierigkeiten entweder zu meistern oder bereits gemeistert worden, und es droht in beiden Lebensphasen die Gefahr, reine Phantasmagorien und »Schattenspiele« bereits für die Wirklichkeit zu nehmen. Daß die *Schlange* ihren Hinweis auf die Möglichkeiten des *Schattenriesen* ganz ohne jede Vorwarnung, sozusagen wie eine rein touristische Information weitergibt, spricht nicht gegen diese Deutung, – es ist an jeder Stelle der Leser selber, der sich fragen soll und muß, was die vorgeschlagenen Alternativen für ihn selber, in seinem eigenen Leben bedeuten. So erwähnt die *Schlange* auch mit keinem Wort, daß die Reise auf dem *Riesen* wohl über den *Strom*, doch vermutlich nicht zu der *schönen Lilie* führen wird; ein solcher Schluß läßt sich nur indirekt, dann aber mit genügender Sicherheit ziehen. Ausdrücklich nämlich stellt die *Schlange* in Aussicht, sie werde den *Irrlichtern* nicht nur als Brücke über den Fluß helfen, sondern sie auch bei der *schönen Lilie vorstellen*; von einem vergleichbaren »Dienst« ist bei dem *Schattenriesen* kein Wort mehr. Läßt sich verhaltener und eindringlicher zugleich darauf hinweisen, daß die Begegnung mit der *schönen Lilie* wohl eine Sehnsucht der Jugend oder eine Wehmut des Alters darstellen mag, doch daß sie in Wirklichkeit allein demjenigen vorbehalten ist, der es wagt, sich der »Mittagshitze« glühenden Gefühls und entschiedener Klarheit auszusetzen? Der Traum am Morgen des Lebens oder der Schatten am Abend des Lebens sind beide gleichweit entfernt von »Körperlichkeit«, von Realität!

Zudem muß auffallen, daß die Handlungsabfolge des *Märchens* sich an dieser Stelle in eigenartiger Weise verwirrt. Die Unterredung zwischen der *Schlange* und den *Irrlichtern* findet mitten in der Nacht statt; von daher wäre es einzig logisch, wenn die *Irrlichter*, die es bisher so eilig hatten, zu der *schönen Lilie* überzusetzen, nun in den Morgenstunden sich der Dienste des *Schattenriesen* versehen wollten, der zudem *nicht weit von hier* sich aufhalten soll; wie könnte es unter so günstigen Umständen sinnvoll sein, bis zur Mittagsstunde zu warten, wenn die *Schlange* sich zur Brücke zu formen vermag? Statt dessen erklärt die *Schlange* zwar, daß die Schattenkraft des *Riesen* am Morgen wie am Abend übermächtig groß sei, dann aber redet sie nur noch davon, wie man am Abend sich von ihm übersetzen lassen könne, und die *Irrlichter* stellen nicht einmal die Frage, die doch am allernächsten liegt: ob die Reise auf dem Schatten des *Riesen* nicht schon des Morgens gelingen könne. Offenbar wissen sogar die *Irrlichter*, daß es jetzt nur noch zwei Möglichkeiten gibt: entweder in der »Mittagshitze« sich über die *Schlangen*brücke auf den Weg zur *schönen Lilie* zu begeben oder aber am *Abend*, mit einem Wort: wenn es zu spät ist, einer Möglichkeit des Lebens nachzutrauern, die, um gewisse Unannehmlichkeiten zu vermeiden, niemals etwas anderes war und werden konnte als ein *Schatten* der Wirklichkeit. Wie dieses furchterregende Gespensterbild eines ungelebten Lebens endgültig sich zur »Zeitansage« wandelt, wird noch gegen Ende des *Märchens* ein eigenes Problem darstellen; bis dahin wird es nur erst einer *alten Frau* mit ihren *Erdfrüchten* mancherlei Ungelegenheit schaffen…

Der Tempel der vier Könige und der Alte mit der Lampe

Ehe wir dazu kommen, die weiteren Taten, sprich Untaten des *Schattenriesen* zu betrachten, finden wir uns als nächstes an der Seite der *Schlange* in einem *wunderbaren unterirdischen Gewölbe* wieder, in welches sie durch eine *Ritze* gelangt ist; mit Hilfe ihres ausgeprägten Tastsinnes hat sie bereits *zu ihrer großen Verwunderung* allerlei *Gegenstände gefühlt, welche die bildende Hand des Menschen* verrieten, doch erst in dem Licht, das sie selber in *der Rotunde* wirft, erkennt sie *mit Erstaunen und Ehrfurcht* das Bildnis eines *Königs* aus *lauterem Golde*, dessen Haar von einem *Eichenkranz* gehalten und dessen *wohlgebildeter Körper* von einem *einfachen Mantel* umhüllt ist. Diese Insignien lassen in ihm einen ebenso mächtigen wie uneitlen Herrscher erschauen, dessen »goldene« Natur erneut in das Umfeld von Bewußtwerdung und Selbsterkenntnis verweist.

Folgerichtig legt dieser *König* denn auch der *Schlange* drei Fragen vor; die für den Leser wohl wichtigste Frage berührt er allerdings gar nicht: wie ist es überhaupt möglich, daß wir die *Schlange*, dieses Sinnbild des Bösen im Christentum, das entsprechend den apokalyptischen Vorstellungen der Bibel[35] aus dem Himmel gestürzt werden mußte, um die Sphäre des Göttlichen von ihm zu reinigen, nunmehr in GOETHES *Märchen* wie ganz selbstverständlich, geleitet einzig vom eigenen Instinkt, Zugang ins Heiligtum finden sehen? Man begreift allein durch diesen buchstäblich »fraglosen« Gegensatz des GOETHESCHEN *Märchens* zu den Lehren der christlichen Orthodoxie nur allzu deutlich, daß es sich bei dem *Tempel* nicht um ein christliches »Gotteshaus« handeln kann, vielmehr um das Sinnbild eines vorchristlichen, ursprünglicheren »Orts« von Religion; die

Schlange des *Märchens*, so viel steht fest, hat nichts gemein mit dem »Teufel« des Christentums; am ehesten erinnert sie hier an die ägyptische Schlange der *Wegeeröffnung*[36], an die unterirdische *Upuaut*.

Zahlreiche Einzelheiten zeigen, daß GOETHE bei der »Architektur«, bei der endgültigen Stellung seines *Tempels* gleichwohl den römischen Petersdom sich zum Vorbild gesetzt hat[37]: bei dem *Fluß*, in dessen Nähe der Tempel zum Stehen kommt, handelte es sich anscheinend um den Tiber, die *Säulen*, die den *Vorhof* umgeben, entsprechen den Colonaden des Petersplatzes, die *herrliche Brücke* tritt in Analogie zur Engelsbrücke, und die *mächtige Bildsäule* mit ihren *edlen und bedeutenden Bildern* trägt ihr Konterfei in dem ägyptischen Obelisken, der 1586 auf dem Vorplatz des Petersdoms aufgestellt wurde[38]. – Einen romantisch-impressionistischen Eindruck der Szene vermittelt CAMILLE COROT mit dem 1906 gemalten Bild *Die Engelsburg und der Tiber in Rom* (Umschlagbild und Bildteil, Abb. 1).

Die eigentliche Aussage der Szenerie aber versteht man erst unter der Voraussetzung, die das *Märchen* selbst trifft: daß der römische Dom eben *nicht* der »Tempel« ist, der die Wahrheit der Religion verkörpern könnte. Der Evidenz dieser Voraussetzung kann man sich schwer entziehen.

Wie denn?

Da besteht die Kirche Roms mittlerweile seit immerhin 2000 Jahren, und doch befindet sich der »Zustand« der Religion trübsinnig genug, um einen vollständigen Neuanfang, um, genauer gesagt, eine »Hebung« des ganzen »Standpunktes« zu ihrer Neubegründung zu fordern! Was Religion sein müßte, lagert immer noch, so scheint es in dem *Märchen*, unter einem Deckgebirge von Stein, es ist, in wörtlichem Sinne, von der Kirche Petri »petrifiziert« (verfelst) worden, und sollte es je wieder Leben gewinnen, so müßte es allererst von gerade den Schlangen-Kräften, die diese »Kirche« am meisten verteufelt hat, wiederentdeckt und ans Tageslicht geholt werden. Da steht seit 300 Jahren der Petersdom[39] als Monument der Machtentfaltung römischer Renaissance-Päpste am Tiber, und doch müßte er erst an den *großen Strom* gebracht werden, um sich mit Leben zu erfüllen! Da existiert seit mehr als 1500 Jahren in Gestalt des Papstes ein Mann, der behauptet, der »Brückenbauer«, der allergrößte sogar, der *Pontifex maximus* zu sein, und doch ist nach wie vor keine Brücke erbaut, und man versteht: sie kann es nicht sein, solange die »leuchtende *Schlange*« nicht in den Innenraum des Heiligtums zugelassen wird!

Schauen wir uns indessen in GOETHES »Tempel« mit den Augen der *Schlange* einmal um, so finden wir, daß dieses Heiligtum die größte Ähnlichkeit zum römischen *Pantheon* aufweist[40], das im Italienischen für gewöhnlich als *Rotonda* bezeichnet wird. Dieser in der Tiefe (der Vergangenheit) liegende »Tempel« der griechisch-römischen Antike erweist sich als Ort einer Toleranz[41], die imstande ist, »alles Göttliche« (so der Name *pan theion*) in seiner Wahrheit und Schönheit gleichermaßen in Ehrfurcht und Verehrung zu halten. Eine solche Gesinnung leuchtender Güte und Heiterkeit ist als das »Bildnis« des »Heiligtums« von der *Schlange*, von dem naturhaften Empfinden, wohl immer schon erspürt und ertastet worden, doch stets nur wie im verborgenen, ohne wirkliche »Anschauung«, ohne eigene »Erleuchtung«. Jetzt aber wird unausweichlich die Forderung laut, der Tempel müsse *am Fluß*, also just dort zum Stehen kommen, wo nach römischer Topographie der Petersdom sich befindet und wo im *Märchen* das Haus des *Fährmannes* steht. Das Pantheon, gerade herausgesagt, hat also den Platz des heutigen Petersdoms einzunehmen, auf daß die Religion endlich ihr wahres, menschliches Antlitz (wieder) erlangt! Und wahrlich: *Es ist an der Zeit!* Es bedarf, mit anderen Worten, zur Erneuerung der Religion der »Erhebung« zu einer wirklichen »Renaissance« jenseits des Pomps päpstlichen Prunks mit gottgleichen Titeln und Wurden, und die Frage erhebt sich, wie das Standbild des *goldenen Königs* selbst sich ins Licht und ins Leben rücken ließe.

Um die *Rotunde* (das Pantheon) an die Stelle des Petersplatzes zu versetzen, müßte sie entsprechend der Stadtkarte Roms in der Tat unter dem Tiber hindurch an die gegenüberliegende

Topographische Skizze

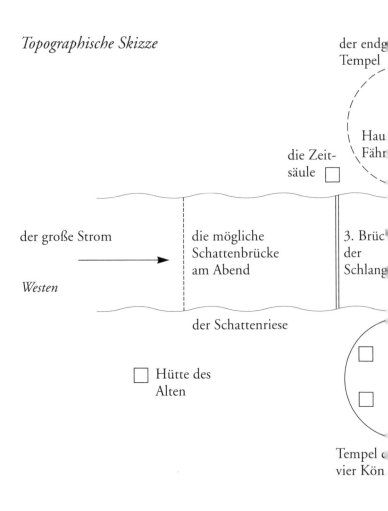

Der »große Strom«, an dessen Ufern das *Märchen* spielt, fließt offenbar, wie der Fluß der Nachtmeerfahrt im alten Ägypten, von »Westen nach Osten«, er ist ein Strom der Verjüngung des Lebens und des Neubeginns der Liebe. Einander gegenüber liegen das Haus des Fährmanns und der Tempel der vier Könige. Die Schlucht der Goldstücke sollte beim Stromabtrieb der Fähre ein wenig weiter im Osten liegen. Aus dem Tempel der vier Könige entfernt sich der Alte nach Westen, die Schlange nach Osten. Als die Alte die Hütte mit dem Mops und den Erdfrüchten verläßt, findet sie als ersten den Schatten-

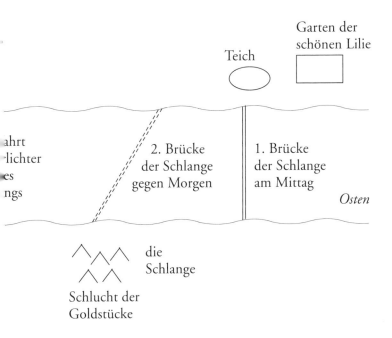

riesen, dann, weiter stromabwarts, den Jüngling. Beide werden gemeinsam mit den Irrlichtern über die Brücke der Schlange zum Garten der schönen Lilie gebracht. Ein zweites Mal bildet die Schlange gegen Morgen eine Brücke, die zum Tempel der vier Könige hinüberführt. Nach Überführung des Tempels auf die andere Uferseite, zum Hause des Fährmanns, entsteht die endgültige Edelsteinbrücke aus dem Opfer der Schlange. Vor dem Tempel erhebt sich der Schattenriese als Zeitsäule.

Seite versetzt werden; doch umschreibt das räumliche Symbol eine geistige Standortveränderung, die, wie wir später erfahren, sich nur vollbringen läßt durch die Erlösung der Liebe, durch die Befreiung von dem Fluch, der über der *schönen Lilie* und über dem *Prinzen* liegt.

Schauen wir uns in der Zwischenzeit im Gesamtbild des *Märchens* einmal den »*Lageplan*« der Ereignisse an den beiden Uferseiten des *großen Stromes* ein wenig näher an, so erhellt diese Transformation (oder Transposition) des gesamten Standpunktes an das »jenseitige« »Ufer« in aller Deutlichkeit. Es entsteht die Skizze (S. 68 und 69).

Wie man sieht, beschreibt GOETHES *Märchen* konsequent die »Umsetzung« der Idee des Heiligen, Wahren und Schönen in eine Wirklichkeit, die stets für unerreichbar, für utopisch, für weltjenseitig gehalten wurde, während es darum geht, den Gegensatz insgesamt von »diesseits« und »jenseits« endgültig durch eine angstfrei gewordene Form der Liebe zu »überbrücken« beziehungsweise »aufzuheben«.

Bezeichnenderweise gilt die *erste* Frage des *goldenen Königs* im *Tempel* an die *Schlange* denn auch ihrem »Woher«. Da gab und gibt es verborgene »Schätze«, *Klüfte, in denen das Gold wohnt,* wie die *Schlange* erklärt, und es scheint in diesem Moment wie vergessen, daß das schimmernde Edelmetall doch überhaupt nur durch die Vermittlung der *Irrlichter* zu empfangen war. Jetzt jedenfalls mutet das »Gold« an wie ein organischer Teil der Natur, – es »wohnt« im Berg, es lebt im Gestein, es »wächst« durch das Gefüge der Zeit, und die Vitalität der *Schlange* ist imstande, es in ihrem Inneren in »Licht« umzuschmelzen. Die *zweite* Frage des *goldenen Königs* beantwortet sich von daher wie von selbst: *herrlicher* als die Kostbarkeit der Natur ist das in Erkenntnis verwandelte Sein der Natur; – und auch die *dritte* Frage findet auf diese Weise ihre Antwort: Alle Erkenntnis gewinnt erst ihren »Nutzen«, indem sie sich durch *das Gespräch* austauscht; alle Wahrheit, anders gesagt, ist (in PLATONischem Sinn) dialogisch; doch wird dieser »Nutzen« hier als *erquicklich* wiedergegeben. Es ist ein Wort, das nicht den unbedingten Ernst eines Heilmittels auf Leben und Tod an sich trägt, in dem es eigentlich stehen müßte, dafür aber wirkt es gewinnender, einladender, verführerischer: – es ist ein Medikament auf »goldenem« Löffel gereicht. »Erquickung« statt »Erlösung«, »Gespräch« statt Dogma und »Opfer«, »Vergoldung« statt »Kreuzigung« – ein einziges solches Wort genügt, und wir sind schon dabei, die Vertauschung des »Standpunktes« von »Pantheon« und »Petersdom« mitzuerleben.

Während die Weisheit und Wahrheit in Gestalt des *goldenen Königs* umhüllt und umkränzt ist mit Schlichtheit und Einfachheit, *schielt* doch die *Schlange* bereits auf *ein anderes herrliches Bild,* das einen *silbernen König* zeigt, schmächtig von Gestalt, doch von stolzer Heiterkeit im Angesicht, mit kostbar verziertem Gewande umkleidet, angetan mit edelsteingeschmückter *Krone, Gürtel und Zepter.* Und daneben, in dem angenehmen Licht, das eine *Ader* in der marmornen Wand plötzlich bestrahlt, wird ein dritter *erzener König* der *Schlange* sichtbar, der, auf eine Keule gelehnt, *mit einem Lorbeerkranze geschmückt* ist. Mehr angekündigt als geschildert wird zudem noch die Anwesenheit eines *vierten Königs,* der als der *jüngste* von allen trotz seiner *ansehnlichen Gestalt eher schwerfällig als schön* wirkt und dessen Stimme *rauh* und *stotternd* klingt; diesen *König* nimmt die *Schlange* erst in Augenschein, als aus der Mauer ein Mann in der Kleidung eines Bauern herausgetreten ist, der eine *kleine Lampe in der Hand* hält, welche *den ganzen Dom* erhellt, *ohne auch nur einen Schatten zu werfen.* An diesen Mann richtet der *goldene König* die Frage, warum er überhaupt komme, da sie doch bereits über Licht genug in der Höhlung des Tempels verfügten. Offenbar ist bei dieser Frage vorausgesetzt, daß der Mann mit der Lampe von dem Aufenthalt der Schlange und auch von der neu erworbenen Leuchtkraft ihrer Erscheinung bereits Bescheid weiß, und tatsächlich enthüllt sich wenig später schon, daß die *Lampe* des Mannes *die wunderbare Eigenschaft* besitzt, *alle Steine in Gold, alles Holz in Silber, tote Tiere in Edelsteine zu verwandeln und alle Metalle zu vernichten.* In gewisser Weise ist der Mann mit der Lampe also der Ursprung all des Goldes, nach dem die *Irrlichter* so eifrig lecken und das in der *Schlange* sich in Licht verwandelt hat.

Das Motiv selbst von der zauberhaft alle Dinge verwandelnden Lampe ist aus der Geschichte von *Aladdin und der Wunderlampe* in *1001 Nacht* wohlbekannt[42], und es taucht desgleichen auch in den *Märchen der Brüder Grimm* in der Erzählung von dem *blauen Licht*[43] auf; an all diesen Stellen mag es genügen, das (künstliche) Licht mit dem Schimmern von Geist und Bewußtsein zu kommentieren. Hier aber, in GOETHES *Märchen*, ist das Licht aus der *Lampe* des *Alten* gleich doppelt konfiguriert, in dem »Leuchten« der *Irrlichter* ebenso wie in dem Leuchten der *Schlange*. Was also bedeutet es? Mit dem »Alter« des einfach gekleideten Mannes mit der Lampe mag man erneut das Stereotyp der »Weisheit« verknüpfen, und man könnte diese Eigenschaft in Gegensatz zu der offenbaren Narretei der *Irrlichter* stellen; und doch würde damit allein die Konstellation zu der *Schlange* noch nicht deutlich genug erfaßt. Einen wichtigen Hinweis auf die eigentliche Natur des *Alten* mit der *Lampe* erhalten wir erst, wenn wir beachten, wonach die Könige ihn befragen: – es handelt sich, bis auf die erste Frage, direkt oder indirekt um Erkundigungen nach zukünftigen Begebenheiten. Der Schein der Lampe, die bezeichnenderweise ihre verwandelnde, wertschöpferische Kraft ausschließlich an *totem* Material entfaltet, läßt sich somit in ihrer »Weisheit« genauer als eine planend in die Zukunft gerichtete Geistesart verstehen, und damit unterscheidet sie sich allerdings spezifisch von der Haltung etwa der *Irrlichter* oder der Bewußtseinsform der *Schlange*.

In der Tat kann man sagen, daß der Wert von etwas Gegenständlichem sich überhaupt erst entdeckt, wenn man es in den Entwurf einer möglichen Zukunft hineinhält. Was etwas bedeutet, wird sichtbar allein in der Perspektive einer nach vorne gerichteten Vernunft; von daher wird auch die Antwort des *Alten* auf die Frage des *goldenen Königs* verständlich, warum er mit seiner *Lampe* den schon beleuchteten Raum des *Tempels* betreten habe: »Ihr wißt«, erklärt er, »daß ich das Dunkle nicht erleuchten darf.« Die Zukunft liegt natürlich vollkommen im Dunklen; im Rahmen einer vorausschauenden Vernunft wird das Dunkel der Zukunft denn auch nicht aufgehoben, – es ist in der Tat unmöglich, ja, »verboten«, die Unbekanntheit des Künftigen in ein magisch-prophetisches Wissen umzuformen; wohl aber ist es möglich, in der Gegenwart bereits richtige Entschlüsse zu fassen, herauszuspüren, was »an der Zeit« ist, und in gewissem Umfang somit die Zukunft zu planen. Das Feld des Überraschenden, des Unvorhersehbaren wird dadurch gewiß nicht kleiner, doch wird dabei das Vorhandene, das Ausgangsmaterial aller Gestaltung von Zukunft, in seinem Wert allererst sichtbar.

Der Unterschied zu den *Irrlichtern* liegt mit dieser Feststellung auf der Hand, sahen wir doch, wie diese, fernab aller Kreativität, rein rezeptiv nur die Schätze in sich hineinschlürfen konnten, die andere »Leuchten« ihnen geschaffen hatten. Und auch der Unterschied zu der Kreatürlichkeit der *Schlange* ist deutlich. Denn auch die *Schlange* verhält sich wesentlich »aufnehmend« zu dem »Gold«, das sie selbst nur zu finden, niemals zu »erfinden« vermag.

Vereinfachend kann man deshalb sagen, daß jenes Licht, mit dem die *Irrlichter* scheinen, aus der Vergangenheit stammt und auch nur in der (oberflächlich »gewußten« und verwalteten) Vergangenheit leuchtet, während das Licht der *Schlange* mit ihren vitalen Wünschen und Begierden wesentlich die Gegenwart erhellt; doch in diese als Tempelinnenraum erhellte Gegenwart tritt nun der *Alte* mit der *Lampe*, um, so weit als möglich, die Zukunft zu betrachten und zu gestalten. Es darf dabei gewiß für ein Zeichen von *Alter*sweisheit gelten, die Zukunft als mitbedingt durch die Folgen gegenwärtigen Handelns und Verhaltens mitzubedenken, und doch zeigt uns GOETHES *Märchen* gerade diese Geisteshaltung des *Alten* mit der *Lampe* als in höchstem Maße verjüngend-kreativ. Wie wir die »Lampe« des *Alten* innerpsychisch am besten verstehen sollten, wird das *Märchen* selbst uns noch zeigen.

Was aber, müssen wir uns jetzt fragen, ist es dann mit den

vier *Königen* selbst? Gerade weil wir soeben noch die religiöse Bedeutung der Tempelszene klar herausgestellt haben, legt der Verdacht sich nahe, wir hätten es in der »Aufhebung« des *Tempels* an die Stelle des römischen Vatikan-Staates mit so etwas zu tun wie mit der Konzeption HEGELS von der »Aufhebung« der Religion in die objektive Vernunft des (preußischen) Staates[44]; denken könnte man, daß die *vier Könige* im *Heiligtum* identisch seien mit der Übernahme der ehedem religiösen Macht durch die politische Macht der (staatlich verordneten und geordneten) Vernunft – eine Idee, die in der Französischen Revolution sechs Jahre zuvor nicht nur gedacht, sondern mit allen Konsequenzen in die Tat umgesetzt wurde. Auch GOETHES *Märchen* scheint an dieser Stelle mit einer solchen Möglichkeit zu liebäugeln, doch nur, um sie sogleich wieder auszuschließen. Könige entstammen dem Raum des Sakralen, – diese durch und durch traditionelle Ansicht erfährt ihre ungebrochene Stützung durchaus in dieser Erzählung; doch geht es hier denn überhaupt um »Könige« im Sinne der Historie?

Bereits die *Vierzahl* der *Könige* hat es nicht mit »realen« Herrschergestalten der Geschichte, sondern mit der Deutung geschichtlicher Herrschaft zu tun. Das Schema einer Abfolge von vier Reichen ist schon in der *apokalyptischen* Literatur des Spätjudentums ausgeprägt[45], dort allerdings erneut mit einem charakteristischen Unterschied. Die Apokalyptik ebenso wie die Lehre von den vier Weltaltern bei den Römern basiert auf der Vorstellung einer ständigen Verschlechterung der Welt, beginnend mit einem »goldenen« und silbernen Zeitalter des Friedens und der Harmonie und herabsteigend dann über die Phase einer ehernen (bronzenen) Epoche bis hin zu dem nunmehr kriegerisch-eisernen Zeitalter der Gegenwart. Im Gegensatz dazu kann von einer historischen Abfolge bestimmter Geschichtsepochen bei den *vier Königen* in GOETHES *Märchen* keine Rede sein. Entscheidend an diesen *vier Königen* ist vielmehr der Umstand, daß sie, vermittelt durch den *Alten* mit der *Lampe*, zeitgleich in ein »Gespräch« miteinander eintreten. Ganz deutlich handelt es sich bei ihnen nicht um Repräsentanten bestimmter gesetzmäßiger Geschichtsabfolgen, wohl aber um Komponenten eines inneren »erleuchteten« Zwiegesprächs, das mittelbar um die Frage kreist, wie die »Utopie« eines idealen Zeitalters möglich sei.

So wie GOETHE die Düsternis der christlichen Sünden- und Erlösungslehre auf »erquickliche Weise« in der Gestalt der *Schlange* ins Positive »aufgehellt« hat, so übernimmt er demnach nun auch die terroristische Vorstellung der jüdisch-christlichen Apokalypse von dem unaufhaltsamen Abstieg der Welt bis hin zu der sicher bevorstehenden Katastrophe des Ganzen in der Gestalt der *vier Könige* einzig zu dem Zweck einer einfachen Umdeutung: Zur Lenkung und Leitung der menschlichen Geschichte bedarf es dreier Prinzipien, die uns am Ende des *Märchens* noch näher als Weisheit (Gold), Schein (Silber) und Gewalt (Erz) vorgestellt werden; doch diese drei sind heilsam tätig allein vermöge einer vierten Kraft, die hier noch ungenannt bleibt, doch die sich später als die Liebe zu erkennen gibt. Die Frage der Ordnung der Welt verknüpft sich in dieser Weise auf das engste mit der Frage der Einheit des menschlichen Herzens. Es gibt, muß man sagen, gewiß eine religiöse Frage; es gibt, nicht minder gewiß, eine politische Frage; doch in der Art, wie beide Fragen in GOETHES *Märchen* miteinander verschmolzen sind, ergibt ihre Auflösung sich allein aus einer Dimension, die wir 200 Jahre danach nicht anders denn als psychologisch beziehungsweise als existentiell bezeichnen können.

Näherhin ist es der *goldene König*, diese Symbolgestalt eines weisen Weltenregiments, der sich von dem *Alten* mit der *Lampe* vergewissern läßt, daß sein Reich nie oder (nur sehr) spät endigen werde. Dem *ehernen König* indessen, diesem Repräsentanten der Gewalt, wird bedeutet, daß er wohl bald schon die Regentschaft übernehmen werde, doch daß er nur im Verein mit den beiden anderen Königen aus Gold und aus Silber, aus Weisheit und Ordnung, sinnvoll und segensreich zu wirken vermöge. Was schließlich den *vierten König* angeht, so steht er der erhofften Zukunft geradezu antithetisch entgegen. Eine ideale Zeit wird nur anbrechen können, wenn er, der immerzu aufrecht stehend sich vordrängt, endlich zum Sitzen (und Schweigen) gebracht wird. *Genau betrachtet*, ist er nichts als »eine Mischung der drei Metalle« seiner *Brüder*, die in ihm *unregelmäßig*, zu einem *unangenehmen Ansehn*, miteinander verschmolzen sind. Der *vierte König*, mit einem Wort, steht für just die Geschichte, die wir aus der Gegenwart und Vergangenheit sattsam kennen – ein »Mischmasch aus Irrtum und Gewalt«[46], ein Ungefügtes, in dem alles, was recht wäre, wohl schon vorkommt, nur gerade so, daß es, im Kampf um sein Recht, schon wieder unrecht wird und Unrecht schafft. Dieser *vierte König*, diese uns so vertraute Normalität, muß in ihrer Ignoranz und Arroganz als erstes sich »hinsetzen« und, wie wir noch *sehen* werden, sich vollständig auflösen, um endlich einer ersehnten besseren Zeit Platz zu geben.

Alles kommt demnach darauf an, zusätzlich zu den *drei* Geheimnissen, die sich auf die drei ersten Könige beziehen, das *vierte* Geheimnis zu kennen – und zu leben! –, welches die Liebe ist. Sie ist das *wichtigste* und zugleich das *offenbare*, doch wird es den *Königen* sich nur mitteilen, wenn es gelingt, einen trauernden Prinzen und eine quasi verwunschene Prinzessin miteinander zu versöhnen. Gerade das aber ist die Art von Erkenntnis, die der *zusammengesetzte König* niemals verstehen wird, schon weil er sich um sie niemals bekümmert hat noch kümmern wird. Liebe inmitten dieser Mixtur aus Brutalität und Zynismus, die man uns als »normal« verkauft – läßt sich ein größerer Gegensatz denken?

Doch den entscheidenden Ausschlag gibt an dieser Stelle die *Schlange*. Die planende Vernunft in Gestalt des *Alten* mit der *Lampe* ahnt wohl, daß es ein solches »viertes« geben muß, aber von sich selber her kann sie es nicht erklügeln noch errechnen, sie kann es sich nur von der *Schlange* (an)sagen lassen. Dann allerdings, wie verklärt, erklärt der *Alte* mit *gewaltiger Stimme*: »Es ist an der Zeit.« Das schlimmste Hindernis auf dem Weg in eine bessere Zukunft scheint jetzt schon, allein durch diese Aussage, fortgeräumt: die entsetzliche Lethargie einer »Geduld«, die es immer noch für »unzeitgemäß« hält, Diesseits und Jenseits, Macht und Liebe, Außen und Innen, Natur und Kultur im Raume von Religion miteinander zu verbinden. Was aber wäre ein würdigerer Gottesdienst, als die Wirklichkeit entsprechend den Erfordernissen der Liebe umzugestalten? Und was wäre machtvoller, als an die Macht einer Liebe zu glauben, der die größte Herrschaft über das Herz eines Menschen zukommt, gerade weil sie nicht äußerlich herrschen will? Die *Lampe* des *Alten* bietet selber das Vorbild: auf sich allein gestellt, ein Licht, das alles Tote in edles Gestein und Metall zu verwandeln vermag, genügt sie sich damit, in Gegenwart anderer Lichter alles Lebendige zu »erquicken«.

Die Alte und der Mops aus Onyx

So haben wir es nun also gesehen, wie harmonisch und wohltuend das Licht des *Alten* sich in das Licht anderer einfügt, da wird er selber, nach Hause zurückgekehrt, zum Zeugen eines höchst merkwürdigen Schauspiels. Seine Frau hat unterdessen Besuch bekommen von *zwei ungestümen Wanderern*, die, *in leichte Flammen gekleidet*, man »hätte«, wie sie sagt, *für Irrlichter halten können*. Schon der Gebrauch des Irrealis bei einem an sich so offensichtlich richtigen Urteil zeigt diese alte Frau in gewisser Weise als das rechte Gegenstück zu ihrem Gemahl: Wo dieser sich tüchtig sogar im Ansagen des Zukünftigen erweist, ist sie unsicher selbst im Beurteilen des Gegenwärtigen. Statt ihrer eigenen Einsicht zu vertrauen, verlegt sie sich lieber aufs Lamentieren und Wehklagen, wie *unglücklich* sie doch ist, in der Erwartung fremden Urteils und fremder Hilfe; das: *wollt ich dich heute doch nicht fortlassen*, ist ihr Lebens-Programm gewissermaßen.

Was wir in den wenigen Strichzeichnungen des GOETHEschen *Märchens* bis dahin schon vor uns sehen, ist mithin das Porträt einer Frau, die es offenbar gelernt hat, sich dumm zu stellen, um desto fügbarer und lenkbarer zu sein. »Wenn ich tue, was andere von mir wollen, so werde ich schon geliebt oder doch zumindest geduldet werden« – so scheint ihr Lebenskonzept zu lauten, und es hat den Anschein, als wenn diese Rechnung bei ihrem Manne in etwa auch aufgegangen sei. Denn wie zum Ausgleich für das Rollenspiel geistiger Beschränktheit und Unzuständigkeit verfügt diese Frau über eine ausgesprochene Gutherzigkeit und Hilfsbereitschaft; sie ist, mit einem Wort, die Modellgestalt eines braven Hausmütterchens; und sie ist in GOETHES *Märchen* zudem die erste Person von einfachem menschlichem Format. Wohl ist, was ihr von seiten der *Irrlichter*, des *Riesen* und des *Stroms* widerfahren wird, seltsam und außermenschlich genug, doch trägt sie selber von sich her durchaus nichts Geister- und Feenhaftes an sich. Im Gegenteil besteht ihr Problem, kennzeichnend für Frauen womöglich noch mehr als für Männer, in der Sorge des Alters, thematisiert durch den neuerlichen Auftritt der *Irrlichter*.

Diese nun freilich lernen wir bei der folgenden Begebenheit von einer noch anderen Seite als schon bisher kennen. Daß sie überhaupt bei *der Alten* eindringen können, hängt augenscheinlich mit dem Weggang des *Alten* mit der *Lampe* zusammen: wo jener *nicht* ist, erhalten sie augenscheinlich ihre Bühne. Zu unserer Überraschung – oder eher zu unserer Bestätigung! – aber begegnen uns die *Irrlichter*, die uns bislang als Kondensationen einer bodenlos gewordenen Intellektualität erschienen sind, nunmehr gewissermaßen auf Freiers Füßen. Sie, die wir jedes wirklich verbindlichen und verbindenden Gefühls für außerstande erklärt haben, sehen wir nun die Alte *umschmeicheln*. GOETHE selber bemerkte davon: »Wer keine Liebe fühlt, muß schmeicheln lernen, sonst kommt er nicht aus«[46], doch muß man bezweifeln, daß die *Irrlichter* irgendeines ihrer Worte wirklich ernst meinen oder gemeint haben könnten. Der *Alte* erkennt völlig richtig, daß die gemeine Zudringlichkeit, deren seine Frau die *Irrlichter* zeiht, nichts weiter gewesen sein wird als ein übler Scherz, doch verschweigt er, daß »Späße« mit dem Alter einer Frau das Altern selbst in ihrem Erleben nur desto schmerzlicher erscheinen lassen müssen; dabei ist seine eigene Frau immerhin eine erstaunlich jugendlich wirkende *Über*altete, – weit mehr als über 100 Jahre muß sie zählen, denn so lange bereits hat sie die Wände ihrer *Hütte* als golden geschaut, ehe die *Irrlichter* kommen mußten, um sie bis auf den kahlen Stein abzuschlecken.

Bei näherer Betrachtung ergibt sich wohl gerade aus dem Problem des Alterns die Art der »ehelichen« Zusammengehörigkeit zwischen dem *Alten* mit der *Lampe* und dieser Frau: Beide sind miteinander verbunden durch die gleiche Fragestellung: Wie läßt sich leben am *Ufer* der Zeit, wenn der *Strom* des Lebens immer weiter fließt?

Die Antwort, die in dem *Alten* auf diese Frage Gestalt gewinnt, besteht, wie wir sahen, in der weisen »Aufhellung« der Zukunft durch planende Voraussicht; doch ist in der Tatsache des Zeitflusses auch die Unaufhaltsamkeit eines ständig fortschreitenden Alterns gelegen, und das Entscheidende jetzt ist die Unmöglichkeit, mit den Mitteln des Verstandes auf *dieses* Problem eine »vernünftige« Antwort zu geben. *Die Alte* hat gefühlsmäßig vollkommen recht, wenn sie das Gerede ihres Gatten von den Gesetzen der *Höflichkeit* im Umgang mit dem Alter empört von sich weist, ja, als eine neuerliche Beleidigung empfindet; wie aber dann? *Der Alte* spricht zu seiner Frau immerhin rücksichtsvoll und verständnisbereit; in dem Betragen der *Irrlichter* hingegen erscheint die Tatsache des Alterns so, wie sie rein intellektuell, durch keinerlei Mitempfinden gemildert, sehr wohl aufgefaßt werden kann: als ein äußerst günstiger Anlaß, zotige Possen zu reißen, zumal *die Alte* mit ihrem Gebaren sich als Zielscheibe spöttischer Witzeleien geradewegs aufdrängt. Wirklich, die Irrlichter, diese Paradefiguren geistiger Ungeistigkeit, müssen sich förmlich herausgefordert fühlen, *die Alte zu streicheln* und sie ihre *Königin* zu nennen!

Doch ist der Spott nicht das einzige Unglück, das die *Irrlichter* über *die Alte* bringen. Kaum haben sie, ihrer Weise gemäß, alles *Gold* von den Wänden heruntergeschleckt, nur um noch desto frivoler zu ihren üblen Späßen aufgelegt zu sein, da schütteln sie sich (wohl wieder vor Lachen) so, daß erneut Goldstücke von ihnen abspringen; und einige von diesen frißt unglückseligerweise der *Mops* der beiden Alten; nun liegt er *tot am Kamin*. Doch während *die Alte* sich des Tods dieses *armen Tieres* nicht getrösten lassen will, weiß *der Alte* mit der *Lampe* doch in gewissem Sinne Rat. Auch er vermag den Hund nicht wiederzubeleben, doch ist er imstande, mit dem Lichtschein der Lampe den Stein der Hütte wieder in Gold zu verwandeln und im gleichen jedes tote Tier in Edelstein; und so gelingt es ihm, den Mops in farbgleichen schwarzgrauen *Onyx* zu verwandeln. Wenn es möglich wäre, so denkt er, diesen versteinerten Mops hinüber zu der *schönen Lilie* zu tragen, so möchte ihm trotz allem noch Rettung werden; die *schöne Lilie* nämlich, die *alles Lebendige durch ihre Berührung tötet*, verfügt zugleich über die Kraft, alles Versteinerte lebendig zu machen; und wie gern könnte sie *einen getreuen Gefährten* in dem treuen Tiere finden! Auch ihre eigene Erlösung, verheißt *der Alte*, würde sich in dieser Stunde nahen, freilich würde gerade dieser Augenblick mit ihrem größten Unglück anheben. – Die Frage, die sich uns bei all dem stellt, lautet vorab natürlich, was es mit diesem *Mops aus Onyx* auf sich hat.

Den ausschlaggebenden Hinweis bietet *der Alte* selber, wenn er die Wiederbelebung des *Mops'* durch die *schöne Lilie* in dunklen Worten bereits hier mit dem Sterben des *jungen Prinzen* verknüpft. Von diesem selbst wird noch eingehend die Rede sein, doch dürfen wir jetzt bereits mutmaßen, daß der *Mops* nur eine »Spielform« des *Prinzen* selbst darstellt; äußerst wichtig sind dann die Hinweise, die uns das *Märchen* über dieses »Tier« bietet. Rekapitulieren wir sie deshalb noch einmal aufmerksam: Eine gutmütige, doch dümmliche Alte besitzt einen Schoßhund, den sie über alles liebt (und den sie über die Maßen verhätschelt, wie wir denken dürfen); dieser Hund, der Spielkamerad *der Alten*, *stirbt* an den *Goldstücken*, welche gewisse *Irrlichter* aus sich herausschütteln; das tote Tier wird jedoch in *Edelstein* verwandelt in den Strahlen der Wunder*lampe* eines Alten, der zu diesem Zwecke freilich, wie wir bemerken müssen, sogar das *Feuer im Kamin mit vieler Asche* überziehen muß, um mit seinem Lichte ganz allein zu leuchten. Erst in diesem Zustand, als ein *Mops aus Onyx*, kann der Hund wiederbelebt werden, und zwar allein durch die Zuneigung besagter *schönen Lilie*, welche an ihm erneut, wie vormals *die Alte*, die Freude eines braven (und verwöhnten) Schoßhundes genießen wird. Wer oder was, um Himmels willen, muß man sich fragen, ist also dieser *Hund aus Onyx*? Es ist nicht zu viel behauptet, wenn wir erklären, daß an der Lösung dieses scheinbar lachhaften Problems das gesamte Verständnis des GOETHEschen *Märchens* hängt; »lachhaft« jedenfalls ist die Frage selbst nur wieder für *Irrlichter*; die aber tragen doch überhaupt erst die Schuld an dem Tode des Mops' ...!

Des Rätsels Lösung erscheint so schwer nicht, wenn wir nur der innigen, wenn auch erst recht lose angedeuteten Verwandtschaft zwischen dem *Mops* und dem *Jüngling* gebührende Aufmerksamkeit schenken. Alles nämlich spricht dafür, daß wir, ganz entsprechend dem Auftritt der einzelnen Gestalten des *Märchens*, den *Mops aus Onyx* für die »Vorausgestalt«, in der Sprache der Mythen und der Märchen also für die *ursächliche Voraussetzung* eben der Probleme halten müssen, an denen wir nur wenig später den Jüngling laborieren sehen; vor allem wenn wir hören, daß der *Prinz* gerade in dem Moment »entseelt« wird, da der *Mops* unter dem Kuß der *schönen Lilie* wieder an Leben gewinnt, dürfen wir wohl in diesem Tier die andere Seite, das *alter ego* des Jünglings erkennen; ja, wir können sogar in Aussicht stellen, daß die sonderbaren Themenstellungen der *Irrlichter*, des *Alten* mit der *Lampe* sowie *der Alten* mit dem *Mops* einzig unter dieser Annahme (mehr ist es an dieser Stelle freilich nicht!) eine (psycho)logisch plausible Einheit finden werden. Die methodisch entscheidende Bedingung einer vernünftigen Deutung dieser Szene liegt allerdings in der Nötigung, sich den *Mops aus Onyx* als die Wiedergabe einer psychischen Befindlichkeit, als Ausdruck einer bestimmten Form der Persönlichkeit vorzustellen.

Wie das?

Behilflich bei der Antwort auf diese Frage mag uns die Schilderung eines Mannes sein, der trotz seiner bedeutenden Intelligenz und eines beträchtlichen Aufwandes an Ausbildung und Fleiß es niemals über sich gebracht hatte, die ersehnte, von seinen Eltern geradewegs vorgeschriebene »akademische Laufbahn« mit Erfolg zu durchmessen.

Er hatte, im Gegenteil, ehe er eine psychotherapeutische Behandlung aufsuchte, nach abgeschlossenem Universitätsstudium nun schon eine Vielzahl von Jahren in die Vorbereitung auf eine ersehnte Promotion verstreichen lassen. Alle möglichen Bücher hatte er gelesen, alles mögliche Wissen aufgehäuft, von seinem »Doktorvater« hatte er ein Thema im Umfeld seines Wissensgebietes aufgegeben bekommen, doch nun kam er nicht über die Hürde seiner Selbstwertzweifel und seiner offenkundigen Arbeitsstörungen hinweg. Genauer betrachtet, wollte es ihm nicht gelingen, einen fertigen Satz aufs Papier zu setzen, weil es ihm erging ähnlich der Gottheit am Schöpfungsmorgen: eine unendliche Welt voller Möglichkeiten gähnte ihm aus dem Abgrund des Noch-nicht entgegen, er aber zeigte sich außerstande, durch einen kühnen Entschluß das Unmaß schwebender Ideen auf einen erfüllten und überschaubaren Raum des Wirklichen einzugrenzen. Nichts schien ihm vollständig, nichts ihm vollkommen genug, jede Festlegung mied er aus Furcht vor Kritik. Es zeigte sich bald, daß er selbst als so winzig sich nur zu erscheinen vermochte, weil er gezwungen war, sein Bild in einem Spiegel für Giganten und Genien wahrzunehmen. Zu deren Schar freilich zählte er nicht, gebrach es ihm, unter der Last, wie jene werden zu sollen, doch schon an dem Mut, ein einfacher Mensch zu werden. Die Ursache all dieser Gebrechen war nun allerdings leichter auszumachen denn zu beheben.

Sein Vater, selber ein ordentlicher Professor an der örtlichen Universität, mußte diesem Mann schon als Kind ganz nach der Art jenes *Alten* mit der *Lampe* erschienen sein. Was immer sein Vater beleuchtete, verwandelte sich vor seinen Augen in eine unvergleichliche Kostbarkeit, überzog sich mit strahlendem Glanz, gewann augenblicks an Wert und Bedeutsamkeit – es gab nichts Wichtigeres und Edleres unter der Sonne, als was sein Vater in nächtlichen Grübeleien in die Flut seiner luciden Gedanken eintauchte. Allerdings waren es lauter tote Dinge, an denen er diese seine Meisterschaft bewährte. Ja, es erwies sich, daß der Wertzuwachs, den er den Gegenständen seiner Betrachtungen angedeihen ließ, in umgekehrtem Verhältnis zu ihrer Annäherung an die möglichen Formen wirklichen Lebens stand. In den Bildern des GOETHEschen *Märchens* ausgedrückt, malte sich seine Wissenschaft um so klarer und reflektierte sich um so goldener, je mehr seine Forschungsobjekte sich in kristallinem Zustand befanden, – abgestorbene Pflanzen schimmerten unter dem Licht seines Geistes nur noch in silbriger Pracht, und alles Getier, lag es erst tot vor ihm, gewann unter seinen Augen die unverwesliche Starre einer fest umrissenen Form, eines »Edelsteins« in der Raritätensammlung des ein für allemal Gewußten; was anderen Menschen dagegen als etwas »Festes« erschien, hart wie von Eisen und stark wie von Erz, *zersetzte* sich unter seinen Betrachtungen und löste sich auf in ein Vielerlei von Ansichten und Meinungen.

Aus der Sicht eines Kindes gewann dieser unter seinesgleichen zweifellos bedeutende Wissenschaftler ein unheimliches Gepräge. Die seltsame Magie seiner »Lampe« bewährte sich allerdings nur, wenn er allein war, in Räumen vollkommener Düsternis; sobald andere »Lichter« in seinen Kreis traten, sorgte er immerhin noch für eine höchst »erquickliche« Konversation; er stellte auch dann sein Licht nicht unter den Scheffel, vollbrachte aber nicht mehr die Wunder seiner Verwandlungen; er war dann nicht länger der einzig Bedeutende, seine »Ausstrahlung« relativierte sich, sein Zauber zog sich zurück.

Im Schimmer oder, wenn man so will, im Schatten dieses Vaters nun hatte unser Patient sein Leben lang die Verpflichtung gefühlt, ein Gleiches zu tun beziehungsweise das gesetzte Vorbild womöglich noch zu überbieten. Doch der Anspruch, wie sein Vater zu sein, hatte jedes ruhige Lernen in kleinen Schritten gehemmt; viel zuviel ward von ihm immer wieder auf einmal verlangt; seine Angst, zu versagen, mischte sich mit der Furcht vor dem Vater, an dessen Seite es fast unmöglich war, hinlänglich gut zu erscheinen, und so sehnte er sich um so mehr in die behütenden Arme seiner Mutter zurück, deren fürsorgliche Wärme und behagliche Gutmütigkeit ihn für die Entbehrungen der väterlichen Anerkennung vollauf entschädigten. Er war, psychoanalytisch gesprochen, mit der Person seines Vaters als seinem Ichideal identifiziert, wurde darunter aber nur immer stärker frustriert und gehemmt; auf der anderen Seite erlebte er in seiner Mutter eine Persönlichkeit, die so gar nicht der quälenden Art des Vaters entsprach.

Diese Frau erschien in der Schilderung unseres Patienten tatsächlich wie jene *Alte* in der *vergoldeten Hütte*: Sie sorgte sich um den Haushalt, war vertraut mit allen *Früchten der Erde* und verhätschelte ihren Goldjungen, den sie, offen gestanden, weit mehr liebte als ihren Gatten. Allem Anschein nach fühlte sie sich als Frau ebenso verunsichert wie jene *Alte* in GOETHES *Märchen*: Wie sollte es möglich sein, die Liebe eines Mannes zu erringen, der es vorzog, mit seiner *Lampe* die »Berge« zu »durchdringen« und deren Gänge in Gold zu verwandeln? Von ihrem Jungen erhoffte sie insgeheim, daß er schon wohl so tüchtig und klug wie sein Vater sein möge, doch dann wieder auch gänzlich anders, viel weicher und zärtlicher als jener. Der Junge, zwischen seinen beiden so widersprüchlichen Eltern hin und her gezogen, lernte es nach und nach, daß es im Grunde nicht nötig sei, dem väterlichen Maßstab zu entsprechen, – die Mutter würde ihn auch ohnedies liebbehalten, und von ihr ließ er sich nur allzu gerne verwöhnen und auf gewisse Weise verzärteln. Das männliche Vorbild seines Vaters verängstigte ihn, das weibliche Bildnis seiner Mutter verlockte ihn; mit einem Wort: aus einem echten Jungen wurde ein rechtes Muttersöhnchen, durchtränkt mit einer Fülle von narzißtischen Ichbesetzungen. Gleich auf doppelte Weise sah er sich ausgezeichnet: als Mutters Liebling war er, auch ohne eigenes Dazutun, etwas Besonderes, aber auch durch das, was er an Vaters Statt einmal sein würde, galt er im voraus schon als vom Schicksal bevorzugt; er wurde geliebt für seine Wirklichkeit ebenso wie für seine Möglichkeiten, für das, was er war, ebenso wie für das, was er dereinst sein würde, für seine erfreuliche Gegenwart nicht minder als für seine zu erwartende glanzvolle Zukunft. Alles schien folglich zum Besten bestellt; und doch kam es unter diesen viel, wo nicht alles versprechenden Voraussetzungen, wie es unfehlbar kommen mußte: Er versagte vollkommen. Er bekam Angst, überhaupt etwas zu tun; gemessen an den Erwartungen, konnte das Erreichte allemal nur enttäuschend geraten, und unterhalb dieser Zone der Angst wuchs in ihm eine breite Schicht der Verwöhnung: – warum denn sollte er etwas tun, wo er doch bereits für die Fülle all dessen, was in ihm verborgen schon schlummerte, so viel an mütterlicher Zuneigung auf sich zog?

In der Bildersprache des GOETHEschen *Märchens* degenerierte dieser Mann zu dem Haus- und Schoßhündchen seiner Mutter: übergescheit, überverwöhnt, widerstandslos gefügig, passiviert und träge, frustriert und zugleich hochkompensiert, eine »vermopste« Verschrobenheit in den Augen seiner Alterskameraden, von weichlich-weiblicher Gemütsart, einfühlend, offen, doch außerstande, sich irgendwie festzulegen, ein schwebendes Etwas, artig und verspielt, vom Schicksal begünstigt – und zugleich doch vom Schicksal geschlagen!

Was sein Vater gewiß nicht wollte und was seine Mutter gar niemals bemerkte, geschah nach Lage der Dinge schier unausbleiblich: dieser junge Mann begann nach und nach, sich für sein Glück zu verachten und sich für seine Niederlagen zu schämen; zugleich aber steigerte er sich aus seinen Schamgefühlen heraus erneut in um so unerbittlichere Genie-Träumereien hinein. Von seiner Mutter mochte er nicht länger verwöhnt werden; er fand es erniedrigend, nach wie vor ihr »Möpschen« zu sein, doch verschüchtert, wie er war, wagte er es auch nicht, sich von ihr zu lösen. Er fürchtete förmlich ihre erstickende Nähe, und dennoch sehnte er sich mit kindlicher Freude zu ihr zurück; zum Zeichen seiner Unabhängigkeit und Selbständigkeit aber blieb ihm unter diesen Umständen nur das Ausweichen in eine spottsüchtige Distanz, in der er seine Umgebung, seine Mutter allzumal, mit der gleichen Verachtung strafte, mit der er insgeheim schon seit langem sich selbst überzog.

Mit GOETHES *Märchen* kann man nicht anders sagen, als daß dies der Zeitpunkt war, in dem die *Irrlichter* von ihm Besitz ergriffen. Das Beispiel seines Vaters galt ihm eine Weile für nichts mehr, über seine Mutter aber machte er sich fortan recht naseweis lustig. Nicht, daß er ihr Frechheiten gesagt hätte, ganz im Gegenteil, er führte das Spiel des Austauschs alter Schmeicheleien ungehemmt weiter, – schon in Sorge, ihrer Vergünstigungen ledig zu gehen, hätte er es niemals verwunden, sich von ihr wirklich zu trennen, – er blieb, mit einem Wort, Mutters Galan und Charmeur; und doch unterlegte er all seinen so wohlfeilen Komplimenten einen unüberhörbaren Ton des Ironischen, oftmals des ganz bewußt Kränkenden. Ihr, nicht seinem Vater, demonstrierte er, was er alles gelesen hatte, und dann wieder rächte er sich dafür, daß sie der Maßstab seiner Selbstachtung in solchen Zusammenhängen nicht wohl sein konnte; er schilderte das Gelesene ihr gegenüber gerade so, daß sie durchaus *nicht* verstehen konnte, was ihr so kluges Söhnchen soeben studiert hatte, und wenn sie ihn dafür auch noch lobte, erniedrigte er sie mit diskreten Hinweisen auf ihre Ungebildetheit, auf ihr Unvermögen, auf ihre überhaupt doch veralteten Ansichten.

Indem er sie so vor seinen Augen entwertete, entwertete er natürlich damit auch sich selbst. Statt in der Liebe (zu) seiner Mutter Halt und Geborgenheit zu finden, riß er sich wie mutwillig aus ihrem Boden los; er wurde selber zu einem schwankenden, unruhigen, schaukelnden, niemals sich »setzenden« *Irrlicht*; dafür fraß und schlang er, ganz wie die *Irrlichter* in GOETHES *Märchen*, immer mehr an überkommenen »Goldmünzen« aus allen möglichen Zeiten und Sparten in sich hinein. Er las und las; aller nur denkbaren Geister Gedanken eignete er sich an, nur um hinter jedermanns Ansicht, desto besser parlierend und disputierend, sich verstecken zu können. Nicht die eigene Meinung, – das Zitieren fremder Überlegungen wurde zu seinem Metier, und das freilich handhabte er mit Bravour. Zum Abschluß seines Studiums legte er glänzende Examina ab, und niemand in seiner Umgebung verstand, warum er nun, auf dem als einer künftigen Zierde seines Faches so vieler Hoffnungen ruhten, nicht endlich mit einer gebührenden Dissertation zum *Doctor philosophiae* – denn das war sein Fach – sich promovieren ließ. Niemand in seiner Umgebung ahnte, daß dieser junge Mann inwendig längst wie gestorben war. In GOETHES Diktion: Das *Gold* der *Irrlichter* hatte den *Mops* der *Alten getötet*!

An dieser Stelle geschieht für den Ablauf unserer Deutung etwas Entscheidendes: Plötzlich gerät ein fast unheimlicher Ernst in die Betrachtung. Dabei haben wir nichts weiter getan, als uns nicht länger zu fragen, *was* da erzählt wird, sondern was das Erzählte für die Betreffenden, wenn wir sie uns als Menschen vorstellen oder in dem Erzählten Bilder bestimmter Gemütszustände erblicken, im wirklichen Leben bedeutet; und mit Mal gewinnt die bisher so enthoben wirkende Geschichte konkrete Gestalt und Lebendigkeit; plötzlich können wir uns ein wirkliches Erleben vorstellen, das sich in den Handlungsabläufen des *Märchens* darstellt, begründet und vollzieht. Und zugleich verstehen wir die grausame Genauigkeit, die Präzision und Konzinnität, in welcher das GOETHEsche *Märchen* in seinen nach wie vor als ganz harmlos erscheinenden, ganz dem »erquicklichen« Amüsement und anmutigen Pläsier gewidmeten Worten eine seelische Tragödie zu schildern weiß. Denn jetzt erst wird klar, wovon die Geschichte tatsächlich erzählt: sie berichtet von einem *Sterben*, das einsetzt, noch ehe das Leben überhaupt begonnen hat, sie schildert eine Weisheit, die nichts ist als Ausrede, Flucht und Verlogenheit, sie malt eine Angepaßtheit, die allein in der Furcht besteht, die angelegten Fesseln zu sprengen, sie durchmißt eine Nacht, die nicht enden will, weil nichts wirklich stimmt, was doch Grund und Halt bieten müßte: nicht Zuneigung noch Anspruch, nicht Frömmigkeit noch Forderung, nicht Herkunft noch Zukunft, – nichts! Und all das versteckt sich in einem so anmutigen Bukett poetischer Rätselbilder!

In einem frühen Gedicht GOETHES klingt die hier geschilderte Gestimmtheit wider in den *Oden an meinen Freund* aus dem Jahre 1767; darin heißt es ebenso ängstlich wie resignativ[47]:

> Sei gefühllos!
> Ein leichtbewegtes Herz
> Ist ein elend Gut
> Auf der wankenden Erde.
>
> Lehne dich nie an des Mädchens
> Sorgenverwiegende Brust,
> Nie auf des Freundes
> Elendtragenden Arm.

Wie soll es möglich sein, unter einem solchen Sirenengesang resignierter *Irrlichter* sich zurechtzufinden?

Dem jungen Mann unseres Beispiels blieb in der Tat nichts weiter übrig, als die Verwandlung des toten *Mops'* in einen Edelstein aus *Onyx* im Schimmer der *Lampe* seines Vaters an sich vollziehen zu lassen. Denn selbstredend *blieb* er der Stolz seines Vaters, er blieb das Spielzeug seiner Mutter, die nur darum klagte, daß von ihrem Liebling so recht keine lebendige Regung mehr ihr selber entgegenfließen wollte. Doch: »Er ist etwas Besonderes«, »Er ist etwas ganz Ausnehmendes« – diese beruhigende Gewißheit umstrahlte ihn auch fernerhin als die Aura einer zwar noch nicht zur Gänze eingelösten, doch um so mehr versprechenden Bedeutsamkeit. »Der Mops von Edelstein – hat er wohl seinesgleichen?« wird klagend später die schöne Lilie fragen, und die Antwort kann nur lauten: mitnichten.

GOETHE selbst vermerkte nicht zu Unrecht einmal, daß die Beschäftigung mit Edelsteinen, daß die Krystallographie, etwas »Mönchisch-Hagestolzenartiges« habe, sie sei »sich selbst genug«, sei nicht von »praktischer Lebenseinwirkung« und im Grund »nirgends anwendbar«.[48] Ganz in diesem Sinn war auch von dem Edelstein-Jüngling in unserem Fallbeispiel zu sprechen. Er war ein Juwel; so sahen ihn alle, so sah er sich selbst – zumindest solange andere ihm dabei zuschauten. Wie es indessen sich wirklich verhielt, wußte er selber nur allzu gut. Wonach er wirklich, wie ein Sterbender nach einem lebensrettenden Medikament, sich sehnte, war eine Liebe, die er unzweideutig hätte glauben können, eine *schöne Lilie*, deren Nähe ihn hätte erwecken und wiederbeleben sollen; doch zugleich fürchtete er sich auch wieder vor einem Zuviel solcher Nähe. Wie, wenn die *schöne Lilie*, seine Liebend-Geliebte, *gesehen* hätte, wer er wirklich war? Der vermeintliche Prinz – ein Mops aus Onyx? Das galt es um jeden Preis zu vermeiden! Aus der Flucht in die Liebe ward die Flucht vor der Liebe und daraus sehr bald schon der Fluch in der Liebe. Buchstäblich war die Umwandlung in einen Edelstein erfolgt, indem der Vater alle *Glut im Kamin mit Asche* überdeckt hatte. Ausgeglüht und ausgebrannt schien ihm sein ganzes nie gelebtes Leben. Doch ehe wir dazu kommen, müssen wir noch den Fortgang dieser Geschichte im Leben unseres Patienten wie in GOETHES *Märchen* schildern, müssen wir mithin von dem *Grundgefühl* sprechen, an welchem vor allem *die mütterliche Alte* am meisten krankt und das den ganzen Weg der Wiederbelebung des *Mops'* begleiten wird: das Gefühl einer *Schuld*, die im Grunde nicht zu begleichen ist.

Man liest es zumeist[49] als ein Zeichen der Gutmütigkeit jener *Alten*, daß sie den *Irrlichtern* die *Schuld beim Fährmann abzutragen* hilft; ja, sie selber versichert im *Märchen*, niemals würde sie sich dazu bereit gefunden haben, hätte sie den Tod ihres Mops' nur rechtzeitig bemerkt. Doch nach allem, was wir jetzt wissen, sollten wir sagen, daß sie selbst an der *Schuld* der *Irrlichter* nicht gänzlich unbeteiligt ist, und zwar nicht einfach durch Unachtsamkeit, sondern indem sie die Tändeleien der *Irrlichter* an der Seite ihres »Schoßhündchens« allzu lang duldete. – In unserem Fallbeispiel war es das Ausweichen des Jungen in Ironie und Sarkasmus, in die Posen intellektueller Überlegenheit, war es seine Neigung, andere, seine eigene Mutter vor allem, mit spöttischen Bemerkungen bloßzustellen, was als ein

Alarmsignal *die Alte* hätte warnen und auf den Plan rufen müssen; doch dazu hätte sie ein vollkommen anderer Mensch sein müssen: Sie hätte, noch einmal im Bilde gesprochen, gegen den *Mann mit der Lampe* rebellieren müssen, sie hätte selber ihrem eigenen Urteilsvermögen Wahrheit und Wert beimessen müssen, – sie hätte lauter Dinge tun müssen, zu denen sie durchaus nicht imstande war. In gewissem Sinn setzte sich ihr eigener Mangel an Leben nun als »Unlebendigkeit« im Leben ihres »Hündchens« fort, und so war es tatsächlich an ihr, die versprochenen *Früchte der Erde*: drei *Kohlhäupter*, drei *Artischocken* und drei *Zwiebeln*, sobald sich die Sonne erhob, an den Fluß (des Lebens) zu bringen. Auch in GOETHES *Märchen* versteht es sich, daß ihr Gemahl eben zu solchem Tun rät, denn ganz richtig vermutet der *Mann mit der Lampe*, eines Tages könnten die *Irrlichter* sich denn doch erkenntlich und nützlich erweisen.

Der Zustand freilich, in welchem der *Mops* sich derweil befindet, ergibt sich am klarsten aus der Abschiedsszene, in welche im *Tempel* die *Schlange* und der *Alte* auseinander gingen; sie trennten sich, wie ausdrücklich vermerkt wird, in die entgegengesetzten Richtungen, nach Osten die *Schlange*, nach Westen *der Alte*. Wenn wir die *Schlange* bisher als eine elementare Verkörperung von Vitalität und Natürlichkeit verstanden haben, so müssen wir angesichts dieser Mitteilung feststellen, daß es sich in den Qualitäten der Schlange gerade um diejenigen Eigenschaften handelt, an denen es dem »versteinerten Schoßhund« *der Alten* ganz offensichtlich am meisten gebricht. Wie soll es möglich sein, unter derart ungünstigen Voraussetzungen jemals an den *Strom* (des Lebens) und »darüber hinaus« zu der alles Leben zurückschenkenden *schönen Lilie* zu finden!

Die Sonne droben saugt an unserm Blut [50]

Die unbeglichene Schuld und der Raub des Riesen

Es fügt sich in das Gesagte jetzt wie von selbst, wenn wir von dem Paradox erfahren, wonach *die Alte*, als sie im Schein der aufgehenden Sonne sich an den Fluß begibt, in ihrem Korb, den sie auf ihrem Haupte trägt, den versteinerten *Mops* nicht als Beschwernis spürt, vielmehr ihn sogar als etwas Erhebendes fühlt, wohingegen alles Lebendige, ob Tier oder Erdfrucht, ihr *äußerst beschwerlich* fällt.

Zwar hat *die Alte* um den Tod ihres Schoßhündchens in der Nacht noch getrauert und wehgeklagt, doch bei Lichte besehen kommt sie der Transport ihres toten Lieblings weit leichter und angenehmer an, als ihn lebendig mit sich zu führen. Denken wir uns die Persönlichkeit *der Alten* entsprechend dem Beispiel, das wir vorhin von der Mutter unseres Patienten erhielten, so sehen wir jetzt eine Frau vor uns, die ihren Sohn buchstäblich totliebt: ein artiges Möpschen, das sich nicht mehr zu rühren wagt und in dem kein eigenes Leben mehr wohnt, wird ihr allemal »leichter« »erträglich« als ein kläffendes, die Zähne fletschendes, bissiges Monstrum.

Um genau zu sein, müssen wir den tödlichen Einfluß der *Irrlichter* und ihrer *Goldstücke* auf den *Mops der Alten* sogar noch weit deutlicher als bisher als eine komplette Gehemmtheit in den beiden Triebbereichen: der Aggressivität wie der Sexualität wiedergeben. Die Entfernung der *Schlange*, mithin das Wegrücken der »Vitalität«, das Lebenmüssen inmitten einer haltlos gewordenen Intellektualität, von dem wir früher sprachen, umschrieb bislang nur sehr allgemein und abstrakt, worum es zumindest auch, wenn nicht »eigentlich« geht: Hier wächst ein Junge heran, brav wie ein Hündchen, der seine Zähne niemals zeigen darf und der seine sexuellen Bedürfnisse allenfalls als *Irrlichter*ei in charmanten Wendungen und eitlen Redensarten, niemals aber unmittelbar mitzuteilen wagt. Denn ein lebendiges Wesen voll Saft und Kraft – das wäre *der Alten*, wie sie hier gezeichnet wird, schier unerträglich; lieber ein »Edelstein«, lieber ein Museumsstück, lieber ein Prunkgegenstand – so etwas »erhebt«; das wirkliche Leben indessen drückt nieder und beugt als lästige Last nur das Haupt.

Aus der Sicht des *Mops'* freilich ergibt sich jetzt ein geradewegs groteskes Bild: er wird als ein totes Schmuckstück vollkommen passiv im Korb *der Alten* zum *Strom* getragen, mit dem Ziel, recht bald schon der *schönen Lilie* in die Hand gegeben zu werden. Ein solches Dasein, das darin besteht, durchs Leben und ins Leben von seiner Mutter getragen zu werden, ist, wie wir längst wissen, alles andere als ein unbedenklicher Vorzug; es hemmt nicht nur die Kräfte der eigenen Person, die sich zu Selbständigkeit und Selbsttätigkeit entfalten möchten, es geht auch einher mit einem nie zu begleichenden *Schuldgefühl*, das da lautet: »Sobald ich selber zu leben versuche, werde ich – meiner Mutter – zu schwer; besser darum, ich gebe mich vollkommen in ihre Hand, denn dann, gerade dann, erleichtere ich ihr das Dasein. Meine Mutter liebt mich als Schmuckstück zum Anschauen, dann hebt sich ihr Haupt, dann ist sie stolz auf mich; anders hingegen beschwere ich sie nur mit dem Lastgewicht meines eigenen Daseins, und dergleichen darf ich ihr auf keinen Fall antun.«

Wir sollten an dieser Stelle schon Gelegenheit nehmen, um uns den phantastischen »Lebensplan« anzuschauen, den *der Alte* mit der *Lampe* und seine Gemahlin für ihren *Mops* sich da ausgedacht haben: er soll gewissermaßen aus der Hand seines »Frauchens« dem »Fräulein« seiner Liebe ans Herz gelegt werden, – und so soll er an ihrem Busen zu neuem Leben sich erwärmen; – all die Ängste soll dieses Mädchen hinweglieben, welche die Liebe der Mutter dem Jüngling ins Herz gesenkt hat! In diesem gesamten Konzept soll, wie man sieht, die Dominanz der (mütterlichen) Frau lediglich mit verteilten Rollen sich fortsetzen; daß der *Mops* auch seiner neuen Liebhaberin nichts als artige Freuden bereiten wird, gilt dabei jetzt schon für ausgemacht; an seine Verwandlung in einen Menschen, wie sie in so vielen Märchen, etwa der BRÜDER GRIMM[51], erzählt wird, ist jedenfalls nicht ein Gedanke auch nur. – Welch eine Mutter, mag man sich fragen, wird ihrem Kind eine solche Zukunft bereiten wollen?

Die Szene, in der wir *die Alte*, den Korb auf dem Haupte, *verdrießlich* zum *Fluß* schreiten sehen, enthält zum Teil eine Antwort gerade auf diese Frage. Der geheimnisvolle *Riese*, dessen *Schatten*, laut Erklärung der *Schlange*, am Morgen wie am Abend von gewaltiger Kraft ist, hat soeben im Flusse gebadet und wirft nun, dem Wasser entsteigend, in den Strahlen der Frühsonne einen weiten *Schatten über die Ebene*; unversehens, nicht wissend, wie sie ihm ausweichen könnte, wäre *die Alte beinahe* auf ihn *getreten*. *Scherzhaft* beginnt sie, den Riesen zu begrüßen, da muß sie erleben, wie dieser mit den Händen seines *Schattens* in ihren Korb greift und *mit Leichtigkeit und Geschicklichkeit* daraus *ein Kohlhaupt, eine Artischocke und eine Zwiebel* entwendet; erst dann, als der *Riese* flußaufwärts weitergegangen ist, öffnet *der Alten* sich wieder der Weg. – Was, muß man sich wiederum fragen, bedeutet der Auftritt des *Schattenriesen* an dieser Stelle und was besagt das Gesagte für das Leben und Erleben der betreffenden Personen selbst?

Wir haben in *der Alten* bisher eine Frau gesehen, für die das »fortschreitende« Altern ein zunehmend schwereres Problem darstellt; in dem *Schattenriesen* wiederum glaubten wir ein Gegenbild zu dem Wesen der *Schlange* zu erkennen: wo diese zur »Mittagszeit«, im Vollbesitz aller vitalen Kräfte, die »Reisenden« über den »Strom« trägt, vermag *der Riese* ein Gleiches nur mit seinem »Schatten« bei Anbruch der Nacht zu verrichten. Unter solchen Voraussetzungen ist es nur »logisch«, daß der *Riese* an genau dieser Stelle *der Alten* in den Weg tritt.

Ein *Schatten*, weiß GOETHE in seiner *Farbenlehre*[52], ist schwarz gerade dann, wenn die Sonne am kräftigsten scheint; der *Schatten*, mit anderen Worten, ist der Kontrast, den das Leben als sein eigenes Gegenteil zu sich selber hervorbringt, Leben als Unleben aber – das ist seit geraumer Weile das wahre Thema des *Märchens*! Genauer noch: von *Schatten* kann GOETHE sprechen, wenn er zum Beispiel das tugendsam-blutarme Bild der griechischen Klassik im Werke CHRISTOPH MARTIN WIELANDS karikieren will und den Autor selber als »Schatten in der Nachtmütze« tituliert, der »keine Ader griechisch Blut im Leibe« habe[53]. Hier jetzt muß man davon sprechen, daß der *Riese* mit seinem *Schatten* ein Dasein verkörpert, das *gar* kein Blut mehr in sich trägt, und eben ein solcher Zustand scheint in dem *Mops aus Onyx* bereits realisiert.

Da trägt die Mutter in Gestalt von *Erdfrüchten* eine Schuld gegenüber dem *Strom* des Lebens ab, die von falschen Gedanken, von den *Irrlichtern*, bei ihrer »Überfahrt« eingegangen wurde; doch diese Frau trägt selber schwer an allem, was lebt. Es ist, mit anderen Worten, ihre eigene Lebensangst, die sie mit dem *Schattenriesen* konfrontiert. Dieser, wohlgemerkt, erhebt sich aus dem *Strom* des Lebens selber, er badet und verjüngt sich darinnen jeden Morgen aufs neue; für die Menschen aber, an denen der *Strom* des Lebens unaufhaltsam vorüberfließt, scheint, je weiter sie kommen, das Gespenst von Alter und Tod wie ein *Riese* aus Angst sich zu erheben und allen Weg zu versperren. Daß man aus Angst vor den Schattenseiten des Lebens, statt ins Licht, überhaupt nur noch ins Dunkel schaut, ist eine Gefahr, die bei einem geringfügigen »Fehltritt« bereits als möglich erscheint: das »Betreten« des Schattens, müssen wir denken, wäre in sich schon identisch mit der Bahn in den Tod. Doch auch wenn es *der Alten* gerade noch rechtzeitig gelingt, dem *Schatten* des *Riesen* auszuweichen, so entwickelt doch die Angst vor diesem Ungeheuer, das selber nichts ist als die Verstellung des Lichts, als die Verfinsterung der Sonne, als das Eintauchen des Lebensweges in Düsternis und Ausweglosigkeit, eine geradezu vampirische Energie: die bloße Angst vor dem Ende des Lebens raubt dem Leben selber die Kraft!

Wir sind an dieser Stelle nun auch so weit, die Symbolbedeutung der drei *Erdfrüchte* genauer anzugeben. Daß sie alle drei sich auf Energien der menschlichen Seele beziehen, ist gewiß unstrittig; aber auf welche? Die Lösung fällt jetzt recht einfach, wenn wir den sprachlichen Hinweisen selber folgen: das Kohl*haupt* dürfen wir ohne weiteres mit dem »Haupte« gleichsetzen; *Artischocken* ißt man mit Vorliebe ihrer »Herzen« wegen, und sie heißen denn auch die »zarten Herzen unter stacheligen Blättern«[55]; die *Zwiebel* steht, nach Kopf und Herz, dann wohl für die (männliche) Kraft (von Sexualität und Aggressivität) – eine Dreiheit, die später mit den Insignien der *drei Könige* sich verbinden wird. Es sind vorerst diese drei Fähigkeiten: selber zu denken, selber zu fühlen, selber sich durchzusetzen, die das *Irrlichter*-Dasein dem Lebensstrom schuldig bleibt und die nur aus dem »Garten« einer Frau, hier: *der* (mütterlichen) *Alten* nachzuliefern sind; doch werden *der Alten* eben diese Fähigkeiten selber von der Angst vor dem eigenen Lebensende gestohlen, so wie wir bereits das Sterben des *Mops'* als Erliegen aller Lebensenergien (aus Angst) deuten mußten. Wie ist es möglich, aus solcher »Versteinerung« zu »erwachen« und solchen »Diebstahl« zu revidieren?

Bezeichnend für das Verhalten *der Alten* ist es bereits, wenn wir sie inmitten ihres *Schreckens* den Riesen *scherzhaft* begrüßen sehen. Bedeuteten nicht bereits die »Späße« der *Irrlichter* eine solche Kontaktform verhüllter Angst? Und müssen wir jetzt nicht alles, was wir bisher überhaupt von dieser *Alten* hörten: von ihrem *Mops* und den *Irrlichtern*, deren *Gold* ihn tötete, und von der *Lampe*, die ihn in *Stein* verwandelte, als eine einzige Biographie latenter Ängste verstehen? Es ist möglich, aus Angst vor dem Leben vieles, womöglich *alles* schuldig zu bleiben, so sagten wir bisher; doch jetzt werden wir zu Zeugen, wie die Lebensangst selber die Lebensmittel aus dem Korb stiehlt, mit denen allein es möglich wäre, die Daseinsschuld zu begleichen. Es ist nicht, daß der *Schattenriese der Alten* alles fortnimmt, was sie, mühsam genug, »auf ihrem Kopfe« dahinträgt, und doch entwendet er ihr gerade so viel, daß sie, die bislang für die *Irrlichter* bürgte, nun selbst außerstande gesetzt wird, die eingegangene Schuld »abtragen« zu können.

Wir brauchen, um uns diesen Zusammenhang psychologisch konkret genug vorzustellen, nur die Beziehung zwischen Mutter und Sohn in unserem Fallbeispiel noch ein wenig weiter auszufalten. Was tröstet eine alternde Frau, wenn die

»Schatten« rings um sie her länger zu werden beginnen? Wenn die Angst sie überfällt, nicht länger als liebenswert angesehen zu werden?

Eine mögliche Beruhigung gegen Sorgen dieser Art liegt in dem Anblick ihres Kindes. Für ihren Jungen dazusein bedeutet für eine Frau doch eine sinnvolle Aufgabe; in ihm zu leben, war doch ihr Leben als Mutter; warum also soll dieses Leben nicht einfach so weitergehen und sie täglich verjüngen an der Jugend des Jungen? Es wäre sehr wichtig, daß *die Alte* zumindest jetzt, im Angesicht des *Schattenriesen*, begriffe, wie ihr eigenes Leben immer mehr ausgezehrt und aufgezehrt wird, wenn es, wie bisher, sich unter nicht endenden Schuldenlasten und Wiedergutmachungsversuchen mißmutig am Ufer des Lebens*stromes* dahinschleppen wird, ja, wie sogar dasjenige Leben, das allen eigenen Lebensinhalt bilden soll, auf den Tod hin versteinert; jener stellvertretende Stolz: »Seht da, meinen Jungen«, hilft in alle Zukunft absolut niemandem mehr. Unbedingt müßte *die Alte* daher »umkehren«, um *die fehlenden Stücke*, die der *Riese* geraubt hat, *aus ihrem Garten* wiederzuersetzen; sie müßte, mit anderen Worten, gegen alle Lebensangst ihr Dasein noch einmal neu beginnen, um ihrer leidigen Schuld(gefühle) ledig zu gehen. Doch statt dessen sehen wir sie, wenn auch *unter ... Zweifeln, immer weiter vorwärts* schreiten, wohl in der Erwartung, bei dem *Fährmann* schon irgendwie durchzukommen, – ganz so, als wenn es möglich wäre, sich mit einem bequemlichen »weiter so« durchs Leben zu mogeln!

Den *Fährmann* haben wir bereits als eine Art »Charon fürs Diesseits« kennengelernt. Er waltet offenbar seines Amtes stets in der Nähe des Todes, im Umkreis letzter und engültiger Fragen – schon jetzt steht sein Haus an dem Platz, da später der unterirdische *Tempel* zum Stehen kommen wird; doch ist seine Art, die Passagiere über den *Strom* zu setzen, der üblichen Jenseitsreise, wie wir sahen, entgegengesetzt: gerade nicht in das Land der »Schatten« geleitet dieser *Fährmann* die »Reisenden« über den *Strom*, vielmehr holt er sie vom »Jenseits« ins »Diesseits«, und in genau diesem Sinne belehrt er nun auch *die Alte*:

Einer sonderbaren Regel zufolge, die sich in diesem Moment erst entdeckt, kann er die Erdfrüchte nur vollzählig annehmen; denn er darf seinen eigenen Anteil erst in Empfang nehmen, nachdem er *ein Drittel dem Fluß übergeben* hat; dies zu tun, sollte unschwer möglich sein, wäre der *Fährmann* nicht darüber hinaus verpflichtet, das, was ihm *gebührt*, ... *neun Stunden zusammen* zu lassen; in dieser Zeit also müßte *die Alte* den Weg nach Hause und wieder zurück hinter sich bringen – und *das* ist ihr gar zu *beschwerlich.* Sie müßte, während die Zeit drängt, die Last ihres (ungelebten) Lebens noch einmal aufnehmen, und zwar einzig jetzt für sich selber; den *Mops aus Onyx* könnte sie getrost, als Pfand für den *Fährmann* gewissermaßen, am Ufer hinterlegen; doch ihr versteinerter Schoßhund war es ja gerade, was sie »erhob« und was alle Last ihr erleichterte! Der *Fährmann* freilich scheint diese Edelsteinfigur wie mit Absicht überhaupt nicht zu bemerken; ihn interessiert einzig das Lebende, und da ist und bleibt *die Alte*, in ihrer Bürgschaft zugunsten der *Irrlichter* und beraubt nun noch von dem *Schattenriesen* der Angst, ein erhebliches Quantum *schuldig.*

Doch gibt es denn zu einem wirklichen Neubeginn überhaupt eine Alternative? Tatsächlich gibt es eine Alternative, die der *Fährmann* freilich als letzte und einzig verbleibende *der Alten* nach *vielem* Hin- und Widerreden erst enthüllt: Sie muß sich unmittelbar *gegen den Fluß* verbürgen und sich dabei selber uneingeschränkt *als Schuldnerin bekennen*; einzig in diesem Falle, verbunden mit dem Versprechen, innerhalb von 24 Stunden die fehlenden Gemüsestücke herbeizuschaffen, erklärt sich der *Fährmann* bereit, die vorhandenen sechs Teile zu sich zu nehmen.

Daß binnen einer Tagesfrist etwas Lebenswichtiges herbeigeholt werden muß, um etwas Totes in Lebendiges zu verwandeln, ist in Märchen nicht ungewöhnlich[54]; hier aber geht es im Leben *der Alten* um etwas wirklich Neues: Sie kann »weiter so« ihr Leben fortsetzen, doch muß und kann sie es fortan tun mit Vertrauen in ihre eigenen Möglichkeiten und nicht länger mehr in Angst.

»Wenn ich mein Wort halte, so laufe ich doch keine Gefahr?« fragt sie besorgt. Die Antwort des *Fährmanns* versichert sie: »Nicht die geringste.«

Es ist zum ersten Mal, daß diese Frau für ihre eigene Situation eine eigene Verantwortung übernimmt und für ihre eigene Zukunft eine eigene Entscheidung fällt. Nicht mehr, was die *Irrlichter* schuldig sind, – was *sie* schuldig ist, steht jetzt, gegenüber dem *Strom* des Lebens, zur Frage. Dann aber, als sie ihre Hand, wie zum Schwur, in den Fluß taucht, erfährt sie eine neuerliche für sie schreckliche, doch im ganzen überaus nützliche Lektion.

Es war bisher, wie sie aussehe, für *die Alte* eine sehr wichtige, eine alles entscheidende Frage. Trotz vielerlei Arbeit hatte sie es offenbar vermocht, insbesondere ihren Händen die nötige Pflege angedeihen zu lassen und sie ausnehmend schön zu erhalten. Doch in dem Moment nun, da sie ihre Hand in den Fluß steckt, wird diese *kohlschwarz*, ja, der *Fährmann* bedeutet ihr, daß die Hand *nach und nach* immer weiter *schwinden* und *endlich ganz verschwinden* werde, freilich ohne daß sie *den Gebrauch derselben entbehren* müsse; alles werde sie *damit verrichten können, nur daß sie niemand* dabei zu *sehen* vermöge.

Entscheidend bei dieser »Bürgschaft« gegenüber dem (Lebens)*Strom* ist allem Anschein nach gerade dieser Wechsel der Betrachtungsweise: »Ich wollte lieber, ich könnte sie (sc. die Hand, d.V.) nicht brauchen und man säh mirs nicht an«, erklärt *die Alte* und verrät damit die gesamte Äußerlichkeit ihrer bisherigen Anschauung. Nicht was wirklich geschieht, sondern wie etwas aussieht, stand bis zu diesem Augenblick im Mittelpunkt ihrer Aufmerksamkeit. Alles, was wir bisher über die Entwicklung ihres »Schoßhündchens« gesagt haben, gewinnt durch diese wie unbeabsichtigt hingeworfene Selbstaussage noch einmal eine zusätzliche Bestätigung; und es ist klar: eine derartige Lebenseinstellung hat sich längst als tödlich erwiesen; doch nicht so für *die Alte*. Für sie geht es auch jetzt einzig darum, die Sichtbarkeit ihrer Hand wiederzuerlangen. Ihr Motiv ist nach wie vor unverändert von ihrer alten Einstellung geprägt; und doch lernt sie jetzt, *Wort* zu halten; allein was sie wirklich tut, um die Schuld der *Irrlichter* abzutragen, die irgendwie doch zugleich ihre eigene ist, wird in den nächsten 24 Stunden auch und gerade für den Erhalt ihrer *Hand* den Ausschlag geben.

Tatsächlich ist in dieser Verbindlichkeit, welche *die Alte* jetzt eingeht, eine gewisse Alternative zu einer nochmaligen »Umkehr« erkennbar. Wem es zu beschwerlich erscheint, den (Rück)Weg zu sich selbst anzutreten, dem verbleibt, so die Meinung des *Märchens*, einzig noch ein gewisses Engagement zur Abarbeitung eigener und fremder Schuld. Es ist ein Gedanke, den GOETHE in seinen Werken niemals mehr aufgeben wird. Noch in den *Wahlverwandtschaften* von 1809, in denen er seine Zuneigung zu *Wilhelmine Herzlieb* zu bearbeiten unternahm[55], wird *Ottilie* voller Schuldgefühle für die ehebrecherische Liebe zu *Eduarden* und in dem Empfinden, allen nur Unglück zu bringen, in tätiger Nächstenliebe, in Opfer und Entsagung, ihr Vergehen zu sühnen suchen.[56] In den *Wahlverwandtschaften* allerdings endet gerade dieser Weg tödlich[57]; im *Märchen* wird er – zum Glück – überhaupt nur angedeutet; es ist die Literaturform des *Märchens*, nicht des Romans, die in GOETHES Werk eine größere psychologische Annäherung an das gesteckte Ziel der Harmonie und der »Überbrückung« des *Stroms* des Lebens im Herzen des Menschen ermöglicht; doch werden wir uns noch zu fragen haben, warum das so ist und was es für die Bedeutung des GOETHEschen *Märchens* selber besagt.

Der Prinz, die Alte und die Schlange

Ehe wir uns indessen an derlei schwierige Fragen heraintauen, sehen wir zu unserer Freude nun endlich den Hauptakteur des gesamten Märchens die Bühne der Geschichte betreten: den *Prinzen*! Auf seinen Auftritt sind wir inzwischen gut vorbereitet, denn er war, wie wir mittlerweile erkannt haben, schon die ganze Zeit über insgeheim gegenwärtig.

Stets verhält es sich in der Erzähllogik von Träumen, Mythen und Märchen so, daß das Nacheinander im Wechsel von Personen und Handlungen möglicherweise auf eine Beziehung unter ihnen wie zwischen Ursache und Wirkung hindeutet, so daß die zeitliche Abfolge häufig als eine kausale zu verstehen ist; einzelne Personen nehmen dabei verschiedene Formen an, verschiedene Gestalten wiederum entdecken sich als Teile ein und derselben Person, kurz, all die Probleme der *Irrlichter* ebenso wie des versteinerten *Mops'* bildeten bisher offenbar nur die einleitende Vorgeschichte zum Verständnis der Schwierigkeiten, in denen wir unseren *Prinzen*, der soeben vom *Fährmann* über den *großen Strom* gesetzt wurde, befangen finden.

Wunder nehmen muß uns allerdings bereits, daß der *junge, edle, schöne Mann*, den anzuschauen *die Alte* nicht genug sich tuen kann, ganz wie die *Irrlichter* schon zuvor vom anderen Ufer herübergebracht werden muß, während er doch auf der Suche nach der *schönen Lilie* ist; denn daß diese an der gegenüberliegenden Seite des Lebens*stromes* wohnt, wissen wir längst. Warum also dieses Hin und Her? Die Antwort kann auch hier nur lauten, daß dieser sehnsuchtsvolle Jüngling zu seiner *Lilie* nur finden wird, wenn er in das »Diesseits« der »Wirklichkeit« eintaucht; zugleich aber gewinnt er damit Kontakt auch zu den *Irrlichtern*, die wir jetzt unumwunden als Vorboten, sprich: als Vorbedingungen seiner jetzigen Situation ansprechen müssen; und das gleiche gilt natürlich auch für den *Mops aus Onyx*, den wir von vornherein als *alter ego* des Jünglings eingeschätzt haben; dasselbe gilt zum Glück auch von der *Schlange* und von den *Königen* und von dem *Alten* mit der *Lampe*. Sie alle müssen und werden in der Gestalt des Jünglings zusammenfinden. Aber wie?

Nicht zufällig ist die Beziehung *der Alten* zu dem *Jüngling* trotz – oder gerade wegen! – des Altersunterschiedes zwischen ihnen beiden durch und durch erotisch gefärbt, nur daß, im Unterschied zu den *Irrlichtern*, der aktive Teil der Werbung diesmal ganz und gar auf seiten *der Alten* liegt und das Moment des Komischen sich bei ihr gänzlich ungewollt einstellt. Beim bloßen Anblick des jungen Mannes, wird uns versichert, fällt *der Alten* die Last in dem Korbe so leicht, daß dieser *sich von selbst über ihren Scheitel erhob und frei in die Höhe* schwebte; es ist, als sei in der Gegenwart dieses Jünglings alles Schwere von ihr genommen; ja, es kommt dahin, daß sie buchstäblich dem jungen Manne *nacheilt.*

Natürlich läßt sich darin ein Sinnbild erkennen, wie eine alte Frau der Jugend, *ihrer* Jugend, hinterherläuft. Doch wenn wir, wie gewiß nötig, in *der Alten* und dem jungen Mann (in Fortsetzung des Verhältnisses der *Alten* zu ihrem *Mops*) eine Mutter-Sohn-Beziehung angedeutet finden, so dürfen wir die inzestuös-ödipale Tönung nicht übersehen, die das Verhältnis beider durchzieht.

Dabei müssen wir zugestehen, daß dieser *junge Mann* in so *herrlicher Gestalt* auftritt, daß er wohl auf jeden, nicht nur auf *die Alte,* einen *tiefen Eindruck* hinterlassen muß; und doch erscheint sein Aussehen in manchem auch wieder höchst sonderbar, ja, geradezu bizarr. Stolziert er nicht wie ein Insekt oder wie eine Schildkröte auf zwei Beinen daher, wenn wir *seine Brust ... mit einem glänzenden Harnisch bedeckt* finden, *durch den alle Teile seines schönen Leibes sich durchbewegten*? Was da so martialisch-ritterlich erscheinen soll, mutet weit eher theaterhaft-clownesk an; und es steht zudem in vollkommenem Widerspruch zu seinem *unbedeckten Haupt,* das *braune Haare in schönen Locken* umwallen, sowie zu seinen *schöngebauten Füßen,* auf denen er, statt in eisenbeschlagenen Stiefeln, *mit nackten Sohlen ... über den heißen Sand* dahinschreitet. Ein Mann, der einen Harnisch braucht, sollte, weil offenbar in Feindesland befindlich, auch eines Helms und eines Waffenrocks nicht entbehren. Dieser *Jüngling* indes ist alles andere als ein Heroe auf dem Schlachtfeld – von Spieß und Schwert und Schild erblicken wir bei ihm gar nichts; vielmehr ist, was da vor uns steht, ein durch und durch romantischer Held, von *holdem Gesicht,* gezeichnet von *tiefem Schmerz* und Gram. Einzig der *Purpurmantel,* der *um seine Schultern* hängt, erinnert an verlorene Würden; und in der Tat erfahren wir ein wenig später aus seinem Munde im Gespräch mit *der Alten*, daß er den Harnisch *mit Ehren im Kriege* getragen und den Purpur *durch weise Regierung* sich zu verdienen unternommen habe; geblieben aber sei ihm beides nur – das eine als *unnötige Last*, das andere als *unbedeutende Zierde*; die eigentlichen Insignien der Königswürde: *Krone, Zepter und Schwert* hingegen seien ihm genommen worden, so daß er nunmehr *so nackt und bedürftig* sich fühle *als jeder andere Erdensohn*; und zumindest das letztere müssen wir ihm glauben.

Da ist allem Anschein nach in jungen Jahren schon im Leben dieses *Jünglings* ein »Krieg« verlorengegangen und hat dem jungen Mann alles Empfinden für heimatliche Geborgenheit und persönliche Souveränität geraubt. Statt eines designierten Königs, der im Triumphe in das Land seiner Bestimmung einzieht, sehen wir hier einen Verirrten und Verwirrten, der, feingliedrig und empfindsam, offenbar vor allem seine *Brust*, sein Herz, vor Schmerz und Verwundung schützen muß; sein *Purpurmantel* aber darf jeden christlich gebildeten Leser froh gestimmt sein lassen, erinnert er ihn doch an die bedeutungsvolle Szene der Verspottung Jesu, wie gerade im Moment der Schande der wahre Königssohn bereit stand, eine ganze Welt zu retten[58]. Ohne die Blickrichtung an dieser Stelle schon genügend ausleuchten zu können, legt sich doch die Vermutung nahe, daß GOETHE in dem *Märchen* nicht nur durch die Umdeutung von *Schlange* und *Tempel* die Voraussetzungen der christlichen Erlösungslehre umgearbeitet hat, sondern daß er auch ihre Erfüllung in dem Bilde des Messias-Königs mit der Darstellung des *Prinzen* konterkarieren wollte. Nicht durch Marter, Opfer und Blutvergießen am Holze des Kreuzes wird die Menschheit gerettet, sondern, wenn schon, dann durch die Weisheit der Güte, durch den Freimut heiteren Glücks und durch die Kraft einer inneren Einheit, wie einzig die Liebe sie zu schenken vermag. – Wir müssen später noch einmal darauf zurückkommen.

Einstweilen versetzt das Unglück der Liebe den *Prinzen* in einen überaus *elenden Zustand*. Der Verlust seiner Insignien von *Krone, Zepter* und *Schwert* bedeutet gewiß dasselbe wie die Unbezahlbarkeit beziehungsweise wie der Raub von *Kohlkopf, Artischocke* und *Zwiebel* im Leben der Alten: es gebricht dem *Prinzen* in seinem derzeitigen Befinden an eigenem Denken, eigenem Fühlen, eigener Kraft. Niedergedrückt und schleppend trägt er sich dahin, so daß selbst *die Alte* jetzt, seiner kargen, kontaktarmen Antworten müde, ihm vorauseilt und seinen Gang als *zu langsam* empfindet. Erst als der *Jüngling* erfährt, auch *die Alte* sei unterwegs zu der *schönen Lilie*, belebt sich sein Wesen mit Interesse und Neugier; und es ist offenbar dieser Wechsel der Frauengestalt, der eine entschiedene Veränderung seines Gemütes bewirkt.

Man muß, um die Bedeutung dieser Szene zu verstehen, sich nur einmal vor Augen stellen, wie *die Alte* hinter dem *Jüngling* herlief, um ihm, dem zu Lahmen, alsdann vorauszugehen – und man findet in wenigen Sätzen die Tragödie unzähliger Mutter-Sohn-Beziehungen beschrieben, die von eben den Komponenten geprägt sind, die wir bisher herausgearbeitet haben; denn wir müssen feststellen: Eine Mutter, die den Sinn ihres Lebens, die Freude ihres Daseins in die Schönheit, den Erfolg und die Unvergleichlichkeit ihres Sohnes setzt, wird den Heranwachsenden ihrerseits in gerade dem Maße belasten, wie sie ihr eigenes *Haupt* erleichtert fühlt. Der Zeitpunkt wird unvermeidlich kommen, da der junge Mann seine Mutter, die ihn bisher wie einen Edelstein hütete und auf ihrem Haupte durchs Leben trug, als Bedrückung, ja, als Verfolgerin erlebt. Sie kommt, wie in dem *Märchen*, hinter ihm her, glaubt, ihn antreiben zu müssen, sucht das Gespräch mit ihm, er aber demonstriert ihr durch sein ganzes Verhalten die eigene Bewegungslosigkeit und Passivität, er gibt sich einsilbig defensiv gegenüber jeder Annäherung, – ein reines »Ich will nicht« spricht sich in all seinem Gebaren aus. Von diesem Moment an tritt eine Wende ein – die Mutter glaubt, noch mehr tun zu müssen, indem sie die fehlende Aktivität ihres Jungen durch eigenes Tun, durch strammes Vorangehen zu ergänzen trachtet, und sie wird nicht merken, wie sehr damit der Teufelskreis sich schließt, in dem wir schon den *Mops aus Onyx* befangen sahen. Tatsächlich stellt dieses Wechselspiel zwischen *der Alten* und dem *Jüngling* bei ihrem Gang zum *Fluß* denn auch nur die logische Weiterentwicklung, die *Manifestation* der bereits vorgefundenen Konstellation dar, und es führt daraus in der Tat nur jener Ausweg, den der *Alte mit der Lampe* und seine Gemahlin sich für den *Mops* ausgedacht haben: die *schöne Lilie* muß als Retterin wirken. Entscheidend neu in diesem Moment aber ist der Umstand, daß es den *Jüngling* von selbst zu der *schönen Lilie* hinzieht, während der *Mops* zu seiner Retterin förmlich »getragen« werden muß. Was diesen jungen Mann begeistert und ihn mit *der Alten* nun eines Weges gehen läßt, ist die Gleichgerichtetheit des Ziels: *über die grüne Schlange den Fluß zu passieren und der schönen Lilie* zu begegnen; dabei möchte *die Alte* der Schönen den *Mops* zum Geschenk bringen, der Jüngling aber möchte sich selbst der Geliebten schenken; beider Bestrebungen kreuzen an dieser Stelle einander als ein Widerspruch, der im Herzen ein und derselben Menschen Platz sucht.

Deutlich wird diese Einheit des Entgegengesetzten in dem *Märchen* bereits an dem regen Interesse, das der *Jüngling*, kaum daß er von der *schönen Lilie* hört, nicht so sehr an dem Schicksal *der Alten*, denn vielmehr an ihrem versteinerten *Mops* nimmt. Dieses *glückliche Tier*, das *sanft zu ruhen* scheint, schließt er augenblicklich *in seine Arme*, streichelt es mit den *Sonnenstrahlen* und *erwärmt* es (trotz seines Harnischs!) an seinem *warmen Busen*. Leidet es da noch einen Zweifel, daß der *Jüngling* sich selbst in dem versteinerten Hündchen wiedererkennt und er in ihm den Teil beneidet, der, als versteinert, in den Händen der *schönen Lilie* zum Leben erweckt sein will? Doch steht dieses *Tier*, psychoanalytisch betrachtet, hier für den Triebwunsch des Es'; das Ich, die »menschliche« Seite des *Jünglings* fühlt etwas ganz anderes: eine bebende Angst. Denn wie *betrüblich und bänglich* kommt es ihn an, gerade durch die *Gegenwart* der *schönen Lilie gelähmt* zu werden! Sind es doch gerade *ihre schönen blauen Augen, die so unselig wirken, daß sie allen lebendigen*

Wesen ihre Kraft nehmen und daß diejenigen, die ihre berührende Hand nicht tötet, sich in den Zustand lebendig wandelnder Schatten versetzt fühlen.

Wohlgemerkt hat dieser *Jüngling* die *schöne Lilie* noch niemals in seinem Leben gesehen, er kennt sie offenbar nur vom Hörensagen, und doch weiß er, daß ihre Blicke ihn in einen Schatten und ihre Hände ihn zu Stein verwandeln werden! Was diesen *Jüngling* ganz offensichtlich am Leben hindert, ist eben diese Mischung aus Sehnsucht und Angst gegenüber einer Geliebten, die er in seiner Vorstellung um so stärker idealisiert, als er ihr Bild durch keinerlei wirkliche Erfahrung je hätte korrigieren und der Wirklichkeit gleichgestalten können. Im Gegenteil hat die (projektive) Angst, von der Geliebten »getötet« zu werden, den *Jüngling* offenbar bisher an jeder Kontaktaufnahme zu einem »Wesen des anderen Geschlechtes«, personifiziert in dieser einen und einzigen, nachhaltig gehindert. Wovon hier die Rede geht, sind, mit anderen Worten, Formen der Angst und Nöte der Reifung, wie sie im Ansatz jedem Heranwachsenden irgendwie bekannt werden dürften, wie sie hier aber in einer derart dramatisch gesteigerten Form auftreten, daß wir uns nach dem *Grund* einer solchen Problemstellung fragen müssen; und da brauchen wir nun allerdings nicht lange zu suchen.

Noch einmal neu würdigen müssen wir jetzt nur die Tatsache, daß die erste Versteinerung ja bereits erfolgt ist im Hause *der Alten*, in der Abwesenheit des *Alten* mit der *Lampe*, als die *Irrlichter* ihr Gold unter Hohngelächter über die Liebe aus sich herausschüttelten. Genügt es nicht für ein sensibles Kind, daß die zärtlichsten Empfindungen, die es selber für seine Mutter hegt, eines Tages als komisch und lächerlich erscheinen sollen? »Versteinert« nicht jedes Gefühl, wenn ein Junge entdeckt, daß er bisher kaum etwas anderes war als das »Schoßhündchen« und »Prachtstück« seiner Mutter? Es ist der versteinerte Hund im »Korbe« *der Alten*, an dem der *Jüngling* nunmehr sein eigenes Schicksal in der Nähe der *schönen Lilie* vorgebildet sieht! Solange das Bild der Mutter über ihn Macht hat, müssen wir psychoanalytisch verdeutlichend sagen, wird jedes Mädchen, stilisiert zu einer *schönen Lilie*, in den Bannkreis einer Furcht und einer Erwartung hineintreten, in der es, gänzlich ambivalent, stets beides verkörpern muß: Leben wie Tod, Rettung wie Untergang, Segen wie Fluch; und in dieser Form müssen die Gefühle fixiert bleiben, solange als »Zukunft« nur in Aussicht steht, die Schoßhündchen-Rolle an Mutters Seite in der Nähe der *schönen Lilie* zu neuem Leben »erweckt« zu finden. Wie aber soll es möglich sein, *selber* zu der *schönen Lilie* hinzufinden, solange ein Teil der Persönlichkeit in eben dieser Rolle von *der Alten* zur *Lilie* buchstäblich »getragen« werden muß, während der andere Teil sich nur in ihrer Begleitung, *eines Weges* mit ihr, auf dem Rücken der *Schlange* über den *Strom* (des Lebens) getraut?

Wir kommen dem Wechselspiel von (Über)Erwartung und Todesangst, von Prinz-Sein und Hund-Sein im Erleben des *Jünglings* noch ein Stück näher, wenn wir, zusätzlich zu der offensichtlichen Mutterbindung des Jungen am »Ufer« des Lebens, die triebpsychologische Symbolsprache des *Märchens* an dieser Stelle beachten. Jede Frau, in deren Gegenwart die alten mütterlichen Gefühle zwischen magischer Gebundenheit und intellektueller Distanziertheit sich fortsetzen, wird in der Wahrnehmung eines solchen Jünglings ihr Bild projektiv zwischen »Versteinerung« und »Belebung« hin und her schwankend finden; doch ließe sich eine solche Gefühlsambivalenz in vielerlei Formen ausdrücken; warum ist das Bildnis weiblicher Liebe in GOETHES *Märchen* identisch mit einer *Lilie* – nicht zum Beispiel, wie in so vielen Märchen sonst[59], mit einer Rose?

Die Antwort auf diese Frage, einmal gestellt, entspricht einem klassischen Stereotyp. Allerorten wird der Liebreiz einer schönen Frau mit bestimmten Blumen assoziiert werden, so wie es in der Anfangsphase der Liebe (und hoffentlich auch später noch) kaum ein galanteres Mittel der Annäherung geben dürfte, als »Blumen sprechen« zu lassen. Die *Lilie* aber steht unzweifelhaft für das Bild von Reinheit und Keuschheit[60], und es ist eben diese »blumige Gestalt«, in welcher der *Jüngling* einzig seine Geliebte zugleich herbeisehnt und fürchtet. Die Schwierigkeit, die sich ihm unter den gegebenen Bedingungen entgegenstellt, besteht offensichtlich in dem Konflikt zwischen seinen eigenen andrängenden Triebwünschen und der moralischen Zurückweisung, die er von seiten der Angebeteten für sein Begehren erwarten muß. Die Wirkung dieses Dilemmas beschreibt der *Jüngling* in den Phantasmagorien seiner Angst denn auch ganz deutlich: Die Schöne wird ihn nur mit ihren *blauen Augen* anschauen müssen, und schon wird es ihm, ja, wird es *jedem lebendigen Wesen*, wie er verallgemeinernd unterstellt, alle Kraft nehmen. Statt des zu erwartenden Blutandrangs beim Anblick der Geliebten werden also Blutleere und Ohnmacht von ihm Besitz ergreifen, und zwar, um genau zu sein, in eben dem Falle, daß die *schöne Lilie* ihren Blick auf den *Jüngling* richtet. Er darf, anders gesagt, mit seinem männlichen Verlangen der nach mütterlichem Vorbild idealisierten Lilienreinen, ganz wörtlich, nicht unter die Augen treten; besser »ohnmächtig« und »rein« akzeptiert als in potenter Unreinheit abgewiesen – so in etwa lautet das Kalkül einer solchermaßen erzwungenen Tugendsymptomatik.

Es mag durchaus sein, daß Leser, die vorwiegend literaturwissenschaftlich an einer Interpretation des GOETHEschen *Märchens* interessiert sind, in den Ohnmachtsgefühlen und Ängsten des *Jünglings* unter den Augen (s)einer *schönen Lilie* von Hause aus kaum etwas anderes zu sehen geneigt sind als eine weitere amüsante, eben »erquickliche« *façon de parler*. Doch dem ist keinesfalls so.

Ein junger Lehramtskandidat, um ein Beispiel für den quälenden Ernst der geschilderten Befürchtungen zu geben, litt vor Jahren bis zu drohender Berufsunfähigkeit unter der Angst einer völligen Blutleere im Gehirn, die ihn vor allem in den Sommertagen schon mehrmals auf offener Straße ebenso peinlich wie peinigend gepackt hatte. Da etwas Vergleichbares sich wintertags noch niemals zugetragen, lag die Vermutung nahe, es könne üblicherweise die leichtere Bekleidung von Mädchen und Frauen während der heißen Zeit des Jahres die Ursache für sein Leiden bilden. Tatsächlich gestand er sich denn auch bald ein, vom Anblick der Schönheit der »holden Weiblichkeit«, wie er gleichermaßen bewundernd wie distanziert sich ausdrückte, aufs höchste irritiert zu sein. In einem Film Frauen am Strand zu betrachten, bereitete ihm ein vergleichsweise reueloses Vergnügen, doch beim Betrachten einer Frau von der Betrachteten selber angesehen zu werden, bedeutete ihm so viel, wie bei einer »schweren Sünde« auf frischer Tat ertappt zu werden.

Wie sich ergab, war ihm in der katholischen Kirche als »Kommunionkind« bereits bedeutet worden, daß er, als ein Neunjähriger, eine »Todsünde« begehen könne, wenn er »Unkeusches« freiwillig anschaue, und um solche Unterweisungen mit dem nötigen Nachdruck zu versehen, war ihm die Gestalt der »immerwährenden Jungfrau und Mutter unseres Herrn und Heilands«, die in ewiger Reinheit erstrahlende Lilie unter den Frauen, Maria, vor Augen gestellt worden. Natürlich hätten derartige Lehren in seinem Gemüt sich nicht so verheerend festsetzen können, wäre nicht seine eigene Mutter, aus Gründen ähnlich den schon geschilderten, eine höchst geeignete Vermittlerin und Interpretin solcher Anschauungen und Anmutungen gewesen; kurz, es verlegte sich die (ödipale) Beziehung von Mutter und Sohn projektiv in Gestalt der Jungfrau und Mutter Maria und ihres göttlichen Sohnes in den Himmel, um von dort als ein unwiderlegliches Vorbild und Richtmaß auf seine Kinderseele zurückzufallen.[61]

Alles weitere läßt sich leicht denken: Endlose Scham- und Schuldgefühle für ganz und gar harmlose Aufmerksamkeiten peinigten seither diesen jungen Mann, kaum daß er zehn Jahre alt geworden, und verformten seine Kindheit und Jugend zu einer Kette endloser Versuche von Aufbruch und Flucht, von Sehnsucht und Fluch, von Verlangen und Strafe.

Was wir daraus lernen? Nun, kein Junge der Welt, da spricht GOETHES *Jüngling* wohl wahr, kann und darf sich, ohne ohnmächtig zu werden, einem Mädchen nähern, das ihm als eine *schöne Lilie* ebenso verlockend wie verstoßend vorgestellt wird, und doch könnte nur eine wirkliche *schöne Lilie* einen solchen

Jüngling wieder »lebendig« machen; selbst die Mutter des *Jünglings*, wenn wir *die Alte* psychoanalytisch dafür einsetzen, scheint sich dieser Tatsache ganz und gar bewußt zu sein; denn warum sonst würde sie ihren »verstorbenen« Liebling auf den Rat ihres Mannes zu jenem wunderbaren und offenbar wundertätigen Mädchen, der *schönen Lilie*, hinübertragen? So viel steht jedenfalls fest: sie hat *das* nicht gewollt, was sich in der Seele dieses jungen Mannes in einem Kampf buchstäblich auf Leben und Tod zwischen Furcht und Vertrauen begibt; und es steht auch fest: das Leben kann unter solchen Voraussetzungen nur von dem Tödlichen kommen, die Heilung nur von dem Verwundenden, die Erweckung nur von dem Betäubenden. In der *schönen Lilie* lebt projektiv alles: die Große Mutter im Insgesamt ihrer Widersprüche.

Dabei halten wir durchaus noch nicht am Ende aller Schrecken. Dem *Jüngling* droht, wofern er nur die *schöne Lilie* berührt, sogleich die Strafe der Versteinerung, und was *diese* Gefahr zu bedeuten hat, kann uns noch einmal der *Mops aus Onyx* lehren.

Verwunderlich wäre es nicht, wenn die Gleichung von Schoßhund und Kind (Junge), die wir vorhin vollzogen haben, manchem psychoanalytisch ungeschulten Leser nach wie vor erklärungsbedürftig erschiene; denn daß ein schöner junger Mann, zudem noch in den Augen einer »Alten«, die für seine Mutter ausgegeben wird, als »Hund« erscheint beziehungsweise daß ein (versteinerter) Schoßhund einen Jungen voller Angst, ein Muttersöhnchen, darstellen soll, ist ohne Traumpsychologie wohl wirklich nicht so ohne weiteres verständlich. Und doch wird es einleuchten: Wenn beispielsweise ein Mädchen oder eine Frau in der Psychotherapie an einer Hundephobie leidet, so dürfen wir zumindest probeweise die Diagnose auf »Sexualität« stellen. Hunde vertreten, so lehrt die Erfahrung, in Träumen und Märchen recht gerne »bissige« Männer, und sie treten zudem mit Vorliebe auf als Symbole der Schamlosigkeit[62]. Auch im »normalen« Leben bildet die Szene von der »Dame mit dem Hündchen«[63] ein Bild, in dem das Tier, unschwer erkennbar, den fehlenden oder (un)erwünschten Mann an der Seite der Frau ersetzt. Insofern können wir die »erotische« Tönung, die wir vorhin der Beziehung *der Alten* zu dem *Jüngling* zugeschrieben haben, im nachhinein jetzt nur verstärken, ja, wir dürfen sie sogar auf ihr Verhältnis zu dem »Schoßhündchen« ausdehnen. Und daraus ergibt sich eine wichtige Folgerung. Wenn der *Mops* als ein männliches Symbol auftreten kann, so müssen wir jetzt noch deutlicher sagen: Der Hund dient nicht nur als ein erstes vorbereitendes Symbol für den *Jüngling*; er ist überhaupt ein Symbol des männlichen Geschlechts[64]. Die gesamte Angst des *Jünglings* enthüllt sich im Grunde als Angst vor der – in FREUDschem Sinne – »kastrierenden« Frau. Es ist eine Angst, wie wir sie auf der Erlebnisseite bereits bei dem *Mops aus Onyx* beschrieben haben: eine Angst, als junger Mann nicht stark genug, nicht groß genug, nicht hinreichend genug zu sein, um geliebt zu werden; – die organgebundene Sprache der (frühen) Psychoanalyse muß Stelle für Stelle selber noch einmal beim Entsymbolisieren der Symbole symbolisch gelesen werden.

Wir aber verstehen jetzt erst die eigenartige Furcht des *Jünglings* angesichts der *schönen Lilie* ganz. Denn wie es bei traumnahen Symbolbildungen üblich ist, sehen wir, daß sich in das Bild der Angst stets auch das Bild des verdrängten Wunsches selber hineinmischt, ja, daß in diesem Bilde oft genug der ursprüngliche Triebwunsch unverhüllt, nur eben eingespannt in das Gefühl der Angst, zum Ausdruck kommt. So ist die drohende »Versteinerung«, die der *Jüngling* befürchtet, wofern er die *schöne Lilie* auch nur berührt, keinesfalls bloß eine Angst, vor »Blutleere« zu »sterben«; die »Versteinerung« versteht sich vielmehr ganz offen als der ursprüngliche Wunsch nach Verschmelzung mit der so fern und doch so nah empfundenen Geliebten; diese aber vermag naturgemäß im Akt der Liebe sexualsymbolisch beides: sie kann das »Lebendige« »versteinern« lassen und alles, was bereits »versteinert« ist, wieder »lebendig« machen...

Es ist also im Grunde die ganz normale körperliche Empfindung und Erregung der Liebe, die den *Jüngling* mit solchem Grausen erfüllt. *Ein* Grund dafür, daß es sich so verhält, ist vielleicht sogar auch farbsymbolisch in der schwarzen Onyxgestalt des »Schoßhundes« angedeutet, die mit der weißen Farbe der *schönen Lilie* so scharf kontrastiert wie gut und böse, rein und unrein, wie »heilig« und verwerflich.

Der *Jüngling*, so können wir zusammenfassen, schämt sich unter dem Einfluß der mütterlichen *Alten* angesichts der aus Angst idealisierten Gestalt der Geliebten buchstäblich zu Tode für den Wunsch, ein ganz gewöhnlicher Mann zu sein. Gerade das, was er am meisten ersehnt, erscheint ihm moralisch als am meisten verwerflich. Und doch gehen er und *die Alte* auf dem gefahrvollen Wege der Sehnsucht weiter, *sie*, um eine Antwort auf die Fragen des vorrückenden Alters zu finden, *er*, um überhaupt zum Leben hinzufinden!

Wie eine solche Stimmung zwischen Sehnsucht und Angst sich anfühlt und ausspricht, hat GOETHE selber einmal auf unnachahmliche Art in dem kleinen Frühlingsgedicht *März*[65] dargestellt; es lautet:

> Es ist ein Schnee gefallen,
> Denn es ist noch nicht Zeit,
> Daß von den Blümlein allen,
> Daß von den Blümlein allen,
> Wir werden hoch erfreut.
>
> Der Sonnenblick betrüget
> Mit mildem, falschem Schein,
> Die Schwalbe selber lüget,
> Die Schwalbe selber lüget,
> Warum? Sie kommt allein!
>
> Sollt' ich mich einzeln freuen,
> Wenn auch der Frühling nah?
> Doch kommen wir zu zweien,
> Doch kommen wir zu zweien,
> Gleich ist der Sommer da.

Bereits die in jeder Strophe wiederkehrende Verdoppelung der Verse macht sprachlich dies übergroße Verlangen nach »Verpaarung« deutlich; zugleich aber schlägt das Gedicht die Brücke zwischen schneekühler Enttäuschung und beginnender Sommerwärme. Wie in dem *Märchen* die beiden »Ufer« Symbole für zwei konträre »Standpunkte« sind, so bilden in dem Gedicht die Jahreszeiten die symbolischen Markierungspunkte zweier grundverschiedener Gefühlszustände; doch natürlich meint beides, ob zeitlich oder räumlich ausgedrückt, ein und dasselbe.

Auch die Rolle der *Schlange* gewinnt unter diesen Umständen noch einmal eine neue Kontur. Daß sie es ist, die bei der Aufnahme der »Goldstücke« von innen her zu »leuchten« beginnt, daß sie es ist, die zufolge der spöttischen Bemerkung der *Irrlichter* die »horizontale Linie« verkörpert, und daß sie es zudem versteht, in das Mutterschoß-Symbol des *Tempels* einzudringen, läßt sich, unterhalb der angegebenen religionsgeschichtlichen und philosophischen Bedeutungen, gewiß ebenfalls in »phallischem« Sinne interpretieren. Zwar ist es weder nötig noch möglich, diese Nebenbedeutung überzubetonen, doch besitzt die Überbrückung von »Diesseits« zu »Jenseits«, von Angst zu Glück im Falle unseres *Jünglings* ganz sicher auch die Funktion einer Selbstvergewisserung und Bestätigung als Mann, und zwar in der Mitte des »Tages«, in der Mitte des Lebens. Um diese Zeit allein vermag, wie wir wissen, die *Schlange* die *Brücke* über den Fluß zu bilden, und sie tut es, wie wir jetzt hören, offenbar mit Regelmäßigkeit. In gewissem Sinne bildet die *Schlange* dabei nicht eine *Brücke*, sie *ist* die »Brücke zur Mittagszeit«; erst wenn sie sich von Fall zu Fall wieder auflöst, erkennt man, daß jene staunenswerte *Brücke* eine *Schlange* war. Auch diese *Brücke* zwischen Flucht und Zuflucht, zwischen Mißtrauen und Vertrauen, zwischen Vorsicht und Zuversicht besteht, wie wir nicht übersehen dürfen, in der Verwandlung von etwas Lebendigem in Stein; doch die »Steine« der Brücke bilden jetzt nicht länger mehr in der dunkelfarbenen *Mops*-Gestalt des Onyx das Gegenstück zu dem reinen Weiß der *schönen*

Lilie; vielmehr markieren der Smaragd, der Chrysopras und der Chrysolith, aus denen die *Brücke* sich nunmehr zusammensetzt, allein schon durch ihre Grün-Färbung genau den Mittelbereich zwischen den Extremen von Schwarz und Weiß[66].

Dieser Farbunterschied will in der Tat beachtet sein; vordem war die Brücke in rotbraunem Jaspis und »Prasem«, dem »grünen Jaspis«, erbaut. Die Farbspielerei könnte besagen, daß die Schlangen-Brücke wohl schon auf ihre jetzige Farbenpracht vorbereitet war, doch könnte die störende, an dunkles, venöses Blut erinnernde Farbe des Jaspis einen sensiblen Jüngling trotz all der schimmernden Schönheit der *Brücke* wohl immer noch abschrecken, über einen solchen Weg Zugang zu der »Reinheit« (s)einer *schönen Lilie* zu finden; und fürwahr, er hätte Grund zu solchen Sorgen, – wir werden sogleich noch sehen, wie buchstäblich schleierzart die *schöne Lilie* mit den feinsten Farbkomponenten zu »spielen« versteht. Das verschieden abgestufte Grün indessen – hellgründurchsichtig der Smaragd, hell-durchsichtig dunkel der gelblichgrün bis flaschengrüne Chrysolith (ein Olivin-Schmuckstein) sowie der Chrysopras (ein durch Nickelgehalt grüngefärbter Chalzedon, ein Quarz) – verweist gänzlich in den »ungefährlichen« Bereich, da das Licht zwischen dem ganz Dunklen und dem ganz Hellen eine für jedes Auge wohltuende Synthese hält. Über diese Schlangen-Brücke wagen sich nun der *Jüngling* und *die Alte*, freilich auch, wie wir an ihrem *Gezisch* unfehlbar bemerken können, obwohl sie bei heller Sonne nicht sichtbar sind, zugleich die *Irrlichter*, darauf vertrauend, bei *Anbruch der Nacht* im *Park der schönen Lilie* sich in ihrer vollkommenen *Schönheit* erzeigen zu können.

So verwirrend der »Beitritt« der *Irrlichter* an dieser Stelle auch anmuten mag, so muß er in Wahrheit doch hoffnungsfroh stimmen; denn wir ahnen bereits, daß mit dem Übergang über die *Brücke* all die Elemente nunmehr zusammenkommen, in die wir bislang den *Jüngling* zerfallen sahen: sein haltloser Intellekt, sein Hündchen-Dasein im Schoß und auf dem Kopf seiner Mutter, *der Alten*, und, nicht zu vergessen, er selber in all seiner Sehnsucht und Scheu, – sie alle passieren zur Mittagszeit die grünschimmernde Brücke über den *Strom*; und sogar die *Schlange*, dieses verheißungsvollste Symbol einer glücklichen Einheit aller Gegensätze, folgt ihm nach Auflösung der Brücke wie dienstfertig nach. Alles, was bisher so weit auseinanderlag, daß es im Erzählaufbau des *Märchen*s als zusammengehörig nicht gerade leicht zu erkennen war, gibt sich jetzt, auf der »anderen« Seite des *Stromes*, sein Stelldichein. Alle Seelenanteile warten nunmehr darauf, sich, wenn auch unter Todesgefahr, an der Seite der *schönen Lilie* zusammenzusetzen; die wichtigste Frage freilich steht noch aus: in welch einem Zustand die *schöne Lilie* selbst sich befindet. Die gesamte Anlage der Erzählung bisher war gänzlich »subjektzentriert« auf die Psyche des *Jünglings* hin; wer die *schöne Lilie* für sich selbst ist, bildete unter dem Schattenspiel all der Projektionen von Hoffnungen und Ängsten noch gar keine Frage; doch genau darum muß es jetzt zu tun sein, wenn eine Einheit nicht nur innerseelisch, sondern auch nur zwischen zwei Personen wirklich zustande kommen soll.

Vorweg freilich ist noch eine weitere Sicht auf die »Brücke« möglich, wie sie sich erneut für die Augen christlicher Leser unabweisbar nahelegt.

Wann immer die christliche Religion Bilder der Hoffnung malt, findet sie ihre Vorbilder in der *Johannes-Apokalypse*, insbesondere in der Vision von dem neuen Jerusalem (Apk 21). Auch GOETHES *Märchen* beschreibt auf seine Weise, wie gleich zu Beginn schon gesagt, einen »endgültigen« Zustand von »Heil«, und so sind die Anklänge und Unterschiede zwischen Bibel und *Märchen* alles andere als nebensächlich. Auffallen muß jedenfalls, daß die *Brücke* im *Märchen* aus dem gleichen »Material« gebaut ist wie in der Bibel das Mauerwerk der Heiligen Stadt, das himmlische Jerusalem, das »mit allerlei Edelsteinen geschmückt« war: »Der erste Grundstein«, heißt es dort (Apk 21, 19. 20), »war ein Jaspis, der zweite ein Saphir, der dritte ein Chalzedon, der vierte ein Smaragd, der fünfte ein Sardonyx, der sechste ein Sarder, der siebente ein Chrysolith, der achte ein Beryll, der neunte ein Topas, der zehnte ein

Chrysopras, der elfte ein Hyazinth, der zwölfte ein Amethyst.« Aus dieser Zwölfer-Liste sind in dem *Märchen* nur wenige Steine ausgewählt – verständlicherweise, denn die biblische Symbolik von den 12 Stämmen Israels, nachgebildet in den 12 Aposteln[67], ist für den Zusammenhang des *Märchens* ohne Belang; statt dessen ist die Auswahl der *Farben* in angegebener Weise um so bezeichnender; typisch für den Aufbau des *Märchens* ist darüber hinaus die erneute Reduktion auf die *Dreizahl*, in der sich, zumindest numerisch, die drei entwendeten Erdfrüchte und die drei geraubten Königsinsignien positiv fortsetzen. Höchst bedeutsam aber ist zweifellos die Anspielung auf die heilige Stadt Jerusalem in der *Johannes-Apokalypse* selber. Denn der Hinweis des *Märchens* läßt sich nicht anders verstehen, als daß hier der Zentralinhalt der christlichen »Eschatologie« radikal umgedeutet wird: Es gibt, besagt die Bildersprache des *Märchens*, kein himmlisches Jerusalem, auf das sich wartend hinausleben ließe; die Bilder christlicher Hoffnung besitzen vielmehr einzig den Wert, hinüberzuhelfen zu jenem Lande, in dem die Liebe wohnt. Dabei ist die himmlische Stadt selber biblisch bereits ein Nachbild des verlorenen Paradieses, und diese Bedeutung ist es eigentlich, der sich das *Märchen* verpflichtet zeigt; allerdings nimmt es das Paradies der Welt nicht für etwas Überirdisches, Weltjenseitiges, vielmehr erklärt es schon durch die »Architektur« der *Brücke*, daß der Weg zur Liebe, ganz irdisch und menschlich, den Eintritt in das einzige »Paradies« bedeutet, das es für uns gibt. Mag auch das Gelingen der Liebe unter vielerlei Umständen immer noch wie ein unerreichbares, buchstäblich märchenhaftes »Jenseits« erscheinen, so liegt gerade darauf doch das ganze Gewicht aller ehedem biblisch-religiösen Verheißung. In dem schönen Schimmern und Funkeln der *Brücke*nsteine spiegelt sich, bei Lichte betrachtet, mithin nichts Geringeres wider als der Sonnenaufgang einer vollkommenen Umprägung des überkommenen Kirchendogmatismus in einen neuen erfahrungsnahen, künstlerisch vermittelten Humanismus der Liebe. – Einen Eindruck von einem paradiesähnlichen »Garten der Liebe«, in dem drei

Frauen, wie im *Märchen* die drei *Mädchen* der *schönen Lilie*, die verschiedenen Seiten einer einzigen Person verkörpern, verschafft der Anblick des Bildes von CLAUDE MONET *Frauen im Garten* (Bildteil, Abb. 4).

Im Garten der schönen Lilie

Um am anderen Ufer zu der *schönen Lilie* Zugang zu finden, ist, wie das *Märchen* erläutert, eine bestimmte Reihenfolge vorausgesetzt, in der die einzelnen Personen auftreten dürfen. Der Gedanke selber leuchtet ein. Unmöglich wäre es zum Beispiel, daß sich ausgerechnet die *Irrlichter* vordrängen würden, um mit ihren zynischen Späßen bei dem geliebten Mädchen anzubändeln; schwierig vorstellbar auch, daß die *Schlange* mit ihrer Vitalität als erste bei der *schönen Lilie* vorsprechen könnte; möglich immerhin, daß der *Jüngling* sich ein Herz fassen und selbst auf dieses *liebenswürdigste Mädchen* zugehen würde; doch dazu müßte er seelisch reifer sein, als wir ihn derzeit finden. Es geht also wirklich nicht anders, als daß *die Alte*, mit anderen Worten: die mütterliche Erwartung des *Jünglings*, den ersten Kontakt zu der *schönen Lilie* aufnimmt, um ihr den *Mops* zum Geschenk zu verehren. Das versteinerte Hündchen ist gewissermaßen die am meisten harmlos und ungefährlich für beide Seiten erscheinende Form der Annäherung. »Geliebt werde ich für meine Gefügigkeit und meine Bravheit«; bestand darin bisher die Erfahrung der Kindheit, so geht dieses Verhaltensmuster natürlich jetzt in jede neue Beziehung ein, die gefühlsmäßig ähnlich tief reicht, wie die Mutterbindung es vorgab. Insofern erscheint es fast selbstverständlich, daß der »Wallfahrtsweg« zu der *schönen Lilie* von *der Alten* mit dem *Mops* angeführt wird.

Erstaunlich aber bleibt denn doch, mit welch hymnischen Worten *die gute Frau* das junge Mädchen begrüßt! Nicht nur das Paradies, den *Himmel* selbst erschaut sie in seiner Gegenwart; und überaus freudig, nicht ohne einen spürbar wehmütigen Anflug von Eifersucht, versetzt sie sich in die Vorstellung, wie der schöne Jüngling, gleich einem harmonisch schwingenden Musikinstrument, in ihren Schoß sich lehnen würde, umgeben von ihren sanften *Armen*, sich sehnend *nach* ihrer *Brust*. Was die Gefühle *der Alten* mit dem Mädchen verbindet, ist offenbar diese mütterliche Identifikation in der Liebe, die doch soeben gerade dabei ist, alles »Mütterliche« loszulassen und sich zu einer erwachsenen, partnerschaftlichen Form der Beziehung hin zu öffnen.

Wie nebenbei bietet sich *der Alten* beim Anblick der *schönen Lilie* zudem eine Entdeckung, die es ihr nicht unwesentlich erleichtern dürfte, den *Mops* an das Mädchen abzugeben: voller *Entzücken* könnte sie *schwören, die Schöne sei während ihrer Abwesenheit nur immer schöner geworden*. Die Alte trifft diese Feststellung keinesfalls, wie man erwarten könnte, mit einem Gefühl von Neid, vielmehr scheint sie sich mit dem jungen Mädchen voller Wohlwollen zu identifizieren, so als sollte die *schöne Lilie* gewissermaßen ersatzweise für sie etwas leben, das ihr selber immer mehr zu entschwinden droht, und so redet sie von dem Mädchen wie von einer alten Bekannten, wie von dem Idealbild ihrer selbst. Doch auch ein Trost klingt in ihrer Bemerkung an: wäre es möglich, daß das Altern keineswegs immer nur »älter«, sondern zumindest manchmal auch schöner machte? Dann läge darin die erste Andeutung der Möglichkeit, wie der *Schattenriese* der Angst aus dem Leben verschwinden könnte, wenngleich *die Alte* sich durchaus nicht schon darauf vorbereitet zeigt, diese Andeutung, die doch in ihrer eigenen Feststellung enthalten liegt, für sich aufzugreifen. Statt dessen fährt sie fort, sich selbst zu bedauern: Warum auch mußte sie sich den *Irrlichtern* bei der Übernahme ihrer Schuld gegenüber dem *Fluß* so gefällig erzeigen, warum mußte sie, wie zur Bestrafung ihrer Gutmütigkeit, eben dem *Riesen* begegnen, der ihr einen Dritteil der *Erdfrüchte* raubte? Und vor allem jetzt: wie ist es möglich, ihre immer schwärzer werdende Hand zu retten, auf daß sie wieder so schön werde wie die Hände der *schönen Lilie*?

Deutlich erkennbar träumt und trauert *die Alte* immer noch ihrer verlorenen Jugend nach, und so kann es nicht anders sein, als daß sie sich von dem *Schattenriesen*, dieser Verkörperung aller Angst vor dem unausweichlichen Ende des Lebens, nach wie vor schicksalhaft um ihr Dasein betrogen fühlt. Auch die *schöne Lilie* kann ihr »natürlicherweise« aus dieser Not nicht helfen. Wohl lassen in ihrem *Garten Kohlhäupter und Zwiebeln* sich ohne Schwierigkeit finden; aber eine *Artischocke* findet sich nicht. Die Antwort auf das Problem des Alterns könnte, mit anderen Worten, nur im »Herzen« gefunden werden, für das unserer Deutung nach das Bild dieser zweiten *Erdfrucht* stand: nur eine Gesinnungsänderung, welche *die Alte* sich »zu Herzen nehmen« würde, könnte ihre Lage verbessern! Doch statt den Grund zu erläutern, warum »Artischocken« in ihrem Garten nicht wachsen können, führt die *schöne Lilie* ebenso wortreich wie vielsagend aus, daß alle *Pflanzen* in ihrem *großen Garten ... weder Blüten noch Früchte* tragen; vielmehr empfindet sie ihre Welt, genau betrachtet, wie einen gut gepflegten Friedhof, dessen Boden an sich unfruchtbar ist und aus dem etwas nur wächst, wenn es als Reis auf dem Grab eines (verstorbenen) *Lieblings* gepflanzt wurde. Wir werden nachher noch sehen, was diese Feststellung bedeutet, doch spüren wir jetzt schon einen Gegensatz, der größer nicht sein könnte: das »Land«, das uns soeben noch als ein Garten der Wonne verheißen wurde, erscheint in der Wahrnehmung der *schönen Lilie* als eine Stätte voller Trauer und Wehmut über so viel »gestorbenen« Lebens! Wohl versucht *die Alte* an dieser Stelle die *schöne Lilie* mit den Worten zu trösten, daß *das größte Unglück* als *Vorbote des größten Glücks* zu betrachten sei; doch kommt es in diesem ersten Kontakt zwischen den beiden so eng verwandten und doch so verschiedenen Frauen zu keinem wirklichen Dialog. Die *schöne Lilie* kann (noch) nicht aufnehmen, was – freilich sehr formelhaft, wie einen »Lehrsatz« aus HÖLDERLIN[68] – *die Alte* ihr sagen will, und *die Alte* wiederum zeigt sich denkbar uninteressiert an den Klagen der *schönen Lilie*. Um so wichtiger ist es, daß wenigstens wir, als die Leser des *Märchens*, uns fragen, was der *schönen Lilie* an Unheil und Schmerz widerfahren ist.

Äußerlich betrachtet, treffen wir sie in einem vollendeten

Idyll: sie, die zauberhaft Schöne, *in dem Schatten einer herrlichen Gruppe mannigfaltiger Bäume* sitzend, singt soeben *zur Harfe*, und *die lieblichen Töne* ihres Gesangs erzittern *auf der Oberfläche des stillen Sees*, wie wäre dieser selber die Seele eines aufmerksam liebend Lauschenden[69].

Erinnert wird man bei dieser Szene an die erste Begegnung GOETHES mit seiner künftigen Braut ELISABETH (LILI) SCHÖNEMANN im Januar 1775; sie saß, als er eintrat, soeben am Klavier und bezauberte ihn mit ihrem Spiele derart, daß er »ganz eigentlich zur Schau stand« und eine »Anziehungskraft von der sanftesten Art« verspürte[70]; auch von dem »Kindartigen in ihrem Betragen« ist ausdrücklich die Rede, und es bleibt auch für den alternden GOETHE eine Erkenntnis unveränderlicher Wahrheit, wenn er vermerkt: »Die ersten Liebesneigungen einer unverdorbenen Jugend nehmen durchaus eine geistige Wendung. Die Natur scheint zu wollen, daß ein Geschlecht in dem andern das Gute und Schöne sinnlich gewahr werde.«[71]

Tatsächlich wird man sich die Wirkung des Anblicks der *schönen Lilie* auf den *Jüngling* ganz so vorstellen müssen, wie er selbst es gleichzeitig »befürchtete« und doch wünschte: Schon im Erleben *der Alten* lösten die Finger des Mädchens, die über die Saiten der Harfe gleiten, und gar die Harfe, die seine Arme umfangen, ganz und gar die sehnsuchtsvolle Vorstellung liebender Umarmung aus; wie sollte da dem *Jüngling* das Blut nicht aufwallen bei der Schau solchen Liebreizes! Und wieder ist es psychoanalytisch gut verstehbar, daß der statt dessen befürchtete Ohnmachtsanfall die Folge eines unterdrückten Liebesverlangens, den Ausdruck des Triebwunsches ebenso wie seiner Verweigerung darstellen wird.

Nicht nur bereits in den Dramen KLEISTS gehört es zum Topos, daß eine Frau an entscheidender Stelle in Ohnmacht fällt[72]; vor allem in der Viktorianischen Ära wurde es ein weitverbreitetes konversionshysterisches Symptom, im Fall einer verbotenen Liebe dem Geliebten, der Geliebten bewußtlos in die Arme zu sinken, genau so, wie wir es in unserem Fallbeispiel soeben erörtert haben und wie wir es in wenigen Augenblicken dem *Jüngling* widerfahren sehen: Die ersehnte Annäherung kommt zwar zustande, doch nur dergestalt, daß zugleich auch dem Vermeidungsgebot Genüge getan wird: was der Natur nach anscheinend geschehen muß, vollzieht sich unter der Aufsicht der Kultur immerhin ohne Bewußtsein und scheinbar also auch ohne eigenes Wollen; es ereignet sich als etwas Schicksalhaftes, gegen das es subjektiv keinen Widerstand gibt; völlig unter geht in dieser Symptombildung freilich die psychoanalytische Wahrheit, daß es ganz im Gegenteil erst der moralisch erzwungene Widerstand gegen die verbotene Triebregung ist, die zu dem Eindruck des Unwiderstehlichen führt!

Die Frage, die sich uns in diesem Zusammenhang stellt, richtet sich natürlich darauf, woher das Verbot der Liebe eigentlich stammt, wenn doch alles in dem *Märchen* uns im übrigen versichern möchte, nichts sei in unserem Leben so wichtig, wie einen Weg zum Gelingen der Liebe zu finden.

Im Erleben des *Jünglings* haben wir immerhin bereits eine Reihe wichtiger Ursachen gefunden, die uns die »(Ab)Tötung« seines Trieblebens zu erklären vermochten; aber auf seiten der *schönen Lilie*? Von ihr wissen wir scheinbar noch gar nichts, ihre Gestalt ging bisher gänzlich in der projektiven Wahrnehmung des *Jünglings* auf; doch täuscht dieser Eindruck, wollten wir ihn für endgültig nehmen. Auch von dem *Jüngling* wußten wir anfangs anscheinend nichts, bis wir darauf verfielen, die gesamte Märchenerzählung bis hin zu seinem Auftritt als die Vorgeschichte all der Konflikte zu lesen, in denen wir ihn nun befangen sehen – von dem Moment an ergab sich alles in der Märchenerzählung vollkommen »logisch« und folgerichtig.

Auch die Situation, in der wir nunmehr die *schöne Lilie* antreffen, besitzt eine solche Vorgeschichte, die zudem eine überraschende Parallelität zu der Geschichte des *Jünglings* aufweist, nur daß diese »Geschichte« jetzt wie im Zeitraffer, verkürzt und gekürzt, wiedergegeben wird. Sehen wir also genau zu und beginnen wir mit dem bekümmerten Klagelied der *schönen Lilie*.

Wollten wir versuchen, diesem Gesang Worte zu schenken,

in denen das Mädchen dem Gefühl der Einsamkeit und der Freudlosigkeit seines Lebens Ausdruck verleihen könnte, so gäbe es gewiß kein Lied noch Gedicht in GOETHES Schriften, das seiner Gestimmtheit so nahe käme wie jene Weise, die in *Wilhelm Meisters Lehrjahre* Mignon und der Harfner als *ein unregelmäßiges Duett* vortragen[73]:

> Nur wer die Sehnsucht kennt,
> Weiß, was ich leide!
> Allein und abgetrennt
> Von aller Freude,
> Seh ich ans Firmament
> Nach jeder Seite.
> Ach! der mich liebt und kennt,
> Ist in der Weite.
> Es schwindelt mir, es brennt
> Mein Eingeweide.
> Nur wer die Sehnsucht kennt,
> Weiß, was ich leide!

Doch warum muß diese so Schöne und Liebreizende in Abgeschiedenheit und Verborgenheit ihre Tage verbringen? Es ist dasselbe *warum*, das die *schöne Lilie* selber im *Märchen* immer wieder hilflos klagend an das Schicksal richten wird und das, soll es sich im wirklichen Leben jemals beantworten lassen, als erstes nach einer Bewußtmachung der unbewußten Hintergründe dieses Erlebens verlangt.

Eine Begründung für den beklagenswerten Zustand der *schönen Lilie* liegt bereits in dem Namen, den sie, symbolisch genug, die ganze Zeit über trägt: die *schöne Lilie*. Wie muß eine Frau sich fühlen, die schon durch das Namensschild, das man ihr umhängt, für die verkörperte Unschuld, Reinheit und Keuschheit zu gelten hat? Sie ist, nach Ausweis des *Märchens*, rein äußerlich bereits wunderschön, faszinierend und verlockend, sie ist imstande, allein durch ihre Erscheinung die Männer um ihr Bewußtsein (und wohl auch um ihren Verstand) zu bringen; doch was folgt daraus? Es folgt daraus offenbar kein harmloses Glück, keine einfache Freude, es folgt, daß sie um so mehr auf sich halten und achten muß; gerade ihrer außerordentlichen Schönheit wegen muß sie außergewöhnlich streng die Annäherungsversuche des »anderen Geschlechtes« von sich weisen. Wie *die Alte* in jener komischen Vorausdarstellung in ihrer Hütte sich der *Irrlichter* zu erwehren hatte, so offenbar hat eine *schöne Lilie*, und zwar nun keinesfalls mehr zum »Spaße«, sich der Annäherung allzu zudringlicher Bewerber zu erwehren. Es ist ihre moralische Pflicht, so zu tun, sie muß ihren Stolz dareinsetzen, sich so zu verhalten, und wir begreifen nach wenigen Sätzen bereits, daß es keinesfalls nur einen Vorteil bedeutet, als Frau durch besondere Schönheit ausgezeichnet zu sein; das Problem einer solchen Frau ist vergleichbar der Lage des *Jünglings*, wenn wir ihm die schwebende Intellektualität der *Irrlichter* zusprechen: So wie eine bestimmte Art von Geistigkeit tödlich sein kann, so nicht minder eine bestimmte Form von Moral, die zum Zwecke der Selbstbewahrung es einer besonders schönen Frau auferlegt, abweisend und spröde in eben den Beziehungen sich zu verhalten, die ihr von Natur aus zu den liebsten und angenehmsten gereichen könnten. Während ein junger Mann von der Art des *Jünglings* bereits fürchten muß, von einer Frau wie der *schönen Lilie* in seinen »unreinen« Wünschen und »dunklen« »Hinterabsichten« »durchschaut« zu werden, obliegt es umgekehrt der *schönen Lilie*, in ihrer Nähe nichts weiter zu dulden als die Anmut verlockender Töne im Klagelaut ihrer *Harfe* und das »unschuldige« Spiel ihres »Vögleins«. Ein solches Mädchen, von allen beneidet, umschwärmt und verehrt, ist in Wahrheit, wie wir nicht länger übersehen können, vollkommen unglücklich; nur wieder gefragt: wer hat Augen für solcherlei Unglück?

Einen entsprechenden Hintergrund für eine Problemstellung nach Art einer *schönen Lilie* können wir uns ohne Schwierigkeiten im Leben jeder *schönen* Frau denken, wobei es die Frage ist, ob je eine Frau, die ein Mann liebt, anders denn als schön wahrgenommen wird. Es genügt jedenfalls, daß »das

Gute und Schöne sinnlich gewahr« werde – und es wird dieses »Schöne« sich *um so schwerer* tun, jene »geistige Wendung« zu nehmen, die GOETHE vorschwebte, das heißt, *weil* es sich desto schwerer damit tut, wird der Zwang der Erziehung und die Angst vor einem allzu freimütigen und allzu frühzeitigen Andrang der heftigsten Gefühle die Notwendigkeit auferlegen, alles Triebhafte, so gut es gehen mag, zu vergeistigen: Töne statt Worte, Gesten statt Taten, Symbole statt Erfahrungen, Bilder statt Wirklichkeiten, Poesie statt Leben – »das Geistige« kann sehr schnell auf weibliche Art in eine vergleichbare Ersatzform der Existenz hineingedrängt werden, wie wir es uns vorhin bei den *Irrlichtern* feststellen mußten. Die *schöne Lilie* wird unter solchen Voraussetzungen zu einer reinen Widerspruchsgestalt, die etwas verheißt, das sie nimmermehr halten darf, und die etwas als Möglichkeit ersehnt, das sie als Wirklichkeit rundum verneinen muß. – Das Bild eines unbekannten niederrheinischen Malers aus dem 15. Jh. zeigt den *Liebeszauber*, der wie magisch aus dieser Mischung von Verlockung und Verbot hervorgeht (Bildteil, Abb. 2).

Denn es ist nicht allein das (projektive) Problem des *Jünglings*, wenn er fürchtet, bei einer bloßen Berührung des Mädchens »entseelt« zu werden, es ist umgekehrt auch das Problem der *schönen Lilie*, daß sie in ihre Nähe nur lassen darf, was sie zuvor »getötet« hat; denn nur das Unlebendige ist ungefährlich und nur das Entseelte bedroht nicht den so mühsam bewahrten Seelenfrieden. Wie aber geht ein Mädchen mit derartigen Widersprüchen um, die wie schicksalhaft in seinem Unbewußten zu liegen scheinen?

In der *Bibel* gibt es eine (deuterokanonische) Erzählung, die das Motiv von dem Mädchen, dessen Liebe tödlich ist, erzählerisch ausgestaltet und uns einige wichtige Hinweise zur Deutung des Stoffes selber zu geben vermag[74]. Berichtet wird in der alttestamentlichen Legende des Buches *Tobit* von *Sarah*, der Tochter *Raguels*, im fernen Ekbatana, die sogar von den Mägden des eigenen Vaters verachtet wurde; denn siebenmal schon war sie verheiratet worden, aber jedesmal hatte der böse Geist

Asmodäus die Brautwerber ermordet, noch »bevor sie mit ihr geschlafen hatten. Die Mägde sagten zu ihr: Begreifst du denn nicht, daß du deine eigenen Männer erwürgst? ... Wenn sie schon sterben mußten, dann verschwinde du doch mit ihnen!« (Tob 3,7–9) Wer der »böse Geist« Asmodäus ist, der jedesmal das fromme und sittenstrenge Mädchen in der Brautnacht überkommt, kann psychoanalytisch nicht zweifelhaft bleiben, wenn wir erfahren, wie am Ende der Brautnacht Vater Raguel hinausgeht und bereits ein Grab für seinen möglichen Schwiegersohn aushebt, denn er denkt: »Sicher ist auch dieser Mann gestorben.« (Tob 8,10) Offenbar ist es der »Geist« dieses Vaters selbst, ist es das Vaterbild, das im Überich des Mädchens verfestigt wurde, auf dessen Weisung hin die junge Sarah lieber ihren Liebhaber »ermordet« (»kastriert«), als sich ihre »Tugend« rauben zu lassen.

Insbesondere dieser moralische Beweggrund ist für uns zum Verständnis des Dilemmas lehrreich, in dem auch die *schöne Lilie* sich befindet. So wie wir hinter den Schwierigkeiten des *Jünglings* die Gestalt seiner Mutter am Werke gesehen haben, so sollten wir als den Ursprung des moralischen Unglücks der *schönen Lilie* den Vater des Mädchens vermuten dürfen; doch erfahren wir von den Eltern der jungen Frau tatsächlich nicht einmal symbolisch auch nur das geringste. Für wahrscheinlich halten läßt sich allenfalls, daß die »Partnerwahl« der *schönen Lilie* nicht gänzlich zufällig eine Person wie diesen *Jüngling* bevorzugt, sondern daß das Mädchen in ihm etwas seelisch Verwandtes, etwas gemeinsam Vorgeprägtes wiedererkennt, ganz wie die biblische *Sarah* in dem jungen *Tobias* einem Manne begegnet, der die Frömmigkeit ihres (und seines) Vaters vollkommen teilt. Doch wie auch immer, entscheidend bleibt, daß die verbindende Kraft zwischen der *schönen Lilie* und dem *Jüngling* sich aus einer ausgesprochenen Gleichartigkeit bestimmter seelischer Konflikte im Leben beider ergibt, so daß der eine jeweils den anderen als seinen Retter sucht und als seinen Untergang fürchtet.

Das Thema der »verwunschenen Schönen«, dem wir im Leben der *schönen Lilie* begegnen, ist in der Märchenliteratur nicht ungewöhnlich und wird dort tatsächlich zumeist mit dem Auftreten des Vaters begründet. Viele Mythen und Märchen erzählen ganz offen, daß der Vater der Braut gegen jeden möglichen Bewerber in einem mörderischen Wettkampf antritt, indem er seinen Konkurrenten zu töten sucht. Jeder, soll dieses Motiv von der »*Preisjungfrau*«[75] wohl besagen, der die Liebe einer Frau zu erringen hofft, muß wie in einem Kampf auf Leben und Tod zunächst einmal das Bild des Vaters in ihrer Seele besiegen, und das Mädchen wiederum, in der Wahl zwischen der Liebe seines Vaters und der Zuneigung seines neuen Liebhabers, wird sich stets für den jeweils »Stärkeren« von beiden entscheiden. Gerade weil Erzählmotive dieser Art so verbreitet sind, zeigen sie an, wie »normal« bestimmte Schwierigkeiten sind, die sich der Liebe in den Weg zu stellen pflegen. Hier aber geht es um etwas anderes. Bei Persönlichkeiten wie der biblischen *Sarah* oder wie bei GOETHES *schöner Lilie* tritt die (ödipale) Eifersucht des Vaters auf den Brautwerber der Tochter als ein *moralisch verinnerlichter* Anspruch auf; es ist weder das äußere väterliche Wollen noch das eigene Urteil, das dem Mädchen befiehlt, den geliebten Liebhaber zu »töten«, es ist ein unbegreifbares Etwas, ein Dämon, ein fremder Zwangswille, der von ihm das Opfer des Fremden verlangt, und zwar wesentlich zu dem Zwecke jungfräulicher Selbstbewahrung im Status der Angst und der Aura der Unnahbarkeit. Die »Moral«, die auf diese Weise zustande kommt, besteht ganz und gar in der Befriedigung der Ansprüche, die das eigene Überich stellt, sie nimmt weder auf die Lebensinteressen des Ich noch auf die Interessen anderer Menschen die geringste Rücksicht, sie muß gänzlich »narzißtisch« genannt werden; doch auch wenn solche Begriffe psychoanalytisch korrekt sind, so haben sie inzwischen als reine Vorwurfsvokabeln eine solche Verbreitung gefunden, daß es nicht fair erscheint, sie im Zusammenhang mit einem Mädchen von der Art einer *schönen Lilie* zu verwenden, dem – ähnlich wie der biblischen *Sarah* oder wie der sittenstrengen *Ottilie* in den *Wahlverwandtschaften* – subjektiv nichts wichtiger ist, als unter allen Umständen das »Gute« und »Richtige« zu tun. Gerade diesen überaus Wohlmeinenden muß die Zwangsgesetzlichkeit undurchschaubar bleiben, nach welcher es gerade ihre »Moral« der Selbstabtötung ist, die unausweichlich immer neue Opfertote rings um sie her fordern muß. Für die *schöne Lilie* jedenfalls wirkt es wie ein Fluch, der schlimmer auf keiner Hexe lasten könnte, daß alles, was sie berührt, seine Lebendigkeit, ja, sein Leben in ihrer Nähe verliert.

Der Tod des Kanarienvogels

Welch eine Angst die Tödlichkeit der Liebe im Wesen der *schönen Lilie* bewirkt, erzählt, wehklagend und ohne eigentlich zu wissen, was es da sagt, das Mädchen selber unaufgefordert *der Alten* in einer kleinen Geschichte. Die Begebenheit, die nun berichtet wird, enthält tatsächlich alle Angaben, die wir zum Verständnis der Tragödie einer *schönen Lilie* brauchen, wofern wir nur, was hier als ein einmaliges Ereignis geschildert wird, als die Wiedergabe immer wiederkehrender Sorgen und Befürchtungen auffassen.

Zu ihrem Gespielen, so wird erzählt, besaß das Mädchen einen *Kanarienvogel*, der seine *Lieder auf das angenehmste begleitete*, indem er auf seiner Harfe zu sitzen pflegte; allerdings war er *sorgfältig abgerichtet*, die Schöne *nicht zu berühren*, doch genau das ist an diesem Morgen geschehen. Während der *kleine Sänger munterer als jemals seine harmonischen Töne* zu dem *ruhigen Morgenlied* seiner Herrin hören ließ, war nämlich ein *Habicht* über das Haupt der *schönen Lilie* dahingeschossen, und *das arme kleine Tier*, ganz erschrocken, hatte sich an ihren *Busen* geflüchtet und war dort zuckend verschieden.

Was ist mit dieser Geschichte gemeint?

Wir verstehen inzwischen, wie ein *Mops* versteinern kann und wieso die Blicke der *schönen Lilie* eine entseelende Wirkung auf jeden (männlichen) Betrachter auszuüben vermögen; was aber soll der Tod des Singvogels an dieser Stelle?

Die Psychoanalytiker FREUDscher Provenienz geben sich sicher, daß *Vögel* in Träumen und Märchen eine sexualsymbolische Bedeutung besitzen[76]; Vertreter der Schule G. G. JUNGS hinwiederum sehen in ihnen eher die Träger hochfliegender Gedanken[77]; doch hängt die Bedeutung, die ein Symbol annimmt, wesentlich von dem Kontext ab, in den es hineingestellt ist, und der ist im Falle der *schönen Lilie* eindeutig von den Problemen der Annäherung zwischen den Geschlechtern bestimmt. Vor allem der »Tod« des »Vogels« am »Busen« des Mädchens liest sich heute, 200 Jahre nach GOETHE, 100 Jahre nach SIGMUND FREUD, ohne Schwierigkeiten als ein Symbol der Verschmelzung zwischen Mann und Frau.

Womit wir es bei dem »Sterben« des »Kanarienvogels« demnach zu tun haben, sind die nur mühsam verhüllten Wünsche eines jungen Mädchens nach Liebe und Zärtlichkeit und zugleich seine Ängste vor genau solchen Erfahrungen. Dabei muß man die Sprache des *Märchens* nur wörtlich genug nehmen, um sie richtig zu verstehen: der »Fluch«, der über der *schönen Lilie* liegt, die »Todesgefahr«, die von ihr ausgeht, wird wirklich nur akut im Fall, daß ein lebendes Wesen sie *berührt*. Es sind nicht die lyrischen Seiten der Liebe, die das Problem des Mädchens darstellen, es ist vielmehr die Angst vor jeder körperlichen Annäherung, die seine Sehnsucht so himmelhoch-weit und seine Furcht in Wirklichkeit so erdenschwertödlich sein läßt.

Aber hat, wird mancher Literaturwissenschaftler jetzt fragen, GOETHE denn jemals an »so etwas« auch nur gedacht, als er sein *Märchen* schrieb? Wir werden noch sehen, wie fremd GOETHE denjenigen geistigen Strömungen seiner Zeit gegenüberstand, die sehr viel später *das* bilden sollten, was wir heute als Psychoanalyse bezeichnen. Und doch hat er sich nachweisbar bei der Szene von der *schönen Lilie* und dem *Kanarienvogel* nichts anderes vorgestellt, als heutigen Psychoanalytikern zu vergleichbaren Bildern auch einfallen würde. In seinem *Werther* hat er, wie zum Beweis, über zwei Jahrzehnte zuvor schon eine ähnliche Szene derart ausführlich beschrieben, daß das *Märchen* sich vor diesem Hintergrund liest wie ein bloßes Symbolkondensat der Begegnung zwischen *Werther* und *Lotte*, so aber, daß beim Lesen dieser Stelle auch manche Psychoanalytiker ihre Auffassungen noch einmal werden relativieren, wo nicht revidieren müssen.

»Sie war einige Tage verreist«, notiert *Werther* unter dem 12. September 1772, »Alberten abzuholen. Heute trat ich in ihre Stube; sie kam mir entgegen, und ich küßte ihre Hand mit tausend Freuden. – Ein Kanarienvogel flog von dem Spiegel ihr auf die Schulter. ›Einen neuen Freund!‹ sagte sie, und lockte ihn auf ihre Hand; ›er ist meinen Kleinen zugedacht. Er tut gar zu lieb! Sehen Sie ihn! Wenn ich ihm Brot gebe, flattert er mit den Flügeln, und pickt so artig. Er küßt mich auch, sehen Sie!‹ – Als sie dem Tierchen den Mund hinhielt, drückte es sich so lieblich in die süßen Lippen, als wenn es die Seligkeit hätte fühlen können, die es genoß. – ›Er soll Sie auch küssen‹, sagte sie, und reichte den Vogel herüber. Das Schnäbelchen machte den Weg von ihrem Munde zu dem meinigen, und die pickende Berührung war wie ein Hauch, eine Ahnung liebevollen Genusses. – ›Sein Kuß‹, sagte ich, ›ist nicht ganz ohne Begierde; er sucht Nahrung, und kehrt unbefriedigt von der leeren Liebkosung zurück.‹ – ›Er ißt mir auch aus dem Munde‹, sagte sie. Sie reichte ihm einige Brosamen mit ihren Lippen, aus denen die Freuden unschuldig teilnehmender Liebe in aller Wonne lächelten. – Ich kehrte das Gesicht weg. Sie sollte es nicht tun! sollte nicht meine Einbildungskraft mit diesen Bildern himmlischer Unschuld und Seligkeit reizen und mein Herz aus dem Schlafe, in den es manchmal die Gleichgültigkeit des Lebens wiegt, nicht wecken! – Und warum nicht? – Sie traut mir so! sie weiß, wie ich sie liebe!«

Wenn je vor 200 Jahren schon wahre Kabinettstückchen der »Doppelbindung« (des *double bind*) literarisch gestaltet wurden, so ist ein solches GOETHE in seinem *Werther* an dieser Stelle gelungen.

In der Absicht, eine leidenschaftliche Liebe unter den verbietenden Fesseln der gesellschaftlichen Moral zu schildern, dringt in seiner Darstellung der Zwiespalt zwischen dem Ringen um die Bewahrung der Norm und der wachsenden Neigung, gerade diese Norm zu zerbrechen, in jede Szene ein. Der Kampf zwischen Sollen und Wollen, zwischen Kultur und Natur, zwischen Sittlichkeit und Sinnlichkeit kreist dabei, wohlgemerkt, um die Körperlichkeit der Liebe. Es ist gesellschaftlich nicht untersagt, Gefühle der Zuneigung zu einer verheirateten Frau zu hegen, aber es ist streng verboten, solchen Gefühlen einen mehr als symbolischen Ausdruck zu schenken. Notwendigerweise tritt unter diesen Umständen zwischen Seele und Körper eine moralisch bedingte Spaltung ein: es darf der Körper dem anderen nicht mitteilen, es darf der Körper am besten gar nicht erst spüren, was die Seele fühlt; zur Rettung des Anstands müssen die Gefühle der Zuneigung daher immer mehr der körperlichen Wahrnehmung entzogen werden, immer weiter wandert die Seele aus dem Körper fort; doch ebenso notwendig begibt es sich, daß die Gefühle selbst mit ihr wandern und sich, parallel zum Verdrängungsvorgang, einen Ersatzleib in der symbolischen Erotisierung der Umwelt erschaffen. Die Welt des Symbols, die Poesie, die phantasievolle Ausschmückung einer virtuellen Welt, die um so schöner ausgemalt wird, als sie in der Realität sich niemals aufführen *soll*, vertritt zunehmend die einfache Form einer unverstellten und wahren Beziehung.

Ein solcher Gemütszustand mag schon aufgrund seiner künstlerischen Kreativität unter Umständen gesellschaftlich sogar als löblich empfunden werden, er entbehrt subjektiv gleichwohl nicht des Schmerzhaften, Klagenden, Krankhaften gar, je nach Steigerung. Allzu leicht kann aus dem Symbol das Symptom sich entwickeln, kann die »poetische« Zweideutigkeit in das Auseinanderbrechen der Persönlichkeit zwischen Wunsch und Wirklichkeit, zwischen Innen und Außen, zwischen Es und Überich treiben, und gerade das ist es denn auch, was GOETHES *Werther* beschreibt: die gestörte Integration von Körper und Seele zerstört am Ende die Möglichkeit, Innen- und Außenwelt miteinander noch länger in Einklang zu bringen.

Wir stehen mithin im *Werther* bereits genau dem Problem

gegenüber, das GOETHES *Märchen* zu lösen versucht! Um so lehrreicher für uns ist natürlich diese Episode mit dem Kanarienvogel, der wir im *Werther* ebenso wie im *Märchen* begegnen; worauf wir dabei besonders aufmerksam werden, ist das ständige Schwingen zwischen dem, was im Symbol »eigentlich« liegt, und dem, was in ihm »eigentlich« doch wieder nicht liegen darf, so daß, je nachdem, das Symbol gar kein Symbol mehr ist, sondern einfach nur für eine »Tatsache«, ganz ohne »Seele« und »Ausdruck«, genommen zu werden hat.

Was also »ist« der Kanarienvogel auf *Lottes* Schulter? Was *bedeutet* er?

Gar nichts, erklärt *Lotte* selber gegenüber *Werther*, ein Spielzeug, den *Kleinen zugedacht*. Dann aber nennt sie das Tierchen einen *neuen Freund*, und schon beginnen die Zweideutigkeiten. Ein *Freund* – für wen? *Neu* kann das Vögelchen im Hause nicht sein, sonst wäre es nicht auf die Hand zu locken; das Wort vom *neuen* Freunde paßt durchaus nicht für den Kanarienvogel, es paßt *einzig* – für *Werther*! Ihm, verborgenerweise, enthüllt *Charlotte* ihre Freundschaft, indem sie von dem Tierchen redet. Aber darf man sie auf den »Fehler« ihrer Darstellung auf der realen Ebene aufmerksam machen, wenn gerade dieser »Irrtum« das Bedeutsame auf der psychischen Ebene darstellt? Und auch wieder umgekehrt: darf man sie auf die psychische Bedeutung ihrer Bemerkung festlegen, ohne das Gewebe symbolischer Andeutungen sogleich durch Ungeschick und Unschicklichkeit zu zerreißen? *Charlotte*s wie *Werther*s Sprache müssen im Schwebenden bleiben, damit ihr Gespräch überhaupt zustande kommt; jede Festlegung, die dieses Schwebende aufheben würde, wäre zweifellos tödlich. Wie aber leben mit einer Verlockung, die auf eine stets unerfüllbare Erfüllung hinausdrängt?

Die Nähe des Tierchens selber, das die Geliebte auf ihre Hand bittet und füttert, ja, das sie auf den Mund zu *küssen* scheint, indem es sich *so lieblich in die süßen Lippen* drückt, verheißt all das, was *Werther* selber zu tun heiß begehrt; schon unterlegt er dem Vogel all die Gefühle der *Seligkeit*, die ihn selber durchströmten, täte er so, wohl wissend freilich noch um das »*als wenn*«, um die Nicht-Wirklichkeit dessen, was wie ein objektives Geschehen sich seiner so subjektiv gesteigerten Wahrnehmung aufdrängt, – da schenkt bereits *Charlotte* das Vögelchen herüber, daß es auch *Werthers* Mund küsse, und macht wie mutwillig damit das Tierchen zum Sendboten ihrer eigenen zärtlichen Lippen. Der Kuß des Vogels, findet denn *Werther* auch, ist *nicht ganz ohne Begierde*, doch sogleich gibt er sich verpflichtet, das Symbolische wieder in das Faktische zurückzudrücken und zurechtzurücken: der Vogel *sucht Nahrung*, behauptet er, wiederum aller Wahrscheinlichkeit zum Trotz – nie würde ein derart verwöhnter Vogel Hunger zu leiden haben!, und so spricht er im gleichen Satz, wieder zweideutig, davon, das Tier sei *unbefriedigt von der leeren Liebkosung*. Gerade das ist dieses *lebende Wesen* als realer Vogel gar nicht, als Symbolträger für *Werther*s eigenes Fühlen indessen vollständig. *Charlotte* ihrerseits antwortet nicht auf das, was ihr Freund da andeutend sagt, sie reagiert auf das, was er verbal äußert; sie gibt dem Vöglein tatsächlich zu fressen, läßt es aber, wie um die Spannung bis zum schier Unerträglichen noch zu steigern, von ihrem Munde picken. Und *Werther* begreift nur zu gut diese *Freuden unschuldig teilnehmender Liebe*, diesen Ausdruck einer Zärtlichkeit und Zartheit, die einem Tiere zu gelten scheint, indem sie einen Menschen meint und doch wieder nicht meinen darf. Gequält von *diesen Bildern himmlischer Unschuld*, wie uns zum zweiten Mal an der gleichen Stelle versichert wird und wohl werden muß, kehrt *Werther* sein *Gesicht weg*. Die tröstliche *Gleichgültigkeit des Lebens* ist in ihm ein für allemal zu rastloser Unruhe »aufgeweckt« worden.

Es ist dieser nämliche »Morgen« eines neuen Sonnenaufgangs, in dem wir im *Märchen* die *schöne Lilie* in ihrem *Park* antreffen: Das schlummernde Gefühl sehnsuchtsvoller Liebe, das Empfinden glückseliger Freude, solange es schwebend gleich einem Vogel im Winde verbleibt, verwandelt sich jäh in Schrecken und Furcht, sobald die Nähe des Geliebten reale Erfüllung ver-

heißt; dann hat, was grad noch ver*sprochen* wurde, als bloßes
»*Ver*sprechen« zu gelten. Man darf die Worte für das nicht
mehr nehmen, was sie doch grad noch zu sagen schienen; die
moralische Forderung beharrt auf dem *Ende* des poetischen
»Schwebens«; sie zerbricht dem »Vöglein« die Flügel; sie »tötet«
den Boten der Liebe im *Busen* der Geliebten; sie widerlegt das
»Märchen«, das eben erst anhob, wirklich zu werden.

Dabei muß *ein* Unterschied zwischen *Werther* und dem
Märchen am meisten erschrecken: In GOETHES frühem Roman gibt es zumindest noch einen gesellschaftlich verstehbaren
Grund, warum der Liebe das Glück gänzlicher Erfüllung verwehrt bleiben soll – Ehebruch und Ehescheidung sind Tatbestände, die in den Strafgesetzbüchern zahlreicher religiös geprägter Staaten, wie etwa dem päpstlichen Vatikanstaat, bis
heute geahndet werden; im *Märchen* aber fehlt jeder Grund!
Die *schöne Lilie* ist nicht, wie CHARLOTTE BUFF, seit ihrem 15.
Lebensjahr verlobt, sie hat auch nicht bereits als 18jährige
schon nach dem Tode ihrer Mutter für ihre 10 jüngeren Geschwister zu sorgen[78], so daß ein bloßer Kuß, wie GOETHE ihn
im August 1771 seiner Geliebten gab[79], eine Katastrophe auslösen müßte. Man sollte vielmehr erwarten, daß ein Mädchen
von solchen Gaben wie eine *schöne Lilie* vom Glück selber ins
Leben getragen würde. Statt dessen sehen wir in dem *Märchen*
alle Begrenzungen, unter denen die »körperliche« Liebe sonst
sich den Regeln gesellschaftlicher Ächtung ausgesetzt findet,
dahinfallen, ganz so, als wäre das Liebeserlebnis in sich selbst
schon als das unter allen Umständen Verbotene und zu Verbietende zu betrachten. Was das *Märchen* von der *Werther*-Tragödie abhebt, ist die Radikalisierung und Totalisierung seiner
Problemstellung! Was es in der Gestalt der *schönen Lilie* beschreibt, ist nicht das Zerbrechen eines Menschen, der, wie
Werther, mit den gesellschaftlichen Ordnungen gebrochen hätte, was das *Märchen* schildert, ist die unerhörte Zuspitzung der
Krise einer Moral, die das Leben zerbricht, weil sie die ersten
Gefühlsregungen der Zärtlichkeit selber verbietet.

BETTINA VON ARNIMS hymnische Beschreibung der Liebe zu

Beginn dieses Buches, wie das Leben allererst zu sich selber erwacht, wenn die wärmenden Strahlen der Liebe es umspielen, bedeuten das Todesurteil für ein *Mädchen* wie die *schöne Lilie*, in dessen Herzen die Liebe zwar »besungen«, doch niemals »berührt« werden darf. – Wenn wir in der Bibel lesen, wie Eva im Paradiese fürchten muß, für eine bloße Berührung des »Baumes des Lebens« von Gott zur Strafe getötet zu werden[80], so finden wir in GOETHES *Märchen* die *schöne Lilie* durchaus in der nämlichen Lage, nur schlimmer noch, verfluchter noch: sie selbst tötet ringsumher alles, was sie berührt! Sie wird nicht getötet, sie ist selber der lebende Tod!

Und der Grund dafür?

Wir verstehen die Bemerkung über die »Pflanzen« im »Garten« der *schönen Lilie* erst jetzt in ihrer ganzen Tragweite: der »Boden«, auf dem dieses Mädchen lebt, ist nicht naturbedingt »unfruchtbar«, er ist vergiftet worden durch Lebensfeindlichkeit, so daß dort nur zerstörte Hoffnungen und gemordete Freuden den nötigen »Humus« des Wachstums bilden. Pinien und Zypressen, diese seit dem Altertum gebräuchlichen Friedhofsbäume[81], gedeihen in solcher Erde vorzüglich, doch auch nur, wenn sie wie die Festigkeit und Stärke demonstrierenden Buchen und Eichen ihre Wuzeln in ein (ab)getötetes, abgestorbenes Dasein senken.

Einen Moment lang gibt uns das *Märchen* sogar den Blick auf den Tathergang frei, *wie* das Kanarienvöglein getötet wurde.

Wie ermordet man den Singvogel der Liebe? Das Bild von dem *Habicht* schildert den Vorgang erschreckend genau. In seiner *Trilogie der Leidenschaft*, die GOETHE 1824 als Vorwort zur 50jährigen Jubiläums-Ausgabe dem *Werther* vorausstellte[82], hat er selber das Bild von dem (Raub)Vogel (aus)gestaltet, der die Geliebte umkreist:

> Nun glauben wir's zu kennen! Mit Gewalt
> Ergreift uns Liebreiz weiblicher Gestalt:
> Der Jüngling, froh wie in der Kindheit Flor,

> Im Frühling tritt als Frühling selbst hervor,
> Entzückt, erstaunt, wer dies ihm angetan?
> Er schaut umher, die Welt gehört ihm an
> Ins Weite zieht ihn unbefangene Hast,
> Nichts engt ihn ein, nicht Mauer, nicht Palast;
> Wie Vögelschar an Wäldergipfeln streift,
> So schwebt auch er, der um die Liebste schweift,
> Er sucht vom Äther, den er gern verläßt,
> Den treuen Blick, und dieser hält ihn fest.

Auch der schwebende (Raub)Vogel kann diesen Worten zufolge ein Bild für einen männlichen Liebhaber sein, der, unwiderstehlich, angezogen vor »Hunger«, seine Geliebte wie eine Beute umkreist, – auch psychoanalytisch legt eine solche Interpretation sich nahe; es wäre demnach die männliche Sexualität, vor der das Mädchen zu Tode erschreckt. Doch das GOETHEsche *Märchen* erzählt so nicht; es schildert nicht, wie ein »Bussard« eine »Maus« oder ein Kaninchen reißt, es berichtet von etwas weit Komplexerem: wie das zärtliche Gefühl, wie der »Gesang« der Liebe, unter der Verfolgung eines gefährlichen Raubvogels stirbt, der es dahin bringt, daß die »Berührung« der Geliebten zwar zustande kommt, doch nur wie gehetzt, alle »*Abrichtung*« vor lauter Angst vergessend, unfreiwillig, getrieben, Sicherheit suchend an gerade der Stelle, an der um so sicherer der »Tod« steht.

Dieser Raubvogel, der, genau besehen, auf den »Kanarienvogel« nicht einmal in eigentlichem Sinne zur Jagd ansetzt, sondern der im Vorbeiflug durch seinen bloßen Schattenriß die verderbliche Flucht auslöst, findet in der *biblischen* Mythologie seine Parallele in Gestalt der geflügelten »*Engel*«, die, wie Sankt Michael, in göttlichem Auftrag zum Kampf gegen alles »Böse« antreten; heutigentags kann seine Funktion unter dem Eindruck der Kriegsführung im 20. Jh. nicht selten in Träumen durch die Angstbilder anfliegender Bombergeschwader ersetzt werden; die Bedeutung derartiger Bilder bleibt stets dieselbe: es geht um die Angst vor den »überfliegenden« Idealen des Überichs und dem tödlichen Angriff beziehungsweise dem vernichtenden Bombardement seiner Zensur; sie ist es, die selbst harmloseste Triebregungen mit Furcht und Schrecken zu erfüllen vermag.

Erst bei dieser Sicht auf die Symbolsprache des GOETHEschen *Märchens* sind wir soweit, die Problemstellung zu verstehen, die es als eine Frage auf Leben und Tod formuliert. Denn wir können die Beziehung von *Habicht* und *Kanarienvogel* jetzt nicht mehr anders deuten denn als die treffendste Darstellung des tödlichen Konfliktes, an dem die *schöne Lilie* leidet: »Gefährlich« ist entsprechend dieser symbolischen Szene überraschenderweise nicht die Triebregung selbst – sie kann im Gegenteil in ein so harmloses Symbol sich kleiden wie in das Bild eines exotischen Singvogels; tödlich hingegen ist ein raubvogelähnliches Überich, das es vermag, einen blühenden Garten in einen Totenwald zu verwandeln, aus einem Mädchen, blühend wie eine Blume, eine dämonische Zauberin zu machen und den »Singvogel der Liebe« schließlich in gerade das Tun zu treiben, das ihm am meisten aberzogen werden sollte.

Wir sehen bei dieser Betrachtung von *Habicht* und *Kanarienvogel* vor allem, daß sich die Schuldproblematik der *Irrlichter* und *der Alten* in der Person der *schönen Lilie* ungebrochen fortsetzt. Die »Schuld«, um die es hier geht, besteht allerdings nicht gegenüber einem moralischen Gebote- und Tugendkatalog, sie ergibt sich vielmehr aus einer moralisch erzwungenen Triebunterdrückung und Lebensverneinung, die dem Dasein schließlich nicht nur, wie die *Irrlichter* dem *Strom*, bestimmte »Nahrungsmittel« »schuldig« bleibt, sondern die schuldig daran wird, das Leben insgesamt wie unter Zwang ersterben zu lassen und jede »Annäherung« mit dem Entzug aller Gefühle, mit »Entseelung« zu ahnden.

Die Distanzierung zu der biblisch-christlichen Sünden- und Erlösungslehre ist auch in diesen Bildern deutlich: während die christliche »Erbsündenlehre« in Ansätzen schon bei PAULUS, ausgeführt dann in der Theologie des »Kirchenvaters« AUGUSTINUS um 400 n. Chr., die »Sünde« des Menschen mit seiner

»Sinnlichkeit« identifiziert hat, sieht GOETHES *Märchen* den *Tod* gerade nicht in der Triebnatur des Menschen gelegen, sondern aus einer kulturellen Zensur hervorgehen, die ständig über dem Menschen schwebt, die ihn wie ein Greifvogel mit scharfen Augen belauert – und die jederzeit bereitsteht, mit scharfen Krallen auf ihre »Beute«, das heißt hier: noch nicht einmal auf einen wirklichen »Fehler«, sondern auf alles, was sich am Boden bewegt, auf *jede Triebregung* niederzustoßen.

Wir sprachen bereits davon, wie das GOETHEsche *Märchen* den christlichen Begriff der »Erlösung« *um*deutet; doch war zu Beginn dieser Erzählung die innere Konsequenz nicht entfernt auch nur abzusehen, die das *Märchen* durchzieht, indem es nicht die Natur für »gefallen«, sondern die Kultur für mörderisch erklärt. Selbst die »revolutionären« Ansätze in *Werthers* Klagen bleiben unzulängliche Halbheiten gegenüber der grundsätzlichen Position, die das *Märchen* hier einnimmt. Nicht nur in seiner Hoffnung auf die erlösende Kraft des Menschen, auch in seiner Verzweiflung angesichts der Erlösungsbedürftigkeit des Menschen aus der Tödlichkeit einer bestimmten Form von Moral erweist sich das GOETHEsche *Märchen* als weit radikaler denn alle Werke GOETHES sonst. Wenn etwas »bestraft« werden müßte, so wäre es nicht die *schöne Lilie*, auch nicht der zu Tode verängstigte *Kanarienvogel*, wohl aber der *Habicht*, der *Räuber* allen Lebens, der, offenbar mit gutem Gefühl, *am Wasser hin schleicht* und aus seiner Untat nur neue Kraft zieht. Wie ist es möglich, den Raubvogel einer tödlichen, lebensfeindlichen Moral in eine Energie umzuformen, die dem Leben dient? Das unter anderem wird eine entscheidende Frage zur »Erlösung« des Menschen bilden.

Es geht daher nicht an, durch psychoanalytische oder soziologische Hypothesen das Prinzipielle dieser Problemstellung zu entschärfen. Betrachtungen dazu lägen bereit. Wer etwa sieht, wie das Leben der *schönen Lilie* auf Harfenspiel und Gesang reduziert wird, kann und muß sich natürlich Gedanken über das Rollenverständnis der Frau in GOETHES *Märchen* und in der GOETHE-Zeit machen; wer zudem beobachtet, wie das

Mädchen seinen *Kanarienvogel* an seinem *Busen* birgt und später den versteinerten *Mops* an gleichem Ort zu neuem Leben erweckt, der kann kaum anders, als zu bemerken, daß hier alle ursprünglich sexuellen Triebwünsche nach dem Vorbild von *Werthers Charlotte* ins Mütterliche abgedrängt werden. Anzuprangern wäre insbesondere der »Patriarchalismus«, der jene »Moral« gebiert, die, im Wahn, das Leben zu schützen, es in Wirklichkeit tötet. Doch die Frage, die GOETHES *Märchen* aufwirft, richtet sich nicht darauf, wie bestimmte gesellschaftliche Einschränkungen der Menschlichkeit sich überwinden ließen; es möchte herausfinden, wie der Konflikt von Soziologie und Psychologie, von Kultur und Natur sich durch eine gültige Synthese (nach dem Vorbild der griechisch-römischen Antike) ein für allemal überwinden ließe. Genau betrachtet, steht die »Psychologie« in GOETHES *Märchen* daher in Funktion einer metaphysischen beziehungsweise anthropologischen Fragestellung.

Der Eindruck des Prinzipiellen in der Fragestellung des GOETHEschen *Märchens* wird noch bestätigt, wenn wir sehen, wie die *Alte* der *schönen Lilie*, gewissermaßen im Tausch mit dem soeben verstorbenen Vogel, den versteinerten *Mops* als ein Geschenk ihres Mannes, wie sie ausdrücklich betont, mit der Bitte um Wiederbelebung aushändigt. Was es ermöglicht, den versteinerten *Mops* zu neuem Leben zu erwecken, ist uns bereits bekannt: dieses »Tier« wird nur existieren dürfen unter der Bedingung, daß es ohne die »Tötung« (aller Gefühle) durch das »Gold« der *Irrlichter* jetzt an der Seite der *schönen Lilie* dieselbe Rolle wieder einnimmt, die es bereits bei *der Alten* gespielt hat. Die Gestalt der Frau wechselt dabei von der Mutter zum Mädchen, doch die Aufgabe des *Jünglings*, ein asexuelles Schoßhündchen zu spielen, soll sich offenbar unverändert in neuer Form fortsetzen. Wie so viele Märchen erzählt auch GOETHES Geschichte an dieser Stelle von Erfahrungen aus einer Zeit, in der ein Junge beziehungsweise ein Mädchen es lernt, als Mann oder als Frau erwachsen zu werden; doch statt in ein größeres, freieres Leben zu finden, besteht die Not der *schönen Lilie* ebenso wie des *Jünglings* darin, daß sie ganz offensichtlich nur als »gestorbene« zum Leben zugelassen werden.

Noch sehen wir daher nicht ab, wie eine lebbare Lösung dieses Problems in GOETHES *Märchen* möglich sein könnte, da verstehen wir doch, was das melancholische Lied der *schönen Lilie* als Voraussetzungen für eine bessere Zukunft im Tone der Klage, ja, der Anklage aufzählt. Stimmt es wirklich, was *die Alte* schon andeutete: wenn *vieles Unglück zusammentreffe*, so sei das *Beste nah*? Die Geschichtsphilosophie der Revolutionszeit, noch G. W. F. HEGEL, dachte so[83]: erst wenn das Ausmaß der Qual ein bestimmtes Quantum erreiche, brächen gegen alle Hemmnisse die allfälligen Veränderungen sich Bahn. Muß es also immer erst »ganz schlimm« kommen, damit es irgendwann einmal »ganz gut« werden kann? GOETHES *Märchen* bekräftigt den Worten nach einen solchen Gedanken. Der Anbruch der neuen Zeit, die erhoffte Veränderung in allem, setzt den Schmerz an der Tödlichkeit von allem Überkommenen voraus, und zwar nicht, weil dieses Überkommene in sich »falsch« wäre, was daran falsch ist und tödlich wirkt, ist seine Zusammensetzung, seine »Baukonstruktion«; erst wenn das Leiden daran groß genug geworden ist, kann der Schmerz der Gegenwart zum Geburtsschmerz einer neuen Zukunft werden.

Tatsächlich versucht die *schöne Lilie*, all den seelischen Kummer, der über sie kam, als *gute Zeichen* umzudeuten. Doch was *hilft* es ihr, miterleben zu müssen, wie der Singvogel der Liebe in Gestalt des *Kanarienvogels* an der Unnahbarkeit der Angst stirbt, wie die Schönheit guter Handlungen in Gestalt der *Hand der Alten* schwarz wird und schrumpft und wie die jungenhafte Bravheit eines Kindes an der Seite seiner Mutter in Gestalt des *Mops'* am *Gold* der *Irrlichter* stirbt, um ins Licht der *Lampe* des *Alten* zu versteinern? Wie soll es möglich sein, das Tote als *Geschenk* anzunehmen? Das einzige, was die *schöne Lilie* wirklich fühlt, ist die Freudlosigkeit von allem und ihre Vertrautheit einzig mit *dem Jammer* der Welt. Doch was ist der Grund all des Übels? Was müßte sich ändern, damit eine Wende zum Guten eintreten könnte?

Die *schöne Lilie* sieht die Welt, wie sie sein sollte, so deutlich vor sich, daß sie in all ihrem Schmerz nicht begreift, *warum* diese Welt, nach der sie sich sehnt, *nicht* längst schon besteht. *Warum nicht?* – Man kann diese Frage, verbunden mit dem bedauernden *Ach*, an all die Desiderate richten, die »an sich« jedem fühlenden, denkenden Menschen als unbedingt erstrebenswert erscheinen müßten und die dennoch aus bestimmten unerfindlichen Gründen sich nicht einstellen wollen: Warum zum Beispiel herrscht immer noch nicht Frieden auf Erden? Warum noch immer nicht Gerechtigkeit? Warum noch immer nicht Wahrhaftigkeit und Güte … Alle Ideale der Ethik ließen auf diese Weise sich durchfragen. Doch gerade so fragt nicht und kann unserer Erklärung nach auch nicht fragen die *schöne Lilie*. Sie ist bezeichnenderweise nicht auf der Suche nach bestimmten Inhalten der Moral, sondern nach einem anderen »Standpunkt« oder »Stellenwert« von all dem, was einem Menschen »heilig« ist. *Warum steht der Tempel nicht am Flusse?* Das ist ihre Frage.

Bisher haben wir die Frage nach dem »Ort« des *Tempels* nur recht allgemein im Sinne einer religionshistorischen Positionsbeschreibung erörtert; die Versetzung des »Pantheon« und die Ersetzung des »Vatikan«, die wahre »Renaissance« der griechisch-römischen Klassik, eröffnete ein ausgedehntes Feld möglicher kultureller Neuordnung, doch was an Bedeutung in diesem Bild enthalten ist, läßt sich erst jetzt im Blick auf die Not der *schönen Lilie* konkreter formulieren. Dabei zeigt sich erneut, daß Symbole weit mehr aussagen können, als es in einem bestimmten Kontext zum Ausdruck kommt, und sogar mehr auch, als ein Autor mit ihnen bewußt aussagen will oder kann. Denn ungleich viel aussagestärker als die Frage, ob das römische »Pantheon« nun lokal am »Tiber« (vor)gestellt wird oder nicht, ist das Bild selbst von dem *Tempel am Fluß*; was es bedeutet, läßt sich am besten vor dem Hintergrund der *ägyptischen* Religion beschreiben, denn obwohl GOETHE Fragen der Altorientalistik denkbar fern lagen (und nach dem Wissensstand seiner Zeit wohl auch liegen mußten)[84], findet sich doch gerade in der Anlage altägyptischer Tempel eine Bildsprache, die auf das Problem der *schönen Lilie* in GOETHES *Märchen* nicht besser antworten könnte.

Einen *Tempel am Fluß* zu errichten, gehörte im alten Ägypten zu den religiös bedeutsamen Gepflogenheiten. Wenn der Nil in der Überschwemmungszeit über die Ufer trat und die Äcker der Fellachen befruchtete, erschien dieser Vorgang selbst als die Auferstehung des verstorbenen Gottes *Osiris*, der als erster laut Auskunft des Mythos den Menschen die Gabe des Korns geschenkt hatte. Fruchtbarkeit, auch nur rein agrarisch verstanden, erschien als Begegnung und Austausch von Festland und Fluß, als Überwindung des Todes durch den Einbruch naturhafter Regeneration, als Durchbrechen von Grenzen zugunsten von Leben. Und eben *das* ist es symbolisch, was eine ganze Welt verändern müßte, stünde der *Tempel* nur wirklich am Fluß! Es ist die einzige Antwort, die der Problemstellung der *schönen Lilie* adäquat sein könnte: Alles, was dem Menschen in Religion und Moral »heilig« ist, darf nicht länger vom *Strom* des Lebens getrennt bleiben, es muß im Gegenteil mitten in die fruchtbaren »Überschwemmungszonen« gestellt werden, – es muß, mit anderen Worten, sich dem Leben selber stellen und sich von ihm »überfluten« lassen, es muß zur Fruchtbarkeit des Lebens beitragen und daran seinen Sinn und Wert erweisen; gerade die tödliche Trennung zwischen dem »Heiligen« und dem »Lebendigen« muß endlich überwunden werden, damit Glück und *Genuß*, Schönheit und Liebe allererst möglich werden; Freiheit muß wachsen an Stelle von Zwang und »Versteinerung«, und statt jede zärtliche Regung des Gefühls *im Busen* abzutöten um der Bewahrung der »*Unschuld*« willen, ist es dringend notwendig, der Liebe die *geraubte* Unschuld wiederzuschenken. Der *Tempel am Fluß* wäre der Inbegriff einer Religion, die das Leben selber zu heiligen wüßte, statt das »Heilige« in die Unlebendigkeit, in die Versteinerung aller Lebensvorgänge zu setzen; und insbesondere der »Glaube der Hellenen«[85] feierte seine Auferstehung, es sei der Mensch selber und mit ihm die Schönheit der ganzen Natur der Erfahrungs- und Offenbarungsort des Göttlichen. Religion *und* Kunst, Kreativität als Moralität, das Schöne als das Heilige – es hieße, SCHILLERS »ästhetische Erziehung des Menschengeschlechtes« endlich beim Wort zu nehmen! Daß es so sich verhalten müßte, weiß zweifellos jeder seit jeher. Aber *warum* dann findet die Wirklichkeit sich *nicht* schon lange so?

Die Frage zu stellen, bedeutet, die zweite Klage der *schönen Lilie* zu vernehmen: *ach*! es fehlt noch immer *die Brücke*! Noch immer gilt ja die Ausrede oder der Einwand, man kenne durchaus schon das Ziel, doch »noch nicht« den *Weg*, der an das Ziel führe; was wahre Religiosität, was menschliche Moralität sei, wisse man wohl, doch sei man »noch nicht« so weit, den Weg dahin wirklich beschreiten zu können, und solange, leider, liege all das Heilige noch »tief verborgen« und müsse, ach, leider, all das Schöne und Wahre immer noch als etwas nur Ideales, Weltenjenseitiges, Ufergetrenntes erscheinen.

Was gegen dieses Dauer»argument« all der allzeit »Vernünftigen« vom Fehlen der »Brücke« soll sich vorbringen lassen außer der Reklamation der Unerträglichkeit des Bestehenden, außer der Unwiderleglichkeit des Eindrucks von der Tödlichkeit dessen, was da noch immer für fromm und für gut, für heilig und unschuldig ausgegeben wird?

Es entspricht der »Logik« der Symbolsprache des *Märchens*, wenn nun die *grüne Schlange* sich zu Wort meldet, um der *schönen Lilie* in ihrer Verzweiflung *zuversichtlich Mut* einzusprechen. »*Die Weissagung von der Brücke*«, erklärt sie, »*ist erfüllt*«, und nimmt dabei *die Alte* zum Zeugen. Entscheidend ist für sie bezeichnenderweise aber nicht mehr die Farbe der Steine, sondern ihre Durchsichtigkeit. Ursprünglich aus lichtundurchlässigem (rot-braunem) Jaspis und (grünem) Prasem zusammengesetzt, erscheint die *Brücke* jetzt so glasklar durchsichtig wie Beryll, wie der grünlich schimmernde Heliodor (das »Sonnengeschenk«, griechisch) zum Beispiel, und wie Smaragd (ebenfalls ein Beryll). Die funkelnde *Schönfarbig*keit und die *Durchsichtig*keit der Edelsteine, die beim Bau der *Brücke* Verwendung finden, die Attraktivität ebenso wie die Durchschaubarkeit des Weges also, der zu dem erstrebten *Ufer* hinüberführt, dulden an sich jetzt keinen Aufschub mehr. Hell und klar werden die Steine der *Brücke* von den Strahlen der Mittagssonne durchflutet; es bedarf durchaus keiner neuen »Offenbarung« mehr; es bedarf lediglich noch des Vertrauens und der Entschlossenheit, das längst Erkannte und Eingesehene nun endlich auch auf den Weg zu bringen.

So denkt und spricht die *grüne Schlange*, diese Verkörperung einer lebendigen Synthese von Natur und Kultur, von Vitalität und Kreativität, von Sinnlichkeit und Sinn, von Unbewußtem und Bewußtsein. Doch womit sie nicht gerechnet hat, ist der eigentümliche, für den ganzen weiteren Verlauf des Märchens entscheidende Einwand, den die *schöne Lilie* an dieser Stelle selber vorbringt.

Nach allem, was wir bisher gehört haben, sollte man meinen, die *schöne Lilie* werde augenblicklich die erstbeste sich bietende Gelegenheit nutzen, um sich aus ihrer Lage zu befreien; sie werde nun freudig aufspringen, um den Fuß auf die *Brücke* zu setzen, und die *Schlange* zu ihrer treuen und heilsamen Gefährtin und Führerin erwählen. Doch nichts dergleichen. *Fußgänger*, räumt sie wohl ein, vermöchten *den hohen Bogen* der *Brücke* bereits zu überschreiten, doch verheißen sei ein Passieren der Brücke für *Reisende aller Art* mit *Pferd* und mit *Wagen*, nicht ohne das mühsame Auf und Ab der Bogenkonstruktion also, derart vielmehr, daß die Pfeiler hoch und zahlreich genug aus dem Flusse ragen, – um eine waagerechte Wegführung zu ermöglichen, wie wir ergänzen müssen.

Dieser Einwand, gelinde gesagt, ist erstaunlich. Gewiß, es ist der ständige Vorbehalt gegenüber jedem Plan einer Welterneuerung, daß allenfalls einzelne zum Beispiel die Bergpredigt zu leben oder die Lauterkeit und den Mut eines SOKRATES aufzubringen vermöchten, daß aber nicht alle griechische Weise oder christliche Heilige sein könnten; Ausnahmeexistenzen aber werden die Ausnahme bleiben, sie werden niemals das Ganze verändern. Dem ist schwerlich zu widersprechen; und doch macht es den entscheidenden Schwachpunkt des

GOETHESchen *Märchen*s aus. Seine Diagnose des kulturellen Zustandes überzeugt gerade durch ihre psychologische Evidenz; sie leuchtet vor allem ein in der exemplarischen Darstellung eines individuellen Schicksals; für den Einzelnen aber in seinem Elend und Leid kann die Frage nicht sein, was alle anderen, was die *Reisenden aller Art*, und zwar zu ihrer größten Bequemlichkeit, für (Er)Fahrungen machen. Hat man je einen Kranken in Todesgefahr, dem versichert wurde, sein Medikament sei gefunden, danach fragen hören, ob die Arzneimittelgesetzgebung im Rahmen des staatlich geordneten Gesundheitswesens schon dafür Sorge trage, daß alle an gleicher Krankheit Siechen prompt und unentgeltlich mit dem nämlichen Mittel versehen würden? Und hat man je erlebt, daß ein derart Kranker das rettende »Medikament« nicht zur Anwendung bringt, solange es nicht allgemein in Gebrauch ist?

Doch, müssen wir sagen, es gibt solche Kranken. Es gibt Menschen genug, die zu erschöpft, zu müde und zu niedergedrückt sind, als daß sie noch selber die nötigen Schritte zur Gesundung von sich aus zu tun vermöchten; sie müssen zu ihrem Glücke buchstäblich »getragen« werden. Tatsächlich gibt es denn auch Märchen genug, die davon erzählen, wie ein Fuchs[86] oder ein Pferd[87] als rettende *Hilfstiere* auftreten oder wie ein Geistwesen, ein Engel des Herrn in der Bibel[88] oder ein Gnom in den Märchen[89], die erforderlichen Mittel zum Ausweg bereitstellen. Nicht so in GOETHES *Märchen*. Das einzige, was die *schöne Lilie* tut, besteht darin, daß sie den *armen Kanarienvogel der Alten* übergibt, um ihn mit Hilfe der *Lampe in einen schönen Topas* verwandeln zu lassen; dabei soll *die Alte* sich eilen, da mit Sonnenuntergang *unleidliche Fäulnis* von dem Tier Besitz ergreifen und seine *Gestalt auf ewig* zerreißen werde. Der *Mops* und der *Vogel*, die männliche wie die weibliche Sehnsucht nach Liebe, können offenbar erst zum Leben erweckt werden, wenn sie zuvor zu Edelsteinen versteinert sind. Es ist weit und breit nicht zu sehen, was dadurch wirklich geändert zu werden vermöchte. Vor allem wenn die *schöne Lilie der Alten* bedeutet, sie wolle mit *Mops* und *Vogel* sodann den *besten Zeitvertreib* halten, bleibt diese Einstellung nur allzu deutlich oberhalb der Tiefe ihrer Problemstellung. Gefragt ist jetzt nicht Amüsement und Pläsier, worum es jetzt gehen muß, ist in der Tat nicht mehr und nicht weniger als »Religion«. Der *Tempel* ist *schon gebaut,* erklärt die *Schlange,* und mag er auch noch tief in der Erde, im Schoße des Unbewußten liegen, – *es ist an der Zeit.* Zum zweiten Mal an diesem Tage vernimmt die *schöne Lilie* dieses Wort, und sie spürt selber, daß jetzt etwas geschehen muß und wird, das endgültig keinen Aufschub mehr duldet.

Der lebende Stein und das steinerne Leben: –
der Mops aus Onyx und der Jüngling mit dem Habicht

Wie in jenem *März*-Gedicht spürt die *schöne Lilie* die Zeit gekommen, und doch ist sie noch nicht da, eh' sie sich nicht ein drittes Mal ansagt, – eh' nicht der *Jüngling* selber kommt, auf den sie, ohne es zu wissen, wartet.

Wo eigentlich in der Entwicklung des Märchens stehen wir? Wir sind an einem Tiefpunkt angelangt, von dem her es jetzt nur noch aufwärtsgehen kann. In allem, was uns die Symbolsprache des *Märchen*s zu erkennen gibt, werden wir deshalb einer noch andersartigen Ambivalenz beiwohnen als bisher; denn es geht jetzt nicht mehr nur um die Spannung zwischen Wunsch und Verbot, die sich in der Symbolbildung ausdrückt, sondern zugleich um den Widerspruch zwischen alten Ängsten, die ihre prägende Kraft nach wie vor geltend machen, und bestimmten Neuansätzen, die sich mehr und mehr hervordrängen. Sowohl ins *immer noch* wie ins *doch schon* verweisen uns die Bilder, die, wie ein Traum innerer Wandlung, das *Märchen* jetzt für uns bereithält.

Die *schöne Lilie,* die bisher selber wie versteinert dasaß, erhebt sich nun; es kommt Bewegung in ihre Gestalt und in ihren »Zustand«, und wir erfahren jetzt von der Existenz *dreier* Mädchen, *schön und reizend, über allen Ausdruck,* die doch nur sind wie ein Aufgebot zur Steigerung der Unvergleichlichkeit des Wesens ihrer Herrin. Die Szene ist in deutschen Märchen ohne Beispiel; sie stammt, erotisch abgemildert, geradewegs aus den Erzählungen von *1001 Nacht*[90], wo Taubenjungfrauen nun warten würden, die Mondenschöne in dem *See* ein Bad nehmen zu lassen. GOETHE hingegen reduziert die Zahl der Mädchen (von sieben) wiederum auf drei und ordnet ihnen ganz bestimmte Dienste zu: die eine, feengleich, ein ganz *reizendes Mädchen*, tritt *aus dem Gebüsch* hervor und nimmt der s*chönen Lilie* die *Harfe* ab, die andere entfernt den *elfenbeinernen geschnitzten Feldstuhl* und das *silberne Kissen*, worauf *die Schöne gesessen hatte*, während die dritte einen *großen, mit Perlen bestickten Sonnenschirm* herbeiträgt, – vielleicht daß die Herrin seiner auf einem Spaziergang bedarf. Viel mehr als die Tatsache, daß es diese drei Mädchen an der Seite der *schönen Lilie* überhaupt gibt, werden wir auch im weiteren Fortgang des *Märchens* nicht in Erfahrung zu bringen vermögen. Die bloße Existenz dieser drei Mädchen soll anscheinend genügen, und sie redet freilich für sich selbst.

Denn worauf uns diese drei im Palast der *schönen Lilie* verweisen, ist die deutliche Parallele, in der sie zu den *drei Königen* im *Tempel* stehen, die bei der Ankunft des Jünglings sich *erheben* werden, und so wie es gleich noch sehr darauf ankommen wird, die *drei Mädchen* rechtzeitig in den ersten Sonnenstrahlen mit dem *Spiegel* des *Habichts* aus dem Schlafe zu wecken, so wird es dem *Alten* mit der *Lampe* darum zu tun sein, den *Königen* im *Heiligtum* zu ihrer Wirksamkeit und Wirklichkeit zu helfen. Selbst die drei Gegenstände, um die sich die Mädchen mühen: der *Stuhl* aus Elfenbein, die *Harfe* und der *Sonnenschirm*, besitzen ihre Entsprechung in den Insignien von Macht und Schein und Weisheit, die von den drei Königen als *Schwert*, *Zepter* und *Krone* dem *Jüngling* zur Verfügung stehen werden. Mit einem Wort: die Welt der *schönen Lilie* steht wie ein Spiegelbild in völliger Entsprechung zu der Welt des *Jünglings*, und es ist offenbar diese Gleichförmigkeit, die uns die magische Anziehung beider begreiflich machen soll.

Allerdings auch nicht *mehr*! Zu erwarten stünde im Grunde, daß eben ihrer Parallelität wegen die Dreiheit der Mädchen an der Seite der *schönen Lilie* sich ebenso reich und bedeutsam entfalten würde wie die Dreiheit der Könige an der Seite des *Jünglings*. Doch gerade das ist nicht der Fall. Es hilft die Erklärung uns nicht, die sonst wohl in Geltung sein möchte: Die Erzählform des Märchens erlaube es in seiner Einfachheit nicht, die Entwicklung mehrerer Personen zu schildern und, wie in einem Roman, miteinander zu verweben. Gewiß, ein Volksmärchen kann und will so etwas nicht; doch GOETHES *Märchen* ist in Sprache und Form so kunstvoll gestaltet, daß es ihm, wenn beabsichtigt, ein leichtes gefallen wäre, auch die Sphäre der *schönen Lilie* vollendet auszumalen. Es bleibt uns kein anderes Urteil: die Welt der *Lilie*, die Welt der Frau, der Erfahrungsraum der Schönheit soll sich im *Märchen* nicht in sich selbst weiter ausdifferenzieren, er *soll* nichts anderes sein und bleiben als das unerläßliche Zaubermittel männlicher Regeneration. Nicht um den Ernst eigener Weiterentwicklung geht es denn auch in den folgenden Szenen der *schönen Lilie*, es geht um *Gefälligkeit* in des Wortes jeglichem Sinne. Schon deshalb freilich verdient das nächststehende Bild eine genauere Aufmerksamkeit, enthält es doch, in sich selbst ruhend, den möglichen Stillstand eines ganzen Lebens.

In der Zwischenzeit nämlich hat die *schöne Lilie* den *wunderbaren Mops* mit ihren Händen *berührt* und zu neuem Leben erweckt.

Wir haben dieses »Tier« bislang nur aus der Sicht des *Jünglings* betrachtet – als Bild eines durch mütterliche Verwöhnung und väterliche Intellektualität versteinerten Daseins, und wir haben zudem die Erwartung erörtert, es möge die Bravheit des »Schoßhündchens« in den Armen der *schönen Lilie* zu neuem Leben in alter Form wiederauferstehen. Und wirklich: wir werden rechtzeitig zu Zeugen des Wunders. Was wir vor uns sehen, ist ein junger Mann, der sich trotz all seiner Ängste *munter* getraut, die Beziehung zu seiner Mutter auf die schöne Geliebte zu übertragen. GOETHE selbst hat in seinem Gedicht *Lilis Park* eine solche Annäherung als *Tierbräutigam* in vielen Facetten geschildert[91]; es heißt dort (in Auswahl):

Ist doch keine Menagerie
So bunt als meiner Lili ihre!
Sie hat darin die wunderbarsten Tiere,
Und kriegt sie 'rein, weiß selbst nicht wie.
O wie sie hüpfen, laufen, trappeln,
Mit abgestumpften Flügeln zappeln,
Die armen Prinzen allzumal,
In nie gelöschter Liebesqual!
…

Sie stürzen einander über die Nacken,
Schieben sich, drängen sich, reißen sich,
Jagen sich, ängsten sich, beißen sich,
Und das all um ein Stückchen Brot,
Das, trocken, aus den schönen Händen schmeckt,
Als hätt' es in Ambrosia gesteckt.

Aber der Blick auch! Der Ton,
Wenn sie ruft: »Pipi! Pipi!«,
Zöge den Adler Jupiters vom Thron;
Der Venus Taubenpaar,
Ja der eitle Pfau sogar,
Ich schwöre, sie kämen,
Wenn sie den Ton von weitem nur vernähmen.

Denn so hat sie aus des Waldes Nacht
Einen Bären, ungeleckt und ungezogen,
Unter ihren Beschluß herein betrogen,
Unter die zahme Kompagnie gebracht
Und mit den andern zahm gemacht:
Bis auf einen gewissen Punkt, versteht sich!
Wie schön und ach! wie gut
Schien sie zu sein! Ich hätte mein Blut
Gegeben, um ihre Blumen zu begießen.

Es leidet kaum Zweifel, daß GOETHE über das Derb-Dreiste dieser letzten Zeilen, auch ohne Psychoanalyse, sich vollständig im klaren war. Was er in diesem *Lili*-Gedicht schildern wollte, ist die frivole, in der Tat *irrlichte*lierende Rolle, die er als Liebhaber gegenüber seiner *schönen* und *guten* Geliebten (LILI SCHÖNEMANN) zu spielen gedachte oder spielen zu müssen glaubte. Die eingefangenen »Tiere«, von der *schönen Lili* wie die Gefährten des *Odysseus* von der Zauberin *Kirke* aus Menschen in animalische Wesen verwandelt[92], waren, wie das Gedicht andeutet, vormals *Prinzen*, die sich nun als *arme* gierige Kreaturen nach ihrer magischen Meisterin verzehren; an den *Habicht* im *Märchen* erinnert im Gedicht der Adler des *Zeus* (und bestätigt somit noch einmal die männliche Assoziation, in der wir ihn vorhin aufgefaßt haben), der *Kanarienvogel* der *schönen Lilie* scheint im Gedicht durch die Tauben der *Venus* (im *Hohenlied* 2,14; 4,1; 6,9 ein Bild für die Geliebte, insbesondere für die Sanftheit ihrer Augen) würdig vertreten, und der leicht zu verlockende Pfau[93] huscht gewissermaßen durch die ganze Szene. Dann aber liebt es *Lili*, anders als ihre »Schwester«, die *schöne Lilie*, statt eines artigen *Mops'* sogar einen *ungezogenen Bären* zu halten und zu zähmen. In anakreontischem Übermut sieht GOETHE sich hier selbst als ein ebenso ungeschlachtes wie gutmütiges Urvieh, das sich mit allen Forderungen der *Schönen* zu arrangieren bereit gibt, nur leider, *ach*, nicht mit den moralischen Vorstellungen der *Guten*; da bleibt ein Punkt, an welchem programmatisch ein rechter Kerl, der auf sich hält, der »Zähmung« durch das holde Weib Widerstand leisten muß.

GOETHES Gedicht schildert die Liebesbeziehung zwischen dem »Bären« und der schönen *Lili* in Zügen, die teilweise an das Märchen von *Schneeweißchen und Rosenrot* erinnern[94]; doch beschreibt GOETHE gerade nicht die (Rück)Verwandlung des »Bären« in den »Prinzen«, der er einmal war, ehe die Moral der »Kleinkarierten«, dargestellt in einem stets mißvergnügten *Zwergen*, ihn dem heranwachsenden Mädchen als ein täppisches Untier erscheinen ließ; sein *Lili-Gedicht* endet mit der verzweifelten Bitte des »Bären«, er möge nur endlich wieder in die »Freiheit« entlassen werden. Was, müssen wir uns vor diesem Hintergrund fragen, sagt es über einen Mann aus, wenn er in den Händen der *schönen Lilie* nichts weiter sein soll als ein »munterer« Spielgefährte seiner tugendsamen Freundin?

Eine Erleichterung hat ein solcher »Mops«: er muß nicht länger fürchten, den »Anstand« der Geliebten durch mangelnden Abstand zu gefährden. Das Lieblingsdrama vieler Märchen von der *Schönen und dem Tier*[95] gelangt von vornherein hier nicht zur Aufführung: Es geht in dem *Märchen* durchaus nicht darum, durch die Liebe und die Schönheit aus einem verwunschenen »Tier« wieder einen »Menschen« zu bilden; eine Frau wie die *schöne Lilie* würde in dem Zustand, in dem wir sie treffen, niemals einen Mann in ihre Arme schließen, wüßte sie ihn nicht als ganz und gar harmlosen Gespiel, mit dem *artig* zu *scherzen* und den *freundlich* zu *streicheln* ein vollkommenes Genügen bedeutete. »Obgleich nur ein halbes Leben in dir wirkt«, spricht sie, als seine *Wohltäterin*, und »so kalt du bist«, »bist du mir doch willkommen.« Man muß, um ehrlich zu sein, das *obgleich* geradewegs durch ein *weil – deshalb* ersetzen. Für eine Persönlichkeit wie die *schöne Lilie* stellt es eine Liebesbedingung dar, daß das Gegenüber ihrer Gefühle niemals *mehr* sein wird als ein braver »Schoßhund«, der sich nunmehr auf Lebenslänglich dankbar dafür fühlen und erzeigen muß, daß eine *schöne Lilie* ihn an ihr *Herz gedrückt* hat.

Noch einmal lernen wir dabei das Motiv von der *Dame mit dem Hündchen* von einer überraschend neuen Seite kennen. Denn wie tief die Triebangst im Erleben einer *schönen Lilie* reicht, offenbaren die Regeln des Lieblingsspiels, das sie allsogleich mit dem *Mops* zu führen beginnt: sie *jagt ihn von sich*, nur um ihn wieder zurückzurufen (oder -zupfeifen), – und sie sucht ihn einzufangen, wenn er von ihr sich entfernt, werden wir ergänzen müssen. Es ist ein »Spiel« des ständigen Ausweichens voreinander, das *double-bind* als Lebensform. »Ich suche dich, weil du ein Mann bist, und ich meide dich, weil du ein Mann bist.« Nur wer dieses Hin und Her als Hauptkontaktform nicht bloß akzeptiert, sondern als Elixier der einzigen

Art, überhaupt noch ins Leben zurückzufinden, begrüßt und benötigt, hat das Zeug, der »Gespiel« (oder bayerisch: das »Geschpusi«, der Gespons, von lat. Sponsus) einer *schönen Lilie* zu werden, zu sein und zu bleiben.

Nicht wenige Frauenschicksale gibt es, die über diese Stufe der *Schönen mit dem Tier* gar nimmer hinauskommen; und es sind nicht selten *besonders* schöne Frauen, die dieser Rolle erliegen. Sie mußten ein Leben lang erfahren, daß sie wie edles Wildbret von den Männern zur Beute genommen wurden, oder zumindest hatten sie mancherlei Grund zu befürchten, es möchte so kommen, wofern sie nicht alle Aufmerksamkeit walten ließen. Sie sehnten sich über die Maßen danach, ganz einfach gestreichelt und zärtlich geliebt zu werden, doch hatte man sie gelehrt, vor ihrem Körper, gerade weil er verlockend schön war (oder hervorgehoben werden sollte), sich wie vor einer unverantwortlichen Verführung zu fürchten und wiederum in dem Begehren der Männer nichts anderes zu sehen als triebhafte Gier und tierhafte Geilheit; sie selber waren das stets unschuldige Wesen, das *Kanarienvöglein*, doch hinter ihnen her schwebte schon kreisend der *Habicht* und lauerte nur auf die Gunst der Gelegenheit, niederzustoßen. Andererseits verlieh das Empfinden, für die äußere Schönheit begehrt zu werden, ihnen doch auch so etwas wie Wertgefühl oder wie Stolz; und so sieht man dieselben Frauen, die sich vor der »Wildheit« der männlichen »Natur« wie vor etwas Tödlichem, zumindest Erniedrigendem und Beschmutzendem fürchten mußten, nicht selten gleichzeitig mit großer Sorgfalt ihr Äußeres modellieren, ondulieren, manikieren, pediküren, – sie machen sich selbst mit allen Mitteln zu dem, was sie am meisten fürchten, und sie fürchten sich am meisten vor dem, was sie zutiefst sich wünschen. Es ist nicht schwer zu verstehen, daß es nicht leicht sein wird, mit solchen Widersprüchen zu leben oder es an der Seite einer derart Widersprüchlichen auszuhalten.

In dieser Lage kann in der Tat *ein Tier* wie eine Erlösung sein. Einem Tier – einem Hund, einer Katze, einem Wellensittich, einem Hamsterchen, wem auch immer gegenüber – kann man doch gut sein, ohne daß alles zweideutig wird. Einen Hund oder ein Kätzlein kann man an sich drücken und ihm alle Geborgenheit schenken, ohne befürchten zu müssen, von Grund auf mißverstanden zu werden. Vor allem Mädchen (und Jungen), die sich in Kindertagen so einsam gefühlt haben, daß ihnen bestimmte Haustiere näherstanden als die eigenen Eltern, werden auch später als Frauen (und Männer) geneigt sein, sich eher ihren Lieblingstieren anzuvertrauen als einem anderen Menschen, schon gar, wenn dieser ein Mann (oder eine Frau) ist. Menschen, denen man seit Kindertagen die Liebe verboten oder verstellt hat, andere, die im Leben bitter genug von Menschen enttäuscht wurden, mögen Trost und Halt in der Liebe zu einem Tier finden, dessen Eigenart häufig sogar wie ein Teilporträt des eigenen Wesens sich ausnimmt. Am Ende ist ein Mann (eine Frau) nur ein begrenzt tauglicher Ersatz für das »richtige« Haustier.

Gerade in diesem Sinne werden wir das *neue Entzücken* und *die Freude* verstehen können, in die wir die *schöne Lilie* im »Spiel« mit dem *Mops* ausbrechen sehen. *Munter und unschuldig* wird ihr Treiben genannt, und genau das ist die ersehnte Synthese, der Ausweg aus dem moralischen Dilemma, in dem eine Frau wie die *schöne Lilie* sich vorhin noch befand. Es gibt für sie vorerst nur diese beiden Möglichkeiten: Entweder sie findet einen Mann, der selber überhaupt nur noch zur Hälfte lebt und schon deshalb sich gewissermaßen jenseits von Gut und Böse befindet, dann mag sie ihn *lieben* und *freundlich streicheln* wie einen lieben Haus- und Schoßhund, oder es wird erneut das Wechselbad der Gefühle anheben, das denjenigen sucht, der sich entzieht, und sich demjenigen entzieht, der suchend in ihre Nähe tritt.

In genau dieser Gestimmtheit finden wir an dieser Stelle des *Märchen*s die *schöne Lilie*. Nicht einen einzigen Konflikt seit dem Tod ihres *Kanarienvogels* hat sie bisher durchgearbeitet. Der *Mops* springt in ihr Leben wie ein unverhoffter Glücksfund; das ist alles. Und doch weiß das *Märchen* kaum genügend die *Heiterkeit* und die *anmutigen Scherze* des Mädchens zu rühmen. Es ist, als stellte es sich auf seltsame Weise absichtlich blind für die Zusammenhänge, die es selber gerade beim Tod ihres »Vogels« geschildert hat. Doch um so mehr müssen *wir* uns jetzt fragen, welch eine Möglichkeit denn überhaupt noch besteht, daß eine Frau wie die *schöne Lilie* einen Mann wie den *Jüngling* »erlöst« beziehungsweise daß *mehr* von dem *Jüngling* bei der *schönen Lilie* Zugang findet als nur seine *Mops*-Gestalt. Freilich läßt, je nach der zeitlichen Richtung der Symboldeutung, sich in der Annäherung von *Mops* und *Lilie* auch an dieser Stelle bereits so etwas wahrnehmen wie die Chance einer möglichen Reifung. Schon kann die *schöne Lilie* die *muntere* Mimikry ihres *Mopses* mögen; wie also wird sie sich verhalten, wenn ein wirklicher »Mensch«, wenn der *Jüngling* als Mann ihr begegnet?

Der *Jüngling* tritt in das Bild ganz in der Art, wie wir ihn kennen, nur in der *Hitze des Tages ... noch mehr abgemattet*, und es geschieht, was er die ganze Zeit bereits fürchtete: *in der Gegenwart der Geliebten* wird er *mit jedem Augenblick blässer*. Ganz wie wir es beschrieben haben, verkehrt sich der gefahrvolle Andrang des Blutes beim Anblick der *schönen Lilie* in eine Art taumelnder Ermattung, die keinerlei Tun, sei es gut, sei es böse, mehr zuläßt. Das Symbol für die Ursache dieses Symptoms von Krankheitwert trägt er zudem *auf seiner Hand*: Es ist der *Habicht*, der als Bild eines raubvogelgleichen Überichs jede noch so harmlos erscheinende Triebregung am »Boden« durch seinen bloßen »Überflug« zu Tode verängstigt. Zugleich wird uns in dieser Szene bestätigt, was all die Zeit zu vermuten stand: daß der *Habicht* und der *Jüngling* zusammengehören und die Szene vom Tod des *Kanarienvogels* unsichtbar die Anwesenheit des Prinzen voraussetzte; es ist dieselbe Macht der Überich-Zensur, die gleichermaßen in der Seele des Mädchens für die ersten Gefühlsregungen erwachender Liebe tödlichen Schrecken verbreiten konnte, wie sie jetzt die Hand des *Jünglings* zu lähmen vermag. Erst in diesem Zustand der Lähmung, nach vollbrachter Tat also, nimmt der kriegerische *Habicht* (der »Falke«) die Pose der friedliebenden »Taube« ein. Das befriedete Überich, das »gute Gewissen«, erkauft sich mit einem Gemütszustand tiefer Depression und vitaler Antriebslosigkeit; nur bei (ab)getötetem Triebleben gibt dieser Raubvogel sich zahm.

Unter solchen Umständen darf es bereits als ein Hoffnungszeichen gewertet werden, daß die *schöne Lilie* immerhin gegen *das verhaßte Tier* Protest einlegt und ihn, den Mörder ihres Singvogels, nicht zu Unrecht als *Ungeheuer* bezeichnet. Dieses Monstrum, wohlgemerkt, ist nicht, wie in den christlichen Höllenphantasien, die Zerrgestalt maßloser Triebwünsche, sondern im Gegenteil, es ist die Verkörperung einer mörderischen Moral!

Eine derartige Diagnose selbst behauptet keinesfalls nur im Privaten ihre Gültigkeit. Ein einfacher Blick in die Geschichte lehrt erschreckend deutlich, daß die schlimmsten, die mörderischsten Taten nicht begangen wurden in heißem Trieb- und Blutandrang, sondern verübt wurden und werden, um ebenso absoluten wie absurden Idealen zu gehorchen; all die heiligen, die kirchenverordneten, die gerechten Kriege, die Kriege zur »Durchsetzung humanitärer Ziele«, das massenweise Totschlagen von Menschen im Namen der einzig wahren Religion oder der politisch einzig »korrekten Ordnung«, – die nicht endende Blutorgie menschlicher Gewalt wurde stets begründet und befohlen im Dienste einer Moral, die sich raubvogelgleich über das persönliche Glück der Einzelnen erhob. So viel steht fest: Wenn je Frieden im Herzen von Menschen und unter den Menschen möglich sein soll, so muß die Funktion des *Habichts* im Leben der Menschen sich ändern.

Allerdings ist es nicht an der *schönen Lilie*, über derlei Zusammenhänge sich tiefere Gedanken zu machen. Ganz und gar ist ihre Gestalt in momentane Gefühlsregungen eingebunden, und so bleibt ihr Protest gegen den *Habicht* nicht nur erfolglos, sie scheint nicht einmal zu merken, daß sie im Grunde immer noch den Vorschriften der Scheu und des Schuldgefühls folgt, wenn sie mit »*Es ist nicht freundlich*« denjenigen anredet, der eigentlich ihr Freund sein möchte. Nicht einmal die Ermattung und Erschöpfung des *Jünglings* kann sie zu irgendeinem Mitgefühl veranlassen; sie schilt, was sie symbolisch (bzw. innerseelisch) erlitten hat, nur um sogleich dasselbe in der Realität dem *Jüngling* zuzufügen. Man kann seinem Urteil in gewissem Sinne nur zustimmen, wenn er die geliebte Schöne auffordert, die Schuld gefälligst bei sich selber zu suchen. Doch kann denn die Rede von persönlicher Schuld sein, wenn die Quelle der Schuld gegenüber dem Leben in einer Moral liegt, die auf lebensfeindliche Weise stets schuldig spricht und dadurch allererst schuldig macht? Kann und muß der Einzelne sich zur Last legen, was unbewußt, *schicksal*haft durch Verankerung in der Gesellschaft ihm selber auferlegt ist?

Die Situation, vor die sich der *Jüngling* gestellt sieht, ist unauflösbar verworren. Was ihm Leben bedeuten sollte, bringt ihm den Tod, und das (Ab)Getötete wiederum wird in der *Mops*-Gestalt nur in einer Art Halbleben im Umkreis einer »wohltemperierten« Gestimmtheit von Anstand und Abstand, Verstand und Umstand zugelassen. Dabei ist, was der *Jüngling* beim Anblick des wiedererwachten *Mops'* in den Armen der *schönen Lilie* wünschen könnte, von GOETHE in einem kleinen Gedicht unter dem Titel *Frech und froh* recht passend ausgedrückt worden[96]; kurz und entschlossen heißt es dort:

> Liebesqual verschmäht mein Herz,
> Sanften Jammer, süßen Schmerz;
> Nur vom Tücht'gen will ich wissen,
> Heißem Äuglein, derben Küssen.
> Sei ein armer Hund erfrischt
> Von der Lust, mit Pein gemischt!
> Mädchen, gib der frischen Brust
> Nichts von Pein, und alle Lust.

Diese acht Zeilen weigern sich, noch länger die Lust der Liebe mit dem Schmerz (von Schuldgefühl und Strafangst) vergiftet und vergällt zu fühlen; es soll endlich möglich sein, einmal *tüchtig* und reuelos der Liebe zu genießen und an ihr, gleich jenem *armen Hunde*, zu genesen. Aber kann, wie GOETHE hier, sein *Jüngling* dergestalt im *Märchen* zu der *schönen Lilie* sprechen? Seltsam genug: wir hörten im *Tempel* als »erquicklicher« noch denn das Licht im Munde der *Schlange* das *Gespräch* gerühmt werden. Doch gerade ein solches Gespräch, in dem die Erleuchtung des Geistes und die Erwärmung des Herzens in Worten sich mitteilen könnten, kommt nicht zustande, – weder die *schöne Lilie* noch der *Jüngling* sind dazu derzeit imstande. Statt dessen findet das höchst unerquickliche, grausame »Spiel« der *schönen Lilie* mit dem *Mops* aus lauter Hemmung ungehemmt seine Fortsetzung: *Sie suchte ihn zu haschen*, heißt es wörtlich, *wenn er floh, und jagte ihn von sich weg, wenn er sich an sie zu drängen versuchte*. Die Spielanweisung dieser endlosen Neckerei und Tändelei in Widersprüchen lautet: Tue nie, was du willst, und wolle nie, was du tust; oder, im Blick auf die absolut mörderische Wirkung dieses Gebarens auf jeden, der sich mit seinen Gefühlen ernsthaft darauf einläßt: Töte, was du liebst, und liebe nur, was tot ist.

Nur allzu gut begreift der *Jüngling* endlich, was da »gespielt« wird, doch fehlen ihm die Worte, um zu sagen, was er sieht; *stillschweigend* steht er da, *mit wachsendem Verdrusse*. Eigentlich müßte er der *schönen Lilie* erklären, daß er der unglückseligen Mischung von *Lust mit Pein* längst müde ist, daß ihm die Rolle des »Schoßhündchens« *ganz abscheulich* vorkommt, doch kann und darf er derlei Vorwürfe nicht äußern; – es würde ihm, nicht anders als GOETHE selber am 16. August 1772 aus dem Munde der geliebten CHARLOTTE, nach seinem ersten Kusse augenblicklich »deklariert« werden, »daß er nichts als Freundschaft hoffen dürfe«, so daß er darüber, wie CHARLOTTES Verlobter, JOHANN CHRISTIAN KESTNER, vermerkt, »blaß und sehr niedergeschlagen« ward[97].

Erst an dieser Stelle des *Märchens* erfahren wir, wieder wie nebenbei, daß *alles*, buchstäblich alles, was wir von den Nöten der *schönen Lilie* mit ihren Klageliedern und ihrem verstorbenen *Kanarienvöglein* und von dem *Jüngling* mit seinem wie nach einem verlorenen Kriege leergeplünderten Dasein in Erfahrung gebracht haben, einzig als Darstellung einer Beziehungstragödie zwischen den beiden gelesen sein will, als *trauriges Geschick ... einer getrennten Gegenwart*. Offen heraus erklärt der *Jüngling* jetzt sogar der *schönen Lilie*, daß all der Verlust seines »Königreiches«, ja, seiner selbst, einzig *durch dich* zustande gekommen sei, – durch eine Liebe, die immer wieder von der angebeteten Schönen zugleich gewünscht und verwünscht wurde, wie wir erklärend paraphrasieren dürfen.

Es stellt indessen nur die Hälfte der Wahrheit dar, der *schönen Lilie* alle Schuld an dem Unglück der Liebe aufzubürden. Auch er, der *Jüngling*, trägt seinen Teil dazu bei, hat er doch im Grunde selber die Rolle des versteinerten Hündchens an der Seite der mütterlichen *Alten* bereits über den *Strom* mitgebracht, und es zeigt sich lediglich, wie grausam genau die Ängste beider, des *Jüngling*s wie der *Lilie*, einander ergänzen. Einzig in der Schoßhündchen-Rolle ist er willkommen! *Das* ist es, was der *Prinz* hier »mitanschauen« muß. Er selber wird von dem Mädchen mit dem *weißen Busen* nur akzeptiert in eben dieser schwarz wie der Tod gefärbten Gestalt einer *widernatürlichen Mißgeburt*; sie ist die einzige Form erlaubter Annäherung, die einzige Art, die Lilienreine *zur Freude* zu *reizen*, und nur eine *Umarmung*, die dem *Mops* in ihm gilt, darf als das Surrogat wirklicher Lust wohl auch *genossen* werden. Die Schärfe der Worte, mit denen der *Jüngling* den *Mops* hier kennzeichnet, bliebe übrigens völlig unverständlich, würde der *Prinz* in dem lächerlichen Verhalten dieses »Tieres« nicht, wie geschildert, einen Teil seiner selbst wiedererkennen. Jetzt auch wird uns erklärt, was es mit der zunächst sinnlos erscheinenden Überfahrt des *Prinzen* über den *Strom* auf sich hatte: – wir hören, daß er schon seit langem hin und her über den großen Fluß sich hat setzen lassen, als ein Kreis- und ein Irrgänger im Bann einer Liebe, *von* der er nicht loskommt und *zu* der er doch auch nicht zu kommen imstande ist. Sehr deutlich erkennen läßt sich an dieser Stelle übrigens auch, daß der *Strom* nicht nur den Fluß des Lebens[98] markiert, sondern daß er, wie bisher angenommen, zugleich auch steht für die Unüberschreitbarkeit des

Abstandes zwischen Wunsch und Wirklichkeit, Drang und Zwang, innerer Fühlung und äußerer Führung. Was, muß man sich fragen, kann ein verliebter junger Mann tun, um trotz allem »hinüber«zukommen?

Das einzige, was wirklich zu helfen vermöchte, wäre ein verständnisvolles und verständiges Gespräch, in dem die *schöne Lilie* und der *Jüngling* ehrlich einander ihre Gefühle gestehen und zu ihnen voreinander stehen würden. Doch ein solches Gespräch – wir sahen es schon – kann unter gar keinem Umstand erfolgen, – es müßte alle Regeln des »Anstands« und der »guten Sitte« sprengen; es müßte dazu führen, daß *einzelne* sich das Recht zusprächen, selbst zu entscheiden, in welcher Form sie, gerade aus Respekt auch vor den Ängsten des anderen, ihre Liebe gemeinsam zu leben gedächten, und es müßte unfehlbar das Zentrum des moralischen Urteils aus der *Habicht*-Aufsicht der Gesellschaft in das Herz des Menschen verlegt werden: Die Liebe selber erhöbe sich zum letzten Richtmaß der Sittlichkeit, und es wäre nicht länger mehr ohne Wahn möglich, ein Gutsein ohne Gefühl, eine Lilienreinheit ohne Leben, eine Gemeinsamkeit nur in innerem Abstand zu pflegen und alles auseinanderzureißen, was der Natur nach zusammengehört und zusammen sein will: Seele und Leib, Herz und Verstand, Liebe und Leben, Poesie und Wirklichkeit. Man müßte nicht immer von neuem den Singvogel der Liebe einkerkern oder am eigenen Busen ersterben lassen, und es täte nicht länger mehr not, daß ein Mann sich selbst bis zur »Widernatur« *vermopst* und *versteinert*, nur um in der Verformung all seiner Empfindungen der lilienreinen Geliebten für würdig befunden zu werden. Ein solches »Gespräch«, das alles *Gold* kultureller Erkenntnis und alles *Licht* innerer Erleuchtung menschlich verbindlich machen würde, kann in der Tat nicht geführt werden, ehe da nicht eine »Brücke« gebaut ist, über die »alle« zu gehen vermögen – ehe nicht ein *neues Zeitalter* angebrochen ist. Oder gäbe es noch eine andere Möglichkeit? Diese Frage wird uns sehr wichtig werden, wenn wir nach der *Bedeutung* des GOETHEschen *Märchens* fragen.

Einstweilen sehen wir, völlig folgerichtig nach allem Gesagten, den *Jüngling* an der eigenen Sprachlosigkeit zugrunde gehen. Auch er verfügt, wie die *schöne Lilie*, nur über Worte der Klage und Anklage, um irgendwem und irgend etwas die Schuld an dem Unglück seiner an sich so glücklichen Liebe zu geben. Es ist dieselbe Sprache, in der wir noch heute Menschen miteinander reden hören, die, etwa in einer unglückseligen Ehe, einander nicht zu verstehen vermögen, weil sie sich selbst nicht verstehen dürfen; am Ende haben sie für einander nur noch Vorwürfe, so wie die *schöne Lilie* für den *Jüngling* und umgekehrt, und keiner vermag mehr zu sagen, wie sehr er den anderen liebt, eben weil die zärtlichsten Gefühle der Zuneigung unter dem Diktat einer zerstörerischen Moral zerquält und zermartert wurden. Alles Warme ward da erfroren, um nicht für unverfroren zu gelten, und erst dann, wenn keinerlei persönliche Empfindung sich mehr hervorwagt, beginnt die Erlaubnis einer steifen, zu Stein gewordenen Gemeinsamkeit in »Pflicht« und »Ordnung«.

Dem *Jüngling* bleibt in der Tat, wenn es so steht, nichts anderes mehr, als etwas zu wagen, das einem »Übergriff« gleichkommt. Er tut genau das, wovon er glaubt, daß es die *schöne Lilie* ebenso möchte, wie er selbst auch; er beendet das »Spiel« mit dem *Mops*, indem er dessen symbolische Zeichen in die lebendige Wirklichkeit zu setzen sucht; er ist der Doppelbödigkeit von *Hund* und *Prinz* ebenso müde wie *Werther* des Spiels mit dem *Kanarienvogel* auf *Lottes* Schulter; er verträgt nicht länger die Doppelbotschaft: Geh fort, wenn du kommst, und komm, wenn du gehst. Er möchte endlich »ankommen«, dasein, identisch werden, und so offenbart er, worin sein »Krieg« und sein *Heldentum* all die Zeit über bis jetzt bestanden: er muß es wagen und will es wagen, am *Busen* der Geliebten *zu Stein* zu werden.

Über die Zweideutigkeit, die in dem Bild des Versteinerns psychoanalytisch liegt, haben wir bereits gesprochen. Doch was uns jetzt am meisten erstaunt und entsetzt, ist der deutliche Eindruck, daß hier die Liebe erlebt wird wie ein Todesurteil. Es steht als Strafe auf sie die Hinrichtung. Auch dieses Motiv ist in der romantischen Literatur beliebt und bekannt: da die Liebe auf Erden unter Verbot steht, können die Liebenden, wie *Romeo und Julia*, zueinander nur finden im Grab, so daß das Brautlager eins ist mit dem Totenlager und der Widerspruch, der das Leben tötete, sich im Tode vollendet. ARTHUR SCHOPENHAUER wird aus solchen Gefühlen und Gedanken die »Philosophie« der Geschlechterliebe und des Geschlechterkampfes maßgebend für das nach GOETHES *Märchen* wirklich heraufziehende 19. Jahrhundert formulieren[99]. Doch sehen wir auch, daß die Geschichte von dem *Jüngling* und der *schönen Lilie* diese Entwicklung gerade verhindern soll; und um so dringlicher wird uns im Rückblick die Frage sich stellen, wie denn das Heilmittel gegen ein solches Unmaß von Angst, Unglück und gutem Willen beschaffen sein kann.

Wie hilflos jedenfalls die *schöne Lilie* zu diesem Zeitpunkt sich fühlt, erkennen wir daran, daß sie die Zweideutigkeit bis zum »Tod« ihres »Helden« ins Endgültige treibt. Da ermannt sich ihr Freund, die Hemmnisse wirklicher Nähe beiseite zu tun; er zwingt sich zu einem Akt der Gewalt, mit dem er die Todesangst vor der Berührung seiner Geliebten in einer *heftigen Bewegung* zu besiegen trachtet, der *Habicht*, bezeichnenderweise, fliegt auf, jetzt selber erschrocken über die Kraft einer Leidenschaft, deren Schrecken er selbst bisher war, – da streckt die *schöne Lilie* ihre Hände aus, nicht um ihren Geliebten selig in ihre Arme zu schließen, sondern um ihn, wie er auf sie *losstürzt*, von sich *abzuhalten*, während sie ihn gerade dadurch nur *desto früher* berührt. Beide tuen in diesem Moment das, was sie eigentlich wollen, und wollen doch eigentlich nicht, was sie da tun. Die Wendung: *er stürzte auf die Schöne los* liest sich eher als Beginn einer Vergewaltigung denn als Einleitung eines zärtlichen Liebesspiels – tatsächlich dürften die meisten gewalttätigen Sexualdelikte einer solchen Mischung aus Gehemmtheit und Triebstau entstammen, – die *schöne Lilie* besäße demnach wohl Grund, sich einen derart ungestümen Liebhaber vom Halse zu halten; und doch soll ja die Abwehr des *Prinzen* vor allem seiner eigenen Rettung dienen! Er soll nicht in Kontakt treten zu dieser alles Lebendige »Versteinernden«; die Lilienreine, deren Moral es verbietet, sich »berühren« zu lassen, trägt nun auch die Verantwortung dafür, den Kreis des Todes um sich her hermetisch abzusperren. Doch dann auch wieder nicht! Wollte die *schöne Lilie* wirklich jeglichen Kontakt vermeiden, so hätte sie sich konsequent von dem *Prinzen* abwenden und zumindest seinem »heftigen« Annäherungsversuch ausweichen müssen; daß sie ihm ihre Hände entgegenstreckt, bedeutet wiederum *beides*: Ablehnung *und* Einladung, Zurückweisung *und* Zuwendung, Verbot *und* Angebot; und selbst als er »bewußtlos« niedersinkt und sich sein Wünschen wie ohne sein Dazutun verwirklicht, fühlt sie ihn als *schöne Last an ihrem Busen*. Ein Schrei des Entsetzens entringt sich ihr, und doch läßt sie, wie selber versteinert, den Geliebten, statt ihn zu halten, *entseelt aus ihren Armen zur Erde* gleiten: – *erstarrt, ohne Tränen*, eine GOETHEsche *Niobe*, in *stummer Verzweiflung*. Erst jetzt, da *das Unglück geschehen*, erfahren wir, *was* ihr der *Jüngling* in Wahrheit bedeutete: mit ihm ist *die ganze Welt* wie *ausgestorben*! Er war ihr Leben, doch genau deshalb mußte sie ihn ermorden. Sie, die selber nicht leben durfte, unterlag der Pflicht, zu töten, was sie zum Leben hätte erwecken können. *Das* bedeutet es in der Sprache des *Märchens*, zu »versteinern« – einen Sieg der Sittlichkeit über die Sinne, einen Triumph der Pflicht über das Fühlen, einen Stillstand sämtlicher Strebungen, – es ist vollbracht! Im 19. Jh. war es üblich, wenn jemand vor lauter Verzweiflung sich das Leben nahm, zu sagen, er habe sich »entleibt«; man meinte damit, er habe seine Seele aus der zu engen Wirklichkeit der Körperwelt befreit; doch das »Entseelen« ist schlimmer; es ist identisch mit einem zu Stein gewordenen Leben, hart und kalt, doch edelsteinfunkelnd, zum äußeren Ansehen schön. So wie der *Jüngling* als *Mops* einmal gegenüber *der Alten* sich verhielt, so stehen nun beide: die *schöne Lilie* wie auch ihr *Prinz* zueinander: die eine ein versteinerndes Leben, der andere ein lebender Stein.

Eine Episode aus »Dichtung und Wahrheit«

Aber ist es denn möglich, wird mancher Philologe alter Schule sich händeringend bei dieser Darstellung fragen, daß GOETHE auch nur entfernt all diese psychologischen Implikationen in seinem *Märchen* intendiert oder geahnt hätte? Zeigt sich denn in dieser Interpretation nicht ganz einfach die besondere Begabung der Psychoanalyse, bei allem und jedem sich »etwas« zu denken und in ganz normalen Mitteilungen immerzu nur die eigenen Obsessionen von Neurosen, Gehemmtheiten, Schuldgefühlen und gesellschaftlichen Triebunterdrückungen wiederzufinden? »Seine (sc. GOETHES, d.V.) Arbeiten lieben wir hauptsächlich, weil wir zuletzt durch sie hindurch immer wieder ... seine eigentümlich große und gesunde Natur ... gewahr werden«, schrieb CARL GUSTAV CARUS über GOETHE[100]; ist es da denkbar, daß so viel an innerer Qual und tödlicher Seelenzerrissenheit sich ausgerechnet in einem so schönen, erzählfreudigen und »erquicklichen« Juwel der Literatur wie diesem *Märchen* findet?

Es ist wohl längst »an der Zeit«, daß wir nicht länger mehr mit Hilfe von Fremdbeispielen und Falldarstellungen uns die nötige Anschauung und interpretative Schärfe bei der Interpretation des *Märchens* verschaffen, sondern an der Biographie GOETHES selber Belege sammeln. Zwar sind wir nicht daran interessiert, zu fragen, was ein Dichtwerk wie das *Märchen* über seinen Urheber, den Dichter selbst, sagt; wir möchten einzig wissen, was GOETHE durch sein *Märchen* uns Heutigen, weil wir Menschen sind, zu sagen vermag. Daß er aber in seinem *Märchen* von »Berührungsängsten« der Liebe als einem Hauptproblem gesellschaftlicher Moral und persönlichen Unglücks sprechen konnte und, unserer Deutung nach, sprechen wollte, berichtet er selber erstaunlich offenherzig im 9. Buch von *Dichtung und Wahrheit*.

Dort erzählt er, wie er 1770 in Straßburg mit den zwei Töchtern eines mit Namen nicht genannten Tanzmeisters bekannt gemacht ward[101]: mit der älteren LUCINDE und der jüngeren

EMILIE. Beide Schwestern erfaßte Zuneigung zu dem 28jährigen, dessen Sympathien allerdings spürbar der Jüngeren galten; und das genügte, ihn in ein seltsames Drama von Kartenlegen und Wahrsagen, Aberglauben und Magie, Eifersucht und Verwünschung hineinzuziehen. Die ganze Sache wäre nicht bemerkenswert, wenn GOETHE sie nicht *in extenso* für bemerkenswert gehalten hätte.

Es war eines Abends, daß EMILIE GOETHEN ihre Liebe zu einem anderen Mann gestand, den sie über die neue Beziehung nicht verlieren wollte; und so gab sie ihm wie zum Abschied, was ihm sonst versagt geblieben wäre: sie fiel ihm um den Hals und küßte ihn »aufs Zärtlichste«, er aber »umfaßte sie und drückte sie« an sich. Zeuge dieser Szene indessen wurde ihre Schwester, die ihrerseits, geplagt von Eifersucht, GOETHEN umarmte und »ihre schwarzen Locken« »eine Zeitlang« an seine Wangen drückte. Dann überhäufte sie ihre Schwester mit tausend Vorwürfen, drückte noch einmal GOETHES Gesicht an das ihre und küßte ihn »zu wiederholten Malen auf den Mund«. ›Nun‹, rief sie aus, ›fürchte meine Verwünschung: Unglück über Unglück für immer und immer auf diejenige, die zum ersten Mal nach mir diese Lippen küßt!‹«[102]

Meinen sollte man, daß eine Begebenheit wie diese eine Persönlichkeit von einiger Vernunft nicht allzu lang hätte beschweren können; doch nicht so im Falle GOETHE. Als er wenig später im elsässischen Sesenheim die Pfarrerstochter FRIEDERIKE BRION kennenlernte[103], ging ihm dieser Fluch so sehr nach, daß er, »abergläubisch genug«, wie er im 11. Buch seiner Autobiographie notiert, sich »in acht« nahm, »irgendein Mädchen zu küssen, weil ich solches auf eine unerhörte geistige Weise zu beschädigen fürchtete. Ich«, fährt GOETHE fort, »überwand daher jede Lüsternheit, durch die sich der Jüngling gedrungen fühlt, diese viel oder wenig sagende Gunst einem reizenden Mädchen abzugewinnen«. Selbst bei den harmlosen Pfänderspielen, nach deren Regeln ein Pfand wohl mit einem Kusse eingefordert werden konnte, suchte er sich stets mit geplanten Artigkeiten aus der Affäre zu ziehen[104]. Dann aber steigerte er sich »grenzenlos glücklich an Friederikens Seite« in seinen Gefühlen zu der Pfarrerstochter doch dahin, daß »alle hypochondrischen, abergläubischen Grillen« in ihm verschwanden, »und als sich die Gelegenheit gab«, erinnert er sich, »meine so zärtlich Geliebte recht herzlich zu küssen, versäumte ich's nicht, und noch weniger versagte ich mir die Wiederholung dieser Freude«.[105] Der Abend endete mit einem »einsamen Spaziergang Hand in Hand«, mit der »herzlichsten Umarmung« und der »treulichsten Versicherung, daß wir uns von Grund aus liebten«.[106]

Alles hätte von daher zu einem gemeinsamen Glück finden können; doch noch in der gleichen Nacht, nachdem er »kaum einige Stunden sehr tief geschlafen«, ward GOETHE durch sein »erhitztes und in Aufruhr gebrachtes Blut« aufgeweckt, und wie zur Erklärung des weiteren schreibt er im Rückblick: »In solchen Stunden und Lagen ist es, wo die Sorge, die Reue den wehrlos hingestreckten Menschen zu überfallen pflegen. Meine Einbildungskraft stellte mir zugleich die lebhaftesten Bilder dar: ich sehe Lucinden, wie sie, nach dem heftigsten Kusse, leidenschaftlich von mir zurücktritt, mit glühender Wange, mit funkelnden Augen jene Verwünschung ausspricht, wodurch nur ihre Schwester bedroht werden soll, und wodurch sie unwissende fremde Schuldlose bedroht. Ich sehe Friederiken gegen ihr über stehen, erstarrt vor dem Anblick, bleich und die Folgen jener Verwünschung fühlend, von der sie nichts weiß. Ich finde mich in der Mitte, sowenig imstande, die geistigen Wirkungen jenes Abenteuers abzulehnen, als jenen Unglück weissagenden Kuß zu vermeiden. Die zarte Gesundheit Friederikens schien den gedrohten Unfall zu beschleunigen, und nun kam mir ihre Liebe zu mir recht unselig vor; ich wünschte über alle Berge zu sein. – Was aber noch Schmerzlicheres für mich im Hintergrund lag, will ich nicht verhehlen. Ein gewisser Dünkel unterhielt bei mir jenen Aberglauben; meine Lippen – geweiht oder verwünscht – kamen mir bedeutender vor als sonst, und mit nicht geringer Selbstgefälligkeit war ich mir meines enthalsamen Betragens bewußt, indem ich mir manche unschuldige Freude versagte, teils um jenen magischen Vorzug zu bewahren, teils um ein harmloses Wesen nicht zu verletzen, wenn ich ihn aufgäbe.«[107]

Da will also GOETHE etwa 40 Jahre nach den Sesenheimer Ereignissen in *Dichtung und Wahrheit* allen Ernstes sich und den Leser glauben machen, seine ausgesprochene Scheu, ein Mädchen zu »küssen«, also in engerem Sinne zärtlich-sexuell zu berühren, finde ihre Ursache und hinreichende Erklärung in dem sonderbaren Fluch, mit dem die Straßburger LUCINDE alle ihre Konkurrentinnen in Gegenwart und Zukunft zu belegen suchte. Er fragt nicht, wie es möglich sein soll, daß die offenbare Hysterie eines eifersüchtig-erfolglos liebenden Mädchens ihn selber als einen »*wehrlos hingestreckten Menschen zu überfallen*« vermochte; er erklärt einfach, daß solche Überfälle zu geschehen *pflegen* – und folglich als Eigentümlichkeit der »Natur« anscheinend keiner weiteren Nachfrage bedürfen. Dabei verrät GOETHES Darstellung überdeutlich, worum es sich wirklich bei seinem Angsterleben gehandelt haben muß: Es brachen, unerklärlich für ihn selber, aus seinem Unbewußten, »schicksalhaft« also, die schwersten Straf- und Schuldängste für die ersten eindeutig sexuell getönten Gefühlsregungen über ihn herein, verbunden mit der hypochondrischen Sorge, durch die Berührung der Geliebten entweder diese selbst zu schädigen oder von ihr geschädigt zu werden. Eine solche Angst hatte ihren Grund selbstredend weder in LUCINDE noch in FRIEDERIKE, sie lag in GOETHE selber, und wenn wir erst einmal beim *Märchen* bleiben wollen, so läßt sich denken, daß die unheilvolle Mischung aus Faszination durch die (stets idealisierte) Frau und die Furcht vor der Frau, die das Sesenheimer Erlebnis ebenso durchzieht wie die Erzählung von dem *Prinzen* und der *schönen Lilie* im *Märchen*, ihre Wurzeln in der Ambivalenz des Bildes der eigenen Mutter, im *Märchen* also in der Wesensart *der Alten*, haben wird. – Es war in der GOETHEforschung eine Weile lang üblich, »sämtliche Schuldkomplexe sämtlicher Figuren GOETHES auf das Sesenheim-Erlebnis« zurückzuführen[108], – darum kann es uns in keiner Weise gehen; doch leugnen läßt sich nicht, daß GOETHES Verhalten gegenüber FRIEDERIKE BRION exakt den Gefühlsgegensätzen entspricht (und entstammt!), die wir im *Märchen* geschildert haben. Ja, wir müssen sogar feststellen, daß GOETHE in dem *Märchen* zumindest den Versuch unternimmt, sich vorzustellen, wie es denn hätte sein können, wenn der (neurotische) Konflikt zwischen dem *Prinzen* und der *schönen Lilie* auch in seinem eigenen Leben einer Heilung offengestanden hätte.

Es gibt, wie zur Bestätigung dieser These, eine ganze Reihe von Parallelen, die in der Schilderung der *schönen Lilie* und in den Erinnerungen GOETHES an FRIEDERIKE und die Zeit in Sesenheim sich finden lassen. Als GOETHE zum Beispiel auf die geliebte Pfarrerstochter zum ersten Mal zugeht, spielt diese, wie im *Märchen* die *schöne Lilie* zur Harfe, »mit einiger Fertigkeit« »auf einem Klavier« und versucht, »ein gewisses zärtlich-trauriges Lied zu singen«[109]; zudem hat FRIEDERIKE, wie die *schöne Lilie*, »blaue Augen«, so daß GOETHE »das Vergnügen« erlebt, ganz wie der *Prinz* im *Märchen*, »sie beim ersten Blick auf einmal ihrer ganzen Anmut und Lieblichkeit zu sehen und zu erkennen«.[110] Vor allem der *Narzißmus* der Angst, den wir vorhin im Wesen des *Jünglings* wie der *schönen Lilie* ausführlich analysiert haben, gewinnt in GOETHES Selbstdarstellung mit dem Glauben an die besondere Bedeutung seiner ebenso verfluchten wie geheiligten Lippen recht konkrete Züge, und wir begreifen ohne Schwierigkeiten, von welcher Art die Wonnen und die Todesängste sind, die der *Prinz* in dem *Märchen* bei der bloßen Annäherung an seine Geliebte empfindet.

Was sich damals im Elsaß, »an dem schönen Ufer des Rheins«[111], des näheren zugetragen, ist vor allem seines Ausgangs wegen für uns der Beachtung wert. Indem GOETHEN im Sesenheimer Pfarrhaus gerade »wegen jenes wunderlichen Enthaltens selbst von unschuldigen Liebkosungen«[112] völliges Vertrauen geschenkt wurde, stand einem gemeinsamen Glück mit FRIEDERIKE eigentlich nichts mehr im Wege – außer den Gründen für jenes »wunderliche Enthalten selbst«. GOETHE entdeckte sehr bald schon nach jener Nacht »unversehens die Lust zu dichten« neu und »legte für Friederike manche Lieder« bekannter Melodien unter; – die meisten dieser Gedichte, die, wie er schreibt, »ein artiges Bändchen gegeben« hätten, wird er später vernichten[113]. Eine Weile lang setzte er die Beziehung zu FRIEDERIKE noch äußerlich fort, dann floh er vor ihr, aus Angst vor der Verbindlichkeit einer Beziehung, die er »eigentlich« doch von Herzen gewünscht hatte, nach Straßburg, um dort seine Promotion, zu der sein Vater ihn bestellt hatte, wieder aufzunehmen. »Die Abwesenheit«, notiert er, »machte mich frei, und meine ganze Zuneigung blühte erst recht auf durch die Unterhaltung in der Ferne«[114]. Es ist dasselbe Wechselspiel von Sehnsucht und Scheu, dem wir vorhin in dem *Märchen* zwischen der *schönen Lilie* und dem *Mops*, beispielgebend für die Beziehung zwischen dem *Prinzen* und der geliebten *Lilie*, begegnet sind.

All das erlaubt, wohlgemerkt, nicht die These, GOETHES *Märchen* wolle symbolisch verkleidet die Beziehungsängste des Dichters aus der Zeit der Begegnung mit FRIEDERIKE BRION bearbeiten, aber es zeigt allerdings sehr deutlich, daß GOETHE von eben den Ängsten geprägt war, die wir in dem *Märchen* psychoanalytisch beschrieben haben. Und was jetzt am wichtigsten ist: wir stoßen im Leben und Erleben GOETHES auf gerade das Problem, das wir im *Märchen* als zentral erkannt haben: auf das Problem einer Schuld gegenüber dem *Strom* des Lebens aufgrund des Bemühens, in moralischem Sinn seine Unschuld zu wahren! Im 12. Buch seiner Autobiographie erst gedenkt GOETHE einer Antwort, die FRIEDERIKE auf seinen »schriftlichen Abschied« ihm damals gegeben habe, und jetzt, 50 Seiten danach, in sicherer Entfernung gewissermaßen, will es ihm »das Herz« zerreißen. »... nun erst«, schreibt er, fühlte ich »den Verlust, den sie erlitt, und sah keine Möglichkeit, ihn zu ersetzen, ja nur ihn zu lindern. Sie war mir ganz gegenwärtig; stets empfand ich, daß sie mir fehlte, und was das schlimmste war, ich konnte mir mein eignes Unglück nicht verzeihen..., hier war ich zum ersten Mal schuldig; ich hatte das schönste Herz in seinem Tiefsten verwundet, und so war die Epoche einer düsteren Reue bei dem Mangel einer gewohnten erquicklichen Liebe höchst peinlich, ja unerträglich. Aber der Mensch will leben, daher nahm ich aufrichtigen Teil an andern, ich suchte ihre Verlegenheiten zu entwirren und, was sich trennen wollte, zu verbinden, damit es ihnen nicht ergehen möchte wie mir.«[115]

Wovon GOETHE in diesen wenigen Sätzen sich Rechenschaft gibt, ist die unerhörte Möglichkeit, schuldig werden zu können aus Angst vor Schuldgefühlen, die, unbekannt warum, im Zusammenhang mit bestimmten sexuellen Empfindungen sich zu Wort melden und alles Glück in Unglück, alle Freude in Schmerz, alles Leben in Tod verwandeln können. Was ist zu tun, wenn das moralische Wollen selber unter den Verformungen der Angst des Überichs sich außerstande zeigt, dem Leben und der Liebe zu dienen? Es ist ein Problem, auf das wirklich keine noch so »vernünftige« Philosophie KANTischer Prägung zu antworten vermag und zu dessen Lösung wir in der Tat die Ahnungen von Märchen und Träumen benötigen, um uns selber tiefer kennenzulernen. Aber kann uns speziell GOETHES *Märchen* einen plausiblen Ausweg aus den Engpässen weisen, die es selber so virtuos schildert? Entspricht der Tiefe seiner intuitiven Problemstellung eine ähnlich erhellende ›Therapie‹?

Am Ende seiner Sesenheimer Zeit hat GOETHE sich selbst, wie wir hören, als Ausweg verordnet, sich nicht länger den Schmerzen unerfüllter Liebe hinzugeben, sondern anderen bei der Lösung vergleichbarer Nöte behilflich zu sein; es ist dies ein Rat, der eine große Nähe zu gerade den Empfehlungen aufweist, die im *Märchen* der *Alten* zuteil werden; doch eben das muß uns »mißtrauisch«, zumindest vorsichtig machen; wie soll es möglich sein, die Angst, selber zu lieben, dadurch zu überwinden, daß man die Entzückungen und die Betörungen der Liebe poetisch beschreibt und sich menschlich, so gut es gehen will, für den Erhalt der Liebe bei anderen einzusetzen versucht? Kann uns das *Märchen* Hinweise geben, die über die autobiographischen Reminiszenzen und Reflektionen GOETHES an seine Erfahrungen von Sehnsucht, Angst und Schuld im Umgang mit Frauen *hinaus*führen? Und was ist es mit seinem Willen, gerade im *Märchen* von dem Anbruch eines neuen Zeitalters zu künden? Was muß und was kann sich ändern, um eine *Brücke* zwischen den Gegensätzen zu bilden, damit Liebe und Glück ein Heimatrecht auf Erden erhalten? Nachdem wir dem *Märchen* bis zum Tiefpunkt des Tragischen gefolgt sind, dürfen wir auf die Pfade seines erlösenden Aufstiegs um so gespannter sein.

Lasset Lied und Bild verhallen[116]

Der Ring des Lebens und das Lied der Harfe

Noch sehen wir die *schöne Lilie* ob des Todes des *Jünglings*, den sie doch selber unbewußt-willig und unwillig-bewußt herbeigeführt hat, in stummer Verzweiflung dastehen, da sinnt die *Schlange* darauf, *wenigstens die nächsten schrecklichen Folgen des Unglücks auf einige Zeit zu hindern*. Worin diese Folgen bestehen könnten, wird erst wenig später erläutert, ist aber die ganze Zeit über schon als irgendwie bekannt vorausgesetzt: je weiter die Sonne versinkt und die Schatten sich über See und Wiese breiten, wird *Fäulnis* den Körper des schönen *Jünglings unaufhaltsam anfallen*; er wird im Längerwerden der »Schatten«, je mehr sein Leben wie seelenlos, wie versteinert vorübergleitet, die Fähigkeit schwinden fühlen, sein abgetanes Dasein noch zu einer Einheit zu formen. Die Bilder der »Versteinerung und der »Verwesung« müßten, real betrachtet, einander eigentlich widersprechen – Stein mag verwittern, aber nicht verwesen; symbolisch gelesen indessen, kann beides sehr wohl zusammengehen.

Wieder waren es die alten Ägypter, die den *Stein* als Sinnbild und Ausdruck des Seins betrachteten[117]: die zu Stein gewordene Statue galt ihnen als Umformung des Vergänglichen in das Unvergängliche; gleichzeitig aber fürchteten sie den Verfall des Körpers eines Verstorbenen und suchten mit Hilfe der Mumifizierung das Zerstörungswerk der Zeit anzuhalten. Übertragen wir das Doppelbild von der Versteinerung und der Verwesung ins Psychische, so müssen wir sagen, daß gerade das Gefühl der Unlebendigkeit, der Seelenlosigkeit, der inneren Erstarrung sowie einer wachsenden Gefühlskälte das Empfinden nach sich ziehen kann, es werde ringsum stündlich alles dunkler, aussichtsloser und gespenstischer – ein Entgleiten von allem, eine Ohnmacht in allem, eine wachsende Gleichgültigkeit gegenüber allem, – eine »Auflösung« des Lebens im ganzen. Welch ein Heilmittel soll es gegen einen solchen Zustand der Verzweiflung geben außer den gerade noch verbliebenen Resten einer gewissen Vitalität, wie die *Schlange* sie unserer Deutung nach verkörpert? Gerade sie sehen wir nun in Aktion treten. Es bildet gewiß einen nicht unerheblichen Schutz vor dem völligen Verzagen und Versagen des Lebensmutes, wenn bestimmte natürliche Empfindungen immer noch spürbar bleiben, die den Kontakt zur »Welt« nicht gänzlich absterben lassen; und diese vitalen Reste lebendiger Erfahrung sind es, die sich jetzt wie ein Schutz um den *Jüngling* legen.

Auch das Bild von dem magischen *Kreis* ist in Märchen geläufig[118] und geht wohl auf Praktiken zurück, die schon in der Jungsteinzeit belegt sind[119]; die *Schlange* aber, die sich in Kreisform ausstreckt, indem sie mit ihrem Maul den Schwanz ergreift, ist aus der griechischen Antike in Gestalt des *Ouroboros* (der Schlange, »die sich in den Schwanz beißt«) bekannt. Das Symbol entstammt erneut dem alten Ägypten[120] und verkörpert das Leben selber, das sich in unendlichen Zyklen immer wieder regeneriert. Es enthält nicht eigentlich eine Sinngebung des Daseins, es ist vor allem ganz außerstande, dem Leben eine Perspektive zu verleihen, aber es vermittelt so etwas wie die beruhigende Gewißheit, daß alles weitergeht. Es schenkt den Mut, nicht aufzugeben, sondern noch einmal (und immer neu) von vorn anzufangen. Der *Schlange*nring ist das beste Sinnbild für die Größe wie für die *Grenzen der Menschheit*[121], so wie GOETHE sie in einem Gedicht dieses Titels formuliert hat:

> Was unterscheidet
> Götter von Menschen?
> Daß viele Wellen
> Vor jenen wandeln,
> Ein ewiger Strom;
> Uns hebt die Welle,
> Verschlingt die Welle,
> Und wir versinken.
> Ein kleiner Ring
> Begrenzt unser Leben,
> Und viele Geschlechter
> Reihen sie dauernd
> An ihres Daseins
> Unendliche Kette.

Die Schlange, die sich in solchen nicht endenden Zyklen des Seins selbst in den Schwanz beißt, tut in Märchen, was irgend die ärztliche Heilkunst des Gottes *Asklepios* seit eh und je zu tun versucht hat: sie hilft über die Krise des Augenblicks hinweg. Sie sprengt nicht den Kreis der Vergänglichkeit auf, doch hält sie das Leben in Gang, und das immerhin ist unendlich viel mehr als der Stillstand enttäuschter Verzweiflung, in dem wir den *Jüngling* »entseelt« »am Boden liegend« antreffen. Ja, GOETHE steht nicht an, das Bild von dem »Ewigen« in allem »Zeitlichen«, das in dem Bild des *Ouroboros* sich ausdrückt, als den wichtigsten Trost gegen die Unbeständigkeit des Endlichen und die umstrickende Sinnlosigkeit nichtigen Geredes aufzufassen. In den *chinesisch-deutschen Tages- und Jahreszeiten* schreibt er[122]:

> »Mich ängstigt das Verfängliche
> Im widrigen Geschwätz,
> Wo nichts verharrt, alles flieht,
> Wo schon verschwunden, was man sieht;
> Und mich umfängt das bängliche,
> Das graugestrickte Netz.« –
> Getrost! Das Unvergängliche,

> Es ist das ewige Gesetz,
> Wonach die Ros' und Lilie blüht.

Die Schlange der ständigen Regeneration und Rekreation schützt mit ihrem Kreis zumindest eine Weile lang vor der Selbstzersetzung und Selbstzerstörung der immer länger werdenden »Schatten«. An sich wäre es sogar denkbar, daß ein bestimmtes elitäres, an FRIEDRICH NIETZSCHES Lehre von der ewigen Wiederkehr[123] gemahnendes Weltgefühl sich mit der *Schlange* verbände, so wie GOETHE es als *selige Sehnsucht* im *Westöstlichen Diwan* schildert:

> Sagt es niemand, nur den Weisen,
> Weil die Menge gleich verhöhnet!
> Das Lebendige will ich preisen,
> Das nach Flammentod sich sehnet.
>
> In der Liebesnächte Kühlung,
> Die dich zeugte, wo du zeugtest,
> Überfällt dich fremde Fühlung,
> Wenn die stille Kerze leuchtet.
>
> Nicht mehr bleibest du umfangen
> In der Finsternis Beschattung,
> Und dich reißet neu Verlangen
> Auf zu höherer Begattung.
>
> Keine Ferne macht dich schwierig,
> Kommst geflogen und gebannt,
> Und zuletzt, des Lichts begierig,
> Bist du, Schmetterling, verbrannt.
>
> Und solang du das nicht hast,
> Dieses: Stirb und werde!
> Bist du nur ein trüber Gast
> Auf der dunklen Erde.

Doch was soll dieses berühmte *Stirb und Werde* für einen Menschen wie unseren *Jüngling*? Ein derartiges »persisches« Lied mag jemanden aufrichten, der bei allem Gespür für die Tragik des Endlichen und sogar für die »Tödlichkeit« der Liebe sich dennoch mit seinem ganzen Dasein *glühend* an den Kreislauf der *Lust* und des ewigen sich Fortzeugens hinzugeben gewillt ist; aber wie soll es jemandem helfen, der aus lauter Schuldgefühl und moralischer Scheu erkaltet und versteinert und gar nicht erst dahin kommt, sich dem »Flammentod« der Liebe und des Lebens hinzugeben? Was dem *Jüngling* im Schutzkreis der *Schlange* verbleibt, ist eine Art »Stillstand im Kreislauf«, und ein solcher ist weit entfernt von dem hymnischen Lebensgefühl GOETHES (oder NIETZSCHES), jeden Morgen neu das Geschenk des Daseins begrüßen zu mögen; und doch läßt sich das Bild des Schlangenkreises in seinem begrenzten Wert psychotherapeutisch auch für Menschen von der Art des *Jünglings* gut verständlich machen.

Was denn wollte man einem Patienten, der an angstbedingten Enttäuschungen der Liebe leidet, anderes raten, als es trotz allem »immer wieder« neu zu versuchen, bis dahin aber, so gut es geht, sich an der Schönheit so vieler Erscheinungen des Lebens getrösten zu lassen? Ein Spaziergang entlang einem Flußlauf, der Anblick der Zweige eines blühenden Fliederbaums, das Spiel der Schwalben am Himmel, wenn der Sommer zurückkehrt, – welch ein Trost liegt allein schon in der Zuverlässigkeit und Anmut der regenerativen Kräfte der Natur? Gewiß, darin liegt nur eine Antwort von begrenzter Gültigkeit, nur eine Lösung auf Zeit inmitten der Zeitlichkeit; das Problem der Tödlichkeit der Liebe unter dem Anspruch einer lebensfeindlichen Moral löst sie noch keinesfalls. Und doch: eine bestimmte Form von »Verfall« läßt sich auf diese Weise, vielleicht, eine Weile lang aufhalten.

Daß wir das Bild der *Schlange* mit dieser Interpretation »richtig« deuten, zeigt uns die Art und Weise, in welcher auch die *schöne Lilie* sich für einen Moment über ihr Unglück hinwegzutrösten sucht. Ihre »Therapie«form ist die Rückkehr in die Musik, deren zyklische Magie auf das Hören dieselbe Wirkung ausübt wie der Kreis der *Schlange* für das Sehen[124]. Wieder tragen die *schönen Dienerinnen* den *Feldstuhl* und die *Harfe* herbei; wieder beginnt die *schöne Lilie* den Saiten des *prächtigen Instrumentes schmelzende Töne* zu entlocken, und wie wenn die Zeit sich zurückdrehen ließe, scheint alles noch einmal so werden zu sollen, wie es vor der Begegnung mit dem *Jüngling* war. Die *schöne Lilie* führt gewissermaßen auf, was die *Schlange*, die mit dem Maul ihren Schwanz ergreift, als Sinnbild bedeutet: sie taucht ein in den Klang einer Musik, die ewige Wiederkehr singt. Eine solche Musik ist, wenn man so will, die bevorzugte Psychotherapieform von Frauen, die nach dem Scheitern einer Liebesbeziehung sich (zumindest in unserer Gesellschaft) eher in MOZARTS *Hochzeit des Figaro* oder in der *Zauberflöte* getröstet fühlen als in klinischen »Behandlungs«gesprächen.

In seinem Gedicht *Aussöhnung*[125] hat GOETHE einmal die schmerzlindernde Kraft einer solchen Musik gerade angesichts des Unglücks der Liebe auf seine Weise besungen:

Die Leidenschaft bringt Leiden! – Wer beschwichtigt
Beklommenes Herz, das allzuviel verloren?
Wo sind die Stunden, überschnell verflüchtigt?
Vergebens war das Schönste dir erkoren!
Trüb' ist der Geist, verworren das Beginnen;
Die hehre Welt, wie schwindet sie den Sinnen!

Da schwebt hervor Musik mit Engelschwingen,
Vielleicht zu Millionen Tön' um Töne,
Des Menschen Wesen durch und durch zu dringen,
Zu überfüllen ihn mit ew'ger Schöne:
Das Auge netzt sich, fühlt im höhern Sehnen
Den Götterwert der Töne wie der Tränen.

Und so das Herz erleichtert merkt behende,
Daß es noch lebt und schlägt und möchte schlagen,

Zum reinsten Dank, der überreichen Spende
Sich selbst erwidernd willig darzutragen.
Da fühlte sich – o daß es ewig bliebe! –
Das Doppelglück der Töne wie der Liebe.

Von einem solchen »Doppelglück« kann bei der *schönen Lilie* ganz und gar nicht die Rede sein, eher von einem Doppel*un*glück; und doch, denselben Schutz auf Zeit, den für den *Jüngling* die *Schlange* bewirkt, vermittelt der *schönen Lilie* das Spiel der *Harfe*, freilich auch für sie nur auf eine kurze Weile. Wohl *erhöht* auf morbide Weise der *Schmerz ... ihre Schönheit* und die *Harfe ihre Anmut,* so daß der Wunsch sich erhebt, gerade dieses Bild der *traurigen* Schönen auf *ewig ... festzuhalten,* doch in welchem Zustand die *schöne Lilie* sich jenseits aller Ästhetisierung ihres Leidens wirklich befindet, mag man daran ersehen, daß ihr beim Versuch, die schmelzend-schmerzhaften Töne der *Harfe* mit ihrem Gesang zu begleiten, *die Stimme versagt.* Wir sollten auch diese momentane Szene als Ausdruck eines Zustandes verstehen, der im Leben von Frauen – fast stets sind es Frauen! – auf lange Zeit, oft lebenslang andauern kann.

»Ich werde meine Stimme nie mehr wiederbekommen«, sagte eine Frau zu mir vor Jahren, die gewohnt war, sich am stärksten in Tanz und Musik auszudrücken; die Enttäuschungen ihrer Ehe hatten sich so sehr in ihre Seele eingegraben, daß es ihre an sich sehr wohltönende Gesangsstimme zerreißen mußte. Das Singen war ihr, wie den meisten Stotterern, eigentlich seit Kindertagen leichter gefallen als das Reden, es hatte ihr wesentliches Mittel gebildet, Gefühle zu verarbeiten und sich selbst gegenüberzustellen; nun aber war es, wie wenn eine Flut ungeweinter Tränen ihre Stimmbänder gefangenhielte und nur noch eine mühsame Sprechsprache zulassen wollte. Der Eindruck zudem, ohnedies mit all ihren Anliegen kein rechtes Gehör zu finden, ließ sie sogar beim Sprechen noch gedämpfter und gedrückter reden als zuvor. Es war wie eine Befreiung, als endlich, nach langer Zeit, wie bei der *schönen Lilie,* sich *ihr Schmerz in Tränen auflöste.*

Auch mit der *schönen Lilie* ist bei all ihrem erlittenen Leid eine Wandlung zum Besseren eingetreten, die man in der Lieblichkeit des Bildes, in dem sie gemalt wird, leicht übersieht. *Zum einen:* Das erste der Mädchen, das soeben den elfenbeinernen Feldstuhl zurückgebracht hat, stellt nun einen *hellen runden Spiegel ... der Schönen gegenüber*, angeblich, um *ihre Blicke* aufzufangen und *ihr das angenehmste Bild, das in ihrer Natur zu finden war*, darzustellen. Kein Tun möchte unsinniger scheinen! Welch eine Frau, und wäre sie noch so schön, hätte ein Interesse daran, sich selber weinen zu sehen! Und wer wollte ernsthaft glauben, daß ausgerechnet Jammer und Tränen *das angenehmste Bild* seiner Gesichtszüge zeichnen könnten! So gut wie alle Frauen, die auf ihre Schönheit halten, werden ihre Tränen aus Angst, an Anmut zu verlieren, so lange es geht, wegzudrängen suchen, und meist sind sie beim Zusammenbruch ihrer Selbstbeherrschung zutiefst beschämt gerade darüber, mit ihren Tränen vermeintlich all ihren Liebreiz eingebüßt zu haben. Im Spiegel das eigene Weinen, sozusagen mit Wohlwollen, zu quittieren, dürfte wohl nur einer Schauspielerin möglich sein, die eben erst ihre Bühnenrolle als Tragödin einübt. Doch eben da liegt der Unterschied. Eine gute Portion von Willen zur Selbstdarstellung dürfen wir bei einer Persönlichkeit wie der *schönen Lilie* gewiß ohne weiteres voraussetzen; doch ist ihr Schmerz über das eingetretene *Unglück* viel zu ehrlich durchlitten, um in ihren Tränen eine schauspielerische Leistung bewundern zu wollen. Vielmehr sollten wir in dem *Spiegel* ein Bild erwachender Selbstbetrachtung und Selbstreflektion erkennen. Der Kummer darüber, als »Lilienreine« den Geliebten bei seiner Berührung »getötet« zu haben, führt offenbar zu einer Art Nachdenklichkeit über sich selber bei einem Mädchen, das bis dahin in Form von wehmütigem Narzißmus dahingelebt hat. Wer eigentlich ist es für sich selber? Diese Frage scheint offenbar das bisherige Sein-für-andere zu ersetzen. Die *schöne Lilie*, mit einem Wort, wird geneigt, sich mit sich selbst auseinanderzusetzen.

Und noch *eine andere Wandlung* hat sich in ihrem Wesen ereignet: sie ist nicht mehr nur die unschuldsweiße *Lilie*. Das zweite der Mädchen nämlich, das vordem für einen *Sonnenschirm* bei einem etwaigen Spaziergang seiner Herrin Sorge getragen hatte, wartet ihr nun mit einem *feuerfarbigen Schleier* auf, der *das Haupt* der Schönen *mehr zierte als bedeckte*. Statt die *schöne Lilie* noch länger vor der Hitze (der Liebe) zu schützen, sollen ihre *Reize*, wenn möglich, jetzt sogar noch *erhöht* werden. Nicht verhüllen soll dieser Schleier, er soll im Gegenteil mit seiner Feuerfarbe den Gefühlen der *schönen Lilie* einen angemessen Ausdruck verleihen. Dabei verrät der rote Schleier in gewissem Sinne den Abschied von der weißen Farbe unberührbarer Unschuld[126], – ja, es könnte durchaus sein wie im Märchen vom *Rotkäppchen*[127], daß sich in dem *Schleier* nicht allein die erwachte Erregung von Sehnsucht und Liebesverlangen darstellt, sondern zugleich auch die Reaktion des nach wie vor bestehenden Anspruchs auf »Unschuld« sich darinnen ausspricht. – Wie viele Frauen (wieder: vor allem *Frauen*) können sich daran erinnern, wie quälend es für sie war, wenn sie beim Anblick eines Jungen, der ihnen gefiel, schamrot wurden, so als ob wirklich ihr Fühlen etwas Ungehöriges, Unreines darstellen würde. Die Angst, zu erröten, tat dann ein übriges und erzwang gar das Symptom des Errötenmüssens[128]. Und doch war, bei allem Peinlichen dieses Zustandes, das Erröten im Blutandrang immer noch »besser« als das Erbleichen in Ohnmacht, wie es dem *Jüngling* widerfährt. Freilich, auch die *schöne Lilie* bricht in diesem Augenblick zusammen vor Gram und muß von zweien ihrer Mädchen *hilfreich in die Arme* geschlossen werden. Es ist eine Qual, sich derart mühsam »aufrecht« halten zu sollen.

Die Weisungen der Schlange und der Habicht

Vor welch einem Problem halten wir jetzt? Wir haben eine *schöne Lilie* vor uns, die zerbricht an ihrer unheilvollen Angst, sich von einem Manne »berühren« zu lassen, und die eben dadurch einen jeden, der sich ihr nähern will, zum Opfer ihrer

Abb. 1 (Umschlagbild): CAMILLE COROT: Die Engelsburg und der Tiber in Rom. Papier auf Leinwand, 27 x 47 cm, Schenkung Etienne Moreau-Nélaton, 1906. R. F. 1622.

Abb. 2: NIEDERRHEINISCHER MEISTER des 15. Jh.'s: *Der Liebeszauber*, Museum der bildenden Künste Leipzig, in: DIETER GLEISBERG u. a.: Museum der bildenden Künste, Leipzig 1987, S. 15. Eine Zusammenstellung der wichtigsten Motive des GOETHEschen *Märchens* im Umfeld der *schönen Lilie* zeigt dieses Bild eines unbekannten Malers, das die Verführungskraft der Liebe psychologisch meisterhaft mit dem Widerspruch von Verlockung und Scheu begründet: Da tun Menschen etwas, das sie »eigentlich« nicht wollen, weil sie es nicht wollen dürfen, und das sie doch nur um so mehr begehren, als ihr Wille wie ohnmächtig der Faszination des ebenso Ersehnten wie Verbotenen erliegt: Verstohlen betritt von rückwärts her ein dunkel gewandeter Mann die lichtdurchflutete Kammer einer jungen Frau, doch bleibt er gebannt an der Schwelle der nach außen geöffneten Türe stehen, – nur zur Hälfte, buchstäblich halbherzig, wagt er sich in das Innere des Gemachs, während seine Augen unverwandt auf die Schöne gerichtet sind, zu der er finden möchte und vor deren unverhüllter Gestalt er zugleich zurückzuschaudern scheint. Die junge Frau hat ihn offenbar erwartet, stellt sich aber so, als ob sie ihn nicht bemerkte. Schamvoll gesenkt hält sie ihre Augen, und doch sieht man ihr an, daß sie erwartungsvoll dem nächsten Moment entgegenfiebert, da sich, so oder so, alles entscheiden muß. Ihr blondgoldenes Haar, das in langen Locken ihr andachtsvoll schräg gestelltes Köpfchen umrahmt und über die Schultern bis weit über den Rücken herabfällt, bildet ihre einzige Bedeckung; ein dünner, durchsichtiger Schleier, den sie über dem rechten Arm trägt, verhüllt ihren Schoß nicht, sein gleitendes Wehen leitet eher zu ihm hin. Der tänzelnde Schritt dieser Frau, der über einen mit Blumen bestreuten Holzfußboden auf spitz zulaufenden Schnabelschuhen dahingeht, verweist durch die Kreuzung der Beine auf ebensoviel Zugewandtheit wie Abwendung; desgleichen scheint die Verschränkung des linken Arms vor dem Körper den Wunsch nach Umarmung zugleich abzuwehren wie auszudrücken. Dabei holt die verführerisch-unschuldig Schöne etwas, das ist wie ihr Herz, an einer Kette in ihrer rechten Hand aus einem bereitgestellten Kästchen. Ein (allerdings nicht schwarzer, sondern) weißer *Mops* liegt artig und brav auf einem Kissen ihr zu Füßen – ganz in dem Betragen also, in dem der hereintretende Liebhaber sich wunschgemäß repräsentiert finden sollte; zwischen der Frau und dem Mann aber sitzt auf dem Rand einer Schale ein Nymphensittich und verrät den Wunsch, der – wie der *»Kanarienvogel«* im *Märchen* – die beiden miteinander vereinen soll. Das Zimmer selber ist zwar kein Brautgemach; es wirkt gleichwohl einladend durch die schmucklose Kommode am Fenster, auf der oben, halb ausgebreitet, ein vornehm gehäkeltes Deckchen liegt, während unten eine metallene Schale mit einem Krug zum Waschen abgestellt ist; Kanne und Becher finden sich ebenfalls in dem geöffneten Wandschrank an der Rückseite des Raumes. Obwohl der Blick durch das Fenster in eine helle, kornfeldgelbe Landschaft fällt, lodern die Flammen aus einem offenen Kaminfeuer – man spürt förmlich die Glut, die das gesamte Zimmer durchströmt. Spruchbänder wogen einander zu und

verbinden nicht nur den eintretenden Mann mit der nach rückwärts ihn »ansprechenden« Frau, sondern sie lassen selbst die »stummen« Gefährten: das Vöglein, den Hund und das Herz, zu Wort kommen. Das Unausgesprochene und Unaussprechliche, weil zu sagen Verbotene, durchzieht dadurch nur um so sichtbarer den ganzen Raum. – Das Motiv von dem »Liebeszauber« war im Volksbrauch der Andreas-Nacht verankert, in der es für möglich galt, in körperlicher Nacktheit als Frau den Geliebten herbeizuwünschen – wie man sieht, zeigt das Bild die genaue Umkehrphantasie der Hexenjagd in der Zeit der Spätgotik.

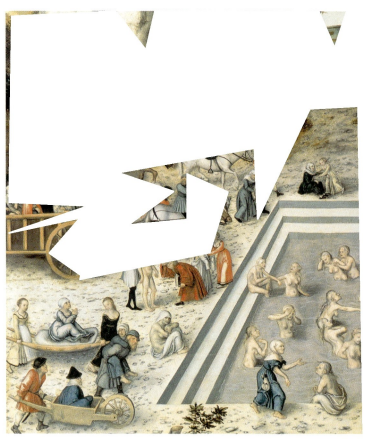

Abb. 3: LUCAS CRANACH DER ÄLTERE: *Der Jungbrunnen,* 1546, Lindenholz 122,5 x 186,5 cm, Staatliche Museen zu Berlin – Preußischer Kulturbesitz, Gemäldegalerie / 593, Foto: Jörg P. Anders, in: WILHELM H. KÖHLER: *Deutsche Malerei des 13. bis 16. Jahrhunderts,* in: Gemäldegalerie Berlin, Berlin 1985, 37–104, S. 84–87. »Der Jungbrunnen Cranachs ist … weltlicher Art. Er liegt fern von der Stadt, deren Türme im Hintergrund aufragen: ein rechteckiges Becken, zu dem Stufen hinunterführen, zwischen Bergen und Wiesen gelegen. Frauen baden darin. Sie kommen auf dürren steinigen Wegen aus einem unfruchtbaren Bergland, dessen Kargheit sinnbildlich auf die Entbehrungen des Alters hinweist. Hilflos werden sie auf Karren oder Wagen herbeigefahren, auf Tragen oder auf dem Rücken werden sie herbeigeschleppt. Am Beckenrand helfen junge Frauen beim Entkleiden. Ein Doktor wirft nur einen letzten hoffnungslosen Blick auf seine Patientin, ehe diese ins

Bad steigt. Als recht verschieden erweisen sich dann die Charaktere. In Haltung und Gebärden werden dabei Erwartungen oder auch Bedenken und vielleicht Furcht deutlich. Manche steigen mutig ins Bad und durchqueren es entschlossen, andere sitzen zögernd am Rand und bedürfen der Überredung oder sie lassen sich gar hineinziehen. Als hinfällige, greisenhafte Vetteln steigen sie ins Becken. Dort entfaltet sich die zauberhafte Wirkung des Wassers. Wie die Frauen das Becken durchqueren, glätten sich die Runzeln, die graue Haut strafft sich und wird rosig, und rechts am Beckenrand verlassen sie das Bad als mädchenhafte, liebenswerte Frauen. Ein Kavalier empfängt sie, geleitet sie in ein Zelt, wo sie gekleidet werden. In neuem Gewand und geschmückt reihen sie sich ein in den Reigen. Kavaliere unterhalten die Frauen. Eine Tafel lädt zum Essen. Die Gesellschaft verbringt einen heiteren Tag mit Tanz, Schmausen und mit Liebe.«

Abb. 4 (links): CLAUDE MONET: *Frauen im Garten* (1867), Paris Louvre, in: EDWIN MULLINS: *Monet. Frauen im Garten*, in: 100 Meisterwerke aus den großen Museen der Welt, hg. v. Wibke von Bonin, Bd. 2, Köln (vgs) 1985, 214–219, zeigt einen Garten (der Liebe) mit *drei Mädchen*, von denen eines, wie in GOETHES *Märchen*, einen *Sonnenschirm* trägt. »Es ist, als sei man an einem Sommernachmittag gerade in Monets Garten getreten und freue sich daran, wie das Sonnenlicht dem Blattwerk hundert verschiedene Grüntöne gibt, wie es die weißen Rosen fast leuchtend erscheinen und die roten Gladiolen zu strahlenden Fackeln werden läßt.« Und dann: »Diese einfach und zugleich wunderschön gekleideten Frauen, die selbst prächtigen Blumen gleichen.« Das Mädchen, das gerade eine Rose pflücken will, ist CAMILLE DONCIEUX, MONETS künftige Frau; auf dem Bild trägt sie eine blonde Perücke, von Natur war ihr Haar dunkel. »Alle Frauen auf dem Bild sind Camille: Sie hat in verschiedenen Kleidern Modell gestanden. – So ist es letztlich gar keine Gruppe, sondern das Porträt einer einzigen Frau, die sich, wie auf einer Drehscheibe, rund um den Baum in der Mitte zu bewegen scheint. Das Bild ist eine Huldigung an sie.« – Desgleichen werden wir den »Garten« der *schönen Lilie* in GOETHES *Märchen* als einen »Garten der Liebe« und die drei Mädchen als Facetten ein und derselben Person betrachten dürfen.

Abb. 5 (nächste Seite): ALBRECHT DÜRER: *Ritter, Tod und Teufel*, Kupferstich, 24 x 18,9 cm, in: PETER STRIEDER – ENRICO SEGRÈ: *Albrecht Dürer*, Wiesbaden 1977 (Luxembourg, Hasso Ebeling Verlag); S. 125. DÜRERS berühmter Stich zeigt einen ganz in Eisen gepanzerten Ritter, gewappnet mit Langschwert und Spieß, das Helmvisier hochgeklappt, die Zügel seines mächtigen, mit Eichenlaub geschmückten Rosses fest in seiner linken Hand, während sein Hund, die Ohren angelegt, eilfertig an seiner Seite herbeispringt. Und doch weisen alle Zeichen und Umstände ins Unheilvolle. Die Eidechse am Wege mag der Ritter übersteigen, der Totenkopf vor ihm wird ihn nicht hindern; doch schon kommt auf klappriger Mähre der Tod selber

ihm in die Quere, mit einer Krone auf dem Haupt, der einzig wahre König dieser Welt, die unerbittliche Sanduhr schon in der Hand. Von hinten, bocksgesichtig, ebenfalls einen Spieß erhebend, bedrängt den Ritter der Teufel, der sich von ihm indes so wenig beeindrucken läßt wie vom Tod. Der eine schaut hinter ihm her mit gierig stechenden Augen, der andere, fast demütig fragend, schaut ihm ins Antlitz; er selbst aber richtet den Blick nur nach vorn. Wie lange noch? muß jeder Betrachter sich fragen. Wird dieser Ritter die Burg auf dem hohen Berge erreichen, die im Hintergrund seiner wartet?

Reinheitsmoral macht, ganz wie sie selber das traurige Opfer dieser Moral ist; vor uns steht ein Mädchen, dessen »Singvogel der Liebe« vom »*Habicht*« (des Überichs) und von der eigenen versteinernden Angst an ihrem Herzen (= *in* ihrem Herzen) »getötet« wurde. Und wir haben einen *Jüngling* vor uns, der, unserer Deutung nach, nicht nur aus Angst vor der Liebe »entseelt« am Boden liegt, sondern dessen Wesen zudem in höchst gegensätzliche Anteile zerfällt: teils haben wir ihn kennengelernt als ein witzig-zynisch intellektualisierendes »*Irrlicht*«, dann wieder als ein versteinertes Muttersöhnchen, als einen »Edelstein*mops*«, dann wieder als einen »König ohne Land«, der aus seinen angestammten Ansprüchen ans Leben durch seine Angst vor der Liebe »vertrieben« wurde; schließlich sahen wir ihn selber als Besitzer und Träger des »*Habichts*«, des Repräsentanten eines Raubvogel-Überichs, das jeden Ansatz zur Liebe »am Boden« verschüchtert und tötet; ja, als wäre das alles noch nicht genug, mußten wir zudem *die Alte* als stete Begleiterin des *Jünglings* und sogar als die »Trägerin« seiner *Mops*-Gestalt erkennen. Wie soll für ein solches Bündel psychischer Konflikte und Widersprüche je eine plausible Lösung sich finden lassen?

Wir sind bisher bei der Interpretation von GOETHES *Märchen* über viele Klippen und Felsspalten hinweg einem Weg gefolgt, der immer tiefer in den Abgrund führte; nun, da wir die Talsohle erreicht haben, sollten wir erwarten, daß der »Aufstieg« zum Gipfel Schritt für Schritt ähnlich bizarr und verschlungen ausfallen würde wie der »Abstieg«; doch dem nicht so; statt einer strapaziösen »Bergbesteigung« versetzt uns das *Märchen* jetzt gewissermaßen in die Gondel einer Montgolfière (wie sie im Jahre 1783 ihren Probeflug startete) und läßt uns sanft, scheinbar wie mühelos, in eine heitere Welt des Lichts entschweben. Daß auch diese »Fahrt im Heißluftballon« nicht ohne Schwierigkeiten und Abenteuer abgehen wird, versteht sich zweifellos von selbst; doch wird diese Tatsache erneut erst wirklich bemerkbar, wenn wir bei all dem so anmutig Erzählten uns wie bisher Stufe für Stufe fragen, was das jeweils

Berichtete denn über diejenigen aussagt, von denen es berichtet wird.

Geheimnisvoll leise, wenngleich vernehmlich genug, verweist die *Schlange* darauf, daß es keine Lösung geben wird, solange der *Mann mit der Lampe* noch nicht gekommen ist; doch ehe der *Alte* rettend erscheint, müssen wir erst einmal vorliebnehmen mit seiner Gemahlin, *der Alten*; trotz der üblichen Kuriosität ihres Auftretens sollten wir sie in ihrer *Atemlosig*keit und Not ernst genug nehmen, um in ihr so etwas zu erblicken wie die Auftrittsbedingung ihres so heiß herbeigesehnten Gatten. In der Tat hat ihre Lage sich inzwischen zugespitzt. Offenbar hat sie doch noch versucht, nach Hause zurückzukehren, zum einen, um den toten *Kanarienvogel* der *schönen Lilie* vom Schein der *Lampe* in einen *schönen Topas* verwandeln zu lassen, dann aber gewiß auch, um endlich die fehlende *Artischocke* herbeizubringen; für einen solchen »Neuanfang« scheint es indes endgültig zu spät: Der *Fährmann* weigert sich, *die Alte* über den *Strom* zu setzen, – er besteht zu allererst auf der Zahlung der Schuld, die von den *Irrlichtern* gegenüber dem *Fluß* eingegangen wurde; zum »Ufer« ihres wirklichen Lebens kann *die Alte* demnach erst gelangen, wenn die Schuld ihres Daseins beglichen ist. Gerade das aber scheint unmöglich; an dem Ort, da sie sich jetzt aufhält, ist gerade das, was ihr fehlt, eine einzige »*Artischocke*« auch nur, durchaus nicht zu finden: die »Herzlosigkeit« einer Welt, deren »Boden« nur »fruchtbar« wird aus der gestorbenen Liebe, die man in ihr zu Grabe trägt, bringt, wie wir wissen, zwar »*Kohlköpfe*« und »*Zwiebeln*« genügend hervor, doch eben nicht das, was zwischen »Geist« und »Stärke« vermitteln müßte: das »Herz«, um dessentwillen man *Artischocken* entblättert. Der *Schattenriese* andererseits sollte eigentlich als Hilfe zu Gebote stehen – die Abendzeit bedeutete den rechten Augenblick seines Wirkens, doch auch er will *die Alte* nicht über den *Strom* bringen: – die Angst vor dem Alter allein schafft weder Umkehr noch Neuanfang, könnte man erklärend hinzufügen.

Wie aber soll es unter solchen Umständen weitergehen?

Die Alte mag an »Kohlhäuptern« und »Zwiebeln« anbieten, so viel sie will, – solange sie nicht eine *»Artischocke«* mitbringt, wird ihre Schuld nicht getilgt sein, und solange auch wird ihre *Hand* immer weiter verschwinden. Schon kommt sie sich selber als gänzlich *verstümmelt* vor und ist es doch – bis jetzt! – »nur« vor den Augen der anderen. Noch existiert ihre »Hand«, mithin ihr Handlungsvermögen, es ist nur, daß sich, was sie tut, den Blicken der andern entzieht. Und doch begreift man das Quälende ihrer Lage. Was läßt sich unternehmen gegen das Gefühl, bei fortschreitendem Alter nur immer weiter an »Ansehen« und »Aufmerksamkeit« zu verlieren und die nötige Achtung anderer Menschen nicht länger zu finden?

Dieses einzige, was *der Alten* derzeit noch bleibt, besteht in dem Ratschlag der *Schlange,* sie solle einstweilen die eigene *Not vergessen, vielleicht* könne ihr dann *zugleich mit geholfen werden.* Diese Anweisung entspricht der Haltung, die wir auch bisher bei *der Alten* angetroffen haben, – gutmütig war sie trotz all ihres chronischen Hangs zum Selbstmitleid doch wohl stets; zudem bedeutet die Mahnung der *Schlange,* trotz ihrer moralisierenden Attitüde, keine so schlechte Empfehlung: Die Egozentrik des Leids aufzusprengen und sich für fremde Not einzusetzen, kann in der Tat eine wichtige Hilfe auch im Umgang mit eigenem Leid sein. Jeder Schmerz, ob psychisch oder physisch, lenkt die Aufmerksamkeit des Bewußtseins auf sich; eine solche Reaktion scheint unter normalen Bedingungen äußerst sinnvoll, dient sie doch dem Zweck, möglichst bald Mittel zur Schmerzbeseitigung aufzufinden und aufzubieten. Dieselbe Reaktion aber kann sehr schnell in einen Teufelskreis führen, wenn es zur Linderung der Schmerzen kein Mittel gibt oder wenn das Ich sich außerstande zeigt, eines zu finden; das Klagen und Jammern, das dann mit Regelmäßigkeit, wie im Falle *der Alten,* anhebt, verfolgt immerhin das Bestreben, andere mit ihren Kenntnissen und Möglichkeiten um Hilfe herbeizurufen. Allzu leicht gerät auf diese Weise jedoch aus dem Blickfeld, über welche Möglichkeiten man selber zur Hilfe anderer verfügt. Dabei kann allein schon der helfende Kontakt zu anderen das Gefühl der Einsamkeit und der Ohnmacht ein Stück weit überwinden, das mit jedem Schmerz im Ansatz verbunden ist und das eine ohnedies schon schwierige Situation noch zusätzlich, oft bis ins Unerträgliche, zu belasten vermag. Der Rat der *Schlange* entbehrt also nicht einer menschlichen Weisheit, und doch ist zu einer wirklichen Rettung der katastrophalen Lage, in welcher wir alle Akteure des *Märchens* in diesem Augenblick antreffen, etwas anderes noch als selbstvergessene Hilfsbereitschaft vonnöten. Wohl läßt sich der *Alte* mit der *Lampe* offenbar nur unter der Voraussetzung einer gewissen Offenheit für die Not anderer herbeirufen, doch worauf es jetzt entschieden ankommt, ist das *Zusammenspiel* der bis dahin so disparat zueinander sich verhaltenden Einzelkräfte der Psyche, und das wirklich Spannende des GOETHEschen *Märchens* an dieser Stelle liegt in der Frage, wie es sich die unerläßliche, doch schwierige *Integration* der verschiedenen widersprüchlichen *Komplexe* der Seele eigentlich vorstellt; unter welchen Voraussetzungen eine solche psychische Synthese wirklich erfolgen kann, müssen wir selber dann überlegen.

Als erstes gilt es, im *Märchen, die Irrlichter aufzusuchen*, auf daß *sie* den *Alten* mit der *Lampe* herbeirufen. Wir lassen es noch offen, was es mit diesem *Alten* selber auf sich hat, den wir bisher nur erst durch seinen Auftritt im *Tempel* als Verkörperung einer zukunftweisenden Vernunft kennengelernt haben; doch genügt diese Charakterisierung bereits, um in bezug zu ihm die neue Funktion der *Irrlichter* zu begreifen. Daß sie noch einmal von Nutzen sein würden, war die Meinung des *Alten* schon früher, – nur deshalb ja hatte er seiner Frau empfohlen, ihre Schuld gegenüber dem *Strom* abzutragen, weil zu erwarten stand, daß man die *Irrlichter* noch einmal benötigen werde, und zwar gerade, wie wir jetzt erfahren, um in der Stunde höchster Not den *Alten* selber herbeizuholen. Vier Gestalten des *Märchens* auf einmal treten jetzt in ein heilsames Zusammenspiel miteinander ein.

Zum einen: die Alte und die *Irrlichter*. Da muß die gutmütige, mütterliche *Alte*, die um die Schuld einer freischwebenden, fast zynisch gewordenen Intellektualität gegenüber dem *Strom des Lebens* nur allzu gut weiß, jetzt endlich tun, was sie im Interesse ihres »Schoßhündchens« längst hätte tun sollen: diese Art von Geistigkeit in eine vernünftige Richtung zu lenken und ihr eine geeignete Aufgabe anzuweisen. Da *die Alte*, wie wir sahen, mit ihrer Eigenart selber an der Entstehung der *Irrlichter* (im Kopfe des *Jünglings*) beteiligt ist, muß sie zu diesen Ungeistern »Kontakt« aufnehmen, wenn irgend die ersehnte »Verlebendigung« des *Jünglings* (und des *Kanarienvogels*) zustande kommen soll, auf daß *Liliens* Trauer nach und nach schwinde. Dabei drängt die Zeit; die »Nacht« bricht an. Wenn es jetzt nicht gelingt, die Warmherzigkeit der guten *Alten* zu verbinden mit der kühlen, stets unruhigen Geistesart der *Irrlichter*, so ist offenbar alles verloren. Daher kommt es für *die Alte* darauf an, nicht länger dem äußeren Augenschein zu trauen – am hellen Tage sind die *Irrlichter* als solche kaum zu erkennen! Doch an der Art, wie sie zischeln und tuscheln, wie *sie lachen und flattern*, lassen sie sich bemerken.

»Wann erkenne ich denn als Mutter, wenn mein Sohn zu einem *Mops* oder zu einem *Irrlicht* wird?« fragte eine Frau einmal nach der Lektüre von GOETHES *Märchen*. Die Antwort erteilt die Geschichte an dieser Stelle selbst: man findet heraus, wo die *Irrlichter* stecken, indem man hört, *wie* ein junger Mann spricht, wieviel Ernst oder Unernst in seiner Rede steckt, über welche Themen am liebsten er sich lustig macht, womit er menschlich wirklich verbunden ist oder womit er die Verbindung geradezu meidet, kurz: besonders das flatterhafte, unstete, haltlose Verlachen und Verkichern wichtiger menschlicher Themenstellungen ist ein untrügliches Indiz für die Gegenwart von *Irrlichtern*. Sie sind, wie wir wissen, nicht eigentlich bösartig, doch brauchen sie unbedingt eine sinnvolle Aufgabe, wenn die Schuld gegenüber dem *Strom* des Lebens nicht unbezahlbar werden soll.

Um eine solche »sinnvolle Aufgabe« erfüllen zu können, bedarf es *zum zweiten* einer Zusammenarbeit der *Irrlichter* mit dem *Schatten*. Stets bisher haben wir den *Schatten* als Inbegriff der Angst vor der Zeitlichkeit des Daseins, vor dem Alter besonders, gedeutet; jetzt aber zeigt sich, daß diese Angst auch ihr Gutes hat: sie kann dazu beitragen, den *Irrlichter*-Zustand des Geistes in die diesseitige Lebenswirklichkeit zu überführen. Ein Leben wie bisher, verbracht in öder Witzelei und spöttischer Geistreichelei, ist in sich selber tödlich, so hat sich gezeigt; es »ruft« buchstäblich nach einer anderen Art, die Welt zu sehen, und erst wenn diese neue Art, die Dinge geistig zu beleuchten, wenn, in der Bildersprache des *Märchens*, endlich der *Alte* mit der *Lampe* »ankommen« wird, läßt sich ein lebendiger Neuanfang erhoffen.

Zum dritten also kommt es zu der erwarteten Kooperation der *Irrlichter* mit dem *Alten*.

Und dann geschieht noch *ein viertes*, überaus Wichtiges: der *Habicht* ändert seine Rolle. Er folgt dabei nicht einer Mahnung der *Schlange*, er handelt scheinbar spontan. Freilich wird die Umformung der Funktion gerade des *Habichts* im wirklichen Leben in aller Regel nur äußerst mühsam zustande kommen und nur in kleinen Schritten, durch zähe Zähmungsarbeit an der Eigenart dieses Raubvogels, sich erzielen lassen.

Wie groß die Aufgabe ist, die in der Tat sich hier stellt, hat GOETHE in der *Harzreise* einmal mit einem wehklagenden Ruf nach Hilfe ausgedrückt; sein Gedicht beginnt eben mit dem Bild eines Raubvogels, um später dann die gleiche sehnsuchtsvolle Bitte auszusprechen, mit der im *Märchen* die *Schlange* den *Alten* mit der *Lampe* herbeiruft[129]:

> Dem Geier gleich,
> Der auf schweren Morgenwolken
> Mit sanftem Fittich ruhend
> Nach Beute schaut,
> Schwebe mein Lied.

...
Ach, wer heilet die Schmerzen
Des, dem Balsam zu Gift ward?
Der sich Menschenhaß
Aus der Fülle der Liebe trank.
Erst verachtet, nun ein Verächter,
Zehrt er heimlich auf
Seinen eigenen Wert
In ungenügender Selbstsucht.

Der *Habicht*, wie wir ihn bisher kennengelernt haben, bildete die eigentliche Ursache für den Tod des *Kanarienvogels* am Herzen der *schönen Lilie*; er war es, der das *Balsam* der Liebe in tödliches *Gift* verwandelte und der mit seiner Angst ein sehnsuchtsvoll fühlendes Mädchen in das Getto narzißtischer Autarkie einschloß; er erschien uns von daher als die rechte Verkörperung eines Ichs, das raubvogelähnlich *nach Beute schaut*. Und doch läßt auch diese in ihrer Isolation tödliche Instanz der Psyche sich zu nützlicher Zusammenarbeit formen. Die hochfliegenden Ideale, die das Überich hütet, in *Liliens* Falle zum Beispiel die Vorschrift tugendstrenger Sittsamkeit und unberührter Reinheit, lassen sich allem Anschein nach auch in orientierungbietende Zielangaben verwandeln: derselbe *Habicht*, der vor Stunden noch den Singvogel der Liebe aufs tödliche verschreckte, nimmt jetzt *hoch in den Lüften*, mit den *purpurnen Federn* der Brust, wie das *Märchen* vogelkundlich korrekt vermerkt[130], die Strahlen der untergehenden Sonne auf und zeigt damit dem *Mann mit der Lampe*, wohin er sich zu wenden hat.

Das Bild, in dem das *Märchen* die entscheidende Umwandlung des *Habichts* von einer gefährlichen in eine hilfreiche Kraft zu schildern versteht, ist von bestechender Einfachheit und Gültigkeit: So wie es unerläßlich war, daß die *schöne Lilie* in dem dargebotenen Spiegel der dienstbaren Mädchen zu sich selber in ein *reflektiertes* Verhältnis trat, um zu einer liebesfähigen Frau zu reifen, so ist es auch und insbesondere unvermeidbar, die Stellung und den Stellenwert des Überichs *bewußt* zu überprüfen. Seine Inhalte müssen solange als bedrohlich und lebenverhindernd erscheinen, als sie nichts weiter bewirken als Reflexe der Angst; erst reflektiert durch die Frage, welch eine Wahrheit in der jeweiligen Situation, »am Boden« gewissermaßen, in den Bestimmungen des Überichs enthalten ist, kann der Standpunkt des *Habichts*, gleich einem fallenden Stern, gleich einem *Meteor*, dem Mann mit der Lampe zur Orientierung dienen. Beides ist nötig: sich *in den Lüften nach einem Zeichen* umzusehen, dann aber den *Habicht*-Standpunkt in eine konkrete Hilfe zum Leben, ja, in ein Empfinden der *Zärtlichkeit*[131] zu übersetzen.

Die Weisungen des Alten

Die Person, durch die das geschieht, ist der geheimnisvolle *Alte* mit der *Lampe*. Wir haben ihn bisher seiner Weitsichtigkeit wegen bewundert und für seine alchemistische Fähigkeit bestaunt, mit seiner *Lampe* im Innern der Gebirge Steine in Gold und Totes in Edelstein zu verwandeln. Er verkörperte gewissermaßen die Weisheit der Natur, sagten wir, und so konnten wir verstehen, daß er von Anfang an als ein Verbündeter der *Schlange* auftrat. Fühlen und Denken widersprachen in beiden Gestalten einander nicht, und so treten sie jetzt als verwandte Kräfte auf, die beide sich wechselseitig bedingen, um die Befreiung des Lebens vom »Tod« zu ermöglichen.

Worin das Übel geistig besteht, dessen Auflösung wir mit allen Akteuren des *Märchens* nun ersehnen, verrät GOETHE in *Faust* 2. Teil, wo[132] *Mephisto* von der Weisheit spricht, »In Bergesadern, Mauergründen« Gold »gemünzt und ungemünzt zu finden, / Und fragt ihr mich, wer es zutage schafft: / Begabten Manns Natur- und Geisteskraft.« Wie *reich* an Leben könnten Menschen sein, wenn sie diese ihre Energien: Natur- und Geisteskraft, *gemeinsam* und *miteinander versöhnt* gebrauchen könnten und dürften! Und warum tun sie es nicht? Die Antwort gibt an gleicher Stelle der *Kanzler* des Kaisers, indem er das Programm der kirchlichen Inquisition vom Mittelalter bis zur Gegenwart verkündet:

>»Natur und Geist – so spricht man nicht zu Christen.
> Deshalb verbrennt man Atheisten,
> Weil solche Reden höchst gefährlich sind.
> Natur ist Sünde, Geist ist Teufel,
> Sie hegen zwischen sich den Zweifel,
> Ihr mißgestaltet Zwitterkind.«

Es ist die christliche Tradition mit ihrer Unterdrückung des Trieblebens ebenso wie mit ihrer Verketzerung der Gedankenfreiheit, die überwunden werden muß, wenn die *Schlange* und der *Alte* mit der *Lampe* je zusammenwirken sollen. Ungefährlich ist eine solche Synthese nicht. Bezeichnenderweise wird der Part, den im *Märchen* die *Schlange* spielt, im *Faust* von *Mephisto* übernommen, wenn er die Beschränktheit des kirchlich-kaiserlichen Verwaltungsdogmatismus in die Worte faßt, die noch heute jedem Kardinal der römischen »Glaubenskongregation« vorgehalten werden könnten:

> »Daran erkenn' ich den gelehrten Herrn!
> Was ihr nicht tastet, steht euch meilenfern;
> Was ihr nicht faßt, das fehlt euch ganz und gar;
> Was ihr nicht rechnet, glaubt ihr, sei nicht wahr;
> Was ihr nicht wägt, hat für euch kein Gewicht;
> Was ihr nicht münzt, das, meint ihr, gelte nicht.«[133]

Indem die *Schlange* zur Erlösung des *Prinzen* vom »Tode« den *Alten* mit der *Lampe* herbeiruft, beschwört sie demnach vor allem die Freiheit von der Zensur der Gedanken durch die Engstirnigkeit jeder autoritären Behörde, die im Überich sich als verinnerlichte Gewalt festsetzen könnte. Gedankenfreiheit, dieses große Wort in SCHILLERS *Don Carlos*[134], entsteht hier als ein *vitales* Desiderat! Stets ist es ja ein und dasselbe, das Fühlen des Menschen, seine *Natur*, zur »Sünde« zu stempeln, und mit dem Instrument tödlicher Schuldgefühle dann die Eigenständigkeit des Geistes zu unterminieren; und umgekehrt: wer das Denken unterdrückt, nimmt dem Menschen die wirksamste Waffe, um sich der Unterdrückung seiner »Natur« zu widersetzen. Erst das Zusammenwirken von *Schlange* und *Altem*, von Natur und Geist, bedeutet Leben und Freiheit, ermöglicht Liebe und Weisheit.

Entsprechend seinem Auftreten jetzt läßt sich dieser *Alte* mit der *Lampe* in seiner Geistesart sogar noch ein Stück weit genauer charakterisieren. Der innere Reichtum, den er schafft (das *Gold*, das er in den Bergen mit seiner *Lampe* nach Alchemistenart aus den *Steinen* erzeugt), die Weisheit, die in seinen umsichtigen Ratschlägen und vorausschauenden Maßnahmen sich äußert, die *Erlösung* jetzt, die sein »Ankommen« einleitet, verraten überdeutlich, worin das »Licht« seiner *Lampe* erscheint und worin es besteht. Da gibt es, tief verborgen im menschlichen Herzen, ein *Licht*, das immer leuchtet und dem Dasein Klarheit schenkt: Wir fragen uns, was zu tun sei, und die Neigung ist groß, wie *die Alte* in ihrer Hilflosigkeit, wie die *schöne Lilie* in ihrer Tugendeinsamkeit, uns *nach außen* zu wenden und *andere* um Rat zu fragen für etwas, das letztlich allein wir selbst wissen können und wissen müssen; ja, je mehr wir uns nach draußen hin orientieren, desto angstbesetzter wird die Instanz des Überichs sich auf der Stätte des Ichs etablieren, – desto schreckhafter werden wir, in den Bildern des *Märchens* gesprochen, auf das Kreisen des *Habichts* am Himmel antworten. In unserem eigenen Inneren aber scheint ein alles vergoldendes Licht, eine *Lampe* der Weisheit, die uns den rechten Weg zu zeigen vermag. Dieses »Licht« (der »praktischen Vernunft« in der Sprache IMMANUEL KANTS) ist im *Märchen* nicht völlig »autonom«; der *Alte* mit der *Lampe* bedarf zur Orientierung des *Habichts*, mithin, nach dem bisher Gesagten, der Inhalte, die als (gesellschaftliche) Ideale am Himmel schweben; doch nur mit seiner »Ankunft« (und Auskunft) selber wird eine wahre Einheit von Innen und Außen, von Wollen und Sollen, von Wissen und Müssen allererst möglich. Was »das Gute« ist, weiß ein jeder von innen heraus, doch um zu erfahren, wie dieses Wissen konkret einzusetzen sei, bedarf es eines gewissen Maßes an Außenlenkung. Beides also gilt: Der *Habicht* wird erst vermenschlicht, wenn er dem *Mann mit der Lampe* zur Orientierung dient, und der *Mann mit der Lampe* findet sich nur zurecht durch Beobachtung der »Erscheinungen« am Himmel, der *metéora*, griechisch.

Der *Alte* mit der *Lampe* steht mithin für die Weisheit einer inneren Erleuchtung, die in jedem angelegt ist und die darüber entscheidet, ob das von einer bloßen Angstmoral getötete Leben je wieder »aufzuerstehen« vermag.

Von daher kann es nicht verwundern, wenn wir den *Alten* jetzt wie *auf Schlittschuhen über den See* gleiten sehen; das Unbewußte bildet für ihn kein Hindernis, und so wie er den Teich in der Nähe des Schlosses der *schönen Lilie* überquert, so hat er offenbar auch bereits den *Strom* überwunden. Das Bild selber verrät eine gewisse Ähnlichkeit zu der Szene vom Seewandel JESU im Neuen Testament (Mk 6,45–52)[135]: über den Abgrund der Angst hinweg bewegt sich die Gestalt des Göttlichen, das Empfinden von dem, was ewig gut ist und wahr. Da ist etwas in uns, das niemals »untergeht« und das über die Kraft verfügt, von sich selber her an jede Stelle der seelischen Wirklichkeit zu gelangen. In dem Bild von dem *Alten* verdichtet sich das gesamte Empfinden für die mögliche Ganzheit und Heilheit des menschlichen Daseins.

Um so wichtiger allerdings ist es auch hier, die Art und Weise zu beachten, in der GOETHE die alten biblischen Motive aufgreift und uminterpretiert. Verschiedentlich haben wir schon auf die chiliastische Konzeption des *Märchens* verwiesen und gezeigt, wie es zum Beispiel mit dem *Tempel*, der Vierzahl der *Könige* oder den Steinen der *Brücke* bewußt apokalyptische Szenen verwendet und verfremdet. Auch der *Alte* mit der *Lampe* gehört in diesen Zusammenhang: »Ich sah, wie Throne aufgestellt wurden, und einer, der uralt war, setzte sich. Sein Kleid war weiß wie Schnee und das Haar auf seinem Haupt rein (sc. silbrig schimmernd, d.V.) wie Wolle; Feuerflammen waren sein

Thron und dessen Räder loderndes Feuer.« Mit diesen Worten beschreibt der Prophet DANIEL (7,9) sein großes Gesicht von den vier Tieren (= Königen, Dan 7,17) und der Neuverteilung der Macht auf Erden beim Anbruch des Gottesreiches[136]; von dem Thron des »Uralten«, schreibt er, »ging aus ein langer feuriger Strahl … Das Gericht wurde gehalten, und die Bücher (sc. der Anklage, d.V.) wurden aufgetan.« (Dan 7,10)

Vor diesem Hintergrund genügt es ganz und gar nicht, die *Lampe* des *Alten* mit der Wunderlampe aus *1001 Nacht* zu vergleichen; entscheidend für das *Märchen* ist vielmehr die apokalyptische Verknüpfung des Lichts mit der Gestalt des (Ur)*Alten*. Denn was wir soeben aus dem *Märchen* selbst entwickelt haben, findet jetzt seinen »literarhistorischen« Beleg: der *Alte* mit der *Lampe* verkörpert in der Tat diejenige Instanz, die sittlich »Gericht« hält über den Menschen; doch der Unterschied zwischen dem *Märchen* und seiner apokalyptischen Vorlage ist unverkennbar und überaus bemerkenswert: Es gibt keinen Gott (mehr), der auf himmlischem Throne säße und Gericht über die Menschen und über die Königreiche der menschlichen Geschichte hielte; was von derlei Vorstellungen bleibt, ist eine weise und gütig gewordene Menschlichkeit, deren Licht in das Herz jedes Menschen scheint, um es auszurichten in die richtige Richtung seiner wesentlichen Bestimmung. Dieses Licht der Menschlichkeit, dieser innere »Richter« im »Gewissen« des Menschen ist wirklich »uralt«, etwas Wesensursprüngliches, und wann irgend die Gottheit zum Menschen redet, wird sie sich dieses *Alten* mit der *Lampe* bedienen. Anders als durch die Sprache der »Vernunft« könne Gott nicht zu uns reden, lehrte bereits IMMANUEL KANT[137]; eine andere »Sprache«, etwa durch »Wunder« oder »Gebote« von außen, seien seiner schlechterdings unwürdig. Im *Märchen* vertritt der *Alte* mit der *Lampe*, man kann es nicht anders sagen, die Stelle, an welcher in der biblischen Apokalyptik Gott (als eine Art Überkönig) auf dem Thron sitzt. Der Anbruch des neuen Zeitalters, das in der Bibel versprochen und im *Märchen* angesagt wird, kommt demnach nicht länger durch die Machtbefehle des »Allerhöchsten« zustande, er ergibt sich vielmehr aus der inneren Ordnung des Menschen.

Eine solche Gleichsetzung des biblischen Gottes mit dem »Alten« im *Märchen* besitzt freilich ein gewisses mephistophelisches Format: im *Faust*[138] ist es dieser Geist der Versuchung, der salopp von Gott erklärt: »Von Zeit zu Zeit seh' ich *den Alten* gern.« Dafür sehen wir im *Märchen den Alten* mit der *Lampe* zwischen der haltlosen Intellektualität der *Irrlichter* und der schwebenden Angstverbreitung des *Habichts* neben der blinden, doch gutmütig und gefühligen Haltung *der Alten* befindlich; er allein spendet das Licht, das im Dunkeln scheint.[139] Doch auch der *Alte* vermag offenbar solange nichts, ehe die Not des Daseins nicht eine gewisse Endgültigkeit angenommen hat. Erst der Tod des *Jünglings*, erst das (Ab)Töten der Liebe offenbart die »Notwendigkeit« einer »erleuchteten« Menschlichkeit jenseits der Raubvogel-Moral aus Kontrolle, Selbstbewahrung, Angst, Schuldgefühl und Tod.

Was aber kann der *Alte* jetzt tun? Was er benötigt, ist vor allem Zeit und Zuversicht: – *aufschieben ... und hoffen*. Nichts wäre in dieser Stunde der Not gefährlicher als ein ungeduldiges Überhasten, jetzt, wo das »Heil« so nahegerückt ist – eine mehr als berechtigte Warnung!

Brach die Französische Revolution zum Beispiel mit ihrem schrecklichen Morden nicht zu eben dem Zeitpunkt aus, als die Angehörigen des »Dritten Standes« auch ohne jede Gewalt binnen kurzem mehr Rechte erhielten als in Jahrhunderten vordem? Die Menschen im Dunkeln schöpfen Morgenluft; sie müßten nur geduldig ein wenig noch der Sonne entgegenwarten, doch gerade in dieser Übergangszeit lauert Gefahr, durch gewaltsame Übereile noch zu guter Letzt alles zu verderben.

Psychotherapeutisch gilt die nämliche Empfehlung: Da erkennt jemand endlich nach langem Ringen ein Stück innerer Wahrheit in seinem Leben, und die Verführung ist groß, nun alles auf einmal zu wollen und schier zu verzweifeln, wenn nicht sogleich ein jedes sich fügen will. Dabei kann, was wahr ist im Menschen, nur wachsen wie eine Blume und sich ereignen wie ein Sonnenaufgang; »betreiben« läßt sich da gar nichts. Vielmehr scheint das *Märchen* jetzt eine Zeitlang wie stillezustehen.

Es ist eine Zeit, in welcher *Liliens Schleier wie eine zarte Morgenröte* die *blassen Wangen und ihr weißes Gewand mit einer unendlichen Anmut* zu färben beginnt. Noch ist die wärmende Farbe der Liebe dem Kinde wie eine fremde Umhüllung, halb dem Verdecken, halb dem Entdecken gewidmet, und doch verheißt die Schönheit des äußeren Anblicks bereits, daß das Leuchten der Liebe *Liliens* Herz bald schon von innen ergreifen wird. Wenn die Liebe solch herrliche Gestalt annimmt, welch einen Grund sollte es dann noch geben, sie in starrer Reinheit und Unberührbarkeit von sich zu weisen? Der tote *Kanarienvogel*, dieses Sinnbild des Gesangs »artiger« Liebe, wird zu dem »entseelt« daliegenden *Jüngling* in den Schutzkreis der *Schlange* gelegt, um bei Anbruch der »Nacht« vor »Verwesung« bewahrt zu bleiben. Besonders fällt auf, daß in dem Interim nun die Gunst der Stunde den *Irrlichtern* zufällt. Es genügt offenbar, daß diese beiden *munteren Flammen* mittlerweile *äußerst mager geworden* sind, um sie *desto artiger gegen die Prinzessin und die übrigen Frauenzimmer*, die drei Dienerinnen der *schönen Lilie* also und gegen *die Alte*, sich verhalten zu lassen; dabei verfallen sie ungehemmt in die alten Schmeicheleien zurück, die sie nun an dem Mädchen und seinen Begleiterinnen erproben; und doch trägt ihr gewiß sachverständiges Urteil weiblicher Reize sogar noch zu einer Hebung der Schönheit *Liliens* bei.

Zweierlei scheint sich da zu ereignen: Das spöttische Gehabe der *Irrlichter*, insbesondere ihr Hang zu albernem Flirt, ist offenbar inzwischen einer wohlwollenden und ernstgemeinten Anerkennung gewichen, und so wirkt allem Anschein nach das Lob ihrer Schönheit auf *Lilie* und ihre Begleiterinnen nicht länger mehr ängstigend, sondern bestätigend und verstärkend zurück. Die Zeit tödlicher Kontaktängste in *Liliens* Leben scheint jetzt ihrem Ende entgegenzugehen; und wie wenn dieser Eindruck nicht bereits für sich selber spräche, sehen wir zu fortgeschrittener Stunde die *drei Mädchen* an der Seite der *schö-*

nen Lilie »einschlafen«. Was, mit anderen Worten, an der *schönen Lilie* »Mädchen« noch war, wird nicht »sterben«, doch geht es zur Ruhe und wartet darauf, in neuer, erwachsener Form wieder aufzuerstehn. Alles zeigt sich somit bereitet, der Liebe entgegenzureifen. Man kann dem *Alten* nur zustimmen, wenn er mit einem Blick zu *den Sternen* bemerkt: »*Wir sind zur glücklichen Stunde beisammen.*« Der Himmel selber mit seiner Sternenwelt, die kosmischen Gesetze gewissermaßen, befinden sich in Einklang mit den Gesetzen der Menschlichkeit[140]; ausschlaggebend für den *Alten* aber ist jetzt das Zusammenspiel aller.

Den entscheidenden Satz, den er an dieser Stelle spricht, hat man unter den Interpreten mit Vorliebe isoliert gesehen und als Allerweltswahrheit ausgegeben[141]: »ein Einzelner hilft nicht, sondern wer sich mit vielen zur rechten Stunde vereinigt.« – Sollte darin ein verborgener Hinweis an FRIEDRICH SCHILLER, ein Wunsch nach gemeinsamem Wirken in Weimar enthalten sein[142]? Wahr ist, daß die Sentenz eine Grundüberzeugung GOETHES ausspricht, die er in vielfache Richtung bei mancherlei Gelegenheit zu äußern pflegte. So zitiert FRANZ GRILLPARZER nach einem Besuch GOETHENS den Meister dahin, »daß der Mensch nur in Gesellschaft Gleicher oder ähnlicher wirken könne«[143]. Mehr noch: in den *Xenien*, unter der Überschrift *Goldenes Zeitalter*, vermerkt GOETHE:

> Ob die Menschen im ganzen sich bessern?
> Ich glaub es, denn einzeln,
> Suche man, wie man auch will,
> Sieht man doch gar nichts davon[144].

Ein Satz wie dieser scheint ganz und gar der Hoffnung auf eine kollektive Verbesserung der Menschheit Ausdruck zu verleihen, doch darf man sich nicht über den ironischen Unterton der Aussage täuschen: eher soll hier dazu aufgefordert werden, Einzelne, wenigstens sie, möchten ihr Leben so führen, wie es ihrer Überzeugung gemäß sei, als daß, in Enttäuschung darüber, die Hoffnung in eine Veredlung der Allgemeinheit gesetzt würde.

Gleichwohl kann kein Zweifel bestehen, daß GOETHE im *Märchen* seinen apodiktischen Satz über die Hilflosigkeit des Einzelnen gerade so gemeint hat, wie er dasteht, und zwar um so mehr, als er absichtlich einen Bruch mit der Erzähllogik seiner Geschichte provoziert. Der *Alte* mit der *Lampe* ist bislang durchaus nicht zur Rettung »der Menschen im ganzen« berufen gewesen oder gerufen worden; er hat im *Tempel* den *Königen* begrenzt die nahe Zukunft verkündet, – darin, gewiß, war auch eine (welt)geschichtliche Bedeutung des *Alten* angedeutet; *hier* aber ist der *Alte* vonnöten, um ein unglückliches Liebespaar zu retten; beide Ebenen der Handlung, die Liebesgeschichte und die Weltgeschichte, sollen offenbar miteinander verflochten werden, doch wird die Frage noch sein, ob es dem *Märchen* wirklich gelingt, das Individuelle und das Kollektive plausibel miteinander zu verknüpfen. An der Stelle hier jedenfalls erscheint der Ausspruch des *Alten* nicht nur überraschend, sondern geradezu widersinnig. Es genügt doch, müßte man dem *Alten* erwidern, erst einmal den *Jüngling* wieder zum Leben zu erwecken und die *schöne Lilie* von dem Zauber ihrer versteinernden Angst zu erlösen; alles andere kommt erst danach; es mag durch die Rettung des *Jünglings* vorbereitet werden, doch ist es jetzt buchstäblich noch nicht »an der Zeit«.

In GOETHES *Märchen* ist die Hilfe für den Einzelnen nur erst ein anfanghaftes Bild für die Rettung des »Ganzen«; doch gerade dann bleibt die Frage bestehen, wie denn das eine zu dem anderen sich verhält. Die Not, von der bisher die Rede war, bestand wesentlich in der Angst vor der Liebe, und ehe wir dieses Problem nicht im Erleben von Einzelnen gelöst haben, werden wir nicht wissen, wie die Moral der Allgemeinheit sich ändern müßte, um dem individuellen Glück günstiger gegenüberzustehen. Statt also sogleich ins Kollektive auszuweichen, sollten wir das Zusammenwirken der *»vielen« »zur rechten Stunde«* erst einmal *innerpsychisch* deuten. Der Ratschlag des *Alten* umschreibt dann etwas, das weitgehend bereits realisiert ist: ohne die Integration der verschiedenen Teile der Seele ist das Licht beziehungsweise die Stimme der Vernunft »hilflos«.

Die gleiche Doppelbödigkeit zwischen Individuellem und Allgemeinem findet sich in der weiteren Anweisung des *Alten:* »*jeder verrichte sein Amt, jeder tue seine Pflicht*«, verbunden mit dem Versprechen: »*ein allgemeines Glück wird die einzelnen Schmerzen in sich auflösen, wie ein allgemeines Unglück einzelne Freuden verzehrt.*« Es ist wahr, daß das Glück der Liebe sich nur finden läßt, wenn die gesellschaftliche Moral es überhaupt zuläßt; doch wie soll man den Schaden einer zerstörerischen Moral anders deutlich machen, außer man zeigt ihre tödliche Wirkung gerade im Erleben von Einzelnen auf? Und wie sollen die Fehler des Allgemeinen je sich beseitigen lassen, wenn »jeder« weiter im Rahmen des Allgemeinen *sein Amt* verrichtet und seine *Pflichten* erfüllt, die ihm nach gesellschaftlicher Regelung auferlegt sind? Offenbar möchte GOETHE jeden Gedanken an revolutionäre Dienstverweigerung im *Amt*, jede anarchische Verletzung der *Pflicht* von sich weisen; und doch: wie sollen die großen Veränderungen, die das *Märchen* in Aussicht stellt, jemals vor sich gehen, solange nicht Einzelne den Mut aufbringen, diese Veränderungen in ihrem Leben durchzusetzen? Und wie soll es möglich sein, nach den Erfahrungen des 20. Jh.'s den Mißbrauch von »Amt« und »Pflicht« bis zum Verbrecherischen zu verhindern?

Am besten wird es auch hier sein, wenn wir die *Pflicht*erfüllung von *jedem* in dem *Märchen* zuvorderst als einen Vorgang der Integration der verschiedenen Seelenteile in ein und derselben Psyche deuten. Inwieweit eine solche Vermenschlichung der verschiedenen Kräfte der Seele als gesellschaftliches Vorbild dienen kann oder in sich selber unter den im *Märchen* geschilderten Voraussetzungen revolutionär wirken muß, mag einstweilen dahinstehen.

Ganz und gar im Psychologischen jedenfalls verbleibt die Aufforderung, die der *Alte* nunmehr dem *Habicht* erteilt. »*Fasse*«, spricht er, »*den Spiegel, und mit dem ersten Sonnenstrahl beleuchte die Schläferinnen und wecke sie mit zurückgeworfenem Lichte aus der Höhe.*« Gemäß unserer psychologischen Deutung ist diese Entwicklung des *Märchens* in der Tat »*an der Zeit*«:

Eine Weile lang war es wohl nötig, *die drei Mädchen* der *schönen Lilie* schlafen zu lassen; um zu einer erwachsenen, liebesfähigen Fraulichkeit hinzufinden, ist beides unerläßlich: die Zeit des Mädchentums muß und darf als erstes zur Ruhe kommen, um sich von der Angst vor dem Andrang der so gefürchteten Triebimpulse zu erholen; doch dann, nach einer Phase der Umgestaltung der persönlichen Einstellung im verborgenen, entsteht die Möglichkeit, in einer Sphäre der Unbedrohtheit und der Selbstgewißheit »aufzuwachen«. Paradoxerweise, doch psychologisch vollkommen korrekt, ist es gerade der *Habicht*, diese Symbolgestalt des raubvogelgleichen Überichs, dessen *»Spiegel«* in den gebrochenen Strahlen der aufgehenden Sonne nun das schlafende Mädchendasein »erweckt«. Bisher war es die *Brust* des *Habichts*, die im Reflex der abendlichen »Sonnenstrahlen« dem *Alten* den Weg wies; jetzt aber trägt das reflektierte Überich, der *Habicht* mit dem *Spiegel*, dazu bei, eine wache lebendige Weiblichkeit zu ermöglichen.

»Wer bin ich selbst?«

Diese Frage stellte sich der *schönen Lilie* bei ihrem Blick in den *Spiegel* der *drei Mädchen*; damals malte sich in dem Spiegelbild erster Selbstreflektion das Antlitz liebeumflorter Schönheit.

»Was soll nun werden?«

Diese Frage beantwortet jetzt der *Spiegel* des *Habichts*. Die Inhalte des Überichs müssen nicht in sich schon falsch sein, sie bedürfen allerdings der Nachdenklichkeit erwachenden Bewußtseins, um herauszufinden, was das so erhaben-abstrakt Dahinschwebende konkret auf die eigene Person hin bedeutet. Manche Märchen, wie die Geschichte von der *Kristallkugel* zum Beispiel[145], erzählen davon, daß ein Adler am Himmel kreist, der schließlich seine menschliche Gestalt zurückerhält, nachdem eine verwunschene Prinzessin ihr wahres Bild in einem Spiegel erschaut hat; eine ähnliche (Rück)Verwandlung des *Habichts* stünde auch hier zu erwarten, doch genügt es der Sache nach, wenn wir das Symbol des *Habichts* mit dem *Spiegel* in gleichem Sinne deuten: es geht um die Vermenschlichung all der Inhalte, die bis dahin die Liebe zu Tode verschreckt haben; es geht um ein »Aufwachen« nun als Frau in einer Sphäre entängstigten Vertrauens und zuversichtlichen Selbstbesitzes im Anbruch eines neuen Morgens; es geht um die Aufnahme eines Wegs integrierter Menschlichkeit in einer für alle erreichbare Zukunft erfüllter Sehnsüchte und zu Taten gewordener Träume. Was jetzt anhebt, ist eine Prozession durch die Nacht zum Bau einer *Brücke*, die allen offensteht, und zur Errichtung eines Heiligtums, das allen zugänglich sein wird.

Der Weg ins Leben

So wie vorhin die Ordnung, in welcher die verschiedenen Personen sich der *schönen Lilie* nahten, einer eigenen Absprache bedurfte, so ist auch jetzt bei der neuerlichen Überquerung der *Brücke* die Abfolge der Personen nicht von bloßem Zufall bestimmt, vielmehr kann es anders nicht sein, als daß die *Schlange*, die Verkörperung der Vitalität, sich aus ihrer Kreisgestalt löst und als erste in Richtung des *Flusses sich zu bewegen* beginnt. Erstaunen muß freilich, daß hinter ihr her die *Irrlichter* folgen. Deren Position läßt sich am ehesten durch die Behendigkeit rechtfertigen, die ihnen eigen ist: ihre Neugier ebenso wie ihre Unstete, sonst eher von nachteiligem Wert, dürften nun, beim Betreten eines wirklich neuen Lebensabschnitts, sich nicht wenig hervortun. Vor allem aber bahnt sich nun eine tatsächliche Zusammenarbeit der anfangs so konträren Erscheinungen der *Irrlichter* und der *Schlange* an. Um das »Heiligtum« (des Daseins) aus der Tiefe ans Licht zu heben, muß der Gegensatz von Vitalität und Intellektualität zugunsten einer verträglichen »Einordnung« beider überwunden werden; dabei gebührt der lebendigen Erfahrung zweifellos der Vortritt, während die intellektuelle Verarbeitung des Erlebten buchstäblich erst an zweiter Stelle kommt. Deutlich haben die *Irrlichter* inzwischen auch ihr eitles und geckenhaftes Gebaren aufgegeben und sich zu den *ernsthaftesten Flammen* gewandelt; ihr Vorwitz und ihre Voreiligkeit sind ihnen ebenso vergangen wie ihr Hang zu frivolen und unverbindlichen Späßen. An dem Ort, da wir sie treffen, und in der Art, in der wir sie antreffen, dürfen wir von den *Irrlichtern* uns jetzt mithin wirklichen Nutzen versprechen.

Auch die beiden *Alten* bewegen sich wie partnerschaftlich auf gleicher Höhe. Der Eindruck der früheren Rollenverteilung zwischen dem *Mann mit der Lampe* und *der Alten* ist wie verflogen, als sei da ein männliches Wissen zu hüten, dem die weibliche Gutmütigkeit doch immer wieder nur hilflos und fast schon grotesk in der Form ihres Selbstmitleids hinterherhinken könne. Vielmehr kooperieren jetzt beide; gemeinsam ziehen sie an dem *Korb*, der selber in *sanftem Licht* zu leuchten beginnt und sich groß genug formt, um den *Leichnam des Jünglings* aufzunehmen. Freilich bleibt dieser »Totendienst, den sie, wie Eltern an einem allzu früh verstorbenen Kinde, verrichten, in dieser Szene das einzige, das sie auf gleicher Höhe zu einander agieren läßt. Hernach wird *die Alte* den Korb wieder aufnehmen, und es bleibt dabei, daß alles Tote zu tragen ihr leichter fällt als das Lebende: wie vordem der *Mops*, zu Onyx versteinert, keine Last auf ihrem Haupte bedeutete, so beschwert auch der *Jüngling* als tot nicht die Tragfähigkeit dieser Frau. Ja, indem beide Bilder nun ineinander übergehen: der *Mops* und der *Jüngling* im *Korbe der Alten*, bestätigt sich unsere frühere Deutung, daß in dem *Mops* nichts anderes zur Erscheinung gelange als eine bestimmte Seite im Erleben des *Jünglings* in der Obhut, im »Körbchen« seiner Mutter als »Schoßhund«; nur tritt das Unleben seiner bisherigen Existenzform jetzt erst vollendet vor aller Augen, und dabei zeigt sich noch einmal, daß einzig als lebender *Leichnam*, in vital entseeltem Zustand, dieser *Prinz* für *die Alte*, für seine Mutter, nicht als Beschwer empfunden wird: von selbst hebt der *Korb* sich auf und s*chwebt über dem Haupte der Alten*, wie früher, als er den *Mops* barg, und ein Licht der Verklärung umspielt ihn, nicht unähnlich dem Leuchten, das aus *Liliens* rötlich schimmerndem *Schleier* hervorbricht, – eine Mandorla der Reinheit und Schönheit, die beide, das Mädchen wie der *Jüngling*, einander anzunähern verheißt.

Tatsächlich haben der *Jüngling* und *Lilie* ihre »Seelentiere« nunmehr getauscht: in Gestalt des *Mops'* hat der *Jüngling* inzwischen zu dem geliebten Mädchen hinübergefunden und sich in seinen Armen ein Ersatzleben gesichert, das sein Dasein als muttersöhnchen-braves, gezähmt-«zahnloses« Haustier ungebrochen fortsetzt, während die *schöne Lilie* ihren *Kanarienvogel*, die Freudigkeit ihrer Liebe, die vor Schrecken an ihrem *Busen* verstarb, wie einen glashellen Edelstein aus durchsichtigem Topas dem *Jüngling auf die Brust* und ans Herz gelegt hat; wir verstehen, daß es ein und derselbe Vorgang sein wird und sein muß, durch den der *Jüngling* seine »Seele« zurückerhält und der *Kanarienvogel* der *schönen Lilie* sich wiederbelebt.

Mit dem *Mops* auf dem Arm folgt erwartungsvoll das Mädchen denn auch *der Alten*, während der *Alte* mit der *Lampe* den Zug beschließt. Die vorausschauende Weisheit, die praktische Vernunft beleuchtet hier nicht mehr wegweisend die Bahn, sie kommt, entsprechend diesem Bilde, buchstäblich erst hinterdrein. Das Geheimnis des Lebens, zumindest in diesem Moment, klärt sich, mag das besagen, erst später, im nachhinein. Die Vitalität der *Schlange* ist es, welche die Richtung bestimmt, und sie ist es auch, die, zu *unserer* Überraschung ebenso wie zur Verwunderung des *Fährmanns*, selbst in der Nacht nun eine *Brücke* über den *Strom* zu bilden vermag.

Beides deutet sich in diesem Bild an: die entscheidende *Brücke* zwischen den Ufern von Jenseits und Diesseits, von Traum und Tag, von Wunsch und Wirklichkeit, von Idealität und Realität, von Liebe und Leben, von Schönheit und Unschuld ist nur zu schlagen von der Kraft der »Natur« selbst, doch muß dazu diese »Kraft« der »Natur« von innen her, geistig, durchleuchtet sein; in ihrem »Licht« aber »erklärt« sich der Weg, den die *Schlange* weist und ermöglicht, von selbst, wenn man ihn nur erst beschreitet. Die *Steine*, aus denen die *Brücke* gebildet ist, bestehen jetzt gänzlich aus *durchsichtigen Edelsteinen*, nach dem Gesagten also aus Beryllen wie Smaragd und

Heliodor oder aber auch aus Chrysolith; dabei spielen indessen nicht mehr die ins Grün schimmernden Farbschattierungen die entscheidende Rolle, von Belang ist die Durchsichtigkeit der Gesteine. Die »Natur«, die sich selbst »begreift«, wird zu dem Weg der Einheit aller Gegensätze in der menschlichen Psyche wie in der menschlichen Geschichte.

Es ist an dieser Stelle unvermeidlich, zur Deutung des GOETHEschen *Märchens* das Vokabular und die Denkweise des Deutschen Idealismus, genauer gesagt: die Sprache und Gedankenführung der HEGELschen Philosophie zu bemühen, bildet doch die (dialektische) Einheit von Subjekt und Objekt, von Freiheit und Notwendigkeit, von Mensch und Natur im Vorgang der Erkenntnis, im »Begriff«, den Kern der gesamten Metaphysik um die Wende zum 19. Jh.[146] Wenn wir bisher insbesondere die *Schlange* als Repräsentantin des naturhaften Lebens, der Vegetation beziehungsweise der Animalität, betrachtet haben, so ist ihr »Beschluß«, sich freiwillig *aufzuopfern*, wohl nur unter diesen geistigen Voraussetzungen zu verstehen.

Was alles hat man in dem rätselhaften Selbstopfer der *Schlange* nicht erkennen wollen! Da ist vornan das Opfermotiv selbst, dem in GOETHES Werk eine außerordentliche Bedeutung zukommt. In der *Nachlese zu Aristoteles' Poetik*[147] vertritt GOETHE die Ansicht, daß das »Menschenopfer, es mag nun wirklich vollbracht oder unter Einwirkung einer günstigen Gottheit durch ein Surrogat gelöst werden, wie im Falle Abrahams oder Agamemnons«, die *Katharsis* (Läuterung) der Gefühle des Publikums ermögliche. Dabei zögert er nicht, auch den Tod Jesu in gleichem Sinne zu deuten. Als beispielsweise *Werther* zu der Gewißheit gelangt, sich für *Lotte* opfern und aus dem Leben scheiden zu müssen[148], büßt er durch seinen Tod für etwas, das »für diese Welt Sünde« ist; aber besteht nicht die »Sünde« der »Welt« gerade darin, daß sie die Liebe zu einer verheirateten Frau unter allen Umständen für sündhaft erklärt, ja, daß sie die Liebe überhaupt für Sünde erklärt? *Werthers* Hoffnung jedenfalls gründet darin, *Lotte* im Tode nur »voranzugehen«, »zu meinem Vater, zu deinem Vater«, wie Jesus im

Johannes-Evangelium (20,17) sagt; diesem ewigen »Vater« wird er sein Leid klagen, und der wird ihn trösten, bis die Geliebte selber kommt und beide »vor dem Angesicht des Unendlichen in ewigen Umarmungen« vereint sein werden[149]. Auch *Ottiliens* strenges »Ordensgelübde« in den *Wahlverwandtschaften*, mit dem sie *Eduarden* entsagt[150], trägt den Willen zum Opfertod in sich, um den Forderungen der Sittlichkeit Genüge zu tun. Für all diese Formen des Selbstopfers kann die Formel der *Schlange* gelten, besser sei es, sich selber zu opfern, als geopfert zu werden. Unter gegebenen Bedingungen greift das Opfer der drohenden Strafe im Fall schwerer Gesetzesübertretung vor und bewahrt das Ich damit vor möglicher Schuld, – eine zweifellos günstigere Wahl, als für die ersehnte Erfüllung des Triebwunsches mit dem von außen verhängten Verlust der Existenz büßen zu müssen. Freiheit, lehrte HEGEL, sei die Einsicht in die Notwendigkeit; das Opfer, so verstanden, ist damit nichts weiter als die Einwilligung in die gesetzten Grenzen des endlichen Daseins, ein Tribut an die Forderungen der Sittlichkeit. Von daher sollte man glauben, das Opfer der *Schlange* diene einer solchen moralischen Selbstbewahrung durch Triebverzicht, doch spricht gegen eine solche Deutung die gesamte Entwicklungsrichtung des *Märchens*, das gerade im Unterschied, ja, in klarem Widerspruch zu *Werther* und *Ottilie* eben nicht zeigen will, wie die vitalen Kräfte der Liebe geopfert werden müssen, um an ethischer Integrität nicht zu verlieren, sondern das in einer Kaskade symbolischer Bilder demonstriert, wie die Integration aller seelischen Kräfte durch die Liebe die Tödlichkeit einer bestimmten Moral überwindet.

Nicht recht einzusehen ist auch, wieso das Selbstopfer der *Schlange* nötig sei »für die neue Weltordnung«[151]; ganz im Gegenteil sollte man meinen, in einer besseren Welt werde der tödliche Widerspruch zwischen »Sinnlichkeit« und »Sittlichkeit« sich auf harmonische Weise »überbrücken« und »aufheben« lassen. Tatsächlich hat GOETHE im Munde *Iphigeniens*[152] sich nicht nur dazu bekannt, daß die Götter »nur durch unser Herz zu uns reden«, sondern auch dazu, daß »die Himmlischen« »mißversteht«, »der sie / Blutgierig wähnt; er dichtet ihnen nur / Die eigenen grausamen Begierden an.« Humanität – das ist das Ende all der »heilig«-unheiligen Menschenschlächterei, das Ende des Opfergedankens schlechthin. Warum aber dann muß die *Schlange* sich opfern?

Eine in philologischen Deutungen beliebte Antwort lautet, der Opfertod der Schlange diene ihrer »Metamorphose und Steigerung. In dem von ihr gebildeten Kunstwerk« lebe »sie reicher, schöner fort« und diene »der veredelten menschlichen Gesellschaft«[153]; doch es ist nicht einzusehen, warum das so sein sollte. Die *Schlange*, die mit ihrem Maul den eigenen Schwanz ergreift, kann ein Bild für das ewig »Stirb und Werde« eines stetigen Neuanfangs sein, und gewiß ist es wahr, daß in einem solchen »Neugeborenwerden« ein Geheimnis künstlerischer Kreativität verborgen liegt; doch läßt sich daraus schon folgern, GOETHE habe mit dem Selbstopfer der *Schlange* im *Märchen* »den Zeitgenossen zu verstehen« geben wollen: »nur wenn sich bei vielen Künstlern ein solcher Stirb-und-werde-Prozeß« vollziehe, »könnte es zu einer Erneuerung der Kunst ... kommen«[154]? Wäre die *Schlange* wirklich als Bild dichterischer Selbstverjüngung zu verstehen, so müßte ihr Selbstopfer vollends unverständlich bleiben; einzig sinnvoll wäre es dann, daß ihr magischer Schutzkreis sich immer wieder um entseelte Jünglinge legen und das schöpferische Genie vor »Verwesung« bewahren würde. Möglich wäre im Rahmen eines solchen Ansatzes allenfalls noch der psychologische Gedanke, daß das Kunstwerk, die Edelstein-*Brücke*, sich nur zu bilden vermöchte um den Preis eines Totalverzichtes auf die unmittelbaren Triebbedürfnisse – Kunst als Akt der Sublimation, so wurde sie bereits von dem FREUD-Schüler OTTO RANK verstanden[155]; die *Brücke* selber stünde im Märchen dann womöglich für GOETHES eigenes Werk, das nunmehr einer ganzen Menschheit dabei hilfreich sein könnte, über den *Strom* zu setzen. Doch erneut muß man sagen, daß eine solche Interpretation sich mit dem Gang des *Märchens* nicht verträgt: Erzählt wird nicht von der Umwandlung der »Libido« in »Kunst«, erzählt wird ganz im

Gegenteil von der Erfüllung der Liebe, und auf dem Wege *dorthin* bildet die *Schlange* die leuchtende *Brücke* eines Übergangs, der, wenn einmal gefunden, ein neues Zeitalter für alle Menschen eröffnen wird. Keine Deutung, die in diesen Kontext sich nicht plausibel einfügt und umgekehrt den Gang des Ganzen verständlich macht, kann beanspruchen, richtig zu sein.

Tatsächlich aber gewinnt das Selbstopfer der *Schlange* eine gut verstehbare Bedeutung, wenn wir nur die Problemstellung weiterverfolgen, auf die wir all die Zeit über aufmerksam geworden sind: wie ist es möglich, die Liebe zu entängstigen? Worte wie Vitalität, Regeneration oder Sexualität, mit denen das *Schlangen*-Symbol inhaltlich assoziiert ist, machen leicht ein Paradox vergessen, das unausweichlich mit ihnen verknüpft ist und von alters her in dem Bild der *Schlange* sich darstellt: Es gäbe die Liebe, es gäbe die Kraft der Sexualität, es gäbe die Notwendigkeit der Regeneration nicht ohne den Tod! Nur als sein »Umkreis« formt sich das Bild von der *Schlange* des ewigen Neubeginns. Im Zentrum all der Bewegungen der *Schlange*, deren Maul den eigenen Schwanz greift, steht die bittere Unausweichlichkeit des Sterbens. Sie ist die Notwendigkeit, die es zu erkennen und anzuerkennen gilt, um tödlichen »Stein« in durchsichtig schimmernden »Beryll« zu verwandeln. Mit zwei Arten tödlicher Angst haben wir es zu tun: Es gibt den Tod der Liebe durch eine Moral der Angst und der Triebunterdrückung, und es gibt die Angst der Liebe vor dem Tod, der anderen Seite des Lebens im Kommen und Gehen der Geschlechter. *Die tödliche Angst vor der Liebe* ist, wie wir sahen, nur zu überwinden durch das »Reflektieren« des »Sonnenlichts«, durch die Kraft autonomen sittlichen Urteils; *die Angst der Liebe vor dem Tod* aber läßt sich nur überwinden durch die Annahme der Tatsache des Todes. Es gibt nur diese Alternative: Entweder der Tod bleibt ein dunkles, opakes Rätsel des Lebens, eine schlechterdings inakzeptable Faktizität, dann wird man niemals den *Strom* des Lebens »überbrücken« und in ein wahres Dasein finden können, oder man macht sich bewußt, was es bedeutet, zu leben, man akzeptiert den Tod als einen unvermeidlichen Bestandteil des Daseins, dann beginnt die *Schlange* vitaler Regeneration durchscheinend zu werden in glänzendem Licht und selber die *Brücke* zu bilden, die durch die Nacht hinüberführt in einen neuen Morgen der Liebe, der Freiheit und der Menschlichkeit. Dem Tod gegenüber bleibt nur die Wahl, ihn durch einen Akt der Einsicht ins Leben zu integrieren oder zu erleben, wie das Leben von ihm verschlungen wird. Sich selber zu »opfern« oder »geopfert« zu werden – einzig dazwischen fällt die Entscheidung. Der Weg zur Liebe führt über den Tod hinaus, doch nicht indem man ihn verleugnet, sondern nur indem man ihn willentlich annimmt.

Erst von daher stellt sich die Frage nach dem künstlerischen Schaffen. Natürlich gilt die Notwendigkeit einer freiwilligen Annahme des Todes auch und insbesondere für den *Künstler*: was sein Werk wert ist, entscheidet nicht er; er streut es aus, wie die *Schlange* die Steine ihrer Selbstauflösung in den *Strom* des Lebens schüttet; dann geht die Zeit darüber hin und wird erweisen, wie weit der Weg führt; aber es handelt sich um eine Wahrheit, die, wie das *Märchen* es schildert, wesentlich für alle *Liebenden* gilt: nur ihnen entdeckt sich der Tod als Frage und Klage, und nur sie verfügen über die Energie einer möglichen Antwort des Trostes; alle anderen gelangen niemals »hinüber«. Nicht um den Bau des leuchtenden »Kunstwerkes« eines Schriftstellers geht es mithin im *Märchen*, sondern um die Erleuchtung eines Lebens, das in sich selber zum »Kunstwerk« erst wird, wenn es gegen die Angst vor Schuld und vor Tod Liebende miteinander verbindet, Heiligtümer ins offene Leben hebt und die verschiedenen Formen von »Herrschaft« mit der Kraft der Güte versöhnt. Im Sinne des Deutschen Idealismus ist freilich die »Erscheinung« des Wahren in der Wirklichkeit mit dem Anblick des »Schönen« identisch, und so ist es die »Kunstanschauung«, in welcher die Hervorbringung der Welt in eigener Kreativität mitvollzogen wird[156]; die Kunst selber erscheint mithin als Offenbarung des Göttlichen. GOETHES *Märchen* am Ende des 20. Jh.'s zu verstehen, bedeutet indessen, daß wir die Vorstellungswelt des Idealismus in die Sprache des Existentialismus übersetzen müssen und diesen mit den Mitteln von Psychologie und Psychoanalyse zu vertiefen haben.

Die *Schlange* als ein Bild des Lebens, das den Tod »überbrückt« – diese Deutung fügt sich ganz und gar in die nun folgende Szene von der Wiederbelebung des *Jünglings* und des *Kanarienvogels* der *schönen Lilie*. Beide, so sahen wir, verstarben aus Angst vor der Liebe, und es ist nun an *Lilie*, auf den Rat des *Alten* hin den entscheidenden Schritt zur Verlebendigung beider zu tun: mit der *linken Hand* muß sie die *Schlange* »anrühren«, den *Jüngling* aber mit der *rechten*; nur wenn die *schöne Lilie* »das« Leben, *ihr* Leben zu berühren wagt, wird sie imstande sein, *den Geliebten* ins Leben zurückzurufen.

Auch dieses Bild vom Berühren der *Schlange* besitzt eine biblische Vorlage. In *Exodus 4,2–4* wird der verängstigte *Moses* von Gott aufgefordert, seinen Stab weg auf die Erde zu werfen, nur um zu erleben, daß er sich in eine Schlange verwandelt, die ihm noch mehr Angst einflößt als der göttliche Auftrag; nur indem *Moses* die Schlange anfaßt, verwandelt sie sich in seinen Stab zurück[157]. In der biblischen Erzählung verkörpert die Schlange eine Form des Angsterlebens, die man im Vertrauen auf Gott »in den Griff bekommen« muß, um sich (wieder) auf etwas Festes stützen zu können. In GOETHES *Märchen* hingegen erscheint die *Schlange* durchaus nicht als eine Quelle von Angst und Gefahr; und doch sahen wir, daß die *Schlange*, indem sie das Leben selber repräsentiert, unter dem Druck einer bestimmten Moral zwischen Liebe und Tod ambivalent zu schillern beginnt. Es ist nun allerdings – entgegen dem Deutschen Idealismus – nicht möglich, »das« Leben zu »ergreifen« oder zu »begreifen«; wohl aber ist es nötig, die Kräfte des Unbewußten, die *linke* Seite[158], mit der *Schlange* in Verbindung zu bringen; der *Jüngling*, den die *schöne Lilie* als ihren *Geliebten* mit der rechten Hand berühren soll, bedarf, um aus dem Zustand entseelender Angst zu erwachen, unbedingt einer solchen Vermittlung liebender Zuwendung mit den Kräften des Lebens: Nur wenn der *Jüngling* sich »berührt« fühlt von einer Liebe(nden), die selber mit den Kräften des Lebens in »Verbindung« steht, wird er jenes Vertrauen gewinnen, das seine tödliche Angst zu überwinden vermag; und nur wenn die *schöne Lilie* es wagt, dem Geliebten eine »lebendige« Liebe zu schenken, wird sie die eigene »versteinernde« Wirkung auf alles Lebende nicht mehr übertragen. Der rote Schimmer ihres *Schleiers* deutete bereits einen solchen Wandel in ihrem Wesen an; doch daß sie dazu sich bekennt, geschieht allein auf den Rat des *Alten* hin.

Manchmal, wenn Patientinnen in der Psychotherapie ihre Träume erzählen, begegnet man vergleichbaren Bildern: Irgendwo an einem Fluß oder auf einem Berge sitzt ein »Uralter« und erteilt eine bestimmte Weisung, von der her das Leben sich noch einmal ordnet. Bisher haben wir den *Alten* mit der *Lampe* als eine Verkörperung des »Gewissens«, der »Erleuchtung im eigenen Inneren« beziehungsweise der »praktischen Vernunft«, beschrieben; doch geht die psychologische Bedeutung dieses inneren Wissens weit über die Sphäre bloßer »Gewissensmoral« hinaus; eher ist von einem »Wesenswissen« oder »-gewissen« die Rede, von einem deutlichen Gespür für die eigene Bestimmung, von einem Empfinden für das, was mit der eigenen Existenz »gemeint« ist. Erst indem wir lernen, auf diese »Stimme« unseres Wesens zu hören, treten wir mit unserem wirklichen Leben in Kontakt und werden fähig zu einer Liebe, die selber Leben statt Tod um sich verbreitet. Dabei versteht es sich jetzt von selbst, daß mit dem *Jüngling* zugleich auch *Liliens Kanarienvogel* wieder zum Leben erwacht, ohne einer eigenen »Berührung« oder »Anregung« dafür zu bedürfen. Indem die *schöne Lilie* den Mut gewinnt, zum Leben wie zum *Geliebten* von sich her »Fühlung« aufzunehmen, wird der »Singvogel« ihrer Seele ganz von allein wieder lebendig.

Für das Erleben des *Jünglings* aber ist es entscheidend, daß er endlich das tödliche Gefühl verliert, entweder nur als *Mops* einen Platz in den Armen einer geliebten Frau zu besitzen oder aber sie über alle Angst hinweg wie in einem Gewaltakt »erobern« zu müssen. Was den *Jüngling* in seinem *Korb*, wie in dem Schoß einer Wiedergeburt, »aufrichtet«, ist die Erfahrung einer Liebe, die ihn berührt und ergreift, selbst wenn er gar nichts tut. All die Kastrationsängste und Potenzphantasien, die wir schon bei der Versteinerung des *Mops'* besprochen haben und die sich bei der »Berührung« der *schönen Lilie* bis zu »Entseelung« und »Ohnmacht« steigerten, können jetzt endlich der Gewißheit weichen, die »reine« Geliebte nicht länger durch die Wünsche männlicher Vitalität zu zerstören, wie es GOETHES berühmtes Gedicht von dem *Röslein* und dem *Knaben* schildert[159]. Es ist jetzt *Lilie* selber, die, zärtlich genug, seinen »Kontakt« sucht und nicht länger die Angst vor dem Verlust der Mädchenunschuld als Schuldgefühl an den *Jüngling* weitergibt. Es ist zum ersten Mal, daß Vitalität und liebende Zuneigung sich in ein und derselben Seele zueinander verhalten dürfen wie die linke und die rechte Hälfte, wie das Unbewußte und das Bewußtsein in einem einzigen liebedurchströmten Menschen. Das *Märchen* schildert diese Erfahrung wie das Ergebnis einer einzelnen Handlung; im wirklichen Leben haben wir es zu tun mit einem Prozeß innerer Reifung, der oft viele Jahre in Anspruch nimmt.

Von einer weiteren Bewegung, von einem »Prozeß« in Gestalt einer »Prozession«, spricht denn das *Märchen* auch im folgenden. Die *schöne Lilie* möchte ihren *Geliebten* in die Arme schließen, doch hindert sie der weise *Alte* daran. Es muß zunächst darum zu tun sein, daß der *Jüngling* selber *aufsteht* und aus dem *Korb* und dem Schlangenkreis tritt. Die Zeit des mütterlichen Behütetwerdens, so nötig sie bis dahin war, muß nun ihr Ende finden, und so läge eine nicht geringe Gefahr in einer allzu frühen neuerlichen »Umarmung«. Nachdem die *schöne Lilie* eine ganze Reihe von Entwicklungsschritten durchlaufen hat, um zu der »Vermittlung« des Lebens fähig zu werden, steht dem *Jüngling* an ihrer Seite noch ein längerer Weg zu dem *Tempel der vier Könige*, zu *sich selber* mit anderen Worten, bevor.

Deutlich erkennbar verrät der *Jüngling*, obwohl der *Kanarienvogel* der *schönen Lilie* bereits munter *auf seiner Schulter* flattert, noch die Spuren der soeben erst überwundenen Starre.

Zwar ist das Leben in ihn zurückgekehrt, doch wirkt er wie unbeteiligt und fremd. Auch dieser Zustand kann im wirklichen Leben sich über einen langen Zeitraum erstrecken.

So schilderte ein Kunststudent, schon älteren Semesters, wie sehr es ihn quälte, daß all seine Kommilitonen ausgedehnter Liebeserfahrungen sich erfreuten, während er, infolge ausgedehnter Ängste gegenüber seiner materiell verwöhnenden, seelisch aber überfordernden Mutter, es noch niemals gewagt hatte, auf ein Mädchen so zuzugehen, wie es seinen Wünschen entsprochen hätte. Statt dessen hatte er sich in eine frustrierende Phantasiewelt einsamer Glücksmomente hineingeflüchtet, aus denen er längst nicht mehr, wie früher, eine gewisse vorfreudige Selbstbestätigung zog, sondern an denen er zunehmend sein Unvermögen erlebte, je in die ersehnte Zweisamkeit hinüberzufinden. Für ihn, der sich als einen ausgesprochenen Spätentwickler bezeichnete, hatte es überhaupt recht lange gedauert, bis er aus dem Tiefschlaf jugendlicher Unschuld »erwacht« war. Seither fühlte er sich bei aller Beunruhigung und Aufgewühltheit wohl schon lebendiger; – den Zustand, in den er geraten war, mochte er selber nicht missen, und doch empfand er sich bei allen Kontaktversuchen irgendwie als »entgeistert« und begeisterungslos; in der Sprache des *Märchens*: er »hatte die Augen offen und sah nicht, wenigstens schien er alles ohne Teilnehmung anzusehen.« Mit seinem hellwachen Verstand beobachtete er seine Mitmenschen, und immer noch konnte es geschehen, daß er sich nach *Irrlichter*-Art über sie lustig machte, indem er das Komische in ihren Äußerungen und aus ihrem Betragen herauszupfte; doch wich diese Neigung mehr und mehr einem fast wehmütigen Betrachten aus sicherer Distanz. Der Wunsch, es zu haben wie die anderen, und das Gefühl, es ihnen niemals gleichtun zu können, hielten ihn in dem spannungsreichen Schwebezustand eines Daseins wie hinter einer Glaswand; was immer er betrachtete, inwendig wurde er davon nicht berührt, und er wagte auch selber nicht, es anzurühren. Er lebte, doch wie antriebslos; wohl wurde er nicht mehr durch das Leben im »Körbchen« »getragen«, doch ver spürte er, wie gelähmt, in sich nichts, was ihn in Bewegung zu setzen vermocht hätte. So schon seit längerem lebte er hin, und zur Frage stand nur, welch eine Art von Angst ihn noch immer blockierte.

Wir haben soeben davon gesprochen, daß in dem Selbstopfer der *Schlange* im Grunde der Tod, der zum Leben gehört, akzeptiert und damit die Angst vor der Endlichkeit des Daseins überwunden werde. Eine solche »philosophische«, daseinsanalytische Deutung dürfte nicht falsch sein, und doch ist sie in ihrer Beschreibungstiefe nicht ausreichend; für Psychoanalytiker jedenfalls bildet sie nur erst ein Stichwort zum Weiterarbeiten, um in die »unterirdischen Gänge« zu leuchten, die zu dem verborgenen *Tempel* des *Märchens* führen. Psychoanalytisch ist die »Angst vor dem Tod« etwas viel zu Abstraktes, um einer konkreten Liebe störend im Weg stehen zu können; auch die *Schlange* als Bild »des« Lebens, das den Tod mit umgreift, hält sich so weit entfernt vom alltäglichen Erleben, daß nicht verstehbar wird, wieso sie nach ihrer Auflösung als *Brücke* aus Stein den entscheidenden Übergang zur reifenden Fähigkeit der Liebe im »Heiligtum« des Daseins vermitteln sollte. Das ganze Szenario aber fügt sich in jedem Detail, wenn wir es lesen wie eine Traumszene sonst; darauf vorbereitet sind wir inzwischen recht gut, vor allem durch das Verständnis der Versteinerungs-Angst in GOETHES *Märchen*.

Nicht zu Unrecht bemerkte schon s. FREUD, daß Menschen sich nicht eigentlich vor dem Tod fürchten, sondern davor, verlassen zu werden. Die Angst, nicht liebestüchtig genug zu sein, um die Liebe eines anderen Menschen erringen zu können, macht den Tod allererst wirklich »fürchterlich«: wenn zu sterben bedeutet, die Bilanz eines Lebens unterschreiben zu müssen, das niemals kostbar genug erschien, um als liebenswert entdeckt zu werden, dann ist der Tod wirklich erlebbar als Ratifizierung eines vollständigen Unlebens, als Sturz in das gänzliche Nichtsein. Doch auch und gerade diese Angst vor eigener Liebesunfähigkeit und Nicht-Liebenswürdigkeit drückt sich in körpergebundenen Symbolen und Symptomen aus: Der *schö-*

ne, schlanke Körper einer *Schlange, die in tausend und tausend leuchtende Edelsteine zerfällt,* weil eine *Alte unvorsichtig* daran *gestoßen* hat, läßt sich psychoanalytisch kaum anders verstehen als das Sich-Verströmen der Liebe, als eine Selbstauflösung des (männlichen) Organs der Liebe in einem überschwänglichen Akt des Glücks.

Warum, müssen wir noch einmal fragen, bestand in dem ganzen *Märchen* vor eben diesem Erleben rauschhaften Glücks stets eine solch bebende Angst?

Die moralisch bedingte Angst, die »Reinheit« einer Frau durch die männliche Annäherung zu zerstören, spielte in dem Bilde der *schönen Lilie* und des *Habichts* bisher eine überragende Rolle; hier aber ist es *die Alte,* die das »Opfer« der *Schlange* wider Willen auslöst. Diese *Alte* war uns in ihrer Beziehung zu dem *Jüngling* stets als eine mütterliche Gestalt erschienen, und wir versuchten, von dorther zu verstehen, welche Ängste, weit tiefer als bestimmte Vorstellungen der Moral, eine freie Entwicklung der Liebe zu verhindern imstande seien. Gerade ein *Jüngling,* der wie ein *Mops aus Onyx* im *Körbchen* von seiner Mutter als ihr erhebender Stolz durchs Leben und ins Leben »getragen« wird, vermag kaum anders, als in dieser seiner Mutter die erste Wunschpartnerin der sich regenden Kräfte kindlicher und jugendlicher Liebe zu erkennen. Gleichzeitig aber wird ihn ein solches Empfinden erschrecken. Da ist nicht allein das viel besprochene Tabu des Inzests[160], da ist vor allem die erstickende Übergröße einer solchen Mutter, deren Ansprüchen gewachsen zu sein kein Kind sich getrauen darf. Minderwertigkeitsgefühle und Übererwartungen bedingen sich unter solchen Umständen wechselseitig und führen dahin, in allen weiteren Liebesbeziehungen immer wieder, in jeder Geliebten, erneut die Mutter zu suchen und die Mutter zu fliehen. Insbesondere eine »Entseelung« der Gefühle, eine ständige Flucht vor »zu viel« Nähe wird mit einem derartigen Erleben sich verbinden.

Wohlgemerkt, es gibt keine Mutter der Welt, die ihrem Jungen absichtlich ein solches Schicksal bereiten würde, und doch genügt ein wenig »Unvorsichtigkeit«, um durch Übersorge und Überfürsorge im Leben eines »Jünglings« ein derartiges Dilemma der Triebentwicklung einzuleiten. »Bin ich groß genug?« »Bin ich stark genug?« So lauten die ständig quälenden Fragen eines Jungen, der so heranwächst, zwischen dem Wunsch nach Selbstbeweis und der Qual der Versagensangst. *Organgebunden* führt ein solches Empfinden des unablässigen »Beweisnotstandes« zu dem Bedürfnis einer permanenten Liebesbereitschaft, eines unablässigen Liebeswerbens und eines nimmermüden Imponierens und Demonstrierens der eigenen Fähigkeiten; eben dieses Bestreben aber überanstrengt das gesamte Liebesleben und setzt einen unsinnigen Leistungszwang an die Stelle harmonischen Glücks. Ja, um das Dilemma vollständig zu machen, entsteht nach und nach eine geradewegs »tödliche« Angst vor dem Liebesgenuß: *Danach*, so die Befürchtung, schrumpft alles auf ein Nichts zusammen, und was irgend gewesen ist, könnte alsdann erscheinen wie nicht gewesen. Wie manch ein Hochleistungssportler sich in gewissem Sinne davor in acht nehmen muß, zu früh seine eigene Rekordmarke zu brechen, um nicht der Angst anheimzufallen, die alte Leistungshöhe lasse bei fortschreitendem Alter sich nie mehr erreichen, so tritt in einer derart angstbesetzten »Leistungsliebe« zu jedem erhofften »Höhepunkt« sogleich die Furcht vor dem »Versagen« »danach«; und diese Furcht läßt sich offenbar am einfachsten beruhigen durch die kompensatorische Phantasie, es werde, nachdem die *Schlange* unter der *unvorsichtigen* Berührung der *Alten* in abertausend *Edelsteine* zersprengt worden sei, daraus eine wunderbare *Brücke* aus Stein sich bilden und leuchtend und schön für alle Zeiten Bestand haben.

Eine Reihe von sonst eher nebensächlich oder überflüssig wirkenden Einzelheiten der Erzählung beginnen jetzt erst wirklich zu »leuchten«.

Warum stößt *die Alte*, als sie *nach ihrem Korbe greifen* will, an die *Schlange* und verwandelt sie in einen *Kreis leuchtender Edelsteine*? Weil, können wir jetzt antworten, es die Gestalt der behütenden Mutter ist, die in einem *Jüngling* jene verhängnisvolle Mischung aus Verlangen und Versagensangst provoziert. – Warum mußte *der Alte* der *Schlange* geloben, *keinen Stein am Lande* zu lassen, sondern sie allesamt, gegen den Willen der *schönen Lilie* und *der Alten, in den Fluß* zu schütten, auf daß sie *wie leuchtende und blinkende Sterne mit den Wellen* dahinschwämmen? Man kann diese Besonderheit im Wunsche der *Schlange* jetzt am besten mit gewissen Moralvorstellungen erklären, wie sie heute wohl nur noch in der römischen Kirche vertreten werden, damals aber allgemein akzeptiert waren, daß es nämlich gelte, die männliche Energie nicht zu »vergeuden«, sondern gänzlich dem *Strom* des Lebens, das heißt der Fruchtbarkeit, zu »opfern«: Der Druck war sehr groß, die Sexualität nicht zweckfrei für sich selbst zu genießen, sondern für die Weitergabe von Leben zu nutzen. In eben diesem Sinne scheint auch das *Märchen* den größten Wert darauf zu legen, daß von den »Steinen«, die von der zerfallenden *Schlange* ausgestreut werden, nichts ungenutzt »liegenbleibt«. Die Angst vor der Partnerschaft mit einer Frau, die unter den geschilderten Phantasien von männlicher Macht und männlicher Ohnmacht als erstes zu einem recht einsamen Sexualverhalten nötigen kann, wird damit zu einer zwanghaften Form der »Selbstaufopferung« und der »Hingabe« gedrängt, und die Furcht vor dem »Opfer« der »Selbstauflösung« im Akt der Liebe beruhigt sich nur durch die Aussicht auf eine um so größere, monumentale Bedeutsamkeit. Gegen die Angst vor einem erschlaffenden Nachlassen der männlichen Kräfte setzt sich die beruhigende Vision einer fortan strahlenden »Festigkeit«, wie aus *Stein*, und erst über die *Brücke* derartiger kompensatorischer Phantasien scheint die Liebe eines solchen *Jünglings* zu seiner *schönen Lilie* sich ins Leben wagen zu können. – Die Franzosen bezeichnen mit dem ihnen eigenen psychologischen Feingefühl das erfüllende, sich verströmende Glück der Liebe auch als »den kleinen Tod«; die Angst vor diesem »kleinen Tod« ist es offenbar, wovon in verschwiegenen Bildern das *Märchen* erzählt und worin sich zugleich auch die Angst vor dem »großen Tod« inhaltlich spiegelt.

Ein Satz bleibt nur noch zu sagen gegen das Erstaunen oder gegen den Protest, der möglicherweise an dieser Stelle bei manchem Germanisten und GOETHE-Kenner sich zu Wort melden wird. Da gibt die Interpretation der Philologen sich zunehmend sicher, daß die Edelstein-*Brücke* in GOETHES *Märchen* den »Bau« des Kunstwerks zur Grundlegung einer neuen Zeit beschreibe, und nun soll die Rede sein von Sexualängsten aller Art, von ödipaler Mutterbindung und onanistischen Ersatz-Phantasien, durchsetzt von ausgedehnten Zerstörungs- und Versagensängsten nebst reaktiv maßlosen Potenz- und Ejakulationsvorstellungen! Erscheint eine solche Betrachtungsweise nicht als »ungeheuerlich« und wie ein Beweis für die notorische Unfähigkeit von Psychoanalytikern, selbst in großer Dichtung etwas anderes wahrzunehmen als die projektiven Phantasmagorien ihrer eigenen sexuellen Neurosen?

Tatsächlich ist es höchst eindrucksvoll, wie geschickt die Bildersprache des *Märchens* von den Problemen der Triebangst und der Triebfixierung abzulenken versteht. Es kann wirklich nicht wundernehmen, daß alle, die sich bei der Lektüre GOETHENS für Kunst und nichts als für Kunst interessieren, sich verführt sehen, entzückt dem Bau der *Schlangen-Brücke* aus durchsichtigen Edelsteinen mit ästhetischem Vergnügen beizuwohnen. Doch hat gerade das *Märchen* sich zum Ziele gesetzt, den tödlichen Konflikt zwischen »Geist« und »Natur« zugunsten einer besseren Zukunft zu überwinden. Um die Botschaft des *Märchens* richtig wahrzunehmen, ist es schon deshalb, nicht anders übrigens als in einer ordentlichen Psychotherapie auch sonst, schier unerläßlich, sich den Verwicklungen der Triebe und der Triebschicksale der geschilderten Akteure bei ihrer Suche nach Geborgenheit und Liebe mit aller gebotenen Sorgfalt zuzuwenden. Nicht um »alles« mit »niedrigen« Phantasien zu »beschmutzen«, widmen wir uns der Sexualsymbolik in GOETHES *Märchen*, sondern damit – entgegen den sonstigen Erzählungen und Romanen GOETHES – die Versöhnung wirklich zustande kommt, von der sein *Märchen* zu träumen und zu hoffen wagt. Nicht über Gebirge stolpern die Menschen, nur über Bordsteine, – die Wirksamkeit der Kunst basiert nicht auf dem schönen Schein ihrer Verdrängungen, sie besteht in der Integrationsleistung ihrer Bilder und in der Identifikationskraft der dargestellten Figuren.

Im Tempel der vier Könige

»Wie kann ich geistig, durch Sensibilität, Einfühlung, Rücksicht, Anpassung und Intelligenz, den Erwartungen meiner oft hilflos und einsam wirkenden Mutter entsprechen?« »Wie kann ich es vermeiden, einer Frau, die ich liebe wie meine Mutter, das Beschmutzende, das Pornographische meiner sexuellen Bedürfnisse anzutun?« »Wie kann ich ihr und meinem Vater gegenüber unter Beweis stellen, daß ich doch kein Versager bin?«

Solcher Art sind die Fragen, die ein junger Mann von der Art des *Jünglings* im *Märchen* sich immer von neuem stellen wird. Die nächstliegende »Lösung« eines solchen Konfliktes ergibt sich aus der *Aufspaltung* des Frauenbildes, die wir ansatzweise bereits beschrieben haben: Da steht einmal die als Engel, Madonna, Fee oder eben: als *schöne Lilie* idealisierte Frau; – ihr gilt das »Kunstwerk«, das über dem »Opfer« des Triebverzichts errichtet werden soll; daneben aber oder dahinter steht das abgespaltene Bild einer Art Urfrau oder Urmutter, die, wie der *Strom* des Lebens selber, unersättlich und unerfüllbar alles männliche Verlangen in sich hineinsaugt. Beide Tendenzen müßten zu einem erträglichen Kompromiß finden, doch im Leben nicht weniger Menschen kann eine derartige Aufspaltung so unversöhnlich wirken, daß sie wie eine schicksalhafte Gegebenheit sich verfestigt, vor allem dann, wenn berufliche Erfolge es gestatten, den Grundkonflikt des Fühlens und Denkens nach außen hin zu überspielen, oder auch wenn es, zum Beispiel durch künstlerisches Darstellungsvermögen, gelingt, die inneren Widersprüche auf eine sozial akzeptierte, ja, sogar als exemplarisch empfundene Weise auszugestalten. Da eine solche Möglichkeit sich immer wieder einstellt, ist es um so wichtiger zu betonen, daß das *Märchen* sich gerade nicht mit einer solchen quasi neurotischen Kompensationsleistung zufriedengibt; das *Märchen* will ganz im Gegenteil ausdrücklich und in geradezu epochalem Maßstab aufzeigen, wie die bestehenden Gegensätze auf allen Ebenen: psychisch, moralisch, religiös und politisch, sich *überwinden* ließen. Welche Reifungsschritte die *schöne Lilie* auf diesem Wege wachsender Integration zurücklegen muß, haben wir zu einem gut Teil schon gesehen; doch wie mit dem soeben zum Leben neu erwachten, noch wie benommen wirkenden *Jüngling*? Was kann er tun? Was müßte er tun?

Normalerweise würde in Märchen nun erzählt werden, wie der *Prinz*, nachdem er von der Geliebten aus dem Tod gerettet wurde, sich ihr selber in Dankbarkeit und Freude zuwendet und an ihrer Seite in den Vollbesitz seiner Kräfte gelangt. Das GOETHEsche *Märchen* indessen erzählt so gerade nicht. Der *schönen Lilie* wurde es von dem *Alten* mit der *Lampe* vielmehr soeben noch untersagt, den *Jüngling* endlich, wie sie es wünscht, in die Arme zu schließen; wir konnten verstehen, daß ein solcher Schritt auf dem Hintergrund von so viel Anhänglichkeit und Angst, wie der *Jüngling* sie zeigte, zu früh kommen würde, doch könnte die *schöne Lilie* den *Jüngling* nicht wenigstens bei der Hand nehmen? Wäre es ihr nicht möglich, ein Wort der Zuversicht und der Zuneigung an ihn zu richten? Dürfte sie auf ihrer Harfe ihm nicht ein Lied ihrer Liebe vorspielen, das sein Herz anrühren, einstimmen und entängstigt geneigt machen könnte? Seltsamerweise geschieht nichts dergleichen; vielmehr wird der *Jüngling* von dem *Alten* auf einen Weg der Selbstvervollkommnung verwiesen, so als dürfte ein Mann wie er erst als ein ganz Vollendeter, als ein universaler Heilbringer die Liebe einer Frau an sich heranlassen; der Gedanke taucht gar nicht erst auf, es sei wünschenswert, ja, notwendig, sich der Geliebten zu überlassen, um von ihr die nötige Kraft zur Reifung und Selbstfindung zu empfangen. Mit einem Wort: das GOETHE-*Märchen* nimmt von jetzt an einen äußerst eigenwilligen Verlauf, der als solcher bereits höchst bemerkenswert ist und einer eigenen Erklärung bedarf.

Alles nämlich, wovon jetzt die Rede ist, geht auf eine Kaskade von Bildern hinaus, in denen der *Jüngling* aus seinem erst jammervollen, dann tödlichen, nunmehr phlegmatischen Zustand sich hinüberbegibt in den Status eines zukünftigen messianischen Herrschers, der seine Weihe empfängt im *Heiligtum* der vier *Könige*, das seinerseits wieder unter dem *Fluß* hindurch an die Stelle des alten *Fährmann*es rückt – man muß diese Symbolfolge nur aufzählen und man begreift sogleich, daß sie ebenso vielschichtig wie im Grunde einfach einen einzigen »Vorgang« beschreibt: wie der *Jüngling* selber zu einem »König«: – zu einer freien, souveränen, mündigen, starken, in sich geschlossenen Persönlichkeit wird. Das *Märchen* rundet sich zum Finale. Doch wie?

Den rechten Weg, versteht sich, kennt allein der *Alte* mit der *Lampe*; er zeigt ihn auf, ja, er öffnet ihn wie ein Bergmann, dem sich der Fels wie magisch, nicht unter mühsamem Einsatz von Hammer und Schlägel, sondern im bloßen Schein des Geleuchts sich erschließt. Auch dieses Bild erinnert an biblische Vorstellungen, etwa wenn Jesus im *Markus*-Evangelium (11,23) erklärt, alles erfülle sich dem vertrauensvoll Betenden; wenn er zu diesem Berg da sage: Hebe dich hinweg und stürze dich ins Meer, so geschehe es augenblicklich[161]. Desgleichen sprechen die Märchen gerne davon, wie Berge vor den Füßen verschwinden[162] oder wie sie, im Gegenteil, bestimmte Personen in ihrem Inneren einschließen[163]. Stets lassen sich die »Berge« dabei als unüberwindliche Hindernisse oder als unabwendbare Strafen begreifen, die einen falschen Weg verstellen oder beenden, die aber sogleich aufhören, »Hindernisse« zu sein, sobald jemand »die Sache« »richtig« angeht. »Richtig« bedeutet dabei stets so viel wie: angstfrei, unehrgeizig, demütig, selbstlos ... *Hier*, im *Märchen*, besteht die Kraft, die das »Gebirge« öffnet, in der Wunder*lampe* des *Alten,* nach unserer Deutung also in einer Besinnung auf das eigene Wesen, in der »Erleuchtung« der »Vernunft«.

Um so verwunderlicher ist es, daß der *Alte* jetzt ausgerechnet die *Irrlichter* geradezu *ehrerbietig* anredet und sie auffordert, *die*

Pforte des Heiligtums zu *öffnen*, die sonst *niemand aufschließen* könne. Man vermag diese ungewohnte Hochachtung wohl nur damit zu erklären, daß die »*Irrlichter*« inzwischen ihre Rolle noch einmal »geläutert« haben: aus den zynisch-frivolen Gold-Schluckern mit ihren »zwielichtigen« und zweideutigen Späßen sind mittlerweile wirkliche Partner der »Vernunft« geworden. Nicht nur ihre Aufgabe hat sich dadurch gewandelt, es wird jetzt überhaupt erst sichtbar, wozu diese Tunichtgute von einst im Grunde fähig sind, und jetzt erst wird zugleich deutlich, womit wir es in ihrer Gestalt die ganze Zeit über zu tun hatten: Unter den geistigen Fähigkeiten, die sie jetzt, beim »Öffnen« des *Tempel*zugangs, verkörpern, kommt ihnen – in der Sprache IMMANUEL KANTS – jener Bereich zu, der dem *Verstand* vorbehalten ist. Er ist die Fähigkeit, die Gegebenheiten der endlichen Welt nach seinen Kategorien zu erfassen und zu erkennen und damit an die Grenze heranzuführen, da das Heilige beginnt.

Um nicht mißverstanden zu werden, sollten wir sogleich betonen, daß die *Irrlichter* bislang durch alles andere als durch ein »verständiges« Betragen sich auszeichneten; Figurationen des Verstandes *sind* sie nicht, dazu *werden* sie erst jetzt, da sie von dem *Alten* mit der *Lampe*, von der »praktischen Vernunft«, wie wir sagten, in Dienst genommen werden. Der menschliche »Geist«, müssen wir sagen, erscheint nach Auskunft des *Märchen*s solange *irrlichte*lierend: »haltlos«, »schwebend«, »zwiespältig« und »unernst«, als er nicht dem Auftrag der »Vernunft« unterstellt wird. Diese Auffassung entspricht der KANTischen These, daß der »Verstand« ein »Licht« auf die Wirklichkeit werfe, das stets in Gefahr stehe, in die »Irre« zu führen, weil es in sich selbst widersprüchlich (dialektisch) sei: Alle Erkenntnisse des Verstandes mögen dazu beitragen, die Welt genauer in den Begriffen der Wirkursächlichkeit zu erklären, doch machen sie keinen »Sinn«; auf all die Fragen, die für das menschliche Leben wesentlich sind, weiß der Verstand keine oder nur falsche Antworten zu erteilen: Was ist der Mensch? Was muß ich tun? Was darf ich hoffen? Auf Probleme dieser Art bleibt der Verstand stumm, wofern er nicht eine rein nihilistische Aufklärung bereithält, die wie ein Hohn wirken muß angesichts der Not, die sich in solchen Fragen verbirgt. Erst wenn der Verstand von der Vernunft *geführt* wird und von dort seine Aufgabe erhält, wird er wirklich »verständig«, indem er selber rein instrumentell sich »versteht«. Aber natürlich ist die Zuordnung von »Vernunft« und »Verstand«, von Weisheit und Wissen, von Einsicht und Ansicht nicht ein bloß abstrakt-philosophisches Thema; in Wirklichkeit bedarf es eines langen persönlichen Reifungsprozesses, wie das *Märchen* ihn schildert, ehe der *Alte* mit der *Lampe* den *Irrlichtern* sagen kann, wozu sie nutze sind.

Bezeichnenderweise ändert sich an dieser Stelle des *Märchens* noch einmal die Reihenfolge der Akteure im »Fortgang« der Erzählung. Der *Alte*, der eben noch das »Schlußlicht« des Zuges (des »Psychopompos«) bildete und mehr die Rolle eines bloßen Reflexionsmomentes im nachhinein spielte, übernimmt jetzt deutlich an der Spitze die Führung, während die *Irrlichter* sich *anständig* verneigen und bescheiden zurückbleiben. Rein *mechanisch*, noch ohne eigenen Willen, folgt der *Jüngling;* und auch *Lilie*, die hinter ihm hergeht, fühlt sich noch *ungewiß* und hält sich still und distanziert von ihm, während *die Alte*, die aus Sorge um den Verlust ihrer Hand nicht aus dem Schein der *Lampe* ihres Gatten treten möchte, sich irgendwo vorne aufhält; die *Irrlichter* indessen, die den Zug nun beschließen, neigen *die Spitzen ihrer Flammen* zusammen und scheinen miteinander zu *sprechen*. Ihre bis dahin so vorlaute Intellektualität ist nicht nur auf den letzten Platz verwiesen, sie ist auch nachdenklicher, dienstbereiter, dialogischer, weniger widersprüchlich geworden. Dabei bleibt es in Gestalt *der Alten* offenbar ein Problem, wie die Fähigkeit zu handeln, ohne Rücksicht darauf, ob es gesehen wird oder nicht, sich auf Dauer erhalten könnte ohne die ständige »Ausstrahlung« des »Gewissens« beziehungsweise der »praktischen Vernunft«, deren Urteil wesentlich dazu bestimmt ist, dem *Tempel* näherzubringen. Die Hauptfrage freilich scheint in all dem nach wie vor ungelöst, was den *Jüngling* dazu bestimmen könnte, innerlich »beseelt« zu existieren, wo doch die *schöne Lilie* in ihrer Unsicherheit ihm im entscheidenden weder helfen kann noch soll.

Es ist als Antwort grad auf diese Frage zu verstehn, wenn nun der Seelen«fortschritt« an das *Heiligtum* im Inneren (der »Erde«) anlangt. Die Rede bereits von dem *ehernen Tore* verrät biblisch-messianisches Format: »Hebet, ihr Tore, euere Häupter, denn es naht sich der König der Herrlichkeit«, Jahwe als machtvoller Krieger, verkündet der 24. Psalm (Vers 7.9) und fragt: »Wer darf stehen an der heiligen Stätte des Herrn?« Antwort: »Der unschuldige Hände hat und reinen Herzens ist.« (Psalm 24,3.4)[164] Das GOETHESCHE *Märchen* hat den Klang dieser Worte im Ohr, doch sein Mund spricht mit ihnen ein gänzlich Neues aus.

Als ein Gegenbild zu dem Zentralgebäude des römischen Kirchenstaats, als ein Sinnbild wahrer »Wiedergeburt« in Gestalt des *alt*römischen Pantheon galt uns bisher dieser *Tempel*; doch der biblische Anklang der Einzugsworte von der *ehernen Pforte* zeigt, daß es dem *Märchen* nicht allein um die Erneuerung einer bestimmten Konfession (des Katholizismus) oder Religion (des Christentums) zu tun ist, sondern daß ihm an einer Neubesinnung und Neubestimmung des »Heiligen« überhaupt gelegen ist. Nicht ein Gott als »Kriegsheld« und »Herr der Heerscharen« zieht hier in sein Heiligtum ein, sondern ein suchender Mensch, ringend um »Einsicht« und verlangend nach Liebe.

Was verdient, heilig genannt und als ein Heiligtum verehrt zu werden? Diese Frage besitzt in unseren Tagen eine unerhörte Aktualität, ging doch das ganze 20. Jh. mit einer fortschreitenden Entheiligung des für »heilig« Geglaubten einher. Die Zeiten, da Tiere, Wälder, Flüsse und Berge den Menschen »heilig« waren, ist lang schon dahin; jedem, der's kaufen will, steht wohlfeil die gesamte Natur zu Gebote: – was Schönheit, Erhabenheit, Weisheit und Größe! Die Urwälder Amazoniens sehen wir nicht länger mehr mit den Augen ALEXANDER VON HUM-

BOLDTS[165] als Dome und Kathedralen, welche die Gottheit sich selber erschuf, wir sehen in ihnen Rohstoffe, Erschließungsgebiete und Märkte für die jeweils Meistbietenden. Den Petersdom niederzureißen für eine Autobahntraße gälte für Frevel, doch wenn deutsche Firmen zur Urangewinnung in Australien die heiligen Berge der Mirrar[166] aufgraben, gilt das als verantwortlich, nützlich und gut. Die besten Erkenntnisse des Verstandes, die wir mit Hilfe der Naturwissenschaften gewinnen, nutzen wir nicht, um uns selber als Menschen in Weisheit und Güte neu zu »erbauen«, sondern um aus ihnen Technologien zur Gewinnung von immer mehr Macht und Geld abzuleiten. So »finden« wir nichts mehr, so zerstören wir alles, am Ende uns selber. Denn auch daß der Mensch dem Menschen ein »Heiligtum« sei, ein »Zweck an sich selbst« nach der Meinung IMMANUEL KANTS[167], wirkt antiquiert angesichts des »Fortschritts«, mit dem wir das wachsende Wissen um den Menschen wesentlich dazu verwenden, immer größere Menschenmassen in Konsumenten von Produkten und Informationen, in Objekte von Meinungsmanipulationen und Marktstrategien sowie in ein Heer von Aktionären und Arbeitssklaven im Rahmen eines globalen Konkurrenzkampfes zwischen einigen wenigen Banken und Kapitaleignern zu verwandeln. Die *Ambivalenz* bloßer Verstandeserkenntnis, die »Zweiflammigkeit« aller *Irrlichter* ohne Lenkung und Führung durch die Vernunft steht jedem vor Augen. Doch die »herrschenden« Religionsformen (mit Ausnahme vielleicht des Buddhismus) haben sich an der verheerenden Ausbeutung von all dem, was einmal für »heilig« galt, in einem solchen Umfang selber beteiligt, daß 200 Jahre nach der Entstehung von GOETHES *Märchen* die Frage sich nur um so dringlicher stellt, wie das »Heiligtum« in der »Tiefe« der Welt und des Menschen neu oder besser: zum ersten Mal wohl sich »erschließen«, in die Wirklichkeit »überführen« und (ins Bewußtsein) »heben« ließe. – Fest steht schon jetzt: nur in einem solchen *Heiligtum* vermag ein Mensch wirklich »heil« zu werden, und nur mit einem solchen »heil« gewordenen Menschen vermag das *Heiligtum* den *Fluß* zwischen Traum und Tag zu »unterqueren«, um vor den Augen aller offenbar zu werden. Während nach biblischer Vorstellung der Messias einen Tempel betritt, der dem Gott, der ihn zu seinem königlichen Stellvertreter (zu seinem »Sohn«) berufen hat, errichtet wurde, gelangt im *Märchen* der *Jüngling* allererst beim Betreten des *Heiligtums* dahin, seine verlorene Königswürde zurückzuerwerben. Dann aber erscheint der *Jüngling* selbst als ein messianischer Heilbringer, als der Garant eines glücklich vermenschlichten Zeitalters, als der Inbegriff und Vermittler der lang ersehnten neuen Ordnung der Welt.

Eine unabdingbare Voraussetzung all solcher Herrlichkeit besteht allerdings in dem Dienst, den die *Irrlichter* nun verrichten, indem sie *mit ihren spitzesten Flammen* das goldene *Schloß und den Riegel* aufzehren, die den Eingang der *Tempel*s versperren. Aller Reichtum, der kulturell je gesammelt wurde, alle Neugier und aller Wissensdurst kann, wenn dieses Bild stimmt, nichts Besseres besorgen, als die *Pforte* zu öffnen, hinter der diese Welt sich als ein verborgenes Heiligtum zu erkennen gibt. Alles »glühende« Forschen, alle *spitz* und »scharfzüngig« gestellten Fragen des Verstandes dienen im letzten der Aufgabe, die Tür zu erschliessen, die in das Innere eines *Tempels* führt.

Durch diesen Dienst erst verstehen wir das Wesen der *Irrlichter* ganz: Erscheinen ihre bitter-spaßige Ironie und ihr selbstzufriedenes Gelächter im Rückblick jetzt nicht als bloßes Zeichen für *das notwendige Ungenügen* an einer Welt, die, nach dem Urteilsvermögen reiner Verstandeserkenntnis, »Heiliges« an der Oberfläche ihrer »Erscheinungen« (ihrer »empirischen Phänomene«) nicht aufweisen *kann*? Entstammte ihre lästermäulige Art, so gesehen, nicht nur dem Versuch, die Wände der Wirklichkeit auf die Hohlräume hinter der Fassade abzuhorchen, um desto sicherer dann die verborgene Kammer des Heiligtums aufzuspüren? Und deutete ihr frivoler Charme nicht von Anfang an auf ein tieferes Verlangen wirklicher Liebe hin? Nicht ein zaghafter, dogmatisch geduckter und kirchenamtlich gemaßregelter Verstand hat das Zeug, unter Führung der Vernunft an die *Pforte* des Göttlichen zu rühren, um die

Riegel zum *Heiligtum* zu öffnen, einzig die fröhliche Vorurteilsfreiheit und respektlos-»aufrechte« Art der *Irrlichter* vermag das; und wir werden sogleich sehen, wie auch ihre freche Zudringlichkeit zu unschätzbarem Nutzen gereichen kann. Kaum nämlich springen die *Pforten* des *Heiligtums* auf, da erscheinen *die würdigen Bilder* der vier Könige vor den Eintretenden, und wenn auch die *Irrlichter* vor ihnen zu *krausen Verbeugungen* sich bereitfinden, so werden wir doch ihr erneut ambivalentes Verhältnis gegenüber Herrschaft und Macht in Bälde schon als ein kritisch nützliches Potential zu würdigen haben.

Erstaunen mußte es uns ja bereits zu Anfang des *Märchens*, daß im Inneren dieses *Tempels* nicht das Bild eines Gottes oder zumindest die bilderlosen Nischen aller nur erfindlichen Götter im Schein der *Lampe* des *Alten* dem Betrachter sich darboten, sondern daß *Könige* in diesem *Tempel* als die Verkörperungen des Heiligen auftraten. Wir sind aus der Geschichte gewohnt, daß die Mächtigen der Erde zu ihrem Ruhme Kathedralen errichten lassen und Bischöfe designieren, daß sie dekretieren, was für »heilig« und unheilig zu gelten hat, daß sie als die »ersten« Frommen im Lande sich preisen lassen; doch glaubt noch an Gott, wem die Macht selber göttlich ist? Was verdient, Macht zu haben, und wie müßte die Macht beschaffen sein, um als Träger von Göttlichem wirklich zu taugen? Basieren die Machtansprüche der Herrscher nicht lediglich auf der Bedeutungsverleihung, mit der die Sehnsucht der Menge sie umkleidet? Die »Könige« in GOETHES *Märchen* jedenfalls sind als erstes Gestaltungen der menschlichen Seele, die darauf warten, geläutert in der Person eines wahr gewordenen Menschen in ihrem Heiligtumsraum nach außen treten zu können.

Beide Bewegungen: die der Einkehr wie die der Auskehr, verschränken sich zu diesem Werk wechselseitig, und jede stellt die Entsprechung zu einem der »Könige« dar. Erneut geht von den *Königen*, diesen Zentralgestalten dessen, was in der menschlichen Seele Macht und Einfluß besitzt[168], eine Dreierstaffel von Fragen aus. Der *goldene König*, den das *Märchen* selber als Verkörperung der *Weisheit* bezeichnet, stellt die Frage nach dem »*Woher*«, und wenn der *Alte* darauf antwortet: »*Aus der Welt*«, so zeigt sich, daß einzig in dieser Bewegungsrichtung, von draußen nach drinnen, sich der »Weisheit« begegnen läßt; nicht die Verstreuung an die Welt, sondern die Sammlung im Inneren lehrt einen Menschen, die Dinge, statt sie rein äußerlich kennenzulernen, in ihrem Wert, in ihrer Wahrheit zu erkennen.

Aber das Leben ist nicht nur »Einatmen«, es ist auch »Ausatmen«, auch Sich-Verströmen. Neben dem *goldenen König* erhebt sich, als komplementärer Gegensatz, der *König aus Silber*; seine Frage zielt bezeichnenderweise in die genau umgekehrte Bewegungsrichtung, in das *Wohin;* das muß so sein, denn dieser *König*, verrät uns das *Märchen*, verkörpert den *Schein*. Dieses Wort hat zum Teil erst in der Erkenntnistheorie KANTS mit der Unterscheidung von Schein und Erscheinung die pejorative Bedeutung erhalten, die ihm heute noch zukommt. Das »Scheinen« des *silbernen Königs* im *Märchen* hingegen ist nichts als ein Strahlen aus innen, ein Offenbarwerden des Wesens, eine Manifestation des Seins (ohne Rücksicht auf die Bedingungen der Wahrnehmung in einem erkennenden Subjekt, wie sie in KANTS Begriff der »Erscheinung« analysiert wurden); der *silberne König* ist gewissermaßen das Gold der Weisheit, das den Augen der Menge als Wahrheit sichtbar wird, er verkörpert die Form, in welcher Weisheit nach außen zu Wirksamkeit kommt.

Doch läßt sich etwas wirken ohne den *Willen*? »*Was wollt ihr bei uns?*« fragt der *eherne König*. Er sei, sagt das *Märchen*, die Verkörperung der *Gewalt* – ein Wort wiederum, das im heutigen Spachgebrauch eine andere, negativere Färbung angenommen hat, als ihm in der GOETHE-Zeit zukam. »Gewalt« bezeichnet ursprünglich die Einheit des »Waltens«, die Durchsetzung des nach Weisheit und Wahrheit ausgerichteten Wollens gegen etwaige Widerstände. Wieviel an Machtmißbrauch, mag man fragen, muß zu der Brutalisierung des Gewalt-Begriffs in der Zwischenzeit beigetragen haben? Was »Gewalt« im eigentlichen Sinne bewirken sollte, erläutert noch einmal in seiner Antwort der *Alte*: sie sollte die Weisheit und Wahrheit, als ergänzendes Drittes zu dem *König aus Silber*, durch die Welt *begleiten*, was so viel bedeutet wie: zur Wirklichkeit bringen, beschützen, zum Durchbruch verhelfen.

Aber, mag mancher, enttäuscht vielleicht, fragen, ist das alles denn mehr als ein bloßes Wunschkabinett? Schon in der Einleitung wurde uns schließlich in Aussicht gestellt, die Stunde sei da, eine ganze Welt zu verändern, und jetzt erfahren wir wieder nur, wie sie beschaffen sein *müßte*, um menschenwürdig zu *werden*. Natürlich sollten Weisheit und Wahrheit die Wirklichkeit leiten, doch schon das »sollten« zeigt an, daß sie's mitnichten tun. Ist das *Märchen* nicht eben doch nur ein »Märchen«, eine Erzählung, die suggeriert, daß bloßes Wünschen schon helfen könnte?

Die Entgegnung auf solche durchaus berechtigten Zweifel und Einwände bietet die unmittelbar folgende Szene. Es ist wahr, daß das »Wünschen« allein nicht die Wirklichkeit wandelt, doch die innere Einstellung verändert es schon, und zwar wesentlich, und damit dann doch, so viel an uns liegt, wohl auch die Art der Geschichte, die Auffassung von Politik, den Umgang mit den Gegebenheiten der Welt, das Verständnis von Leben und Religion – im Rahmen einer rein idealistischen Betrachtungsweise (in der das Bewußtsein das Sein bestimmt) am Ende buchstäblich »alles«! Es sind ein letztes Mal die *Irrlicher*, an denen diese Wandlung des Bewußtseins und damit der Wirklichkeit deutlich wird.

Gleich nach Betreten des *Tempels* nämlich haben die *Irrlichter*, während gerade *der gemischte König* zu reden anhebt, Gefallen gefunden am *Golde* des ersten der *Könige*, doch sein *Gold*, erklärt dieser schroff, *ist nichts für* ihren *Gaum(en)*. Was sich in diesen wiederum heiter und anmutig wirkenden Worten verbirgt, ist die Beschreibung einer Gefahr, die jederzeit lauert und die, wie es scheint, gewohnheitsmäßig sich allerorten ereignet; gemeint ist die ungeheuerliche Möglichkeit, daß die Herrschaft des Verstandes alles *Gold* der *Weisheit*, dessen Herkunft letztlich der *Lampe* des *Alten* (dem inneren Licht des Gewissens) entstammt, begierig in sich hineinschlingt und damit den *goldenen König* selbst zum Verschwinden bringt. Diese Gefahr, von der da die Rede geht, ist absolut tödlich. Wie sieht eine Welt aus, in der alles, was einmal Weisheit war, von den Ansprüchen einer rein objektiven, verstandesmäßigen Auslegung der Wirklichkeit ausgezehrt ist? In der die Frage nicht länger gilt, was menschlich stimmt, sondern was im Kalkül von Effizienz und Erfolgsmaximierung zu »machen« ist? Ja, in der die »Machbarkeit« selbst schon alle Hemmnisse von Rücksichtnahme und Vorsicht hinwegspült und unterschiedslos alles, was möglich ist, auch zu verwirklichen trachtet – soll doch die »Zukunft« entscheiden, was daraus wird! Es ist der *goldene König* selbst, der den *Irrlichter*n gegenüber die Grenzen der Gier mit dem Spruch der Weisheit markiert: An *geprägtem* Gold mögen sie, so viel sie nur wollen, sich gütlich tun, doch die Quellen des »Golds« zu verschlingen – das steht ihnen nicht zu, das *dürfen* sie nicht! Nie werden Verstand und Weisheit dasselbe sein.

Gewußt hat das bereits um 500 v. Chr. der wirklich weise LAOTSE; hätte GOETHE ihn gekannt, er hätte ihn gewiß mehr noch gerühmt als alle Dichter und Weisen des arabisch-persischen Orients. Dieser große, bis heute stets im verborgenen wirkende Chinese konnte in unübertrefflicher Meisterschaft in seinem Buche *Tao te king*[169] den Wesenswiderspruch von Verstandesneugier und einfältiger Weisheit in die Worte kleiden: »Der Weise ist nicht gelehrt, der Gelehrte ist nicht weise.« Und: »Wer das Lernen übt, vermehrt täglich. Wer den *Sinn* übt, vermindert täglich… Das Reich erlangen kann man nur, wenn man immer frei bleibt von Geschäftigkeit.« Jeder Mensch muß sich hüten, daß die *Irrlichter* in ihm nicht den *goldenen König* verzehren!

Deutlich anders steht es mit dem *silbernen König*. Ihm sind die *Irrlichter willkommen*, doch kann er sie selbst nicht *ernähren*, vielmehr wartet er darauf, daß sie ihm selbst etwas von ihrem gelblichen Goldlicht von *auswärts* zutragen. Die Wahrheit, die in die Wirklichkeit strahlt, vermag, diesem Bilde zufolge, des verständigen Urteils nicht zu entraten; sie gründet sich nicht darauf, sie bleibt, was sie ist: ein reiner Abglanz der Weisheit im Innern, doch braucht sie den Schimmer des praktischen Verstandes, um sich in der Welt zu bewähren. Um es so zu sagen: Tausend Verstandeserkenntnisse ergeben noch keine Wahrheit, doch der Standpunkt der Wahrheit gilt nicht abstrakt; er muß sich verbinden mit dem Licht des Verstandes, um wirklich zu gelten. Weisheit, die als Wahrheit erstrahlt, und ein Wissen, das die Wahrheit beglaubigt, – ein solches Verhältnis verrät uns die neue, endgültige Rollenzuweisung, die den *Irrlichtern* in einer »erlösten« Welt zuteil wird.

Keinerlei Kontakt, ja, völlige Gleichgültigkeit erfahren seltsamerweise die *Irrlichter* von dem *ehernen König*, der Verkörperung dessen, was das *Märchen* als *Gewalt* bezeichnet und was, wie wir sagten, doch nichts ist als der Wille zum Tun von Weisheit und Wahrheit. Woher diese Unbezogenheit stammt, läßt sich nicht einfach sagen. Warum sollte das »Licht« der Verstandeserkenntnis nicht dem praktischen Handeln, wie die *Lampe* des *Alten* den *Irrlichtern* selbst, mancherlei Wege erschließen? Ist es wirklich »weise«, wenn der *bronzene König* die neu gewonnene Dienstbarkeit der *Irrlichter* nicht zu nutzen versteht? Offenbar braucht der *eherne König* die Hilfe der *Irrlichter* wirklich nicht, wofern sie bereits den *silbernen König* mit ihrem Goldschein »erleuchtet« haben.

Übrig bleibt ihnen lediglich noch die Gestalt des *gemischten Königs*. In ihm erkannten wir bereits die Karikatur der gegenwärtigen Form »realpolitischer« Herrschaftsausübung – eine Legierung richtiger Elemente in falscher Zusammensetzung, ein Chaoszustand des Geistes, bedingt durch einen Machtwillen, für den Weisheit und Wahrheit, Gold und Silber, nichts sind als Mittel der Täuschung und Propaganda, eine Haltung, die, stets überanstrengt, schon *auf* den *Füßen steht*, nur um eine »Standfestigkeit« vorzugaukeln, die infolge der inneren »Ungeklärtheit« und »Unaufrichtigkeit« nurmehr eine eitle Pose bleiben muß. Dieser *vierte König*, das wissen wir, muß endlich verschwinden, sonst wird das neue Zeitalter niemals anbrechen können; doch welch eine entscheidende Rolle dabei ausgerechnet die *Irrlichter* spielen, wissen wir noch nicht. Klar ist nur: die Wende ist da; sie ist unvermeidlich.

»Es ist an der Zeit«

»Wer auf den Zehen steht, steht nicht fest. Wer mit gespreizten Beinen geht, kommt nicht voran. Wer selber scheinen will, wird nicht erleuchtet. Wer selber etwas sein will, wird nicht herrlich. Wer selber sich rühmt, vollbringt nicht Werke.« Diese Worte des chinesischen Weisen LAOTSE[170] decken sich sinngemäß mit der Antwort, die im *Märchen* der *Alte* dem ehrgeizigen, wichtigtuerischen *vierten König* erteilt, indem er ihm erklärt, die Zukunft werde erweisen, was wirklich »Bestand« habe, – er, der *gemischte König*, ganz gewiß nicht! Doch entscheidend an den Worten des *Alten* ist die Zeitbezogenheit, mit der er seine an sich zeitlos gültige Wahrheit ausspricht: »*Es ist an der Zeit.*« Zum drittenmal und damit endgültig verheißt er die Zeitenwende und führt sie nach der *regula de tri* damit selber herbei.

Das Motiv von der Zeit, die endlich »gekommen« ist, entstammt ohne Zweifel der alttestamentlichen Prophetie, in der die Ankunft des großen Gerichtstages Gottes eine zentrale Rolle spielt[171]. Im Neuen Testament hat besonders das *Lukas*-Evangelium die Idee von der Zeitenwende, von der »Mitte der Zeit«[172], mit dem Auftreten JESU verknüpft, indem es die eschatologischen Erwartungen Israels in ihm als »erfüllt« betrachtete[173]. Vor diesem Hintergrund müssen die Leichtigkeit und Selbstverständlichkeit, mit denen das *Märchen* die überkommenen biblisch-christlichen Vorstellungen umdeutet, erneut verblüffen. Das »Heil«, erklärt denkbar unbefangen zwischen den Zeilen das *Märchen*, kommt nicht, weil irgend jemand vor beliebig langer Zeit gekommen wäre und die Welt geändert hätte; – das Problem besteht ja gerade darin, daß sich so wenig, eigentlich gar nichts seit den Tagen des »Erlösers« auf Erden geändert hat – es sei denn zum Schlechteren! Es ist auch nicht möglich, von einem »objektiv« bestehenden »Heil« der »Welt« zu sprechen und sich dabei, statt auf die eigene, auf eine fremde Existenz zu beziehen. Nicht wer JESUS (oder BUDDHA oder MOHAMMED) waren, sondern wer wir selber sind, entscheidet darüber, in welch einer Welt wir uns vorfinden, – ob wir in sie eintreten als in ein *Heiligtum* oder ob wir uns in ihr vorfinden wie lebendig Tote im Zustand vermeintlich unüberwindlicher Entfremdung und Zerrissenheit.

Was denn bedeutet es, den *Tempel* zu »betreten«, in dem Moment, da »es an der Zeit ist«? FRIEDRICH SCHILLER hat die Ersetzung des vatikanischen Petersdoms durch das *Heiligtum* des *Märchens* einmal in eine Aufforderung gekleidet, die der alten Religion eine bündige Sinndeutung verleiht, indem sie ihr eine vollständige »Standortveränderung« zumutet; in einem Zweizeiler läßt er den Petersdom selber zu dem Gläubigen sprechen:

> Suchst du das Unermeßliche hier, du hast dich geirret:
> Meine Größe ist die, größer zu machen dich selbst.[174]

Besser läßt sich der Sinn des Bildes vom »Ortwechsel« des *Tempels* in GOETHES *Märchen* nicht wiedergeben. Auch was es bedeutet, »aus der Welt« *heraus*zutreten, um den Anbruch einer neuen Zeit vorzubereiten, hat SCHILLER in einem Gedicht zum *Auftritt des neuen Jahrhunderts*[175] erläutert: Nachdem er den kriegerischen Imperialismus der Großmächte seiner Zeit und die Friedlosigkeit der Welt zu aller Zeit in bittern Worten beklagt, weiß er am Ende keine bessere Empfehlung zu geben, als der Feststellung Folge zu leisten:

> In des Herzens heilig stille Räume
> Mußt du fliehen aus des Lebens Drang:
> Freiheit ist nur in dem Reich der Träume,
> Und das Schöne blüht nur im Gesang.

Es ist sehr wichtig zu betonen, daß der Gang des *Märchens*

gerade beschreibt, wie der herzenseinfältigen Einkehr aus der Welt die Rückkehr in die Welt um so herzhafter und herzlicher zu folgen vermag; die Kraft dazu freilich, erklärt es, schenke einzig die Liebe. Kaum hört die *schöne Lilie*, nunmehr zum dritten Mal, das Wort des Alten: *es* sei *an der Zeit*, da fällt sie ihm *um den Hals und* küßt *ihn aufs herzlichste.* Wenn, darf man sagen, die reine Liebe und die »Erleuchtung« des eigenen Wesens sich umhalsen und umarmen, so verändert sich alles; so gewinnt die gesamte Menschheit einen neuen Standpunkt; so zeigt sich das so schmählich verschüttete *Heiligtum* des Lebens in nie erschautem Glanze vor aller Augen. »Gerechtigkeit und Frieden küssen sich«, verheißt die Bibel einmal, um das Glück einer Welt zu beschreiben, die endgültig an das Ziel ihrer Bestimmung gelangt ist (Ps 85,11). In dem *Märchen* wird diese Prophezeiung als »erfüllt« angenommen, doch nicht indem bestimmte moralische Prinzipien, die immer wieder einander auszuschließen scheinen, wie »Friede« und »Gerechtigkeit«, zueinanderfinden, sondern indem zwei menschliche Personen (beziehungsweise zwei Seelenteile in ein und derselben Person) sich miteinander verbinden.

Daß *Tempel* erfüllt sind mit *Liebespaaren*, ist der jüdisch-christlichen Frömmigkeitshaltung stets als ein zu bekämpfender Greuel erschienen. Anders die »heidnischen« Religionen. Die religiöse Lyrik Indiens beispielsweise gestaltet die Liebe der Hirtin *Radha* zu dem als *Krishna* menschgewordenen Gotte *Vishnu* in ebenso sinnenfrohen wie mystischen Liedern und Gedichten aus, in denen die Verschmelzung der Seele mit ihrem Gotte gefeiert und besungen wird[176]. Völlig undenkbar hingegen ist es und war es, daß so etwas wie das *Hohelied Salomos* in einem christlichen »Gotteshaus« als gottesdienstliches Tun sich würde aufführen können, – allein schon das »Lilien«- und Madonnen-Ideal der Frau stand solcher Derbheit des Fühlens entgegen. Gewiß ist auch das Bild der *schönen Lilie*, die dankbar den *Alten* umarmt, noch weit entfernt von einem freudigen Freispruch erwachsener Liebe zwischen Mann und Frau – eher erinnert die Szene an eine Zuneigung zwischen

Tochter und Vater, wie sie in den *Wahlverwandtschaften* zwischen *Ottilie* und *Eduard* spielt; und doch leitet gerade diese Umarmung und dieses Sich-Festhalten der *schönen Lilie* an dem *Alten* die erdbebenartige Erschütterung ein, die den entscheidenden Standortwechsel bewirkt.

Man wird es nicht anders denn als Affront verstehen können, wenn die *schöne Lilie* gerade an dieser entscheidenden Stelle des *Märchens* den *Alten* mit *Heiliger Vater* anredet. Ganz offen geht es bei diesen Worten um nicht mehr und nicht weniger als um eine Umwertung eben der Institution und des Amtes, in denen bis heute der römische Papst als Monarch des Kirchenstaats sich gefällt: Er, so beansprucht er, ist der Stellvertreter Gottes auf Erden, und so empfindet er es nicht als Gotteslästerung, wenn er das Wort, mit dem im »hohenpriesterlichen Gebet« des *Johannes*-Evangeliums (17,11) JESUS seinen und unseren Vater anredet[177], in frivolem Spiel um absolute Macht auf sich selber bezieht. Das *Märchen* greift die Formel vom *Heiligen Vater* bewußt auf, um damit in aller Schärfe den Mißbrauch göttlicher Prärogative zum Zwecke vatikanischer Selbstüberhöhung in Frage zu stellen. Wenn etwas mit göttlichen Begriffen bezeichnet zu werden verdient, so ist es nicht eine Nachfolgegestalt des römischen Kaiserkultes im Gewande des »Christus«, so ist es allein das »Licht«, das ein jeder als Wesensbild seiner selbst im eigenen Herzen trägt. Indem die *schöne Lilie* den *Alten* mit *Heiliger Vater* anredet, anerkennt und bekennt sie sein Licht als das einzige wahrhaft göttliche. Und eben mit diesem Akt kommt Bewegung, *wie* in *ein Schiff*, in den *Tempel*!

Worin diese »Bewegung« des *Tempels*, die der *Alte* vermittelt, inhaltlich nun des näheren besteht, wird im *Märchen* trotz aller wortreichen Beschreibung nicht so recht klar; es ist, als sollte der Leser sich selber eine Vorstellung davon verschaffen, was mit ihm geschieht, wenn er dieser »unterirdischen« Tempel-Schiffsreise sich anschließt. Es war erneut FRIEDRICH SCHILLER, der in dem Gedicht von den *Vier Jahreszeiten*[178] auf seine Weise ein Bild des *Alten* gemalt hat, wie er den Gang der Zeit kündet und jeden noch so kleinen Winkel des menschlichen Lebens mit dem Schein seiner *Lampe* in ein Pantheon heiliger Weltfrömmigkeit wandelt; sein »kindliches«, ewig junges und doch uralt-weises Wesen verhilft ihm, ganz wie im *Märchen*, Einsicht und Übersicht über den Ablauf der menschlichen Geschichte zu gewinnen; SCHILLER sagt von ihm, den er als musenbegnadeten Künstler und Dichter schildert:

> Ihm gaben die Götter das reine Gemüt,
> 	Wo die Welt sich, die ewige, spiegelt,
> Er hat alles gesehn, was auf Erden geschieht
> 	Und was uns die Zukunft versiegelt;
> Er saß in der Götter urältestem Rat
> Und behorchte der Dinge geheimste Saat.
>
> Er breitet es lustig und glänzend aus,
> 	Das zusamengefaltete Leben,
> Zum Tempel schmückt er das irdische Haus,
> 	Ihm hat es die Muse gegeben;
> Kein Dach ist so niedrig, keine Hütte so klein,
> Er führt einen Himmel voll Götter hinein.
>
> Er kommt aus dem kindlichen Alter der Welt,
> 	Wo die Völker sich jugendlich freuten,
> Er hat sich, ein fröhlicher Wandrer, gesellt
> 	Zu allen Geschlechtern und Zeiten;
> Vier Menschenalter hat er gesehn
> Und läßt sie am fünften vorübergehn.

Damit das »fünfte«, das »letzte« Zeitalter indessen wirklich anbrechen kann, muß als erstes der Schaden des Christentums aus der Welt geschafft werden. Der Beginn des Christentums steht für SCHILLER, nicht anders als für GOETHE, in der Abfolge der vier Weltalter just an der Stelle des Allerschlechtesten und Allerschlimmsten, am Punkt einer Not, jenseits deren alles nur noch besser werden kann. Vielerlei Gründe sprechen dafür.

Denn es ist nicht nur, daß das Christentum die Welt entgöttlicht und entseelt hat, es hat auch, unter der Vorgabe, die Welt zu »heilen«, die Sinne und Gefühle des Menschen verteufelt und »abgetötet«, so daß schließlich nur noch, *irrlichter*gleich, haltlos und richtungslos die Welt der Gedanken, die Sphäre des »Verstandes« übrigbieb. Alle Freude, alles Jugend- und Jungenhafte erstarb; trübe Askese und betrüblicher Sadismus traten an die Stelle von Glut und von Leidenschaft, und die Liebe wanderte aus der Welt der Männer aus und fand ihr Reliquiar einzig im Herzen der Frauen. Die Liebe von ihnen und die Liebe zu ihnen wiederherzustellen, muß schon deshalb als die wahre »Bewegung« zur »Aufhebung« des alten *Tempels* in das Heiligtum der neuen Zeit erscheinen. In SCHILLERS Worten stellt sich die Einführung und die Abführung des Christentums in demselben Gedicht folgendermaßen dar:

> Die Götter sanken vom Himmelsthron,
>   Es stürzten die herrlichen Säulen,
> Und geboren wurde der Jungfrau Sohn,
>   Die Gebrechen der Erde zu heilen;
> Verbannt ward der Sinne flüchtige Lust
> Und der Mensch griff *denkend* in seine Brust.
>
> Und der eitle, der üppige Reiz entwich,
>   Der die frohe Jugendwelt zierte,
> Der Mönch und die Nonne zergeißelten sich,
>   Und der eiserne Ritter turnierte;
> Doch war das Leben auch finster und wild,
> So blieb doch die Liebe lieblich und mild.
>
> Und *einen* heiligen keuschen Altar
>   Bewahrten sich stille die Musen:
> Es lebte, was edel und sittlich war,
>   In der Frauen züchtigem Busen;
> Die Flamme des Liedes entbrannte neu
> An der schönen Minne und Liebestreu.

> Drum soll auch ein ewiges zartes Band
> Die Frauen, die Sänger umflechten,
> Sie wirken und weben Hand in Hand
> Den Gürtel des Schönen und Rechten.
> Gesang und Liebe in schönem Verein,
> Sie erhalten dem Leben den Jugendschein.

Den Hinweis auf die verjüngende Kraft der Liebe aufzugreifen, werden wir in Kürze schon Gelegenheit nehmen; an dieser Stelle haben wir noch einmal die Aufgabe, einer *schönen Lilie* zu würdigen: ihr Wesen als Frau erscheint als der Hort edler Sittlichkeit und Quelle aller Dichtung. Allerdings weiß GOETHES *Märchen* deutlicher als SCHILLERS Gedicht um die Erlösungsbedürftigkeit auch und gerade einer derart eingeengten und eingezwängten weiblichen Lilien-»Minne«. Erst wenn die »Flamme des Liedes« auf *Liliens Harfe* freudig entbrennt, vermag sie den immer noch wie benommen wirkenden *Jüngling* ins Leben zurückzurufen, und erst wenn der *Jüngling* zu sich selber erwacht, wird er den Fluch von *Liliens* Liebe nehmen; erst dann ist der *Tempel* wie ein versunkener Schatz aus der Tiefe »gehoben«.

Man hat diesen *Tempel* der *vier Könige* gern als das »Heiligtum« des künstlerischen Schaffens, als eine Art Musentempel interpretiert, von dem aus »die Kunst mit ihrem schönen Schein« »in dem neuen Jahrtausend das Glück der Völker gewährleisten werde«[179]. Doch stellt sich im *Märchen* die Frage nicht nach der formalen Erneuerung der Kunst, die Frage ist, wie sich die Quellen wiederherstellen lassen, aus denen die Kunst ihre Kraft und ihr Leben gewinnt. SCHILLER hat recht: die Musen konnten einzig im Tempel der Liebe Zuflucht finden, und wie dieser *Tempel* an den *Fluß* des Lebens zu stellen sei, ist das Problem.

Gerade weil schon die Architektur der »*Rotunde*« auf das romische Pantheon verweist und die Erinnerung an die persönliche »Erneuerung« GOETHES während des Aufenthaltes in Rom (1786–1788) so deutlich in das *Märchen* hineinspielt, braucht man nur die *Römischen Elegien* zu lesen, die, zeitgleich zu der Niederschrift des *Märchens* in SCHILLERS *Horen* veröffentlich wurden, und man erfährt in den klarsten Worten, was mit dem *Heiligtum*, das die Welt verändert, im Sinne GOETHES gemeint ist[180]. Formal in der Art römischer Liebeslieder, im Versmaß des Distichons, gestaltet, besingt GOETHE dort seine Erfahrung »befreiter Sexualität, die mit dem Namen einer römischen Geliebten Faustina konkretisiert wird, und der erfüllten, sinnlichen Liebe zu Christiane Vulpius in Weimar.« »Leitthemen der Elegien sind neben dem antiken Mythos die Verbindung von Rom und Liebe, wie im mehrfach durchgeführten Wortspiel Roma / Amor ... und die Spannung Natur/Kunst. Der für GOETHES Lyrik seit jeher konstitutive Zusammenklang von Poesie und Liebe wird in den Elegien deutlich erotisch aufgeladen«[181].

Doch geht es nicht nur um eine »Erotisierung der Kunst«, es geht vielmehr um das Bekenntnis, daß die Fähigkeit zur Kunst, daß der Inhalt der Religion, daß die Überwindung des Gegensatzes von Sinnlichkeit und Sittlichkeit dem Menschen einzig durch eine Liebe geschenkt werden kann, die den moralischen Zwang zu Unglück und Tod, zu Angst und Schuldgefühl im Umgang mit zärtlicheren Gefühlen ein für allemal überwindet. *Amor*, erklärt die 19. Elegie, greift gerade »den Sittlichsten ... am gefährlichsten an. / Will ihm einer entgehn, den bringt er vom Schlimmen ins Schlimmste. / Mädchen bietet er an; wer sie ihm töricht verschmäht, / Muß erst grimmige Pfeile von seinem Bogen erdulden; / Mann erhitzt er auf Mann, treibt die Begierden aufs Tier. / Wer sich seiner schämt, der muß erst leiden; dem Heuchler / Streut er bittern Genuß unter Verbrechen und Not.«[182] – Erst bei diesen Zeilen wird man die angedeutete Komponente der *Gewalt*, mit welcher der *Jüngling* die Nähe der *schönen Lilie* zu erzwingen suchte, in der ganzen Unheimlichkeit unterdrückter Triebdynamik wirklich ernst nehmen; die Gestalt der *schönen Lilie* selbst, die sich eher im Kreis ihrer *Mädchen* eines Schoßhündchens getröstet, als der Liebe zu einem jungen Mann sich zu getrauen, erscheint bei diesen Worten als eine geradezu dramatische Warnung vor den Folgen einer seelischen Entwicklung, die von den Zwängen der Moral vorzeitig blockiert, irritiert, ja, pervertiert wird. Erlöst werden muß das *Mädchen* ebenso wie der *Jüngling* im *Märchen* nicht von abstrakt-philosophischen oder kunsttheoretischen Schwierigkeiten, sondern von dem »Tod« und der »Verwesung« eines Lebens, das an der gesellschaftlich wie »christlich« geforderten »Moral« zu verderben droht, noch ehe es wirklich begonnen hat.

Um so wichtiger sind die Worte in den *Elegien* über den *Tempel,* der, als das wahre Pantheon, alle Gottheiten Roms, mithin die gesamte Sphäre des Göttlichen, in sich schließt:

Noch betracht' ich Kirch' und Palast, Ruinen und Säulen,
   Wie ein bedächtiger Mann schicklich die Reise benutzt.
Doch bald ist es vorbei; dann wird ein einziger Tempel,
   Amors Tempel nur sein, der den Geweihten empfängt.
Eine Welt zwar bist du, o Rom; doch ohne die Liebe
   Wäre die Welt nicht die Welt, wäre denn Rom auch
                       nicht Rom.[183]

Dieser Einzug eines »Geweihten« in das »einzige« *Heiligtum,* das es gibt, in den Erfahrungsraum einer Liebe, deren Begehren achtendes Ehren bedeutet und deren Wildheit sanfteste Mildheit verheißt, erschafft als einzige das altrömische »Pantheon« neu; denn einzig die Liebenden verehren ohne Unterschied »alle Götter«, und nur sie sind imstande, das ganze Leben zu heiligen. Es ist wie ein Glaubensbekenntnis zu hören, wenn die *Elegien* weiter erklären:

Fromm sind wir Liebende, still verehren wir alle Dämonen,
   Wünschen uns jeglichen Gott, jegliche Göttin geneigt.[184]

Die »Werkstatt« des Dichters ist ein solches »Pantheon« der Liebe, in dem
»nach Bacchus, dem weichen, dem träumenden, hebet Cythere / Blicke der süßen Begier, selbst in dem Marmor noch feucht.«

Die Göttin der Schönheit und Liebe, Aphrodite (Venus), die in Kythera zum ersten Male die Erde betrat, verlangt von selber danach, daß ihr Sohn Eros (Amor), den sie mit Hermes (Merkur) gezeugt, an ihrer Seite im Heiligtum stehe[185]; denn wer sie sieht, wird von Liebe ergriffen, und der von Liebe Ergriffene wird in jeder Geliebten das Bild der Göttin wiedererschauen. Die Heftigkeit, mit der diese Erfahrung einer alle Angst überwindenden Liebe von dem *Jüngling* und der *schönen Lilie* Besitz ergreift, verrät nicht nur die über alles, über Leben und Tod, entscheidende Zuspitzung der Frage von Gelingen oder Scheitern der Beziehung beider, sie zeigt sich auch in der Vorstellung der *Elegien* von dem »heroischen« Zeitalter, das in den mutig Liebenden wiederkehrt:

In der heroischen Zeit, da Götter und Göttinnen liebten,
    Folgte Begierde dem Blick, folgte Genuß der Begier[186].

Es versteht sich unter dem Druck eines derart aufgestauten Liebesverlangens jetzt fast von selbst, daß die Frage nach der rechten »Steuerung« im *Fluß* des Lebens eine überaus wichtige Bedeutung erfährt; der neuerliche Auftritt des *Fährmanns* an dieser Stelle ist ganz offensichtlich in höchstem Maße »an der Zeit«.

Die Gestalt des *Fährmanns* galt uns bisher als die Kraft, die, als eine Art Anti-Charon, aus dem Traumreich der Idealität an das »diesseitige« Ufer der Realität hinüberzusetzen wußte; sie verkörperte das Wissen um den Wert eines »natürlichen«, erdhaften Lebens, demgegenüber es möglich ist, sich durch eine isolierte, haltlos gewordene Intellektualität auf unbezahlbare Weise zu verschulden; sie erwies sich als Vermittler und Verbündeter des *Stroms* des Lebens; sie hatte darauf acht, daß das »Gold« der *Irrlichter* den »Fluß« nicht durcheinanderbrachte; *jetzt* sind es gerade dieses Wissen und diese Haltung des *Fährmanns*, die den »Raum« erschließen, an dem, erweitert und wie in Edelmetall gegossen, die »Rotunde« des *Tempels* zu stehen kommt. Und nun zeigt sich: die kleine Hütte des *Fährmanns* bildete »im Grunde« schon immer die »Stelle«, an welcher eine wahre Form von Religion sich ansiedeln könnte! Nicht die Macht- und Prachtentfaltung eines päpstlichen »Pontifex maximus« überbrückt die beiden Ufer von Traum und Tag, von Wunsch und Wirklichkeit, von Idealität und Realität, von Seele und Sinnlichkeit; – einzig eine Gesinnung, die im »Drüben« der Sehnsucht zu Hause ist, während sie gleichzeitig mit dem »Hüben« einer naturverwurzelten Lebensweise sich verbunden fühlt und zu verbinden versteht, vermag zu leisten, was Religion leisten sollte.

Natürlich geht die »Überführung« des *Tempels* in die *Hütte* des *Fährmanns* nicht ohne *Getöse* vonstatten; *Regen* rieselt hinein; die zu engen Maße der *Hütte* zerbersten, doch ihre Trümmer dringen in das Innere des *Tempels*, und schließlich bildet die *Hütte*, durch die Strahlen der verborgenen *Lampe* des *Alten* in *Silber* verwandelt, den *Altar* im Inneren des *Heiligtums*; in ihm befinden sich der *Alte* gemeinsam mit dem *Jüngling*, und von dort nun erscheint »in einem weißen, kurzen Gewand … ein silbernes Ruder in der Hand«, der *Fährmann*.

Was dieses Bild in der Sprache GOETHES bedeutet, verrät ein Brief an den Staatsrat GEORG HEINRICH LUDWIG NICOLOVIUS vom November 1825 über dessen Sohn ALFRED, der GOETHES Großneffe war und später Professor der Rechte in Bonn wurde. Recht allgemein heißt es in diesem Brief: »Es begegnet mir von Zeit zu Zeit ein Jüngling, an dem ich nichts verändert noch gebessert wünschte; nur macht mir bange, daß ich manchen vollkommen geeignet sehe, im Zeitstrom mit fortzuschwimmen, und hier ist's, wo ich immerfort aufmerksam machen möchte: daß dem Menschen in seinem zerbrechlichen Kahn eben deshalb das Ruder in die Hand gegeben ist, damit er nicht der Willkür der Wellen, sondern dem Willen seiner Einsicht Folge leiste.«[187] Der *Fährmann* mit dem *silbernen Ruder* steht diesen Worten nach für die Fähigkeit, sein Leben selber zu steuern.

Näherhin bewirkt die Regentschaft des *Fährmanns* über den »Zeitstrom« für den *Jüngling* im *Märchen* zweierlei: Indem er es lernt, das Steuer seines Lebens fortan selber zu führen, bleibt er weder dem »Trend« der Zeit noch der Dynamik der eigenen Wunschwelt willenlos ausgeliefert. Der »Trend der Zeit« ist dabei nicht nur eine kulturelle Modeströmung im Augenblick, sondern psychologisch identisch mit der »Steuerung«, die sich unter den Vorgaben eines bestimmten Wertsystems im Überich verinnerlicht; wir sahen bereits am Beispiel der *schönen Lilie*, wie schwer es ist, durch »Reflexion« den vorgegebenen moralischen Festlegungen von Kirche und Gesellschaft einen eigenen Standpunkt entgegenzusetzen; auf der anderen Seite wird und muß der *Jüngling* die Erfahrung machen, daß die »Fluten« des Lebensstroms ihn nicht verschlingen werden, wenn er sich ihnen mit dem »Steuerruder« in der Hand überläßt. Zwischen unfreiwilliger Verdrängung und Unterdrückung der Triebimpulse auf der einen Seite und willenlosem Überschwemmtwerden und »Untergehen« in den »Fluten« des Lebens andererseits gilt es, selber dem eigenen Leben Richtung und Sinn zu verleihen. Es ist nicht zu viel gesagt, wenn wir behaupten, daß erst das Auftreten des *Fährmanns* mit dem silbernen *Ruder* den *Jüngling* zum Mann erhebe.

Doch auch wieder nicht, jedenfalls nicht nur! Überraschenderweise nämlich tritt jetzt wieder *die Alte* mit ihrer obsoleten Klage um ihre *immer kleiner* werdende Hand auf den Plan. Gerade schreitet die *schöne Lilie die äußeren Stufen hinauf, die von dem Tempel auf den Altar führten*, ihrem *Prinzen* entgegen, da schiebt diese unglückliche Person sich dazwischen und unterbricht störend die geordnete Abfolge der Erzählung. So zumindest nimmt die Szene, rein literarisch betrachtet, sich aus; psychologisch indessen erscheint der Auftritt *der Alten* als durchaus notwendig: Nie wird der *Jüngling* seine Freiheit und seine Einheit gewinnen, wenn nicht die Frage *der Alten* (seiner Mutter, wie wir die ganze Zeit über denken) sich löst: wie sie selbst lebt. Mit dem Kummer einer Frau, die sich selbst überlebt hat und die sich vom *Schattenriesen* (des Alterns) auf dem Weg zur Bezahlung fremder Schuld wie bestohlen empfindet, fällt sie nicht nur ihrem Mann zur Last, sie erdrückt auch das Leben ihres Sohnes; er war, so sagten wir, für sie stets beides:

ein Königssohn und ein Schoßhund, ein erhebender »Edelstein« in gefühlloser Verfestigung und ein unstetes *Irrlicht* in ständiger Ambivalenz und innerer Widersprüchlichkeit. Die Not dieses *Jünglings* könne wesentlich nur durch die Liebe der *schönen Lilie* behoben werden, *wenn* diese selbst sich vom Mädchen zur Frau gewandelt habe, sagten wir; doch damit der *Jüngling* fähig wird, ihr zu begegnen, damit die *schöne Lilie* sich nicht länger *von ihrem Geliebten entfernt halten* muß, bedarf es als erstes einer entschiedenen Entlastung des *Jünglings* von der agitierten Depression seiner Mutter: erst wenn diese für sich selbst sinnvoll zu leben versteht, wird auch ihr *Prinz* sich dem Leben zu öffnen vermögen.

Das Motiv von der *Verjüngung im Strom* hat man mit Vorliebe auf GOETHES Aufenthalt in der Tiber-Stadt Rom bezogen und darin vor allem seine Regeneration als Dichter, seine Lebensverjüngung durch die Kunst erblickt. Zum Beleg für diese Auffassung läßt sich zum Beispiel SCHILLERS Epigramm *Quelle der Verjüngung*[188] anführen:

Glaubt mir, es ist kein Märchen, die Quelle der Jugend, sie rinnet
Wirklich und immer, ihr fragt wo? In der dichtenden Kunst.

Doch verwechselt man in einer solchen rein ästhetischen Deutung – wie vielleicht SCHILLER schon selber! – die Ursache mit der Wirkung jener »Verjüngung«, die GOETHE unzweifelhaft bei seiner Italienreise erfuhr. Quelle seiner Erneuerung war nicht die Kunst an und für sich, sondern entscheidend und entschieden die Liebe, näherhin, seinen eigenen Worten nach, die Geliebte FAUSTINE. Hier im *Märchen* indessen geht es gar nicht um die Verjüngung des *Jünglings*, es geht um die Verjüngung *der Alten*, einer Frau; es geht darum, daß das Bild einer Frau, wie es vor den Augen des *Jünglings* (in Fortsetzung und Übertragung seiner Mutterbindung) in Gestalt der *schönen Lilie* wiedererscheint, sich selber zu dem Anblick einer liebend Geliebten zu läutern vermag.

Eine in Unterschied und Übereinstimmung entsprechende

Szene dazu findet sich, samt all den Requisiten des *Märchens* von Korb, Zither und einem *Lied* von *unglaublicher Anmut*, in *Wilhelm Meisters Lehrjahre*[189]. Auch dort stellt sich die Schwierigkeit, wie ein Mädchen, wie ein Weihnachtsengel von Frau, zu einer reifen Persönlichkeit sich zu entwickeln vermag. *Mignon*, die Tochter des als ein Mönch lebenden Harfners, trägt dort in der einen Hand ein Körbchen, in der anderen eine *Lilie* als Ausdruck des Wunsches, *so rein und offen sollte* ihr *Herz sein*, »dann wär' ich glücklich«; ihr Lied aber, das sie zur *Zither* singt, lautet:

> So laßt mich scheinen, bis ich werde,
> Zieht mir das weiße Kleid nicht aus!
> Ich eile von der schönen Erde
> Hinab in jenes feste Haus.
>
> Dort ruh' ich eine kleine Stille,
> Dann öffnet sich der frische Blick,
> Ich lasse dann die reine Hülle,
> Den Gürtel und den Kranz zurück.
>
> Und jene himmlischen Gestalten,
> Sie fragen nicht nach Mann und Weib,
> Und keine Kleider, keine Falten
> Umgeben den verklärten Leib.
>
> Zwar lebt' ich ohne Sorg' und Mühe,
> Doch fühlt' ich tiefen Schmerz genug.
> Vor Kummer altert' ich zu frühe;
> Macht mich auf ewig wieder jung!

Mignons Gebet fleht beim Wunsch nach Verjüngung in Wahrheit um die Erlösung von der Last des irdischen Daseins, es sehnt sich nach Tod und Wiedergeburt in jener anderen, ewigen Welt; *Mignon* bricht tot zusammen, als sie sieht, wie *Wilhelm* und »Mutter« *Therese* sich leidenschaftlich umarmen; das *Märchen* hingegen entkleidet das Verlangen nach Lebensverjüngung aller metaphysischen Weltjenseitigkeit; sein »himmlisches« Heiligtum kommt, wenn auch jenseits des *Stroms*, auf dieser Erde zu stehen, es ist selbst der Erfüllungsort und Garant einer »realisierten Eschatologie«, und die »Verjüngung« erfolgt nicht durch Entleiblichung oder Vergeistigung, sondern ganz im Gegenteil durch eine fortschreitende Versinnlichung der Sinnbilder; nicht im *Tempel* ereignet sich im übrigen das *Wunder* der Verjüngung, sondern mitten im *Strom* des Lebens.

Das Motiv selber ist erneut der Bibel entlehnt. Das Bild von dem *Jungbrunnen*, wie LUCAS CRANACH es gemalt hat (Bildteil, Abb. 3), ist in den Erzählungen der Völker weit verbreitet und spricht psychoanalytisch die Vorstellung aus, in den Mutterschoß zurückkehren und immer wieder neu zur Welt geboren werden zu können; kritisch betrachtet, handelt es sich in diesen Vorstellungen um Wunscherfüllungsphantasien, die sich um den Preis der Realitätsverleugnung der Grundtatsachen von Alter und Tod erkaufen; die notwendige Enttäuschung durch die Wirklichkeit führt jedoch offenbar nicht zum Verzicht auf den Wunsch selbst, sondern erzwingt nur seine Verlagerung in ein religiöses Jenseits; – im Christentum etwa verheißt das Bad der Taufe eine sakramentale Garantie von Wiedergeburt und Auferstehung. Doch in dieses Geflecht von Wunsch, Enttäuschung und Spiritualisierung ist unauflösbar *das Wunder* gewebt. Im Alten Testament (2 Könige 5,1–27) etwa wird erzählt, wie am Hof von Damaskus der Feldhauptmann *Naaman* an Aussatz erkrankt und zu dem Propheten *Elischa* kommt, ihn um Heilung zu bitten; der Gottesmann fordert ihn auf, siebenmal im Jordan zu baden, und weigert sich im übrigen, die Gastgeschenke des Syrers anzunehmen. Entscheidend an der *Elischa*-Legende ist die *Einfachheit*, mit der dort die Heilung erfolgt: sie geschieht wesentlich dadurch, daß jemand es lernt, sich zu überlassen und gar nichts mehr an eigenen Vorleistungen aufzubieten; *gratis* erfolgt die Heilung *Naamans*.

Nicht ganz verschieden davon verläuft auch im *Märchen* die

Genesung *der Alten* von ihrem Alter. Noch fürchtet sie, ihre *Hand* in Gänze einzubüßen, sobald sie sich aus dem Schein der *Lampe* entfernt habe, da verheißt ihr der *Alte* den Aufgang der Sonne und vor allem: den Nachlaß aller Schuld. *»Alle Schulden sind abgetragen.«*

Die Alte kann wohl nicht wissen, daß dies das Zauberwort, gewissermaßen die sakramentale Formel des Neubeginns ihres Lebens darstellt. Wie in der christlichen Taufe erscheinen auch im *Märchen* »Wiedergeburt« und »Nachlaß der Sünden« als ein und dasselbe; doch welch ein Unterschied! Im christlichen Dogma entfließt das Wasser der Taufe der Seitenwunde des gekreuzigten Christus (vgl. den nachträglichen Einschub in 1 Joh 5,6–8), denn nur durch seinen Opfertod ließ sich laut christlichem Dogma die Gottheit mit der Schuld der Menschen versöhnen. Ganz anders, ungleich viel leichter und heiterer, hier! Die *Schulden sind abgetragen* nicht durch das Opfer eines getöteten Gottessohnes, sie haben sich, muß man denken, von selber erledigt durch den Weg, den alle Akteure bis zu diesem Zeitpunkt bereits zurückgelegt haben: schon steht der *Tempel* am *Flusse*, schon ist die *Brücke* gebaut, schon hat sich die Gestalt *Liliens* wie des *Jünglings* belebt, schon hat sich der *Habicht* als hilfreich gezeigt, und vor allem: auch die *Irrlichter*, deren Schuld gegenüber dem *Strom* des Lebens *die Alte* überhaupt erst »schuldig« gemacht hat, sind aus ihrer intellektuellen Spottdistanz in eine dem Gang des Ganzen günstige Aufgabe eingetreten. *»Alle Schulden sind abgetragen«* ist ein Satz wie zum hebräischen Jubeljahr[190], wenn nach den Bestimmungen des mosaischen Gesetzes (Lev 25,8–17.23–55) im 50. Jahr alle Schuld, wie hoch auch immer sie gewesen sein mochte, vollständig nachzulassen war. 50 Jahre Fronarbeit, zwei Drittel eines Menschenlebens, sollten genug sein, um zumindest die Hoffnung bestehenzulassen, ein Ende der Schuldversklavung sei möglich. *Die Alte* im *Märchen* verfügt nicht über eine solche garantierte Altersprämie des Schuldennachlasses; ihr muß die Tilgung der Schuld im *Strom* des Lebens in der Tat wie ein wahres Wunder erscheinen: – da wird etwas Fehlendes, dem Dasein Entwendetes wieder zurückgegeben, wie dem Syrer *Naaman* die Reinheit seiner Haut; ja, fortan geht es überhaupt nicht mehr um *Kohlhäupter, Artischocken* und *Zwiebeln*, es geht vielmehr ganz und gar um die Rückgewinnung der *Unschuld* und *Reinheit* des Lebens für den, der sich seinem *Strom* überläßt.

Alle Schulden sind abgetragen – das gilt mithin als erstes *der Alten* selbst. Sie muß nicht länger mehr die Schuld mit sich herumtragen, aus eigener Lebensangst ihren *Prinzen* in ein »Schoßhündchen« verwandelt zu haben, das von seinem liebeflüchtigen und liebesüchtigen *Irrlichter*-Intellekt zu einem schwarzen Edelstein verhärtet ward; – längst ist der *Jüngling* zu einem eigenen Leben »erwacht«, und auch *die Alte* darf endlich leben. *Alle Schulden sind abgetragen* – das gilt nicht minder auch der *schönen Lilie*: es kommt nicht dem gefürchteten Verlust ihrer »Unschuld« gleich, sich in einen jungen Mann zu verlieben, – längst umspielt der rötliche Schleier ihr Antlitz, längst hat sie es gelernt, ihr eigenes Bild im Spiegel selbst zu betrachten, längst auch sind ihre *Mädchen*, ist ihr eigenes Mädchentum im Sonnen-Reflex des *Habicht*-Spiegels zum Leben »erwacht«. *Alle Schulden sind abgetragen* – das gilt nicht zuletzt dem *Jüngling*: es bedeutet nicht länger mehr Todesgefahr, ein junges Mädchen, eine Frau zu berühren. In der Liebe, wenn sie nur Liebe ist, existiert keine Schuld, existiert keine Unreinheit, sind »Rose« und »Lilie« eins. Freilich setzt eine solche Erfahrung die Integration aller Kräfte der Seele voraus. Ungeduldig schon warten deshalb *die drei Könige* auf ihren Auftritt.

Die »Bildung« der drei Herrscher und die »liebe Lilie«

In den Strahlen *der aufgehenden Sonne*, die sich in der *Kuppel* des *Tempels*, wie im Dom von Sankt Peter, brechen, nimmt der *Alte* mit der *Lampe* nunmehr seine letzte alles zusammenfassende und alles zusammenschließende Handlung vor: die »Inthronisation« des *Jünglings*. Das Bild beschreibt nichts Geringeres als den endgültigen Anbruch eines neuen Morgens der menschlichen Geschichte, – ein Symbol des Heils seelisch wie politisch, das die Eigenart aller Akteure noch einmal in neuem Licht erscheinen läßt.

Den *Alten* mit der *Lampe* haben wir bislang als einen Repräsentanten des »inneren Lichts der Vernunft«, des Göttlichen im Menschen, des »Wesensgewissens« im Leben des *Jünglings* gedeutet; diese Auffassung bleibt auch jetzt in Geltung, doch präzisiert sie sich noch einmal. Denn nun, bei seinen entscheidenden Worten, tritt der *Alte zwischen den Jüngling und die Jungfrau* und vermittelt zwischen beiden, ganz wie er vordem der *schönen Lilie* riet, zwischen die *Schlange* und den *Jüngling* zu treten, um den entseelt Daliegenden zum Leben zu erwecken. In diesem Moment zeigt der *Alte* mit der *Lampe* sich selber als die vermittelnde Kraft der Liebe, so wie im *1. Johannesbrief* (4,16) Gott (»der Alte« im *Faust*-Prolog!) als *Liebe* bezeichnet wird.

Speziell *die Lampe*, die Stein in Gold verwandelt, hat man als die »Fähigkeit der Kreativität von Renaissancekünstlern« interpretiert, als »die Eigenschaft der künstlerischen Kreativität«[191]. Doch wiederum geht es dem *Märchen* nicht um die glänzende Wirkung der Kunst, sondern um die Wärme des Lichts, das »Kunst« allererst erleuchtet und möglich macht. In den *Venetianischen Epigrammen*[192] etwa deutet GOETHE das Bild der »Zauberlampe« selber:

> Ha! Ich kenne dich, Amor, so gut als einer! Da bringst du
> Deine Fackel, und sie leuchtet im Dunkel uns vor.
> Aber du führest uns bald verworrene Pfade; wir brauchen
> Deine Fackel erst recht, ach! und die falsche erlischt.

Da ist das Licht, das die »verworrenen Pfade« des menschlichen Lebens erhellt, die Glut der Liebe, und selbst wenn ihr Schein oft genug uns in die Irre führen sollte, zeigt doch einzig die Fackel Amors den Irrenden den Weg auch wieder zurück ins Licht. Allein im Glanz der Liebe sehen wir die Welt nach Dichterart vergoldet; allein ihr Licht weist allem Leben seinen Weg;

und nur sie schenkt dem Urteil der »Vernunft« den milden Schein der Güte. – Die Differenz zur Moralphilosophie KANTS könnte an dieser Stelle größer nicht sein: die Liebe ist eben kein »pathologischer« Affekt in der Seele des Menschen, der von dem inneren »Gerichtshof« der Sittlichkeit niedergehalten werden müßte, wie KANT behauptete, sie bildet im Gegenteil überhaupt erst die Voraussetzung, in sittlicher Absicht »richtig« zu sehen!

In gewissem Sinne war auch FRIEDRICH SCHILLER dieser Meinung, und so mögen einige Verse aus seiner Feder GOETHENS Standpunkt erläutern. In seinem Gedicht *An einen Moralisten*[193] verhöhnte SCHILLER offen die blutlose Normiererei des Ethischen und stellte sie in ihrer aussichtslosen Schwachheit der Kraft und Leidenschaft der Liebe und der Triebe gegenüber; er schrieb:

> Betagter Renegat der lächelnden Dirne
>   Du lehrst, daß Lieben Tändeln sei,
> Blickst von des Alters Winterwolkenthrone
>   Und schmälest auf den goldnen Mai.
>
> Erkennt Natur auch Schreibepultgesetze?
>   Für eine warme Welt – taugt ein erfrorner Sinn?
> Die Armut ist, nach dem Äsop, der Schätze
>   Verdächtige Verächterin.
>
> O denk zurück nach deinen Rosentagen
>   Und lerne: die Philosophie
> Schlägt um, wie unsre Pulse anders schlagen,
>   Zu Göttern schaffst du Menschen nie.
>
> Wohl, wenn ins Eis des klingenden Verstandes
>   Das warme Blut ein bißchen muntrer springt!
> Laß den Bewohnern eines bessern Landes,
>   Was nie dem Sterblichen gelingt.

Zwingt doch der tierische Gefährte
Den gottgebornen Geist in Kerkermauern ein:
Er wehrt mir, daß ich Engel werde –
Ich will ihm folgen, Mensch zu sein.

Das Ziel einer »wahren« Moral kann nicht im Kampf gegen die Welt der Sinne und Empfindungen, der Gefühle und der Sehnsüchte liegen, um »reine« Geister hervorzubringen, vielmehr vermag alle Moral nur etwas im Verein mit der Natur des Menschen, und ihr zu »folgen«, ist die einzige Art, dem vermeintlichen »Kerker« des Körpers zu entrinnen. Es ist die Liebe, die eine solche Harmonie zwischen »Leib« und »Seele« vermittelt, und es ist umgekehrt die harmonische Zuordnung aller ›Teile‹ der menschlichen Psyche, auf welcher die Fähigkeit zur Liebe basiert. Worum der *Alte* mit der *Lampe* sich daher noch vor der Begegnung des *Jünglings* mit der *schönen Lilie* vordringlich bemühen muß, ist eine rechte »Zusammenstellung« und Aneignung der inneren Kräfte des *Jünglings* selbst, dargestellt in den *drei Königen*.

Die *Dreizahl* hat C. G. JUNG[194] nicht zu Unrecht als ein »männliches« Symbol betrachtet, das in den Märchen und Mythen zumeist darauf warte, durch ein weiblich vorgestelltes Viertes ergänzt zu werden. In jedem Falle handelt es sich bei den *drei Königen* hier um Möglichkeiten und Energien der Seele, die der *Jüngling* ergreifen« muß, um zu sich selbst zu »erwachen«. Übersetzt man die »Titel«, mit denen der *Alte* die *drei Könige* benennt, in psychische Funktionen, so wird man die *Weisheit* des *goldenen Königs* dem »Denken« in weitestem Sinne (im Bereich von Philosophie und Religion, von Wissen und Glauben, von Welteinsicht und Weltanschauung) zuordnen müssen, das »Scheinen« des *silbernen Königs* wird man dem »Fühlen« beziehungsweise der »Vorstellung« (im Bereich von Poesie und Phantasie, von Imagination und Intuition) gegenüberstellen können, und die *Gewalt* des *ehernen Königs* mag man mit dem Wollen (im Bereich von Entscheiden und Handeln) in Verbindung setzen. Für C. G. JUNG bestand ein unüberbrückbarer Gegensatz zwischen den Grundfunktionen des Denkens und Fühlens sowie des Intuierens und des Empfindens – entweder das eine oder das andere! Die »Kunst« des Lebens aber besteht gerade darin, das scheinbar Unvereinbare zusammenzubringen, und es ist die Kraft der Liebe, die eine solche Synthese zu ermöglichen vermag. In der Liebe bedeutet es keinen Widerspruch, »sensibel« und »stark«, »klug« und »leidenschaftlich«, »hingebend« und »selbstbewußt«, »verantwortungsvoll« und »verspielt« zu sein. Im Gegenteil dürfte es im Erleben einer Frau kaum einen Menschen geben, der faszinierender auf sie wirken würde als eine Persönlichkeit, in der die so verschiedenen Seiten der genannten Gegensatzpaare zusammenfänden und sich wechselseitig verstärkten. »Weisheit« und »Wille«, Reflexion und Handeln, der *goldene* und der *eherne König* zum Beispiel scheinen – trotz ihres farblich verwandten Aussehens! – zueinander sich zu verhalten wie Feuer und Wasser: – wann je wird ein nachdenklich-weiser Mensch zu der Entschlossenheit und dem nötigen »Optimismus« »zuversichtlichen« Handelns gelangen? »Der Handelnde ist immer gewissenlos«, notierte GOETHE selbst und fügte noch hinzu: »es hat niemand Gewissen als der Betrachtende«[195]. Oder wie sollen Sensibilität, Mitgefühl und Vorstellungsvermögen sich miteinander vertragen, wie der *silberne König* mit der »Weisheit« oder gar mit der »Gewalt«?

Unter diesen Umständen ist es vornan das allerwichtigste, eine wirkliche Synthese der genannten Gegensätze von der Bildung »fauler« und halbherziger Kompromisse zwischen ihnen zu unterscheiden, kann doch eine heilsame Zusammenordnung der drei *Könige* im Anbruch eines neuen Zeitalters überhaupt nur erfolgen, wenn das »Prinzip« der Vermischung, das in dem *vierten König* Gestalt angenommen hat, ein für allemal zu Fall gebracht wird.

Wie ein solcher »Monarchen«-Sturz möglich ist? An *dieser* Stelle recht eigentlich zeigt sich der wahre »Gebrauchswert« der *Irrlichter*. Gerade ihre bisher bewiesene frivole Zudringlichkeit, ihre Neigung zu Spott und mokanter Ironie, ihre unverschämt wirkende Respektlosigkeit, durch welche sie bislang sich so unangenehm hervorzutun wußten, finden nun ihr löbliches Ziel: *mit ihren spitzen Zungen* gelingt es ihnen, *auf eine geschickte Weise* alles *Gold* aus dem *kolossalen Bild* des *gemischten Königs* herauszuschlecken, so daß dessen Figur, nach einer Weile, während der sie ihre äußere Form noch bewahrt, *auf einmal* in sich zusammenfällt, und zwar so, daß, anders als wenn ein Mensch sonst sich setzt, die festen Teile zerbersten, wohingegen *die Gelenke, die sich hätten biegen sollen, steif* bleiben – ein insgesamt lächerlich wirkendes, *widerwärtig* anzusehendes *Mittelding zwischen Form und Klumpen*.

Ein Beispiel für ein solches »Goldschlecken« spöttelnder *Irrlichter*-Ironie im Kampf gegen die posierende Arroganz der Macht mag noch einmal ein frühes Gedicht SCHILLERS unter dem Titel: *Die schlimmen Monarchen*[196] vorstellen; es heißt dort:

> Redet! Soll ich goldne Saiten schlagen,
> Wenn vom Jubelruf emporgetragen
>   Euer Wagen durch den Weltplatz rauscht?
> Wenn ihr, schlapp vom eisernen Umarmen,
> Schwere Panzer mit den weichen Rosenarmen
>   Eurer Phrynen (s.c. einer attischen Dirne, d.V.)
>   tauscht? –
>
> Soll vielleicht im Schimmer goldner Reifen,
> Götter, euch die kühne Hymne greifen,
>   Wo in mystisch Dunkel eingemummt
> Euer Spleen mit Donnerkeilen tändelt,
> Mit Verbrechen eine Menschlichkeit bemäntelt,
>   Bis – das Grab verstummt?
>
> Und ihr rasselt, Gottes Riesenpuppen,
> Hoch daher in kindischstolzen Gruppen,
>   Gleich dem Gaukler in dem Opernhaus? –
> Pöbelteufel klatschen dem Geklimper,
> Aber weinend zischen dem erhabnen Stümper
>   Seine Engel aus.

> Berget immer die erhabne Schande
> Mit des Majestätsrechts Nachtgewande!
>   Bübelt aus des Thrones Hinterhalt!
>   Aber zittert für des Liedes Sprache:
> Kühnlich durch den Purpur bohrt der Pfeil der Rache
>   Fürstenherzen kalt.

So beißend scharf, so *spitzzüngig*, kann das »Goldschlecken« der *Irrlichter* ausfallen; gerade indem sie das »pöbelteuflige« Speichellecken vermeiden, können sie als die »guten Geister«, als die wahren »Engel« in der menschlichen Geschichte wirken. In jedem Falle schaffen sie den Raum, in dem im *Märchen* nun der *Alte* mit der *Lampe* den *Jüngling vom Altare herab* dem *ehernen König* zuführt, auf daß er dessen *Schwert* sich *an der Linken* umgürte und *die Rechte frei* behalte. Dieser *dritte König*, die Verkörperung der *Gewalt*, erscheint im *Märchen* als die erste Instanz, von welcher der *Jüngling* die Insignien der Macht sich aneignet. Es ist, als wenn es gälte, die neue Herrschaft auf Erden zunächst wieder nur rein äußerlich, mit (Feuer und) dem Schwert zu begründen; doch verführe man auf diesem Wege anders, als es zum Beispiel die Französische Revolution soeben erst vorgemacht hat? Was in der menschlichen Geschichte sollte neu oder gar anders werden, wenn auch das »neue Zeitalter« nur mit den alten Mitteln sich erstreiten ließe? Für GOETHE bedeutete die Anwendung von *Gewalt* gewiß nie mehr als eine *Ultima ratio*, von der er in den *Xenien*[197] schrieb:

> Fehlet die Einsicht oben, der gute Wille von unten,
>   Führt sogleich die Gewalt oder sie endet den Streit.

Doch ist selbst eine solch vorsichtige Rechtfertigung von (Fürsten- und Königs-)Macht nicht ohne Bedenklichkeit, die sich nur mildert, wenn man die Abfolge der vier (mythischen) Weltalter betrachtet, von der bisher die Rede war: wenn die Welt, wie es scheint, im Verlaufe der Zeit immer schlechter geworden ist, so kann es nicht anders sein, als die Umkehr dieser

Entwicklung an *der* Stelle aufzunehmen, bis zu der wir gerade gelangt sind. Eine Bilanz dieses jammervollen Zustands zieht in Faust, 2. Teil (Erster Akt. Kaiserliche Pfalz) der *Kanzler*, wenn er skeptisch fragend feststellt:

> Was hilft dem Menschengeist Verstand,
> Dem Herzen Güte, Willigkeit der Hand,
> Wenn's fieberhaft durchaus im Staate wütet
> Und Übel sich in Übeln überbrütet?

Was, mit anderen Worten, vermögen die *drei Könige* (Weisheit = Verstand, Schein = Herzensgüte, Gewalt = Willigkeit der Hand) gegen den Wahn der Zeit, es sei denn, sie zwingen der Unordnung das Gesetz der Ordnung notfalls um den Preis der Gewalt auf? Erst dann, wenn die äußere Ordnung gefestigt erscheint, vermag wohl auch das milde *Zepter* der Güte, ergriffen *mit der linken Hand*, sein Regiment anzutreten. Der *silberne König* legt dieses Zeichen seiner Herrschaft in des *Jünglings* Hand mit den gleichen Worten, die im Nachtragskapitel des *Johannes*-Evangeliums (21,16.17) JESUS an PETRUS richtet: *Weide* meine *Schafe*.

Zweierlei wiederum zeigt sich an dieser Stelle: In Übereinstimmung mit der Bibel ist auch im *Märchen* die Übereignung der »silbernen« Herrschaft an den *Jüngling* in gewisser Weise an die Frage gebunden, die im Evangelium der Herr an seinen Jünger richtet: »Liebst du mich?« Ohne »Herzensgüte« ist der König kein »Hirt«, sondern (vgl. Ez 34,2–5 und Joh 10,1.10) ein Räuber« und »Dieb«. Man kann nur Menschen, denen man von Herzen zugetan ist, »beim Namen rufen« und an ihren »Ort« geleiten. Andererseits setzt das – fast – wörtliche Bibelzitat auch einen Kontrapunkt: Es geht in der Gestalt des *Jünglings* nicht um den Führer einer christlichen Kirche oder Sekte; wenn überhaupt in biblisch-religiösen Begriffen zu denken, so tritt der *Jüngling* in diesem Augenblick das Amt des für das Ende der Zeiten ersehnten *Messias* an. Er ist es, dessen Heraufkunft den Anbruch endgültigen Heils und Friedens bedeutet, indem er in sich selber »heil« und »befriedet« ist. Nicht der »Christus« also brachte der Menschheit die Erlösung vom Fluch ihrer selbst und ihrer Geschichte, einzig ein Mensch, der die Gegensätze des Lebens in sich selber geeint hat, vermag das.

In den Xenien[199] stellt GOETHE selber unter dem Titel *Die Unberufenen* einmal die Forderung auf, die er an alle richtet, die von sich glauben, einer besseren Menschheit dienen zu können.

Wissen wollt ihr und handeln, und keiner fragt sich:
                                                            Was bin ich
Für ein Gefäß zum Gehalt? Was für ein Werkzeug zur Tat?

Ehe diese Frage: Was bin ich? nicht geklärt ist, sollte niemand den »Beruf« sich zutrauen, andere Menschen zu führen.

In eben diese Richtung zielt denn auch die *väterlich segnende Gebärde*, mit welcher zum dritten der *goldene König* dem *Jüngling den Eichenkranz aufs Haupt setzt* und dabei spricht: »*Erkenne das Höchste.*«

Diese Aufforderung, in einem *Tempel* gesprochen, enthält eine deutliche Anspielung auf die Überschrift, die im antiken Griechenland am Eingang des *Apollon*-Tempels zu Delphi angebracht war: *Erkenne dich selbst*. Dem Gott *Apoll* sind wir mittelbar schon in der Gestalt des *Habichts* begegnet, der als das heilige Tier des Lichtgottes galt[200]. Doch folgt daraus allein schon, daß der *Habicht*, ebenso wie der Gott Apoll, als Bilder »der Dichtkunst« zu verstehen seien[201]? Die griechische Gottheit als Verkörperung menschlicher Selbsterkenntnis kann gewiß *auch* mit der Poesie sich verbünden, doch dehnt sich ihr unmittelbares »Herrschaftsgebiet« ungleich weiter. WOLFGANG SCHADEWALDT[202] hat in seiner Deutung der Theologie von Delphi vor allem den Gedanken der Selbstbeschränkung hervorgehoben, der aus dem Wissen um die menschliche Sterblichkeit hervorgehe und das Verhalten des Menschen zu Weisheit anzuhalten vermöge: »Die delphische Theologie«, notierte er, »die von der delphischen Priesterschaft aus der Gestalt des

Gottessohns Apollon entwickelt wurde, ist zumal auf Lebensführung der Staaten wie der Einzelnen, Lebensführung, Ethik des Menschen gerichtet, wie diese aus dem wirkenden Bewußtsein des Abstands des Menschen vom Göttlichen, des Abstands der Sterblichkeit von dem Unsterblichen hervorgeht. Der Mensch selbst wird in der Theologie des Gottes von Delphi angesprochen, und indem er auf seine Sterblichkeit angesprochen wird, die die Bedingung ist, unter der er Mensch ist, wird er auf die begrenzte, aber doch in der Begrenztheit erfüllende Möglichkeit seines Menschseins hingewiesen.« Erst von dort her wird »das Denken, Dichten und Gestalten« der Griechen, wird im *Märchen* das Zusammenwirken der *drei Könige* wirklich verstehbar. »Das Höchste erkennen« wäre demnach identisch mit Selbsterkenntnis.

Für eine solche Deutung ließe sich im *Märchen* selbst geltend machen, daß der *Jüngling*, der bislang *immer noch starr vor sich hin* blickte, erst jetzt aus seinem postkomatösen Zustand erwacht und selber die Insignien der *drei Könige* in seine Hand übernimmt; erst jetzt, da *der Eichenkranz des goldenen Königs seine Locken ziert*, beleben sich *seine* Gesichtszüge, so daß *sein Auge ... von unaussprechlichem Geist* glänzt und im Wechselspiel von *Schwert* und *Zepter* seine *Kraft sich zu mildern und durch einen unaussprechlichen Reiz noch mächtiger zu werden* scheint. Eine derartige Erkenntnis »von Macht und Schranken, von Willkür / Und Gesetz, von Freiheit und Maß« hat GOETHE einmal angesichts der Ordnungsgesetze der Natur in der *Metamorphose der Tiere*[203] beschrieben und von dem »Begriff«, der so entsteht, gemeint:

                                ... die heilige Muse
Bringt harmonisch ihn dir, mit sanftem Zwange belehrend.
Keinen höhern Begriff erringt der sittliche Denker,
Keinen der tätige Mann, der dichtende Künstler; der Herrscher,
Der verdient, es zu sein, erfreut nur durch ihn sich der Krone.
Freue dich, höchstes Geschöpf, der Natur! Du fühlest
                    dich fähig,

Ihr den höchsten Gedanken, zu dem sie schaffend
                                                 sich aufschwang,
Nachzudenken. Hier stehe nun still und wende die Blicke
Rückwärts, prüfe, vergleiche und nimm vom Munde der Muse,
Daß du schauest, nicht schwärmst, die liebliche
                                                 volle Gewißheit.

Das »Höchste«, das es zu erkennen gilt und das sogar Ethik, Pragmatik und Poetik übersteigt, ist diesem Gedicht zufolge die Einsicht in die Harmonie »lebendiger Bildung«, in das innere Gesetz der Natur, das auf einem Wechselspiel von Selbstverfügung und Begrenztheit basiert. Der *Jüngling*, der im *Märchen* als der »Messias« einer neuen Zeit auftritt, kann mithin nichts Besseres tun, als dieses Gesetz zu erkennen und anzuerkennen. Eben das gebietet der *goldene König* (der) »Weisheit«.

Und doch geht es dem *Jüngling* im *Märchen* um mehr als um eine solche Erkenntnis der Grenzen, die von der Natur den Lebewesen durch ihr Sterbedasein gesetzt sind, oder um jene Art von Selbsterkenntnis, wie der Gott von Delphi sie dem Menschen zu schenken wußte. Der *Jüngling*, indem er zu sich selbst erwacht, spricht vielmehr in dem ersten seiner Worte aus, was in ihm in einem Kampf auf Leben und Tod darum rang, zum Leben zugelassen zu werden und was ihm allererst die Kraft gab, selbst den »Tod«, den er in sich trug, zu überwinden: es ist der Ausdruck seiner *Liebe*, der Gedanke an die *schöne Lilie*, der als erstes ihm über die Lippen kommt. Die Liebe in Wahrheit ist das innere Gesetz der Natur, in dem Mögen und Müssen, Wünschen und Wissen eine Einheit bilden, das Geschenk einer *Muse*, die, mehr als alle Philosophie, Politik oder Poetik, innere Einheit und Evidenz zu schenken vermag. Das *erste Wort seines Mundes* kann nicht anders lauten als: »*Lilie*«! Als: »*Liebe Lilie!*«

Lautlich entsprechen diese Worte ganz und gar der Lieblingsanrede, mit der GOETHE in den berühmten *Lili-Gedichten* an seine erst verlobte, dann verlassene LILI SCHÖNEMANN sich wandte, so zum Beispiel in dem Gedicht *Vom Berge*[204], das die

Widersprüchlichkeit der Empfindung zwischen Flucht und Sehnsucht, ganz wie bisher im Herzen des *Jünglings*, ausdrückt; beim Anblick der Schweizer Berge, in die er 1775 sich zurückgezogen hatte[205], schreibt GOETHE (in erster Fassung) den Vierzeiler:

> Wenn ich, liebe Lili, dich nicht liebte,
> Welche Wonne gäb' mir dieser Blick!
> Und doch, wenn ich, Lili, dich nicht liebte,
> Wär', was ich wär' mein Glück?

Gerade in den Gedichten an LILI SCHÖNEMANN läßt der Versuch GOETHENS, seine angstvoll gemiedene Liebe in »Dichtung« »aufzuheben«, sich besonders deutlich erkennen, so, wenn es in dem Gedicht *Wonne der Wehmut*[206] heißt:

> Holde Lili, warst so lang
> All meine Lust und all mein Sang.
> Bist, ach, nun all mein Schmerz – und doch
> All mein Sang bist du noch.

Für das Verständnis des *Märchens* ist es vor diesem Hintergrund überaus wichtig, ja, ganz entscheidend, zu bemerken, wie hier in der gesamten Handlungsabfolge die LILI-Tragödie durch die Wandlung der *Lilie* ebenso wie des *Jünglings* in ihr Gegenteil umgeschrieben wird: an die Stelle des autobiographisch zu verarbeitenden Gefühlsdilemmas tritt im *Märchen* zumindest der Wunsch, dann die dichterisch ausgestaltete Wunschvorstellung, an der Seite der Geliebten trotz allem glücklich werden zu können – trotz allem, das hieß im Falle GOETHENS zur Zeit seiner Verlobung die Bindung an die unglücklich verheiratete Schwester CORNELIA relativieren zu müssen. Noch in hohem Alter bemerkt GOETHE in einem Gespräch mit ECKERMANN vom 28. März 1827 über die Frage, ob die Schwester tatsächlich nur den Bruder »ganz rein und geschlechtslos« lieben könne: »Ich dächte, daß die Liebe von Schwester zu Schwester noch reiner und geschlechtsloser wäre!«[207] Es gilt autobiographisch für GOETHE nicht nur, von der (inzestuösen) Bruder-Schwester-Liebe fortzukommen, sondern, wie wir im *Märchen* sehen, vor allem das Idealbild von dem »ganz Reinen« mit dem eigenen männlichen (und weiblichen) Verlangen verträglich zu machen. »*Was kann der Mann … sich Köstlicheres wünschen als die Unschuld …, die mir dein Busen entgegenbringt?*« fragt im *Märchen*, selig vor Glück, der *Jüngling* sich selbst und die *schöne Lilie*; wir aber müßten die *Kanarienvogel*-Szene nicht in Erinnerung haben, um nicht erneut das *double-bind* zu bemerken, das in diesen Worten sich ausspricht; sucht doch in Wahrheit in diesem Augenblick seines »Erwachens« der *Jüngling* an *Lilien* »Busen« gewiß nicht länger mehr »köstliche Unschuld«, sondern endliche Erfüllung und Gewährung!

Kein Wort im Deutschen gibt so prägnant das moralische Dilemma eines absurden, weil tödlichen Tugendideals der »Keuschheit« wieder als die Redewendung, ein Mädchen, das in Liebe einem Mann begegne, »verliere« dabei seine »Unschuld«. Welch ein Mann auch will schon einer Frau, die er ernstlich liebt, »die Unschuld rauben«? Gibt es denn überhaupt eine lebensfeindlichere Moral als die Überzeugung, sexuelle Unerfahrenheit sei an und für sich schon identisch mit »Unschuld« und alle Sexualität also – *Schuld*? Genau diese Einstellung aber, die der *Jüngling* in seiner liebevollen Anrede der *schönen Lilie* gerade zu überwinden sich anschickt, wird von ihm doch noch einmal artig aus Gründen der Schicklichkeit repetiert, wie wenn er damit sich selbst und der Geliebten alle Angst vor dem »Schuldigwerden« der Liebe hinwegnehmen möchte. Statt sich und der Geliebten mit schmeichelnden Worten des Weiterbestehens »köstlicher Unschuld« zu versichern, sollte der liebende *Jüngling* lieber offen und ehrlich erklären, daß er nicht länger mehr bereitstehe, in einer nichtgeschwisterlichen Liebe so etwas wie »Schuld« anzuerkennen. Doch bezeichnenderweise kommt es zu diesem Widerspruch gegen die überkommene Korruption der Liebe gerade nicht, vielmehr beschwört der *Jüngling* im Angesicht des *Alten* und der *drei heiligen Bildsäulen* die »Herrlichkeit« und »Sicherheit« des *Reichs unserer Väter*, ganz so, als wolle er auch gegenüber seinem »Gewissen« die beruhigende Erklärung ablegen, im Kreis der tradierten Ordnung verbleiben zu können. Es handelt sich um ein Spiel bloßer Selbstbeschwichtigung, das seinen Zweck freilich erfüllt: der *Jüngling* entdeckt und ergreift jene *vierte Macht*, die noch früher, allgemeiner, gewisser die Welt beherrscht: die Kraft der »Liebe«, und fällt bei diesen Worten *dem schönen Mädchen um den Hals*.

Was, muß man sich fragen, ist vor sich gegangen, daß das Mädchen den Geliebten nunmehr zwar immer noch »hinreißt«, doch nicht mehr »entseelt« und »versteinert«?

Die Antwort liegt – neben der Wandlung des *Jünglings* selbst – wohl auch in jener Veränderung ihres Wesens begründet, die mit dem Anlegen des roten Schleiers begann: aus der »schönen« *Lilie* ist eine »liebe« *Lilie* geworden, der gegenüber es keinen entheiligenden Frevel mehr bedeutet, Liebe zu zeigen und zu erzeugen; nicht allein *mit der schönsten*, auch mit der *unvergänglichsten Röte* färben sich nun *ihre Wangen*; keinerlei Rückfall in überhöhte Prüderie steht bei so viel Anmut und Vitalität noch zu befürchten.

Denn was dieser Farbwechsel in *Lilien*s Antlitz im Sinne eines wirklichen Entwicklungssprungs seelischer Reife bedeutet, malt sich am klarsten im Kontrast zu dem Symbol der »Lilie« selbst. Als Bild der »immerwährenden Jungfräulichkeit« etwa sproßt in *Wilhelm Meisters Wanderjahren*[208] die Lilie zwischen der Darstellung Mariens und Josephs »als Zeuge eines reineren Verhältnisses«[209]. Wie, muß man sich fragen, soll, ein derartiges Keuschheitsideal der Madonna im Kopfe, ein »Jüngling« seiner Liebe sich getrauen?

Und es ist nicht nur der moralische Einfluß von Kirche und Gesellschaft zu nennen, der ein solch verderbliches Tugendvorbild der »Keuschheit« hervorzubringen und vorzuschreiben vermag, es genügt auf der Seite eines Jungen bereits der strenge Einfluß des *Vaters*, dessen »Licht« wir zuvor schon in der Gestalt des *Alten* mit der *Lampe* hervorschimmern sahen, um eine schier unüberwindbare Scheu vor den eigenen, aus Angst freilich nur um so stärker aufgestauten Triebwünschen und der »Gefahr« ihrer möglichen Erfüllung in der Nähe der Geliebten zu erzeugen. Man meint, GOETHENS Erinnerung an seine eigene Kindheit zu vernehmen, wenn er seinen *Faust* im Gespräch mit *Wagner* darlegen läßt, wie ihm der eigene Vater bei dem Versuch vorkam, ein Mittel gegen die »Pest« zu finden:

> Mein Vater war ein dunkler Ehrenmann,
> Der über die Natur und ihre heil'gen Kreise
> In Redlichkeit, jedoch auf seine Weise,
> Mit grillenhafter Mühe sann;
> Der, in Gesellschaft von Adepten,
> Sich in die schwarze Küche schloß
> Und, nach unendlichen Rezepten,
> Das Widrige zusammengoß.
> Da ward ein roter Leu, ein kühner Freier,
> Im lauen Bad der Lilie vermählt,
> Und beide dann mit offnem Flammenfeuer
> Aus einem Brautgemach ins andere gequält.[210]

Da erscheint die Liebe wie ein alchimistisches Retortenwerk, das nach teils geheimen, teils noch gänzlich unerprobten Anleitungen zur Zusammenfügung des an sich Ungefügen gemischt und destilliert sein will. Wieviel dumpfe Vaterangst lebt in diesen unheimlichen Anspielungen an die Verpaarung des »roten Löwen« mit der »weißen Lilie«? Es muß ein langer, niemals wirklich abgeschlossener Weg gewesen sein, wenn GOETHE in seiner späten Lyrik sprechen konnte von dem »Unvergänglichen« als dem »ewigen Gesetz«, / »Wonach die Ros' und Lilie blüht.«[211] In *dieser* Sicht müßte die Einheit von Rot und Weiß, von Ros' und Lilie, von Liebeserfahrung und Unschuld nicht länger mehr künstlich erzeugt und erbrütet werden, sie bestünde vielmehr naturhaft ganz wie von selbst, sie ergäbe sich aus dem »Gesetz« der Naturordung selber. Gewiß, die »Lilie« ist und wird keine »Rose«, und doch darf von nun an auch ihr Wesen verstanden werden als eine Einladung zur Liebe. So singt D*as Blümlein Wunderschön*[212]:

> Das Röslein hat gar stolzen Brauch
> Und strebt immer nach oben;
> Doch wird ein liebes Liebchen auch
> Der Lilie Zierde loben.
> Wenn's Herze schlägt in treuer Brust
> Und ist sich rein, wie ich bewußt,
> Der hält mich wohl am höchsten.

In der Szene des *Märchens* jetzt kommt es offenbar zu einer solchen Verschwisterung zweier »reiner« Seelen in wechselseitiger Wertschätzung, doch eben nicht mehr im Sinne einer Verfestigung stolzer Selbstbewahrung, sondern als Einladung zu reifendem Austausch und inniger Gemeinsamkeit. Das Ziel dieser Wesensverwandlung, die sich in dem *Jüngling* nicht minder ereignet als in der *lieben Lilie*, scheint erreicht, wenn der harmonische Ausgleich von Vitalität und Moralität, nach dem Vorbild der Rosenbeete im persischen Schiraz des unsterblichen HAFIS im *Westöstlichen Diwan*[213] fast schon wie eine weit zurückliegende Erinnerung beschrieben und beschworen werden kann:

> Ros' und Lilie morgentaulich
> Blüht im Garten meiner Nähe;
> Hinten an, bebuscht und traulich,
> Steigt der Felsen in die Höhe.
> Und mit hohem Wald umzogen,
> Und mit Ritterschloß gekrönet,
> Lenkt sich hin des Gipfels Bogen,
> Bis er sich dem Tal versöhnet.
> Und da duftet's wie von alters,
> Da wir noch von Liebe litten
> Und die Saiten meines Psalters

Mit dem Morgenstrahl sich stritten.
Wo das Jagdlied aus den Büschen
Fülle runden Tons enthauchte,
Anzufeuern, zu erfrischen,
Wie's der Busen wollt' und brauchte.

Hier endlich ist der Drang des Busens unumwunden ausgesprochen nicht Reinheit, Einheit ist's, was er begehrt, und findt' er die, so besitzt er auch jene. Es ist jetzt der *Alte*, der den *Jüngling* »aufklärt«: gewiß, die Liebe sei die stärkste Macht, die sich auf Erden finde, doch zwinge sie den Menschen nicht als dumpfe Kraft im eigenen Inneren; sie sei nicht gleichzustellen irgendeiner »Herrschaft« sonst im Leben; sie »herrsche« nicht, sie *bilde*. Die Liebe demnach modelliert des Menschen wahres Wesen aus dem »Stein«, sie schenkt ihm in dem anderen die Einheit mit sich selbst; und diese Herzensbildung freilich ändert alles. Ein mit sich einiger Mensch, der es versteht, zu lieben, und der all seine Kräfte eben so zu ordnen weiß, bedeutet wirklich den Anfang einer neuen Epoche der Menschheitsgeschichte. Was immer von der Person eines »Messias« jemals geglaubt wurde, hier, in der Reife der Menschlichkeit, erhebt es sich zur Wirklichkeit. Alle Teilkräfte menschlicher Herrschaft vermenschlichen sich, indem sie, durch Liebe geleitet, in der rechten Art zueinanderfinden. Der (ägyptische) »Tempel« in MOZARTS *Zauberflöte* – jetzt ist er errichtet. Wirklich: »*Es ist an der Zeit.*«

Der Schatten der Zeit und der Reichtum des Lebens

Wenn auch nur ein einzelner Mensch es fertig bekommt, die Liebe zu leben, indem er eine »Lilie« mit der Farbe der »Rose« umkleidet, so schlägt er exemplarisch eine *Brücke* zwischen »Idealität« und Realität für alle. Alle Menschen suchen einen Weg, der die vermeintlich so unvereinbaren »Seiten« des Lebens überbrücken könnte; sollte sich *einmal* auch nur zeigen, wie »Unschuld« und Lebenserfahrung in der Liebe zueinanderfinden, ja, wechselseitig sich sogar verstärken, so bedeutete das die Widerlegung und Überwindung der Doppelbödigkeit und Widersprüchlichkeit aller tradierten Moralität; ein Weg wäre gefunden, der in beiden Richtungen begehbar wäre und der die »Einbahnigkeit« des *Fährmanns* aufhöbe, wonach es wohl möglich ist, aus der »Jenseitswelt« von »Traum« und »Ideal« in die »Wirklichkeit« zu gelangen, nicht aber umgekehrt. Jetzt, im *Glück* und *Entzücken* der wechselseitigen Umarmung des *Jünglings* und der *Lilie*, läßt sich beobachten, wie ein Strom *von Herden und Maultieren, Reitern und Wagen,* von *vielen Tausenden Wanderern* die *Bequemlichkeit und Pracht* der *Brücke* nutzt, um hinüber- und herüberzugelangen, *ohne sich zu hindern.* Überwunden ist mithin der Gegensatz zwischen einer utopischen Weltsicht, die jedem, der »praktisch« und »realistisch« zu handeln versucht, eher als Vorwurf denn als Vorentwurf erscheinen muß, und einem Verständnis von »Wirklichkeit«, das jedes Hoffen und Sehnen als »Tagträumerei« oder »Phantasterei« »desillusioniert«. Warum soll und kann nicht endlich, nachdem *der Tag völlig angebrochen* ist, die Welt, wie sie ist, als ein sich vollendender Traum und alles Träumen als ein Reifen an Realität begriffen werden? Gerade für den *Jüngling*, der soeben als der »Messias« des neuen Jahrtausends den Thron besteigt, empfiehlt sich FRIEDRICH SCHILLERS *politische Lehre*:

> Alles sei recht, was du tust; doch dabei laß es bewenden,
> Freund, und enthalte dich ja, alles, was recht ist, zu tun.
> Wahrem Eifer genügt, daß das Vorhandene *vollkommen*
> Sei; der falsche will stets, daß das Vollkommene *sei.*[214]

Ganz wie der chinesische Weise LAOTSE[215] sagen konnte: »Herrscht ein ganz Großer, so weiß das Volk kaum, daß er da ist«, so notierte auch SCHILLER über den *besten Staat*[216]:

> »Woran erkenn ich den besten Staat?« – Woran du die beste
> Frau kennst! daran, mein Freund, daß man von beiden
> nicht spricht.

Von innen her, durch die natürliche Autorität seines Vorbilds, leitet der »Berufene« die Menge, und so bedeutet der »Strom« der Menge auf der *Brücke* über dem *Fluß* soviel wie die freudige Akklamation des Volkes beim Thronbesteigungsfest eines altorientalischen Herrschers, nur eben: ganz ohne künstliches Arrangement, ganz ohne die nutzlose Langeweile leerer Rituale, wie GOETHE sie im Vatikan erleben mußte.[217] Das einigende Band zwischen dem *Herrscher* und seinem »Volk« besteht vielmehr in dem wechselseitigen *Entzücken*, das sie einander bereiten, ebenso wie der *neue König* selber und seine *Gemahlin* durch *ihre wechselseitige Liebe* einander *glücklich* sich zugetan fühlen.

Es ist dabei höchst bemerkenswert, daß es einer Vermählung für die *Gemahlin* ebensowenig bedarf wie einer besonderen Inthronisation für die Thronbesteigung des Königs. Eine »Trauung« als Ritus ist durchaus entbehrlich, wo Vertrautsein und Vertrauen das Verhältnis zweier Liebender bestimmen; es ist nicht nötig, die Liebe mit einem Zaun aus Zeremonien zu züchtigen; die Liebe braucht keine Ordnung, sie ist die Ordnung.

Diese Überzeugung ergibt sich als Konsequenz aus allem, was das *Märchen* bisher erzählt hat; und sie macht wohl auch das persönliche Verhalten des Eheskeptikers GOETHE ein Stück weit verständlich. Spätestens seit der Szene der Wiederbelebung des *Jünglings* war diese Einsicht evident – der *Alte* braucht nur noch einmal daran zu erinnern: Es war die *Schlange*, die Verkörperung der Vitalität, die durch die Vermittlung der *schönen Lilie* den *Jüngling* ins Leben zurückrief; eine Liebe, die, unter moralischem Zwang, der ihr eigenen Lebendigkeit nicht sich getrauen darf, tötet; doch eine Liebe, die es wagt, an die *Schlange* zu rühren, und die der Energie der *Schlange* durch die eigene Person eine menschliche Gestalt verleiht, ruft aus dem Tod ins Leben zurück.

Freilich gilt diese Erfahrung nie nur für einen. Hebt die Vitalität in ihrer Unmittelbarkeit sich auf, indem durch die Liebe die Kraft wächst, den Tod in allem natürlichen Dasein nicht länger wie einen Einwand *gegen* die Liebe zu fürchten, so entsteht für alle *die Brücke*, die aus den getrennten Ufern des Lebens von Liebe und Leid, von Traum und Tag, von Ewigkeit und Zeitlichkeit *ein* »Land« des reichsten Austauschs und der größten Schönheit formt. Durch die *Brücke* gewinnt das Leben den Charakter des »Hinübergangs«; es verliert dadurch nicht an Wert, es erlangt dadurch überhaupt erst seinen Sinn, seine Bedeutung und seine Erfüllung. Nur die in diesem Sinne »geopferte« *Schlange* erbaut sich in den »Edelsteinen« ihres »Gehalts« zu dem Bild einer wahren Synthese der sonst so zerreißenden Gegensätze.

Über die *schöne Brücke* schrieb SCHILLER einmal:

Unter mir, über mir rennen die Wellen, die Wogen, und gütig
Gönnte der Meister mir selbst, auch mit hinüber zu gehn.[218]

Was er mit »hinüber« meinte, beschrieb er näher in dem Gedicht *Das Ideal und das Leben*, in dem er zwar formulierte:

Zwischen Sinnenglück und Seelenfrieden
Bleibt dem Menschen nur die bange Wahl;

dann aber hinzufügte:

Nur der Körper eignet jenen Mächten,
Die das dunkle Schicksal flechten;
Aber frei von jeder Zeitgewalt,
Die Gespielin seliger Naturen,
Wandelt oben in des Lichtes Fluren
Göttlich unter Göttern die *Gestalt*.
Wollt ihr hoch auf ihren Flügeln schweben,
Werft die Angst des Irdischen von euch,
Fliehet aus dem engen dumpfen Leben
In des Ideales Reich.[219]

Für GOETHES *Märchen* ist es entscheidend, daß in ihm die *Brücke* die »Wahl« zwischen »Sinnenglück« und »Seelenfrieden«

aufhebt, indem hier die Liebe als die einzig rettende und versöhnende Kraft sich (wieder)entdeckt. Nur eine ebenso gespannte wie verträumte Aufmerksamkeit allerdings vermag die »Gestalt« zu erkennen, in welcher die Seele den Stoff belebt und das »Ideal« im gewöhnlichen »Leben« erscheint; und eine solche Aufmerksamkeit verleiht einzig die Liebe.

Zu ihr verlockt nunmehr die Ankunft von *vier schönen Mädchen,* von denen drei *an der Harfe, dem Sonnenschirm und dem Feldstuhl* als *die Begleiterinnen Liliens* sich zu erkennen geben.

In der Erzähllogik des *Märchens* steht *die Dreizahl* der *Mädchen* an der Seite *Liliens* in deutlicher Parallele zu der Dreizahl der *Könige* an der Seite des *Jünglings,* und ebenso entsprechen ihre »Insignien« beziehungsweise »Gebrauchsgeräte« einander, wie eine einfache tabellarische Gegenüberstellung noch einmal in Übersicht zu zeigen vermag:

der Jüngling drei Könige:			*die schöne Lilie* drei Mädchen:
Gold	Krone	Weisheit (Denken)	Schleier / Schirm
Silber	Zepter	Schein (Fühlen)	elfenbeinerner Thron
Erz	Schwert	Gewalt (Handeln)	Harfe
der Alte mit der Lampe Habicht			die Alte (mit dem Mops) Kanarienvogel

In dieser Darstellung ist mit berücksichtigt, daß dem *Jüngling* der *Alte mit der Lampe* beigesellt wird, während *die Alte* (mit dem *Mops*) der *schönen Lilie* zur Seite tritt; in Entsprechung zueinander stehen auch der *Habicht,* der auf der Hand des *Jünglings* herbeigetragen wurde, ehe er als Spiegel der untergehenden und aufgehenden Sonnenstrahlen der *schönen Lilie* und ihren *Mädchen* hilfreich wird, sowie *Liliens Kanarienvogel,* der, vom *Habicht* verfolgt, an der Brust der Schönen verstarb und erst an der Brust des *Jünglings*, zugleich mit diesem, wiederbelebt wird. Wie die Übersicht zeigt, ist dabei die »männliche« Seite des *Jünglings* symbolisch wie begrifflich (um das Dreifache!) reicher entfaltet als die »weibliche« Seite der *schönen Lilie*; doch gerade dadurch wird es zur reizvollen Pflicht, die Seite der *drei Mädchen* zu komplettieren; Angaben genug stehen dafür zur Verfügung.

Bezeichnend ist bereits, daß den *Mädchen* nicht starre Posen im Wartezustand, sondern dienstbare Funktionen von Fall zu Fall zugeordnet sind; nicht zeitübergreifende geschichtliche Bedeutung, wie auf den *Königen*, lastet auf den Gefährtinnen der *schönen Lilie*, – genug, daß ihr Auftreten in jedem Augenblick das Rechte zu besorgen weiß. Nicht metallische Elemente und Legierungen, wie bei den *Königen*, sind mit ihnen verbunden, eher eine Mischung aus Farben und Klängen zwischen Weiß und Rot, zwischen Wehmut und Mut, zwischen Trauer und Trost.

Wollte man die »Geräte« der drei *Mädchen* im Gegenüber zu den drei »Insignien« der *Könige* symbolisch deuten, so träte erneut der Kontrast zwischen *Jüngling* und *Lilie* besonders hervor: *Schleier* und *Schirm* schmücken oder beschützen, ähnlich der *Krone*, das Haupt der *schönen Lilie*; nicht »Weisheit«, wohl aber ein Wille zu bewahren und zu bewahrheiten wird, diesem Bilde entsprechend, die Gedanken bestimmen, die in einem solchen Kopf vor sich gehen.

An die Stelle einer glanzvollen Regierung mit Hilfe des Zepters des *silbernen Königs* ist auf seiten der *schönen Lilie* im Zeichen des *elfenbeinernen Thrones* die Haltung eines gesammelten Ruhens in sich selber getreten. Noch einmal kann uns LAOTSE dabei helfen, den Sinn einer solchen Einstellung zu verstehen. »Der Berufene«, schreibt er, »lebt in der Welt ganz still und macht sein Herz für die Welt weit. Die Leute alle blicken und horchen nach ihm, und der Berufene nimmt sie alle an als seine Kinder.«[220] Ein Mensch kann für andere erst wirklich dasein, wenn er in sich selber Frieden findet.

Am deutlichsten fällt der Unterschied zwischen dem Wesen

des *Jünglings* und der *schönen Lilie* in dem Gegensatz von *Schwert* und *Harfe* aus. Wo der eine die nötige Ordnung mit *Gewalt* herzustellen sucht, besänftigt die andere durch die Anmut ihres musikalischen Vortrags.

Im ganzen zeigt sich die Differenz zwischen »Mann« und »Frau« in der Symbolsprache des *Märchens* daher tatsächlich so, wie FRIEDRICH SCHILLER sie in dem Gedicht von der *Macht des Weibes*[221] dargestellt hat:

> Mächtig seid ihr, ihr seids durch der Gegenwart
> ruhigen Zauber;
> Was die stille nicht wirkt, wirket die rauschende nie.
> Kraft erwart ich vom Mann; des Gesetzes Würde
> behaupt er,
> Aber durch Anmut allein, herrschet und herrsche
> das Weib.
> Manche zwar haben geherrscht durch des Geistes
> Macht und der Taten,
> Aber dann haben sie dich, höchste der Kronen, entbehrt.
> Wahre Königin ist nur des Weibes weibliche Schönheit:
> Wo sie sich zeige, sie herrscht, herrscht bloß,
> weil sie sich zeigt.

Was die *schöne* Lilie angeht, so fügt sich ihr sanftes Wesen durchaus in das Bild von dem »ruhigen Zauber«, den SCHILLER einer jeden schönen Frau zubilligt; allerdings erstrahlt *Liliens* Schönheit gerade durch ihre Unaufdringlichkeit – sie muß und will sich nicht »zeigen«; daß sie gleichwohl eine »Königin« ist, die durch ihre »Gegenwart« »herrscht«, beweist bereits die Ebenbürtigkeit zu dem *Prinzen*, der als Auftrag des Lebens, das sie ihm mit Hilfe der *Schlange* geschenkt hat, soeben die Berufung eines neuen »Messias« empfängt und als solcher sein Amt antritt. Wieder dürfen wir aber nicht vergessen, daß es in dem neuen »Jahrtausend«, das nunmehr anhebt, keine »Herrschaft« äußerer Machtausübung mehr gibt; es geht allein um die (Herzens)Bildung der Liebe und damit um die Verwandlung des

Lebens selber. Es scheint nicht zu viel behauptet, wenn wir die »männliche« (patriarchalische) »Herrschafts«-Ausübung in der Neigung festmachen, mit dem *Schein* sittlicher Anweisungen und notfalls mit der Durchsetzung des Rechts mit *Schwert* und *Gewalt* die »Besserung« des Menschengeschlechts wirken zu wollen, wohingegen wir die »weibliche« (matriarchale) »Macht« gerade darin erblicken können, gar nichts mehr zu »wirken« und wirken zu »wollen«, sondern allein durch die »Ausstrahlung« des eigenen Wesens die angenehmsten und edelsten Effekte zu erzielen.

Die augenfälligste Wirkung, welche die Liebe im folgenden auszuüben vermag, besteht in dem Gefühl der »Verjüngung«.

Wie viele Frauen – Frauen zumal! – können beteuern, daß sie sich um viele Jahre »jünger« fühlen, seitdem sie eine bestimmte Person von Herzen zu lieben begonnen haben, – selbst ihre Nachbarn und Freunde bestätigen's ihnen: »Wie du aber aussiehst – gar nicht wiederzuerkennen!« Jeder Mediziner könnte begründen, wie dieser Eindruck durch eine psychosomatische Veränderung des gesamten Hormonhaushaltes auf eine oft geradezu dramatische Weise zustande gekommen sein kann; subjektiv aber wird eine solche Veränderung erlebt wie ein zweiter Frühling, – alles scheint heiter, voller Versprechen und Neubeginn, das ehedem Schwere geht plötzlich ganz leicht von der Hand, endlich gewinnt das Leben wieder an Freude und Lust, es schöpft Kraft und fühlt sich durchströmt von längst verloren geglaubtem Elan. Umgekehrt, wenn eine Liebe im Alter zerbricht: – sehr steil und abschüssig neigt des Lebens Bahn sich in solchem Falle dem Untergang.

Was die *Alte* in dem *Märchen* zu ihrem Glücke erfährt, wird sichtbar, wenn wir noch einmal LUCAS CRANACHS Bild von dem *Jungbrunnen* (Bildteil, Abb. 3) anschauen: »Die Kraft, die den Frauen zu neuer Jugend verhilft, kommt aus dem Wasser. Welcher Art sie ist, deuten die Figuren auf dem Brunnenstock an: Amor, der Gott der Liebe, und Frau Venus, die Göttin der Liebe und Schönheit, herrschen über den Brunnen. Von ihnen kommt die Kraft, zu verjüngen und zu verschönen. Es ist die

Liebe, die das bewirkt ... Der Jungbrunnen CRANACHS ist also ein Liebesbrunnen.«[222]

Tatsächlich auch sehen wir *die Alte,* ganz wie auf CRANACHS Gemälde, ihren Gatten *mit belebten, jugendlichen Armen* liebkosen und zu ihm in ein Verhältnis treten, wie es vordem nie zu beobachten stand. Doch selbst in dieser überaus erfreulichen Wandlung *der Alten* in eine *verjüngte und verschönerte* Frau liegt ein nicht geringes neues Problem verborgen: Was geschieht, wenn in einer Ehe der eine Teil sich anders entwickelt als der andere? Was, wenn er die (Wieder)Entdeckung neuer Liebe nicht mitzuvollziehen imstande ist? Wie, wenn der Aufbruch neuer Jugend in hohem Alter zwei miteinander alt gewordene Menschen eher auseinander als zueinander treibt?

Das *Märchen* erweist sich in dieser Frage als ebenso weise im Umgang mit Menschen wie revolutionär im Umgang mit der gesellschaftlich überkommenen Moral; wenn wir je noch eines Beweises für unsere These bedurft hätten, der *Alte* mit der *Lampe* verkörpere die sittliche Vernunft, die im Inneren des Menschen die rechten Wege bescheine, – hier würde er erbracht: *»Wenn ich dir zu alt bin«,* erklärt er *lächelnd* seiner Gemahlin, *»so darfst du heute einen anderen Gatten wählen; von heute an ist keine Ehe gültig, die nicht aufs neue geschlossen wird.«* Es wird in dieser Regelung nicht nur anerkannt, daß Ehen allein schon durch die unterschiedliche Wirkung des Faktors Zeit auf die Betreffenden dem Scheitern unterliegen können, es wird sogar ausdrücklich die Freiheit zugestanden, noch einmal eine neue Wahl treffen zu können. Eine Ehe, positiv gesagt, kann nur Bestand haben, solange die Ehepartner »gleichzeitig« zueinander leben, und *dazu,* soll die Liebe sich nicht selbst durch die Länge der Zeit überleben, gehört unbedingt die Möglichkeit einer inneren Erneuerung. Es ist nicht zu gebieten noch zu befehlen, es ist allein von Glück zu sagen, wenn die Entscheidung einer verjüngten Liebe erneut zugunsten des alten Partners getroffen wird und werden kann; – *selbstverständlich* ist eine solche Wiederwahl keinesfalls, und so ist sie auch nicht zu einer Forderung von Tugend und Pflicht zu erheben.

Im *Märchen* allerdings ereignet sich etwas, das erneut auf LUCAS CRANACHS Bild sich beobachten läßt und mit zu den glücklichsten Wirkungen der Liebe zählt. In dem »Jungbrunnen«, wie man sieht, baden ausschließlich Frauen. »Nur sie unterziehen sich der zauberhaften Verwandlung.«[223] Warum das so ist, erklärt, zeitgleich zu CRANACH, der französische Dichter RABELAIS in seinem Buch *Gargantua und Pantagruel* (5. Buch, 21. Kap.)[224]: im »Reich der Quintessenz« erfährt dort der Held, wie die alten Weiber »ein- und umgeschmolzen würden, so daß sie wieder jung wie mit 15 oder 16 Jahren seien. Befragt, ob denn auch die alten Männer gleichermaßen eingeschmolzen würden, antwortet er: nein. Diese verjüngten sich erst im Umgang mit jungen Frauen.«

Da gereicht es zu dem größten Geschenk, das einem Manne zuteil werden kann, wenn er an der jung gewordenen Liebe seiner Gattin auch selber noch einmal Jugend und Frohsinn zurückzugewinnen vermag. Der *Alte* im *Märchen* freilich drückt sich vorsichtiger aus: »*Es freut mich*«, sagt er, »*wenn ich in deinen jungen Augen als ein wackerer Jüngling erscheine.*« Das heißt nicht, daß er sich selber bereits als einen solchen Jüngling empfindet oder von sich solch muntere Wackerkeit fortan erwarten wollte, – es geht durchaus nicht um den wahnhaften Traum von der »ewigen« Jugend; wir sahen ja bereits, daß *die Alte* überhaupt nur sich weiterzuentwickeln vermochte, indem sie den *Schatten* des Alterns in gewissem Sinne zu akzeptieren lernte. Die »Verjüngung« setzt im Gegenteil die Anerkennung, nicht die Verdrängung des unvermeidbaren Älterwerdens voraus. Dann aber ist es möglich, einander noch einmal neu mit allem, was war, und in allem, was wurde, auf das innigste liebzugewinnen und somit am Anderen und mit dem Anderen sich selbst zu verändern. Eine größere Dankbarkeit für das unverdiente Geschenk des Lebens wird es nicht geben, als in dieser Weise die Tatsache eines fremden und doch in der Liebe vertraut gewordenen Daseins eines anderen Menschen als eine solche Kraft der Lebensverjüngung am eigenen Leib zu erfahren. Alle Angst vor der Zukunft verfliegt, und zwei Menschen, die selbst bereits hochbetagt sind, versichern sich da, »*gern ... in das folgende Jahrtausend hinüberleben*« zu wollen.

Doch besitzt die neu geschlossene Verbindung zwischen *der* verjüngten *Alten* und ihrem Gemahl auch noch eine andere symbolische Dimension: es ist nun die *schöne Lilie*, die als *Königin ihre neue Freundin* willkommen heißt und *mit ihr und ihren übrigen Gespielinnen in den Altar hinab* steigt, *indes der König in der Mitte der beiden Männer*, das heißt des verjüngten *Alten* und des ebenfalls jung gewordenen *Fährmanns*, dem *Gewimmel des Volkes* auf der *Brücke* zuschaut.

Die Alte haben wir bislang als eine mütterliche Gestalt an der Seite des *Jünglings* kennengelernt, wir sahen freilich auch schon, wie dieses Bild der Mutter, die Mutter*imago*, sich in dem Verhältnis des *Jünglings* zu der *schönen Lilie* fortsetzte; *die Alte* bildete in der Sicht des *Jünglings* gewissermaßen die projektive Folie, auf der sich die Gestalt der *schönen Lilie* mit allen Ängsten und Hoffnungen abzeichnen konnte. Noch einen Schritt weiter können wir jetzt auf der subjektalen Deutungsebene gehen und sagen, daß mit der Verjüngung *der Alten* auch das Bild der *schönen Lilie* sich in den Augen des *Jünglings* ebenso wie in der eigenen Wahrnehmung verjüngen werde: Das Mädchen, dessen Leben selber bisher wie überaltert wirkte, erwacht zum ersten Mal zu Freude und zu Lust; es wird erwachsen, indem es selbst seine Jugend ergreift, und so verschmilzt diese Seite einer überlebten »Hundertjährigen« an ihr endlich mit den Gestalten der *drei Mädchen*, die sie bisher begleiteten, und taucht gemeinsam in das »Allerheiligste« des Altarraumes ein. Die »Vernunft« des *Alten* mit der *Lampe*, die auf seiten des *Jünglings* die *drei Könige* zu einer Einheit formte, und die sich verjüngende Kraft der Liebe, die auf seiten der *schönen Lilie* die *drei Mädchen* zu einer Einheit zusammenwachsen läßt, formen den Mann und die Frau zu zwei erwachten, erwachsenen Persönlichkeiten, zu »Königen«, aus deren Einheit ein neues »Reich« des Lebens, eine neue Sicht der Welt sich bildet. Vernunft, die sich aufhebt zu Liebe, Liebe die sich erweist als Vernunft – so »herrschen« fortan Seite an Seite der *Jüngling* und *Lilie*.

Alles könnte mithin als befriedet und zufrieden erscheinen, fiele nicht doch noch und jetzt erst recht ein riesiger *Schatten* über die friedvolle Szene. Der Auftritt des *Schattenriesen*, der nach Auskunft des *Mannes* mit der *Lampe* zum *letztenmal* und zudem *von uns abgekehrt* erfolgt, steht in unheimlichem Kontrast zu der soeben gewonnenen Leichtigkeit, mit der die Angst vor der Zeitlichkeit, die Furcht vor Alter und Tod im *Strom* des Lebens, durch die verjüngende Kraft der Liebe sowie durch die Geschlossenheit eines in sich *versöhnten* Daseins beruhigt und gefestigt schien. Statt dessen sehen wir dieses *ohnmächtige* Nichts sich aus *seinem Morgenschlaf* erheben und mit den schlaftrunkenen, taumelig-täppischen Bewegungen seiner *ungeheueren Fäuste* Panik und Verwirrung verbreiten, so *daß Menschen und Tiere in großen Massen zusammenstürzten, beschädigt wurden und Gefahr liefen, in den Fluß geschleudert zu werden*.

Es gibt demnach keinen Tagesbeginn, der nicht von dem Bad dieses Riesen im Strom des Lebens begleitet würde, und man kann verstehen warum. Wirkt nicht jeder Morgen wie ein Beweis für das Weiterrücken der Zeit, und je dämmriger die Angst davor »auftritt«, desto furchtbarer sind ihre Wirkungen. Irgendwann scheint dem *Schattenriesen* das Morgenlicht hell ins Gesicht, und gerade wenn er verschlafen die Augen sich reibt, richten seine fahrigen Bewegungen das größte Unheil an. Der Versuch des neuen Königs, gegen das Ungeheuer(e) das *Schwert* zu ziehen, nimmt sich gerade so hilflos und sinnlos aus wie auf DÜRERS Bild von dem *Ritter* gegen *Tod und Teufel* (Bildteil, Abb. 5): keine Gewalt noch Panzerung, nicht Mut noch Entschlossenheit vermögen auch nur das Geringste gegen dieses aus dem *Strom* der Zeit sich erhebende Schreckbild, das die soeben gewonnene Ordnung auf das empfindlichste zu stören droht; ein Blick auf das *Zepter* genügt, um den *Jüngling* über die Forderung zu belehren, anders, »geistiger«, den *Schattenriesen* zu überwinden und, jenseits aller »Schläfrigkeit«, bewußt sich mit ihm auseinanderzusetzen.

»Jeden Morgen denke ich: Was für ein Glück, daß ich diesen Tag noch erleben darf«, sagte mir vor einiger Zeit eine Frau, die nach einer Phase tiefer Krisen am Rand einer scheiternden Ehe ganz neu zu sich gefunden hatte. Statt, wie sie fürchtete, in einem »Loch« von Minderwertigkeitsgefühlen und Depressionen zu versinken, erlebte sie neuerdings vielmehr eine Fülle von kreativen Möglichkeiten, die nun, wie wenn eine Riesenlast endlich von ihr genommen worden wäre, beinahe ungestüm nach außen drängten. Statt unter Antriebslosigkeit »litt« sie weit eher unter einem enormen Nachholbedürfnis und Erlebnishunger. Sie wußte durchaus ihr Alter richtig einzuschätzen, doch um so kostbarer dünkte sie nun die verbleibende Zeit, die sie, als unvermehrbar, so intensiv als nur möglich zu nutzen gedachte. Jeden Morgen, wenn, in der Bildersprache des *Märchens* geredet, der *Schattenriese* aus dem *Strom* der Zeit sich erhob und die eben errichtete *Brücke* zu blockieren drohte, bot sie ihm Paroli durch das Glücksgefühl eines inhaltsreichen, erfüllten Daseins.

Was, dürfen wir fragen, wird aus dem *Schattenriesen* der Angst vor dem Alter, was aus der Angst vor dem Ende der Zeit, der Angst vor der Nichtigkeit, der Angst vor dem Nichts, wenn doch da ein Leben ist, das sich gerade nicht nach dem Vorbild von DÜRERS *Ritter* in Panzer und Harnisch kriegsmäßig wappnet, sondern sich angstfrei, wie unbedroht, an den Augenblick hingibt? In diesem Fall, so verheißt uns das *Märchen*, wird der *Riese* eine sonderbare Wandlung durchlaufen: im *Vorhof* des *Tempels*, gerad *in der Mitte des Hofes*, wird er zum Stillstand kommen und *als eine kolossale, mächtige Bildsäule* mit seinem Schattenwurf *die Stunden* anzeigen, *die in einen Kreis auf dem Boden um ihn her nicht in Zahlen, sondern in edlen und bedeutenden Bildern eingelegt* sind. Aus dem Schattengespenst der Angst vor der Zeitlichkeit des Daseins wird mithin eine Art Sonnenuhr, eine »festgestellte« Zeit, die den Ablauf der Stunden berechenbar macht, indem sie ihnen einen interpretierbaren Inhalt zuordnet. Aus der »leeren« Zeit wird »gefüllte« Zeit, aus dem »Nichts« der Angst ein erfülltes Dasein[225], und so ist der Zeitpunkt recht gewählt, daß *die Königin, mit größter Herrlichkeit geschmückt, aus dem Altare mit ihren Jungfrauen heraufsteigt* – die unbeschwerte Schönheit des Lebens im Verein mit einer weise gewordenen Nachdenklichkeit bilden die beste – und einzige – Widerlegung der kreatürlichen Angst vor Alter und Tod.

Die letzte verbleibende Frage gilt noch einmal und jetzt endgültig der Bestätigung von König und Königin durch die Menge. Wie soll es geschehen, daß das Volk seine »Herrscher« anerkennt? Wie kann unter Vermeidung von Gewalt die neu gewonnene »Herrschaft« ausgeübt werden?

Eine erste Antwort darauf verkörpert der *Habicht.* Als das Symbol eines raubvogelhaften Überichs haben wir ihn bei seinem ersten Auftreten kennengelernt, erfuhren dann aber schon, daß er nach dem Tode von *Liliens Kanarienvogel* »gezähmt« auf der Hand des *Jünglings* Platz nahm und fortan als *Spiegel* der Sonne fungierte, um den *Alten* mit der *Lampe* herbeizurufen und die *drei Mädchen* an der Seite der *schönen Lilie* aufzuwecken. Jetzt, zu seinem abschließenden Dienst, lenkt der *Habicht* mit Hilfe seines *Spiegels* das Sonnenlicht auf das Antlitz der neuen Herrscher, so daß diese *und ihre Begleiter in dem dämmernden Gewölbe des Tempels von einem himmlischen Glanze erleuchtet* scheinen und *das Volk* vor ihnen *auf sein Angesicht* fällt. Psychologisch ausgedrückt, reflektiert sich in der Instanz des Überichs eine Machtform und Machtfülle, die als soziale Institution in Gestalt eines absoluten Herrschers erscheint; die äußere Macht hingegen verinnerlicht sich als Überich, und das Diktat des Überichs wiederum macht die Person (das Ich) geneigt, sich der Weisung der äußeren Autorität zu unterwerfen.

Das Bild, in dem das *Märchen* diese Wechselbeziehung darstellt, weist noch einmal eine hohe Ähnlichkeit zu der Symbolsprache der *altägyptischen* Religion auf: der Pharao galt dort als »Sohn« des Sonnengottes Re; andererseits aber stand er unter dem besonderen Schutz des falkenköpfigen Gottes Horus, der über den Himmel und die Gestirne herrschte und den Namen

Re-Harachte – der Horus im Horizont – trug[226]. Daß der *Habicht* im *Märchen* stets mit dem Sonnenaufgang und Sonnenuntergang verknüpft ist, paßt ganz und gar zu dieser Vorstellung. Im alten Ägypten wurde Horus bereits zu Beginn der 1. Dynastie zum Schutzgott des Pharaos; der königliche Name selbst wurde in das Innere des Bildes einer Palastfassade geschrieben, auf welcher ein Falke saß, – dieser »Horusname« war ein fester Bestandteil der Titulatur des Königs, der selber als irdische Inkarnation des Horus galt[227]. GOETHE hat diese altägyptischen Anschauungen gewiß nicht gekannt, und doch könnte das Bild des Falken auf den Obelisken ihn zu der Verbindung von Sonne, *Habicht* und *König* in seinem *Märchen* angeregt haben, – wenn er nicht rein intuitiv sich die gleiche Bildkonstellation zum Zwecke der gleichen Aussage »einfallen« ließ.

So wie vorhin, als der *Habicht* mit Hilfe des Spiegels die *drei Gefährtinnen Liliens* weckte, so jedenfalls ist auch jetzt die »Reflexion« des Überich-Standpunktes am meisten bemerkenswert. Theoretisch könnten der König und die Königin sich auch im hellen Sonnenschein auf dem *Tempel*-Vorplatz dem Volke zeigen; doch »anbetungswürdig« im *Tempel*, »sakrale« Herrscher-Gestalten mithin werden sie erst, indem das Sonnenlicht (der Vernunft) im Spiegel des Überichs gebrochen und von dort auf sie geworfen wird. Der Absolutismus gottähnlicher oder in »Gottes Gnadentum« verwalteter Macht beglaubigt sich demnach nur in der »Brechung« eines »aufgeklärten« Bewußtseins, die auch die Gleichsetzung von innerer und äußerer Autorität, die Identität von Überich und Staatsmacht wohltuend und »erhellend« unterbricht. Gleichwohl bleibt festzuhalten, daß die Sakralität des Königtums im *Märchen* nicht angezweifelt, sondern im Gegenteil durch den *Spiegel* des *Habichts* bestärkt werden soll. Ehrfürchtig erschaut die Menge des Volkes nun also die Dreigestalt des Königtums, wie es in den Statuen der *drei Könige* im *Tempel* dargeboten wird. Eine *prächtige Decke wohlmeinender Bescheidenheit* wird lediglich über das in sich zusammengesunkene Bildnis des *zusammen-*

gesetzten Königs gebreitet, so daß *kein Auge* mehr dieses lächerliche, wenngleich in der menschlichen Geschichte bis anhin vorherrschende Schandbild eines Monarchen zu Gesicht bekommen wird.

Auch diese »Decke«, die den Herrscher verhüllt, könnte die Uminterpretation eines biblischen Motivs darstellen: Als im Alten Testament MOSES nach der Verkündigung der Gebote vom Berg Sinai herabstieg, war sein Antlitz so leuchtend, daß er es mit einer Decke verhüllen mußte, um die Kinder Israels nicht zu erschrecken (Ex 34,29–35; 2 Kor 3,7–18); was den *zusammengesetzten König* angeht, so bedarf er sogar einer besonders *prächtigen Decke*, um seine Schande zu verhüllen, die im Kontrast des Lichts, das sich über den wahren Herrscher im Moment seiner sakralen Inthronisation ergießt, freilich nur um so greller sichtbar wird! Mit anderen Worten: Der »Messias«, wenn er kommt, wird in diesem Sinne kein »zweiter Moses« sein, sondern offen im Licht wird er vor sein Volk hintreten; keiner »Magie« noch göttlicher Schrecken wird es bedürfen, um ihn vor der Menge zu beglaubigen.

Dafür fallen nun *unvermutet Goldstücke, wie aus der Luft, klingelnd auf die marmornen Platten* des Tempelvorplatzes und werden von den »Wanderern« überall dort, wo *dies Wunder bald hier und bald da* sich begibt, *begierig* aufgegriffen. Es handelt sich um einen Jux der *abziehenden Irrlichter*, die *das Gold aus den Gliedern des zusammengesunkenen Königs auf eine lustige Weise* vergeuden. Der Ertrag des Spotts, durch den sie mit ihren »spitzen Zungen« den *gemischten König* zu Fall gebracht haben, verteilt sich nun als »Allgemeingut« unter das Volk.

Auch die Kritik des Verstandes an den unhaltbaren Zuständen von Zeit und Geschichte setzt also etwas Wertvolles frei, das, je mehr es zum geistigen Besitz der Menge wird, das Lächerliche an der überkommenen Form der Machtausübung nach und nach vergessen macht. Die Anerkennung des wahren Herrschers, der die drei Seiten der Macht in sich durch Liebe vereinigt, geht folglich einher mit dem Empfinden des Volkes, selber im Besitz all der Werte zu sein, die vordem in die – je nachdem – tragische oder komödiantenhafte Gestalt des *gemischten Königs* gebunden waren. Es ist, wenn auch zeitlich versetzt, offenbar ein und derselbe Vorgang, die »Herrschaft« von Vernunft und Liebe in Gestalt des *Königs* und der *Königin* von innen heraus *an*zunehmen und all das, was an einer ungefügten Form von Machtausübung »goldwert« ist und bleibt, in die eigene Hand zu *über*nehmen. Das eine verbindet sich mit Ehrfurcht und Freude, das andere mit respektlosem, pragmatischem Spaß, und so wird zwischen beidem der Unterschied deutlich: zu dem einen Vorgang leuchtet das Licht der Sonne, reflektiert durch den »Spiegel« des *Habichts* in der Kuppel des *Doms*, während das andere als ein »Geschenk« der *Irrlichter* zu betrachten ist, die damit ein letztes Mal zeigen, zu welch einem Nutzen bei rechtem Gebrauch sie fähig sind.

Kann es nach all dem auch jetzt noch einen Zweifel geben, daß ein so wohlgeordneter Zustand des Geistes, der Seele und der geschichtlichen Wirklichkeit auf Dauer gegründet sein werde? Ja, dieser Zustand vollendeter Einheit und Harmonie, versichert das *Märchen*, bestehe *bis auf den heutigen Tag*, und es tut damit so, als sei das erhoffte neue Jahrtausend längst schon erfüllte Gegenwart, ja, als habe das unerhörte Schauspiel, mit dem sich die Wende der Zeiten soeben vollzog, sich allgemach bereits in die Festigkeit eines vertraut gewordenen Alltags übersetzt: – das *Volk* hat sich verlaufen und zieht seiner Straßen, die *Brücke* wird reichlich genutzt, und *der Tempel ist der besuchteste auf der ganzen Welt*. Man kann diesen Eindruck verstehen. Denn wovon sonst auch sollten Menschen sich angezogen fühlen, wenn nicht von einer eben solchen Religion der Vernunft und der Liebe, in welcher der Mensch, indem er bei Gott, zugleich ganz bei sich selbst ist?

Auf vornehme Weise hat *der König mit den Seinigen in dem Altar hinab* sich zurückgezogen. Er selber, der »heilig« nur ist am »Orte« des *Heiligtums*, wird an diesem *Altar* gewiß keine Opfer mehr darbringen. Dieser »Messias«-König wird niemals ein »Hoher Priester« werden; vielmehr hat er selbst seine Wohnung im Raum des *Altares*, und so dient er zum Vorbild einer

Frömmigkeitshaltung, die ganz und gar in der Gottunmittelbarkeit eines geläuterten Herzens besteht. Eins zu sein mit sich selbst, eins zu sein mit den Menschen und eben darin, in Weisheit und Liebe, eins zu werden mit Gott – dieses Ziel erkennt das *Märchen* als *das Höchste*. Und so viel steht fest: Wer das zu erreichen wüßte, der reifte zur rechten Zeit. Der wäre am Ziel. Nur: wer vermöchte das? Und: wer wollte das von sich behaupten? Und: wo wäre der verheißene Zustand künftigen Glücks bereits die erfüllte, wenn auch vielleicht noch verborgene Gegenwart?

BEDEUTUNG

Dichter lieben nicht zu schweigen[1]

Ein Merkwürdiges ist es um GOETHES *Märchen*, daß es gerade in dem Moment der höchsten Zufriedenheit aller beteiligten Akteure die wohl sonderbarste Frage aufwirft, die ein Märchen nur hinterlassen kann: Wem eigentlich *hilft* das Gelesene? Unstreitig erzeugt es eine gewisse ästhetische Befriedigung, ähnlich der Betrachtung der aufgeführten Halbedelsteine, die in das Bauwerk der *Brücke* eingehen, doch weist der Anspruch des *Märchens* weit über bloße Ästhetik hinaus, – es möchte uns lehren, die *Brücke* selber zu bauen, sie zu betreten und hinüberzugelangen, und so muß man fragen: Vermag es das? Verhilft es dazu?

Märchen für gewöhnlich erfüllen sich selbst, indem sie die psychischen Probleme, die sie schildern, durch ihre symbolische Bearbeitung im Verlauf der Erzählung selber erledigen; in ihrer Darstellung enthalten sie so etwas wie ein therapeutisches Angebot zur Bewußtmachung und Durcharbeitung eigener Konflikte für jeden, der sie liest und sich in ihnen wiedererkennt. Von GOETHES *Märchen* kann man derlei kaum sagen; der erste Eindruck beim Lesen täuscht nicht: es ist viel zu stark konstruiert, um psychologisch die Bürde zu tragen, die ihm durch seinen eigenen Anspruch auferlegt wird: eine, wenn auch fiktive, Zeitenwende im Bewußtsein (je)des Einzelnen wie des gesamten Volkes zu formulieren!

Vor allem *drei* Fragen sind es, die wir uns deshalb vorlegen sollten:

1. Welch einen psychischen Problemkreis spricht das *Märchen* an und in welchem Umfang vermag es durch sein Bildangebot therapeutische Hilfestellung zu vermitteln? Obwohl wir

uns erklärtermaßen nicht primär dafür interessieren, was das *Märchen* über GOETHE selber als seinen Autor sagt, sondern vielmehr untersuchen wollen, was GOETHE mit seinem *Märchen* uns Heutigen zu sagen vermag, so werden wir zur Beantwortung dieser Frage doch nicht umhin können, gewisse biographische Details in der Person und im Werk GOETHES, wie bei der Interpretation des *Märchens* selber, zu Rate zu ziehen. »Hat GOETHE denn wirklich an ›so etwas‹ bei seiner berühmten Erzählung gedacht?« Diese Frage wird sich mancher Leser bereits an vielen Stellen vorgelegt haben; doch so viel läßt sich vorweg schon sagen: *Wenn* er von »so etwas« bewußt oder unbewußt bei der Abfassung des *Märchens* geleitet wurde, so stellt sich natürlich zugleich die Frage, inwieweit GOETHE mit seinem *Märchen* bestimmte Konflikte im eigenen Leben hat darstellen wollen und in seiner Erzählung einen möglichen Weg zur Befreiung hat aufzeigen können.

2. Eng verbunden mit der Frage der Befreiung von bestimmten psychischen Formen der Selbstentfremdung stellt sich die religiös-moralische Thematik, die das *Märchen* insgesamt durchzieht. Welche Anschauungen zu dieser Themenstellung vertritt GOETHE im *Märchen* und wie lassen sie sich als »Brückenschlag« zur Lösung der geistigen Krise der Gegenwart verstehen?

Und schließlich:

3. Das *Märchen* beharrt darauf, daß der Bau der *Brücke* und die Versetzung des *Tempels* an den *Fluß* identisch seien mit einer umfassenden Wandlung der bisherigen Formen der Machtausübung; es ist daher unvermeidbar, sich die Frage vorzulegen, welch einen Beitrag zur »Jahrtausendwende« im Umgang mit politischer Macht und geschichtlicher Wirklichkeit das *Märchen* leisten will und leisten kann. Die Frage auch nur zu stellen, bedeutet bereits, den Unterschied zu bemerken, der »das« *Märchen* von »den« Märchen trennt. Wer wollte ernsthaft mit *Aladdin und der Wunderlampe* das

Machtgefüge im Vorderen Orient umstürzen? Doch GOETHE und der Hof von Weimar – das ist ein Thema, das man bei einer Interpretation des *Alten* mit der *Lampe* nicht ausblenden kann; im Gegenteil, entsprechend dem Anspruch des *Märchens* muß man die Frage sogar vertiefen und an jede Form von Machtausübung richten: Wie läßt sich »der Mensch« so verändern, daß auch die politisch-geschichtliche Verwaltung der Menschen selbst sich vermenschlicht?

Auf allen drei Ebenen: der psychischen, der religiös-moralischen (philosophischen) und der politisch-geschichtlichen Problemstellung müssen wir das *Märchen* daher noch einmal zur Sprache bringen.

Geb' ihm ein Gott zu sagen, was er duldet[2]

Es gibt in GOETHES *Märchen* nicht wenige Merkwürdigkeiten, die erst ins Auge springen, wenn man die Geschichte mit anderen »typischen« Märchen vergleicht.

Ein wichtiger Unterschied liegt in der vollkommenen *Aggressionsfreiheit* der Erzählung. Überall sonst in Märchen werden Drachen und Zauberer, Hexen und böse Gnome zur Strecke gebracht; – in GOETHES *Märchen* erfahren wir nichts dergleichen.

Da tritt der *Königssohn* als ein Vertriebener auf, doch bleiben die Übeltäter ungenannt und anangreifbar; der »Diebstahl« des *Schattenriesen* an *der Alten* wird nicht geahndet; die zumindest fahrlässige Tötung des *Mops'* durch die *Irrlichter* wird als ein einfaches Verhängnis betrachtet; und selbst der *gemischte König*, der dem Zusammenwirken der drei anderen so hinderlich im Wege steht, erleidet zwar seine wohlverdiente Herabstufung, doch geschieht sie witzig-humorvoll, eine heitere Exekution ohne jede »Grausamkeit«. Wenn irgend vor Jahren Pädagogen davor warnten, Kindern die Märchen zum Beispiel der BRÜDER GRIMM zu lesen zu geben, in der Absicht, ihnen die »Brutalität« und »Gewalt« dieser Geschichten zu ersparen, so dürfen sie bei GOETHES *Märchen* guten Mutes sein: Es folgt von Anfang an nicht dem »primitiven« Weltbild der Märchen, wonach die Welt in die zwei feindlichen Lager von Gut und Böse, Schön und Häßlich, Fleißig und Faul, Brav und Bösartig zerfällt, die sich beide auf Sein oder Nichtsein bekämpfen, vielmehr ist es »weise« genug zu begreifen, daß eine wirkliche Lösung seelischer Konflikte nur möglich ist, wenn alle Seelenanteile zu einem »gemeinsamen Tun« zusammenfinden. Nichts in der menschlichen Psyche ist »böse«, daß es »bestraft« oder »abgeschafft« werden müßte; nichts in der Psyche gilt da für unnütz und unbrauchbar, daß es übergangen oder vernachlässigt werden könnte; alles, wofern es sich wandelt, vermag dem Ganzen dienstbar zu werden. Integration statt Unterdrückung, Einheit statt Abspaltung, Einfügen statt Verfügen bildet in dieser Erzählung den inneren Leitfaden, um aus dem Labyrinth der inneren wie äußeren Widersprüche und Widerstände des Lebens zu finden. Schon deshalb gibt es hier nichts zu »überwinden«, zu »töten« oder »abzustrafen«, wohl aber zu überlieben, zu entwickeln und zu reifen. Freilich kann man, statt von »Weisheit«, auch von aggressiver Gehemmtheit und Konfliktscheu im *Märchen* sprechen, eine Feststellung, die uns noch beschäftigen muß.

Im Grunde handelt es sich in GOETHES Erzählung um ein Initiations-Märchen, das den entscheidenden Schritt zum Erwachsenwerden schildert: »Erwachsen«, so erfahren wir, wird ein Mensch, der es lernt, zu lieben und dadurch die Angst vor dem Tod zu verlieren; »erwachsen« wird ein Mensch, wenn die verschiedenen, oft so heterogen erscheinenden Teile seiner Seele zu einer lebbaren Synthese zusammenwachsen; »erwachsen« wird ein Mensch, dem es gelingt, im eigenen Dasein Souveränität walten zu lassen und an die Stelle von Außenlenkung und Autoritätsabhängigkeit eigene Entscheidungsfähigkeit und Verantwortungsbereitschaft zu setzen. Wer weiß, was zu ihm paßt, der darf für »erwachsen« gelten. Ein hehres Wort, doch wie ist es umzusetzen?

Natürlich existiert eine Fülle von biographischen Studien

zu GOETHES Leben und Werk, die psychoanalytisch all die Schwierigkeiten aufzeigen, an denen wir im *Märchen* den *Jüngling* und die *schöne Lilie* laborieren sahen, und so steht zur Frage, wie GOETHE selber nach dem Vorbild seiner Märchengestalten seine Konflikte gelöst hat.

Auf die sonderbaren Ängste GOETHES vor einer intimen Beziehung zu einer Frau haben wir bereits hingewiesen, als wir die Annäherung des *Jünglings* an das geliebte Mädchen im *Märchen* mit GOETHES Verhalten in Sesenheim einander gegenüber gestellt haben. »Warum verließ Goethe Friederike?« fragte THEODOR REIK und vermutete zur Antwort starke Todeswünsche des Dichters gegenüber der sittsamen Pfarrerstochter[3]. Tatsächlich aber erkannten wir im *Märchen*, weit ursprünglicher als solche destruktiven Impulse, eine tiefe Scheu, der geliebten Schönen und vollkommen »Reinen« das männliche Begehren überhaupt zumuten zu sollen. In moralischem, nicht in physischem Sinne bedeutete es den »Tod« des »Rösleins«, würde der »Knabe« es zu »brechen« wagen, und wie da erst bei einer »*Lilie*« unter den Mädchen? Freilich, insofern das männliche Verlangen sich gerade »darauf« richtet, mag der entsprechende Impuls unter den gegebenen Bedingungen auch wie ein »Todes-« oder Tötungs»wunsch« erlebt werden, doch erfolgt die »sadistische« Verformung des sexuellen Strebens in diesem Falle erst unter dem Druck starker moralischer Einengungen. Gewiß kann die Furcht, durch *Liliens* Berührung zu *sterben*, psychoanalytisch mit THEODOR REIK auch als eine Art Selbstbestrafung, als Wendung des Todeswunsches gegen das eigene Ich, interpretiert werden, doch wiederum erscheint es weit einfacher und näherliegend, den »Tod« durch Berührung der Geliebten als Folge einer moralisch erzwungenen Verdrängung des Triebwunsches zu verstehen: es ist nicht erlaubt, mit Bewußtsein zu tun, was im Bewußtsein (im Überich) als verboten zu gelten hat.

Sehr zu Recht indessen hat THEODOR REIK auf die Verschiebung des Sexualstrebens in Richtung der Schaulust im Leben des alternden GOETHE hingewiesen und betont, daß es sich dabei um eine Wiederbelebung »der sexuellen Neugierde des Kindes« handle, »das sich noch nicht genital betätigen« könne[4]. Aber auch mit diesem Ansatz ist der Symptomkomplex' dem wir symbolisch im *Märchen* begegnet sind, noch nicht ausreichend zu beschreiben.

Insbesondere das Motiv der *Versteinerung* sowie des Zerfalls der *Schlange* in viele Steine hatten wir früher bereits mit bestimmten Potenzängsten und Potenzphantasien in Verbindung gebracht, und tatsächlich hat TH. REIK solche Ängste in seiner Studie überzeugend nachgewiesen. Nun hat allerdings KURT R. EISSLER, gestützt ebenfalls auf die Affäre in Sesenheim, gegenüber TH. REIK eingewandt, erklärt habe GOETHE »ausdrücklich, daß er gegen seine (sc. sexuelle, d.V.) Begierde ankämpfen mußte«; EISSLER folgerte daraus, REIKS »Diagnose« müsse unzutreffend sein. Sein Argument: »Der zwanghafte oder phobische Patient berichtet nie von einem Kampf gegen Lüsternheit. Es braucht eine lange Analyse, bevor er entdeckt, daß seine Symptome eine Abwehr von Trieben sind.«[5] Statt, wie REIK, an »Kastrationsängste, Todeswünsche, Angst vor Vergeltung«[6] zu denken, hält EISSLER es deshalb für viel »wahrscheinlicher…, daß die unbewußten Ängste, verbunden mit der Tendenz des Ich zu maximaler Gefühlserregung, einmal erregt, zu vorzeitiger Ejakulation führten, hervorgerufen durch Küssen«.[7] Insbesondere die LUCINDE-Szene im Hause des Straßburger Tanzlehrers rekonstruiert EISSLER zur Stützung dieser Annahme folgendermaßen: »Ein Mädchen, das Goethe leidenschaftlich küßt, bemerkt, daß er sie durch vorzeitige Ejakulation um die von ihr so begierig gewünschte Lust betrogen hat. Wie Frauen oft sind, erlebt sie dies als Aggression gegen sich, als Zeichen, daß Goethe keinen Geschlechtsverkehr mit ihr haben will.«[8]

Die EISSLERsche These, GOETHE habe an *Ejaculatio praecox* gelitten und deshalb eine sexuelle Erfüllung mit einer Frau erst relativ spät, mit 37 Jahren während seines Rom-Aufenthaltes im Jahre 1786, erlebt, wird inzwischen vielerorts wie ein Standardwissen über GOETHE kolportiert; man muß aber sagen, daß diese These auf äußerst dünnen Füßen steht, und was in unserem Zusammenhang das wichtigste ist: sie steht einem angemessenen Verständnis des *Märchens* im Wege!

Wohl ist es wahr, daß bei reinen Zwangshandlungen (wie Waschzwang, Kontrollzwang usw.) der verdrängte Triebwunsch nur äußerst mühsam bewußtgemacht werden kann, doch ist der Inhalt des Triebwunsches in diesem Falle vorwiegend sadistisch-aggressiver, nicht unmittelbar sexueller Natur, und zudem bieten gerade die unaufgelösten Konflikte zwischen Triebwunsch und Verbot im Bewußtsein zwanghafter Charaktere einen Haupthinweis für eine entsprechende Diagnosestellung: Da steht ein Ich eingekeilt zwischen den Wünschen des Es, die es »eigentlich« für berechtigt hält, und den Forderungen des Überich, die es im Grunde ablehnt, gegen die es sich aber nicht durchzusetzen vermag: es hat, wie der *Jüngling* im *Märchen*, einen »Krieg« verloren, es ist aus seiner angestammten »Heimat«, aus dem Anspruchsbezirk seiner Selbstbestimmung, »vertrieben« worden – und nur eine starke Liebe vermag (außerhalb *vielleicht* einer Pychoanalyse) ihm die Kraft einer eigenen Stellungnahme zurückzuschenken. GOETHES *Märchen*, das EISSLER in seiner umfangreichen Studie leider nicht berücksichtigt, ist in diesem Zusammenhang weit aussagestärker und klarer als die künstlich wirkenden Rekonstruktionsversuche einer speziellen Form von Sexualneurose: Selbst wenn wir es in GOETHES Leben wirklich mit der nämlichen Symptomatik zu tun hätten, so wäre die Angst vor der Liebe, ja, die Angst schon vor der Berührung der Geliebten, der Lilienreinen, die das *Märchen* so eindringlich schildert, weit eher als Grund denn als Folge der Ejakulationsproblematik zu betrachten.

Gerade psychoanalytisch scheint es ganz und gar unzureichend, das Symptom der *Ejaculatio praecox* auf eine ungewöhnlich hohe Erregbarkeit GOETHES an und für sich zurückführen zu wollen, wie EISSLER es versucht. Auch bei einem Genie, wie GOETHE es war, kann man eine seelische Erkrankung nicht mit einer »genialischen« Ursache erklären; – die Krankheit selbst enthält durchaus nichts »Geniales«, wenngleich sie unter bestimmten Voraussetzungen zu genialen Kompensationsbildungen aneifern mag; sie muß erklärt werden ganz so, wie man sie in jedem »gewöhnlichen« Falle auch erklären würde: mit der Angst, sexuell zu versagen, aufgrund der Angst, etwas »Unanständiges« zu tun[9]. Da wird als erstes die »Lust« unter Verbot gestellt und dann der ursprüngliche Wunsch in eine Leistungsforderung verwandelt, die übererfüllt werden muß, um überhaupt geliebt zu werden; in dem symptomatischen »Versagen« am Ende wirken Triebwunsch wie Triebunterdrückung zu einem erzwungenen »Kompromiß« zusammen: die Sexualerregung erreicht den gewünschten Höhepunkt, doch so, daß gerade verhindert (verweigert) wird, was zustande kommen sollte: ein Austausch wechselseitiger Liebe. Eben darin liegt die Tragik der genannten Symptomatik: Es ist nicht möglich, eine Frau (oder einen Mann) wirklich zu lieben, wenn die Frage: wie beweise ich (gegen alle Ängste und Verbote), daß ich doch liebenswert bin, so absolut im Vordergrund steht, daß die narzißtische Suche nach Selbstbestätigung jede entspannte, dem anderen geltende Beziehung unmöglich macht. Die »Aggression«, die EISSLER in dem genannten Symptom als gegen die Frau gerichtet erkennt, ergibt sich unter diesen Umständen als erstes aus einer Form elementarer Selbstbestrafung für elementare Wünsche.

Doch nun vergleiche man mit einer solchen Problemstellung, wie EISSLER sie vorschlägt, den *Jüngling* im *Märchen*! Er möchte durchaus nicht mit einer großen Geste seiner Geliebten imponieren, es genügte ihm, sie berühren zu dürfen, ohne daran zu »sterben«! Nicht vom »Küssen«, sondern vom Umarmen ist dort die Rede, und die »Gefahr«, die dem *Jüngling* droht, geht nicht von bestimmten Versagensängsten aus, sondern von dem Eindruck, den die *schöne Lilie* durch ihr ganzes Wesen verkörpert: einer Unnahbarkeit aus Gründen der Sittlichkeit und der Schicklichkeit! Erst von daher leitet sich im weiteren die Symbolsprache der »Versteinerung« des weiblichen »Liebesobjektes« (des *Mops* aus Onyx) wie des *Jünglings* selber ab.

Für eine *solche* Auffassung der Problematik des *Märchens* spricht nicht allein die allmähliche Verlebendigung des Bildes der *schönen Lilie* sowie die Revitalisierung, die sie mit Hilfe der *Schlange* dem *Jüngling* ermöglicht, es spricht dafür auch eine Reihe von Merkmalen in GOETHES Leben und Erleben, wie sie nicht zuletzt von EISSLER selbst akribisch aufgelistet werden.

Wir haben bereits gesehen, daß im *Märchen* gewisse Erinnerungen GOETHES an seine Liebe zu LILI SCHÖNEMANN verarbeitet worden sind. GOETHE selber gestand noch in hohem Alter, er sei seinem »eigentlichen Glück nie so nahe gewesen als in der Zeit jener Liebe zu Lili«.[10] Insbesondere könnte die Nähe zu den Zeitereignissen gerade die Erinnerungen an diese Zeit wiederbelebt haben: 1794, ein Jahr, bevor im Rahmen der Unterhaltungen deutscher Ausgewanderter auch das *Märchen* entsteht, befindet sich LILI, seit 1778 mit dem Bankier BERNHARD FRIEDRICH VON TÜRCKHEIM verheiratet und mittlerweile Mutter von sechs Kindern, aus Sorge um ihren Mann, »der als Gegner der Französischen Revolution von der Guillotine bedroht war«[11], als Bäuerin verkleidet mit ihren Kindern auf der Flucht zu ihrem Gatten nach Heidelberg ins deutsche Exil. Es scheint mehr als wahrscheinlich, daß LILIS Schicksal die »*Erzählungen*« mitveranlaßt hat und daß ihre Gestalt als *geliebte Lilie* im *Märchen* als eine erste Auflösung auch der Problematik der *schönen Lilie* verstanden werden kann.

Einer solchen Annahme widerspricht nicht die Mitteilung, daß LILI, viele »Jahre nach ihrer Verlobung mit Goethe«, in dem liebeflüchtigen Dichter »den Schöpfer ihrer moralischen Existenz« erkannt haben soll, indem sie »gestand …, daß ihre Leidenschaft für Goethe stärker war als ihr Sinn für Pflicht und Tugend« und nur die Enthaltsamkeit ihres Anvertrauten sie davor bewahrt habe, »späterhin ihrer Selbstachtung und der bürgerlichen Ehre beraubt auf die Vergangenheit« zurückblicken zu müssen.[12] Die Frage ist in unserem Zusammenhang ja nicht, wie willig LILI, sondern wie willens GOETHE zu dieser Zeit sich empfinden durfte, und fest steht in jedem Falle, daß es nicht sowohl freiwillige Tugend, als vielmehr der Zwang einer bestimmten Angstmoral war, die GOETHE zu so viel Anstand nötigte, um ihn auf Abstand zu seiner Geliebten zu halten. Zwar glaubt EISSLER mit Entschiedenheit, GOETHES »Organ der Sünde« sei der »Mund« gewesen, weil »dessen Reizung ... zur Ejakulation« zu führen pflegte[13]; aber die Frage stellt sich selbst bei einer solchen Hypothese nur um so mehr, woher denn diese »Verlegung nach oben«[14] eigentlich stammt; und hier müssen wir feststellen, daß die These von jener speziellen Symptomatik im Leben GOETHES nicht nur eine unbeweisbare Spekulation bleiben muß, sondern daß sie vom *Märchen* zumindest relativiert, wo nicht geradewegs widerlegt wird. Denn all die Konflikte, die das *Märchen* so deutlich ausspricht, finden klar umrissen und greifbar ihren Beleg auch sonst in GOETHES Erleben und langen zum Verständnis der notwendigen Zusammenhänge auch ohne gewagte Zusatzkonstruktionen und Rekonstruktionsversuche vollkommen aus.

Welch ein Bild von »der« Frau leitete GOETHE im Umfeld der Idealgestalt seiner *schönen Lilie*?

Zu Recht verweist EISSLER in diesem Zusammenhang auf die hohe Bedeutung, die speziell SPINOZAS *Ethik* auf GOETHE ausübte[15], und er fügt dieser bekannten Tatsache einen bemerkenswerten Aspekt hinzu: Im 16. Buch von *Dichtung und Wahrheit* spricht GOETHE davon, wie sehr ihn die »grenzenlose Uneigennützigkeit« gefesselt habe, »die aus jedem Satze« des jüdischen Philosophen hervorleuchte: »Jenes wunderliche Wort: Wer Gott recht liebt, muß nicht verlangen, daß Gott ihn wieder liebe, ... erfüllte mein ganzes Nachdenken.«[16] Gedanken von einer Liebe solcher Absichtslosigkeit sind es, die, wie EISSLER betont[17], in *Wilhelm Meister* ausgerechnet *Philine* anspricht. In diesem psychologisch überaus vielschichtigen Entwicklungsroman verkörpert gerade sie die »Schönheit des Leichtsinns«[18] nach der Devise: »Jeder Tag hat seine Plage, / Und die Nacht hat ihre Lust«[19]; der mönchisch zurückhaltende *Wilhelm* hingegen, nachdem er in betrunkenem Zustand offenbar doch mit *Philine* geschlafen hat, faßt seinen Zwiespalt später in die Worte: »Ich liebte Philinen und mußte sie verachten.«[20]

Entsprechend dieser Psychologik gilt eine Frau um so mehr für achtenswert, je spröder sie sich gibt, und für um so verächtlicher, je bereitwilliger sie sich zeigt. Von daher versteht man die Angst eines sensibel empfindenden Mannes wie GOETHE, eine Frau, die er liebt, zu entehren, sobald er sie dazu »verführt«, sich ihm hinzugeben. Worauf aber EISSLER hinweist, ist die sonderbare Lösung, die SPINOZAS *Ethik* für dieses Dilemma bereithält, wenn man die Absichtslosigkeit seiner Gottesliebe auf die Liebe zwischen Mann und Frau überträgt: Viele Männer, meint EISSLER, hegen Zweifel »über die körperliche Seite der Beziehung der Geschlechter..., genauer..., ob Frauen vor Geschlechtsverkehr nicht Ekel empfinden. Eine Antwort, die der Mann auf der Suche für die Erklärung vorbringen mag, warum die Frau sich dann dem Geschlechtsverkehr unterzieht, lautet: sie tut es als Opfer für den Mann, um ihm zu gefallen.«[21] Was aber erhält sie für ein solches Opfer zurück? Die Antwort darauf kann, in Abwandlung von SPINOZAS Gedanken, lauten: »einem Mann zu dienen, ihn zu lieben ist ein Akt, der in sich selbst eine Quelle der Lust darstellt. Tatsächlich ist Philine eine Frau, die Geschlechtsverkehr selbst zu genießen fähig ist, unabhängig davon, was ihr ein Mann sonst noch geben mag. Sie versteht Geschlechtsverkehr nicht als Opfer, das den Mann in ihre Schuld gibt, im Gegensatz zu (sc. dem Gegenbild zu *Philine* in *Wilhelm Meisters Lehrjahre*, d.V.) Aurelia, die sich beständig darüber beklagt, wie gemein Männer sich ihr gegenüber verhalten und wie viel sie durch diese zu leiden habe. Es wird nicht überflüssig sein anzumerken, daß auch (sc. GOETHES Schwester, d.V.) Cornelia und Charlotte von Stein zu diesem letzteren Typ von Frau gehörten.«

Tatsächlich dürfte CHARLOTTE VON STEIN in ihrer verlockend-abweisenden Art am ehesten mit dem Bild der *schönen Lilie* im *Märchen* übereinstimmen. EISSLER hält sie für »frigide«, »vermutlich auf hysterischer Basis«. »Das Verführerische«, meint er, »über das sich Goethe gelegentlich beklagte, war der Ausdruck eines starken Triebimpulses, der von der Frigidität abgewehrt wurde ... Das unbewußte Ziel ihres bewußten Beharrens auf Reinheit und Asexualität war ein Schutz gegen leidenschaftliche sexuelle Verwicklung, nach der sie unbewußt verlangte.«[22]

Wenn diese Kennzeichnung zutrifft, so läßt sich die Beziehung GOETHES ZU FRAU VON STEIN wohl wirklich als ein Vorbild für die Problematik des *Jünglings* und der *schönen Lilie* im *Märchen* verstehen: hier wie dort finden wir dasselbe Hin und Her von Verlockung und Verweigerung, hier wie dort herrscht dieselbe Verehrung für das Unerreichbare (und, wie wir im Umkehrschluß denken müssen, dieselbe Verachtung für das Erreichbare), hier wie dort treffen wir zwei Menschen im Getto einer Moral, die einer erfüllten Liebe entgegensteht. Ja, man wird in diesem Punkte EISSLER zustimmen müssen, wenn er den »großen Idealismus« der FRAU VON STEIN, »die idealistischen Forderungen, die sie an ihre Umgebung stellte«, als »Resultat eines inhärenten Sadismus« bezeichnet.[23] EISSLER betont allerdings: »Der Sadismus (sc. von FRAU VON STEIN, d.V.) stand im Dienst einer idealistischen Ideologie, und das Verlangen nach erotisch sexueller Befriedigung gehörte gänzlich dem Unbewußten an. Von sieben Schwangerschaften erschöpft, angewidert von ihrer Rolle als Frau, hegte Charlotte (sc. VON STEIN, d.V.) bei Goethes Auftreten am Hof von Weimar keine Hoffnung und keinen Wunsch nach einem Liebesabenteuer.«[24] Mit anderen Worten: der »Sadismus«, den wir in der »tödlichen« Ausstrahlung der *schönen Lilie* im *Märchen* ebenso wie im Wesen einer Persönlichkeit wie FRAU VON STEIN beobachten können, entstammt nicht einer Einstellung des Ich, sondern des Überich; es handelt sich um die Auswirkung einer Moral, die im *Märchen* durch das Symbol des *Falken* äußerst eindrucksvoll symbolisiert ist.

Biographisch läßt sich darüber hinaus nicht übersehen, daß GOETHE selber unter eben den Ängsten gelitten hat, die wir im *Märchen* in der Gestalt des *Jünglings* personifiziert fanden. So besitzt etwa die Todesangst des *Jünglings*, die *schöne Lilie* auch nur zu berühren, ein gewisses Pendant in GOETHES übergroßer Furcht vor Geschlechtskrankheiten, die, nach EISSLERS Einschätzung. »weit über das hinaus« ging, »was man Realangst nennen kann, und ergibt nur einen Sinn, wenn man den neurotischen Bodensatz unerträglicher Kastrationsangst berücksichtigt«.[25] Die »Kastrationsangst« wiederum suchte GOETHE durch sein auffallendes Interesse an Priapus, dem römischen Gartengott, der unter geöffnetem Mantel seine ständige Bereitschaft offenbarte, auch auf poetische Weise zu bearbeiten.[26] Kurz, die Frage stellt sich nicht länger, ob wir GOETHE die im *Märchen* analysierten Konflikte »zutrauen« dürfen, die Frage ist einzig, inwieweit wir den Weg, den das *Märchen* als Lösung andeutet, biographisch in seinem Werk und Leben vorgebildet finden.

Feststellen läßt sich unzweifelhaft, daß GOETHE sein *Märchen* niemals hätte schreiben können ohne die Erfahrungen, die sich mit seiner Italienreise 1786–1788 verbinden; an dieser Stelle haben die Überlegungen EISSLERS in der Tat vieles für sich.

Nicht wenige Menschen werden mit einem gewissen Erstaunen festgestellt haben, daß ihr Leben sich irgendwie zu »runden« begann, als sie *das* Alter erreichten, in welchem sie zum ersten Mal mit Bewußtsein ihren Vater (oder ihre Mutter) wahrnehmen konnten: von diesem Zeitpunkt an scheint das eigene Leben wie von einem inneren Begleiter und Vorbild geformt und beschützt zu werden; die unbewußte Identifikation mit der Elterngestalt gewinnt fortan den Charakter einer bewußten Erlaubnis und Führung. EISSLER nun hält es für nicht zufällig, daß GOETHE während seines Aufenthaltes in Rom gerade so alt war wie sein Vater JOHANN KASPAR GOETHE, als dieser 1748, ebenfalls recht spät, mit 38 Jahren, heiratete; in der Tat könnte in dieser Altersgleichheit so etwas wie eine Erlaubnis zur Liebe gelegen haben, denn es ist dieser Zeitpunkt, an dem nun auch GOETHE junior sich das Recht nimmt, zu einer Frau intimen Kontakt aufzunehmen und zu unterhalten. Wir müßten, wenn diese Annahme zutrifft, in der Gestalt des Vaters dann allerdings zugleich auch einen Hauptgrund für die sexuelle Gehemmtheit GOETHES erkennen, so wie wir denn wirklich in dem *Alten* mit der *Lampe* im *Märchen* den bestimmenden Faktor vor allem für die *Irrlichter* im Leben des *Jünglings* erkannt haben.

Wichtiger noch als dieser Hinweis ist eine andere Feststellung: Offenbar unter dem Eindruck der Mutter, als deren Repräsentantin in gewissem Sinne *die Alte* im *Märchen* erscheint, entspricht das Bild, das GOETHE bis zu seinem Rom-Aufenthalt von einer Frau fernhält, in etwa der Gestalt der *schönen Lilie* im *Märchen*: eine Frau, die es verdient, geliebt zu werden, ist von solch einer »Reinheit« und »Unschuld«, daß es für einen »anständigen« Mann unmöglich ist, ihr »so etwas« anzutun. Die Erlebnisse hingegen, die GOETHE in den *Römischen Elegien* schildert und in deren Mittelpunkt jene Frau steht, die er *Faustina* nennt, bedeuten die genaue Umkehrung der bisherigen »Lilien«-Liebschaften. In »*Faustina*« begegnete GOETHE allem Anschein nach eine Frau, die leicht und unbefangen, in natürlicher Unbekümmertheit, sich liebend ihm hingab; ihr gegenüber, die das »Hindernis« »jungfräulicher« Unschuld nicht aufwies, war das Maß moralischer Verantwortung für GOETHES Empfinden offenbar nicht länger verbietend groß; und zudem drohten bei ihr, der Ausländerin niederer Herkunft, wohl auch nicht die bürgerlichen Forderungen nach Legalisierung eines sexuellen Verhältnisses durch alsbaldige lebenslängliche Haft in Ehe und Familie. Hier in Rom jedenfalls verschwanden die quälerischen Sorgen vor gefährlicher Ansteckung und männlichem Versagen, hier verschwanden die Hypochondrien des *Schattenriesen* – folgende Worte aus den *Römischen Elegien* wird man kaum anders verstehen können: »ganz abscheulich« nämlich, findet jetzt GOETHE, sei es,

auf dem Wege der Liebe
  Schlangen zu fürchten und Gift unter den Rosen der Lust,
Wenn im schönsten Morgen der hin sich gebenden Freude
  Deinem sinkenden Haupt lispelnde Sorge sich naht.
Darum macht Faustine mein Glück; sie teilet das Lager
  Gerne mit mir, und bewahrt Treue dem Treuen genau.

Reizendes Hindernis will die rasche Jugend; ich liebe,
   Mich des versicherten Guts lange bequem zu erfreun.
Welche Seligkeit ist's! wir wechseln sichere Küsse,
   Atem und Leben getrost saugen und flößen wir ein.
So erfreuen wir uns der langen Nächte, wir lauschen,
   Busen an Busen gedrängt, Stürmen und Regen und Guß.[27]

Die Fülle der sexualsymbolischen Metaphern in diesen Zeilen spricht für sich selber und bedarf keiner Deutung; sie zeigt uns zudem unzweideutig, wie wenig »harmlos« die Sprache GOETHES auch im *Märchen* zu verstehen ist.

Geichwohl verweist gerade die »Genesung« GOETHES in Rom recht deutlich auf die nicht zu leugnende Tatsache, daß, wie EISSLER formuliert, auch nach dem *Faustina*-Erlebnis »Goethe nur eine Frau von geringen sozialem Stand und geringer Bildung und niederen Umgangsformen mit offener Sexualität lieben konnte.« 1788 verliebte GOETHE sich in das »kleine Naturwesen« CHRISTIANE VULPIUS, an deren Seite er bis zu ihrem Tod im Jahre 1826 so glücklich zusammenlebte, als es nur irgend ihm vergönnt sein mochte. Mit anderen Worten: In GOETHES wirklichem Leben kam es gerade nicht zu jener Wandlung der »Lilie« zur »Rose«, die wir in seinem *Märchen* als Wunsch einer wahren Synthese des Gegensatzes von naturhaftem Drang und moralischem Zwang ausgesprochen fanden; im wirklichen Leben GOETHES blieb es bei jener Aufspaltung von Verehren und Begehren, von »oben« und »unten«, von sublimierter Idealität und sexualisierter Realität, die das *Märchen* gerade zu beheben versprach!

Wir haben uns gefragt, was GOETHES Erzählung therapeutisch zu leisten vermag; die Antwort jetzt besteht in dem Eingeständnis, daß sein »heilender Wert« offenbar nicht allzu hoch veranschlagt werden kann. Seine »diagnostische« Kraft, dabei bleibt es, ist von suggestiver Eindringlichkeit, doch entspricht der Klarheit der Problemstellung nicht ein ebensolcher Mut bei der Aufarbeitung der gezeigten Konflikte. Im Gegenteil, wir wurden zu Zeugen einer psychologisch-erbaulichen »Ballonfahrt«, die es geradewegs vermied, der nötigen Aufhellung des Abgrunds einen notgedrungen mühsamen Aufstieg ins »Gebirge« folgen zu lassen. Es gibt in GOETHES *Märchen*, zumindest psychologisch, keine wirkliche Auseinandersetzung mit den Gründen und Hintergründen der verstellten Liebe. Die schmerzlichen Gegensätze werden in eindrucksvollen Bildern beschrieben und in magischen Konfigurationen zusammengefügt, ganz als ob das Wünschen schon Wirklichkeit schüfe, doch eine wirkliche Durcharbeitung beobachten wir nicht. Von einem »Ende der Selbsterkenntnis« spricht denn auch KURT R. EISSLER und schreibt: »Was er (sc. GOETHE, d.V.) ... unter praktischer Selbsterkenntnis verstand, ist nicht das, was wirklich mit Selbsterkenntnis gemeint ist, und sicherlich nicht das, was die Inschrift am Tempel von Delphi in Wahrheit bedeutete. Goethes Begriff beschränkte sich auf das, was heutzutage ›zwischenmenschliche Beziehungen‹ genannt wird. ›Sei dir bewußt, was zwischen dir und deinem Nächsten vor sich geht; mach dir keine falschen Vorstellungen über deinen Platz in der Welt.‹ Das ist etwas ganz anderes als introspektive Prozesse, bei denen die Erkenntnis ausschließlich durch die Funktion der Selbstbeobachtung gewonnen wird. Goethes Begriff läßt das Selbst nur als sozial wirkendes zu und insofern es in seiner funktionalen Relation zu der Gruppe beobachtet werden kann.«[29]

Diesem Urteil entspricht unsere Feststellung im *Märchen*, daß gerade an den Stellen, wo etwa im Leben der *schönen Lilie* beim Betreten der *Brücke* oder bei der Intervention des *Alten* zur Rettung des *Jünglings* ein Höchstmaß an individueller Handlungsbereitschaft vonnöten wäre, auf charakteristische Weise gerade umgekehrt eine Flucht ins Kollektive angetreten wird: Versprochen war der Bau einer Brücke für alle, klagt die *schöne Lilie*, der Einzelne vermag nichts, erklärt der *Alte*, – stets vermischen sich die persönlichen und gesellschaftlichen Probleme auf eine Art miteinander, daß es zu einer Durcharbeitung der konkreten psychologischen Schwierigkeiten nicht kommen kann, nicht kommen *soll*. Das Allgemeine *ersetzt* schließlich das Persönliche, und so mußten wir durchaus den Eindruck gewinnen, als wenn insbesondere die Schar der philologisch ausgerichteten Interpreten des *Märchens* eben dieser Vertauschung der Ebenen geradezu dankbar enthusiasmiert Beifall zu zollen geneigt wäre – offenbar nicht zu Unrecht zugunsten der eigenen Zunft, bewahrte sich GOETHE doch durch den »Verzicht« auf eine allzu »gründliche« Selbsterkenntnis womöglich just das »dämonisch«-unbewußte Material seiner Seele, das ihn künstlerisch-kreativ in Spannung hielt, zu Unrecht aber gewiß gemessen am wirklichen Leben, verhinderte doch diese Einstellung GOETHES in seiner eigenen Biographie eben jene harmonische Einheit, die wortreich zu beschwören das *Märchen* nicht müde ward.

Goethe selber hat um den Unterschied von Liebessehnsucht und Liebeslyrik natürlich gewußt; im Grunde sah er beide in einem unauflöslichen Widerspruch befangen; so, wenn er in einem Gedicht unter dem Titel *Mädchen* schrieb:

Ich zweifle doch am Ernst verschränkter Zeilen!
Zwar lausch' ich gern bei deinen Silberspielen;
Allein mir scheint, was Herzen redlich fühlen,
Mein süßer Freund, das soll man nicht befeilen.

Der Dichter pflegt, um nicht zu langeweilen,
Sein Innerstes von Grund aus umzuwühlen;
Doch seine Wunden weiß er auszukühlen,
Mit Zauberwort die tiefsten auszuheilen.

Diesen Worten nach *soll* eine wahre Liebe nicht »gedichtet« werden, da sie zugrunde gehen müßte an der künstlichen Auskühlung des Herzens; doch der bittere Umkehrschluß an dieser Stelle lautet, daß GOETHE offenbar vor der Liebe ebenso wie vor der Selbsterkenntnis sich glaubte schützen zu müssen, um seine literarische Schaffenskraft nicht an ein nur »normales« Alltagsglück zu vergeuden! Was aber, müssen wir fragen, soll eine »Kunst«, die sich erbötig gibt, eine ganze Welt zu »erlösen«, wo sie sich weigert, ja, wo sie in dieser Weigerung gründet, als erstes die eigene Existenz zu verändern? Dichten *statt* leben – das bedeutet das gerade Widerspiel jenes Dichtens zum Leben, das zumindest FRIEDRICH SCHILLER in seinen *Briefen* einmal vorgeschwebt war!

Auf der anderen Seite verstehen wir unter diesen eigentümlichen Voraussetzungen jetzt eine Merkwürdigkeit, die das *Märchen* von Anfang an umgab: Nie, zur Verwunderung schon seiner Zeitgenossen, hat GOETHE in irgendeiner Weise kommentierend zu seiner Erzählung Stellung genommen. Um die Vieldeutigkeit seines Kunstwerkes und seiner Kunst nicht an eine platte Eindeutigkeit zu verraten, – um nicht unter sein Niveau zu gehen, erklären gemeinhin die GOETHE-Erklärer dieses seltsame Verhalten des Dichters. *Uns* scheint etwas anderes dem Gesagten nach viel wahrscheinlicher: Es gibt in GOETHES Gesamtwerk nicht eine einzige vergleichbare Erzählung noch Darstellung, die so persönlich, so schneidend-scharf, so analytisch rücksichtslos die inneren Gefahren in GOETHES Erleben zutage treten ließe wie das *Märchen*. Wer je außer GOETHE selbst in dieser kleinen Erzählung hätte Deutschlands Dichterfürsten beschuldigt, möglicherweise ein doppelzüngiges, goldschleckendes *Irrlicht* zu sein, ein verzogenes »Hündchen«, ein *Mops*, der sich einbildet, der Stolz seiner Mutter zu sein, wo er doch nichts ist als ein totes Gebilde mit dem Aussehen eines Edelsteins, ein furchtsamer, früh resignierter *»Jüngling«*, der es nicht wagt, sich ins Leben zu getrauen, und der schon dadurch am Leben schuldig wird, daß er als Träger einer Raubvogel-»Sittlichkeit« auf den Plan tritt, welche die Liebe tötet, nach der sie verlangt, ein ohnmächtiger, eitler Hanswurst und Tunichtgut also, der sich selbst nicht zu helfen weiß, wo er doch auszieht, der Menschheit als »Messias« voranzuleuchten …?

All diese Vorwürfe werden erhoben, und zwar in unglaublicher Schärfe, doch deutet das *Märchen* sie nur an, um sie dann in einem Spiel symbolischer Zuordnungen wieder aufzuheben. Nichts in der psychischen Wirklichkeit wird auf diese Weise wirklich verändert, doch bietet sich gerade so die Erlaubnis, heiter und »erquicklich« über Abgründe hinwegzuschweben, hinwegzuheben. Und nun scheint es gerade diese Wahrheit zu sein, um die GOETHE wohl wußte, doch die er der Öffentlichkeit gegenüber bewußt zu verschweigen suchte! Hier traf sein schöpferisches Schaffen in Worten auf eine Grenze des Lebens; von hier an begann notwendig die Zone des Schweigens. Hätte er *hiervon* gesprochen, – er hätte nicht viel mehr von dem, was er schrieb, noch zu sagen vermocht.

Der Geist will aufwärts, wo er ewig bleibt[30]

Allerdings gibt es einen Bereich, in dem der Geist sich selber bildet und wo ein wahres Wünschen sich selbst seine Wirklichkeit schafft. In *dieser* Zone ist das *Märchen* GOETHES am plausibelsten und bliebe dort auch wohl am wirksamsten, wäre ihm je einmal gebührendes Gehör beschieden gewesen: Gemeint ist das Symbol des *Tempels*, ist die Neuschöpfung, die »Renaissance« des *Religiösen*.

Bei der Interpretation des *Märchens* sahen wir Stelle für Stelle, mit welchem Geschick es GOETHE gelang, die dogmatischen Vorstellungen des Christentums den Worten nach aufzugreifen, um sie dem Inhalt nach in einen völlig neuen, zumeist konträren inhaltlichen Zusammenhang einzuschmelzen. Aus der versucherischen *Schlange* des Paradieses zum Beispiel wurde eine naturhafte Neugier und vitale Regsamkeit, die geradezu notwendig ist, um die beiden »Ufer« des Lebens*strom*s miteinander zu verbinden; an die Stelle der dogmatisch verfestigten Religion in Gestalt des Petersdomes galt es, die verschüttete, unterirdische Frömmigkeit des »Pantheon« zu setzen; aus den apokalyptischen Vorstellungen der Bibel von den vier Reichen formten sich hoffnungsfrohe Bilder einer baldigen Zeitenwende; die Düsternis von Opfer und Tod als den Quellen der »Erlösung« wich einer heiteren Weltsicht innerer Erleuchtung und weiser Indienstnahme des vermeintlich so Gegensätzlichen der menschlichen Seele.

Vor allem aber weitete sich alles konfessionell Verengte der Religion ins universell Weite, wandelte sich das autoritär Veräußerlichte und dogmatisch Fixierte in die fließende Erfahrungsnähe persönlichen Suchens und Findens, Hoffens und Ahnens, Liebens und Wissens, befreiten sich alle Gedanken durch die Kraft eigenen Denkens. Eine Revolution bahnte sich an, die alle Außenlenkung, alle Entfremdung, allen Mißbrauch aus dem Religiösen herausnahm, indem sie die Inhalte des Geistes dem Geist des Menschen zurückgab.

»Aber 2000 Jahre Geschichte der Kirche beglaubigen die Wahrheit des Christentums!« Wirklich? GOETHE, in Erwartung einer wirklichen Zeitenwende, hielt dem entgegen:

> Mit Kirchengeschichte was hab' ich zu schaffen?
> Ich sehe weiter nichts als Pfaffen;
> Wie's um die Christen steht, die Gemeinen,
> Davon will mir gar nichts erscheinen.[31]

Nicht die verordnete Tradition, nicht die verbeamtete Konvention entscheidet; ausschlaggebend in Fragen der Religion ist einzig das wirkliche Leben, die Wahrheit der Existenz!

Zu Ende des gleichen ist die Idee, Gott finden zu können in masochistischen Opfern, Selbstkasteiungen und Bußübungen. Man kann, so zeigte das *Märchen*, dem *Strom* des Lebens gegenüber tiefer »schuldig« werden als durch die Abweichung von bestimmten Moralgesetzen. Unumwunden deklamiert GOETHE die Lebensfreude seines religiösen Humanismus:

> Niemand soll ins Kloster gehn,
> Als er sei denn wohl versehn
> Mit gehörigem Sündenvorrat,
> Damit es ihm so früh als spat
> Nicht mög' am Vergnügen fehlen,
> Sich mit Reue durchzuquälen.[32]

Der »heilige Vater« einer *schönen Lilie*, so viel steht fest, kann nicht länger in dem Repräsentanten vatikanischer Triebrepression und ödipaler Triebregression gesehen werden; die *Brücke* zu bauen ist nur möglich durch ein Zusammenwirken des »Lichts« der Vernunft, wie es in dem *Alten* mit der *Lampe* erscheint, und den vitalen Kräften, die in der *Schlange* Gestalt gewinnen; der »Messias«-Nachfolger, dem »*die Schafe zu weiden*« bestimmt ist, kann nur jemand sein, der in der jugendlichen Anmut seiner Liebe ebenso weise wie schön und machtvoll zu walten versteht; kurz, die gesamte Religion muß vergeistigt, vermenschlicht, verschönert werden, um »Gottes« würdig zu werden. Der Weg dahin allerdings schließt eine Verinnerlichung auch und gerade des moralischen Standpunktes mit ein, ja, er ist damit identisch.

Als ein Zentralproblem überichgebundener Moralität erschien im *Märchen* die Frage nach dem, was für »Reinheit« zu halten sei: – als ein Tugendideal an und für sich dient sie nicht dem Leben, sondern verbreitet sie durch Ängste und Schuldgefühle aller Art Tod und Erstarrung rings um sich her. Erst wenn im *Spiegel* der Selbstreflexion ein eigener Standpunkt, eine eigene Form der Wahrnehmung möglich wird, kann es gelingen, die verinnerlichte Gewalt einer rein von außen übernommenen Überich-Zensur zu personalisieren und damit einer situativ flexiblen Beurteilung zugänglich zu machen; in der Sprache des *Märchens*: der »Raubvogel« wird handzahm und schließlich selbst zum Reflektor, zum *Spiegel* eines reflektierten Ich-Standpunktes. Man kann nicht anders sagen, als daß in GOETHES Erzählung gerade diese Verschiebung der Moralität vom Überich zum Ich, von der äußeren Autorität in die Souveränität der Person, von der vorformulierten und ritualisierten Tradition in die Offenheit einer unableitbar neuen, kreativ zu findenden »Synthese« der Sittlichkeit symbolisch voll ausgestaltet und bewußt konzipiert ist.

Gleichwohl stellt erneut sich die Frage, ob ein solches *rein* innerliches Mündigwerden für eine wirkliche Veränderung des Bewußtseinsstandpunktes genügt. Sollte man im *Märchen* nicht zumindest die Andeutung einer Auseinandersetzung zwischen dem *Jüngling* und den beiden Elternfiguren: *der Alten* und *dem Alten* erwarten? Aber wir sagten schon; von einer solchen Auseinandersetzung erfahren wir weder in GOETHES *Märchen* noch in seinen autobiographischen Schriften ein Sterbenswörtchen auch nur!

Statt dessen sehen wir GOETHE das Ideal der »Reinheit«, an das er auf dem Terrain der Sexualmoral von einem bestimmten Zeitpunkt an nicht länger glaubte, anderenorts um so heftiger und überraschender verteidigen. Der »Ort«, an dem das geschieht, ist erstaunlicherweise die *Farbenlehre*[33]. KURT R. EISSLER hat auf die »vorherrschend weibliche Bedeutung des Lichts für Goethes Unbewußtes« hingewiesen und aus dieser Tatsache den »partiell psychotischen« Starrsinn zu begründen versucht, mit dem GOETHE sich gegen die physikalische Theorie ISAAC NEWTONS vom Licht zu wehren versuchte. »Die Idee ist«, meint EISSLER, »daß Newton einen feigen Angriff auf die weibliche Reinheit begehe. Goethe muß die weibliche Unschuld gegen diesen Angriff verteidigen, damit die Frau weiter in ihrem wahren und unschuldigen Licht erscheinen kann. Goethe muß wirklich Empfindungen körperlichen Ekels in Verbindung mit Newtons Begriff des Lichts gehabt haben.«[34] »Wir haben ... zwei wichtige Komponenten des unbewußten Komplexes aufgegriffen, mit dem GOETHE bei seinen Farbenstudien kämpfte. Eine Vaterfigur (Newton) versuchte einer unberührbaren, reinen, unveränderlichen, jungfräulichen Mutter (Licht) Gewalt anzutun. Er mochte mit ihrer Verleumdung vorübergehend Erfolg haben ... Goethe aber würde die Unschuld der erniedrigten Mutter wiederherstellen.«[35]

Wohlgemerkt, die *Farbenlehre*, obwohl zur Zeit ihrer Entstehung wissenschaftlich bereits überholt, besaß für GOETHE subjektiv eine ganz und gar überwertige Bedeutung, in ihr glaubte er, durchaus sein Bestes der Nachwelt geschenkt zu haben. Wir aber sehen in ihr den ersatzweise geführten, ins persönlich Ungefährliche abgeschobenen Kampf eines zutiefst verletzten Kindes gegen seinen Vater um die Ehre, das heißt um die Reinheit und Unschuld, mithin um die sexuelle Unberührtheit seiner Mutter.

Auf diese Weise schließt sich für uns der Kreis: die Liebe zur Mutter nötigt den Jungen, seiner Mutter als Frau niemals (und folglich in alle Zukunft niemals einer Frau!) *das* antun zu wollen, was der Vater ihr allem Anschein nach angetan hat und antut; um der Lieblingssohn seiner Mutter zu bleiben, beginnt der Junge den Kampf gegen den Vater als Mann und damit gegen die eigene Männlichkeit. In dieses (ödipale) Gefüge der jeweiligen Familienkonstellation greift die gesellschaftliche Moral mit ihrem Jungfräulichkeitsideal (oder -wahn!) ein und erhebt damit die neurotische Not einzelner in den Rang des Vorbildlichen und Idealen. Am Ende ist nicht mehr klar und wird es im Grunde sogar belanglos, was im Leben eines Individuums früher war: die Moral der Gesellschaft oder der Familie, die öffentliche Vorschrift oder das private »Script«. Bearbeitet werden müßten sie beide. Und eben hier findet auch die religiöse, geistige Erneuerungskraft des *Märchens* ihre Grenze. Denn eben eine solche Bearbeitung findet, wie gesagt, im *Märchen* wie in GOETHES Leben nur »gleichsam«, nur in *effigie*, nie wirklich konfliktbereit statt.

Von daher verwundert es nicht, daß alle Konflikte des *Märchens* GOETHE persönlich erhalten blieben. Es war »nur« ein Wunsch, der im *Märchen* sich ausspricht: der »Falke« einer falschen Tugendmoral möchte sich zähmen, der Gott blutiger Opfer und Sühneleistungen möchte sich nach und nach humanisieren lassen; den *Preis*, der für Wandlungen solchen Umfangs in Fälligkeit steht, hat in seinem Leben nicht GOETHE bezahlt; diesen Preis muß mit seinem eigenen Leben und für sein eigenes Leben ein jeder unter den Lesern für sich selber entrichten. Wohl wahr: Die *Brücke* steht; doch das Fahrgeld bleibt.

Liebe bildete dich; werde dir Liebe zuteil[40]

Lassen sich, so nun unsere letzte Frage, im Bereich des Politisch-Gesellschaftlichen die Verheißungen des *Märchens* für glaubwürdig finden?

Es hilft nichts zu sagen: Es handelt sich doch »nur« um ein *Märchen*! Märchen bleiben halt Märchen! – GOETHES Märchen enthält eine geschlossene Gegenvision zur Welt der »sichtbaren« »Wirklichkeit«, indem es den Anspruch erhebt, eben durch das Licht seiner menschlichen Evidenz das Ende der Vorherrschaft des *gemischten Königs* einzuleiten; es verdient deshalb und es nötigt dazu, seine gesellschaftlich verändernde Kraft einer sorgfältigen Prüfung zu unterziehen. Was ist mit ihm zu »machen«?

Bemerkenswert schien uns bereits, daß GOETHE die Gestalt der *drei Könige* im *Märchen* keinesfalls nur symbolisch, sondern durchaus »realsymbolisch« einführt: das neue Jahrtausend, das seine Erzählung verheißt, überwindet nicht die Herrschaftsform absolutistischer Monarchie, es ermöglicht sich allenfalls durch deren Verwandlung. Nicht gewaltsamer Umsturz und revolutionärer Umbruch, wie in der Französischen Revolution, sondern ein aufgeklärtes Bewußtsein und ein geläutertes Herz sollen die weltgeschichtliche Wende herbeiführen.

Eine solche Überzeugung war in GOETHES Denken tief verwurzelt, belehrte ihn doch die gesamte Natur über das sanfte »Gesetz«, nach dem etwa das Wachstum der Pflanzen sich ausgesprochen konservativ, durch allmähliche Ersetzung bestehender Bauteile durch neue Formen, vollzieht.[41] Die Aufgabe stellte sich ihm deshalb, im Rahmen der überkommenen Ordnung die Zukunft vorzubereiten. Bei einer solchen Zielsetzung genügt es jetzt allerdings nicht mehr, mit Hilfe von Kunst, Religion oder Philosophie einen Bewußtseinswandel herbeizuführen. Im Raum von Politik und Gesellschaft wirkt der »Geist« nicht mehr unmittelbar auf sich selbst, er muß sich, HEGELianisch ausgedrückt, dem »Anderen« seiner selbst gestaltend einbilden, und so stellt sich das Problem in der Geschichte immer wieder, welche Kompromisse mit dem Alten, oft Veralteten zu schließen sind, um das ersehnte Neue nicht zu gefährden. Inwieweit darf oder muß man das Bestehende stützen, das man eigentlich längst schon zu stürzen gewillt war?

Bekannt ist, daß GOETHE, der sich gegenüber Renaissance und Rokoko als durchaus modern empfand, je älter er wurde, die politischen und gesellschaftlichen Veränderungen seiner Zeit äußerst skeptisch und kritisch beurteilte.»Absurd« wurde eine seiner Lieblingsvokabeln.[42] Insbesondere die technische Revolution am Übergang vom 18. zum 19. Jh. bot ihm Anlaß zu Befürchtungen, wie er sie in *Wilhelm Meisters Wanderjahre*[43] Susanne in den Mund legt: »Das überhand nehmende Maschinenwesen quält und ängstigt mich, es wälzt sich heran wie ein Gewitter, langsam, langsam; aber es hat seine Richtung genommen, es wird kommen und treffen … Man denkt daran, man spricht davon, und weder Denken noch Reden kann Hilfe bringen. Und wer möchte sich solche Schrecknisse gern vergegenwärtigen!«

Das Gefühl der Hilflosigkeit, gepaart mit der Neigung, sich abzuwenden, beherrschte GOETHE, je länger, desto stärker. Er selber vermerkt in den *Tag- und Jahresheften* (1813): »Wie sich in der politischen Welt irgendein ungeheures Bedrohliches hervortat, so warf ich mich eigensinnig auf das Entfernteste.« Geradezu demonstrativ studierte er zum Beispiel 1813, in der Zeit der Bündnispolitik der europäischen Großmächte gegen NAPOLEON und des Beginns der Befreiungskriege, die Geschichte und Kultur Chinas[44]. Eine solche Haltung entspricht ganz und gar der »Schwäche«, die wir im *Märchen* beobachten mußten: Konflikte nicht durch aktive Auseinandersetzung zu lösen, sondern sie durch magische Konfigurationen als gelöst hinzustellen. Mancherlei Widersprüche und Unausgeglichenheiten werden dabei großzügig in Kauf genommen.

So fiel uns im *Märchen* bereits die Bereitschaft auf, den Faktor der Gewalt, der Politik mit dem *Schwert*, wenn von der Hand eines solchermaßen »gebildeten« Herrschers geführt, grundsätzlich zu billigen. Wohlgemerkt haben wir es hier nicht, wie in Märchen sonst, mit einem Zauberschwert wie dem phantastischen »Exkalibur« zu tun oder mit jenem Schwert, das in dem Märchen von den *Zwei Brüdern*[45] einen siebenköpfigen Drachen besiegt – Waffen der Seele, nicht der rohen Physis. Die Frage in GOETHES *Märchen* stellt sich durchaus nach dem Einsatz der Schwert-Justiz gegen die inneren Feinde und einer Politik mit dem Schwert zur Abwehr äußerer Feinde; unter diesen Umständen kommt man nicht umhin festzustellen, wie doppelbödig auch hier GOETHES Einstellung sein konnte und gewesen ist.

Auf der einen Seite entgeht es GOETHE nicht, welch einen verrohenden Einfluß insbesondere das Militär mit seinem ständigen Drill zum Töten und seiner permanenten Bereitschaft zu Grausamkeit und Zerstörung auf die Gefühle eines sensiblen Menschen ausüben muß. In *Wilhelm Meister*[46] beschreibt er zum Beispiel einen Offizier, der unter seinem »Beruf« und »Stand« zutiefst leidet. Er »war«, schreibt GOETHE, »eine von den guten Seelen, die an dem, was andern widerfährt und was andere leisten, einen herzlichen Anteil zu nehmen von der Natur bestimmt sind. Sein Stand, der ihn zu einem harten trotzigen Geschäfte verdammte, hatte ihn, indem er ihn mit einer rauhen Schale umzog, in sich noch weicher gemacht. In einem strengen Dienste, wo alles seit Jahren in der bestimmten Ordnung ging, wo alles abgemessen, die eherne Notwendigkeit allein die Göttin war, der man opferte, wo die Gerechtigkeit zur Härte und Grausamkeit ward und der Begriff von Mensch und Menschheit gänzlich verschwand, war seine gute Seele, die in einem freien und willkürlichen Leben ihre Schönheit würde gezeigt und ihre Existenz würde gefunden haben, gänzlich verdruckt, seine Gefühle abgestumpft und fast zu Grunde gerichtet worden.«

Da kann jemand also nach außen hin um so »härter« werden, je weicher er nach innen wird, eine Beobachtung, die für GOETHE in Weimar sehr wohl selber gelten kann, doch wirkt dieses »weichere« Innere auf das sich verhärtende Äußere nicht erkennbar zurück, und zwar ebenso wenig persönlich wie politisch. Im Gegenteil scheint der Zwang dessen, was für gesellschaftliche »Pflicht« gilt, sich um so eher durchzusetzen, als dem inwendig Gefühlten kein objektiv gültiger, argumentativer Wert beigemessen wird; damit aber zerfällt gerade die Basis, die das *Märchen*, wenn irgend es wirksam sein wollte, unbedingt als seine eigene Domäne behaupten müßte: es verfügt über nichts anderes als über die humane Überzeugungskraft seiner Bilder und der durch sie angeregten Gefühle und Gedanken. Gerade das, was der Einzelne in sich selbst fühlt, bildet den Ausgangspunkt zur Wiedergeburt und Wiedergenesung der Welt; – so »denkt« das *Märchen*, und so sollte es sein. Doch so ist es nicht und so war es nicht, im menschlichen Leben ganz allgemein nicht und auch nicht in GOETHES eigenem Leben.

Es ist gewiß nicht möglich, GOETHE selber für alles und jedes, was zu seinen Zeiten in Weimar geschah, schuldig oder mitschuldig zu sprechen. Tatsächlich hat GOETHE, der »nur gegen großen Widerstand ins Consilium«, das unmittelbare Beratergremium von Herzog CARL AUGUST, zwischen 1776 bis 1785, berufen wurde[47], als eine seiner ersten Maßnahmen die Militärausgaben des Herrschers gesenkt[48]. Es gab zweifellos eine antimilitärische Haltung auf seiten GOETHES – doch gab es auch und späterhin vorherrschend die herbe Enttäuschung, ja, die tiefe Resignation über die offenbare Erfolglosigkeit so vieler gutwilliger Absichten und wohlüberlegter Pläne. So hat W. DANIEL WILSON den Nachweis geführt, wie in Weimar unliebsame Untertanen an englische Soldatenwerber im amerikanischen Unabhängigkeitskrieg verkauft wurden – mit Billigung des Kriegsministers GOETHE! Es war SCHILLER, der in *Kabale und Liebe* diesen Schacher mit Menschen als menschenunwürdig anklagte und als Ausdruck absolutistischer Willkürherrschaft beschrieb[50]. Mitverantwortlich war GOETHE als Geheimer Rat offenbar auch bei der Bestrafung und Einschüchterung von Bauern, die gegen die Zunahme der Fronarbeiten zu protestieren begannen[51]. Selbst die Überwachung und Bespitzelung von Studenten und Professoren an der

Universität Jena geschah nicht ohne Mitwirkung GOETHES[52]. Der Widerspruch zwischen dem humanistischen Ideal in den Werken des Dichters GOETHE und der feudalabsolutistischen Willfährigkeit des Staatsbeamten GOETHE im Herzogtum Sachsen–Weimar scheint eklatant.

Das wohl markanteste und – im Rückblick von 200 Jahren – am schwersten zu rechtfertigende Exempel bot GOETHE am 4. Nov. 1783, als er zu den Akten gab, daß es für das Verbrechen des Kindesmords »räthlicher seyn möge die Todtesstrafe beyzubehalten«[53], in Übereinstimmung mit den Ausführungen seiner Kollegen im Geheimen Consilium, des FREIHERRN JACOB FRIEDRICH FRITSCH und des Herrn CHRISTIAN FRIEDRICH SCHNAUSS. Sieben Jahre zuvor hatte derselbe GOETHE unter dem Titel *Vor Gericht* ein Plädoyer zugunsten einer Frau gehalten, die, als Hure verschrien, ein uneheliches Kind im Leibe trug; und der man offenbar schon im voraus das »Sorgerecht« für das Ungeborene absprechen wollte; diese Frau erklärte GOETHE damals im Namen der Liebe für »gerechtfertigt« entgegen den Dunkelmännern einer heuchlerischen Moral in Religion und Recht[54]:

> Von wem ich's habe, das sag' ich euch nicht,
> Das Kind in meinem Leib.
> Pfui, speit ihr aus, die Hure da!
> Bin doch ein ehrlich Weib.
>
> Mit wem ich mich traute, das sag' ich euch nicht.
> Mein Schatz ist lieb und gut,
> Trägt er eine goldne Kett' am Hals,
> Trägt er einen strohernen Hut.
>
> Soll Spott und Hohn getragen sein,
> Trag' ich allein den Hohn.
> Ich kenn ihn wohl, er kennt mich wohl,
> Und Gott weiß auch davon.

> Herr Pfarrer und Herr Amtmann ihr,
> Ich bitt', laßt mich in Ruh!
> Es ist mein Kind und bleibt mein Kind,
> Ihr gebt mir ja nichts dazu.

Es ist nicht nur, daß die scheinheiligen Ankläger in diesem Gedicht eine Frau verurteilen, ohne ihr zu helfen, – diese »Dirne« sieht die Vertreter von Staat und Kirche im Widerspruch zu Gesetz und Gott! Wo diese verlogen sind, ist sie »ehrlich«, und so ist sie bereit, den Vater ihres Kindes, eine offenbar vornehme Persönlichkeit, die nicht genannt werden darf, selbst um den Preis ihrer öffentlichen Schande trotzig und stolz zu schützen. Der »stroherne Hut« dieses Mannes und seine so widersprüchlich dazu erscheinende »goldene Kette« gelten ihr mehr als Krone und Mitra, Robe und Talar. Kann es nicht sein, fragt dieses Gedicht, daß das, was die schöne Gesellschaft schuldig spricht, auf sie selber zurückfällt, indem es für heilig gilt vor Gott? In diesem Gedicht, das die Herrschenden, wie den *gemischten König* im *Märchen*, dem Spott anheimgibt, scheint GOETHE das »Gottesgnadentum« der Mächtigen nicht zu kennen; der Mensch ist frei vor Gott, frei vor dem Recht, frei für seine Person – kein Staat der Welt, wenn das stimmt, kein Pfaff und kein Büttel hat jemals das Recht, über eine Frau wie diese den Stab zu brechen! So weit, so mutig konnte der Dichter GOETHE sich vorwagen. Doch dann schreibt der gleiche GOETHE über die Todesstrafe[55]: »Wenn man den Tod abschaffen könnte, dagegen hätten wir nichts; die Todesstrafe abzuschaffen, wird schwer halten. Geschieht es, so rufen wir sie sogleich wieder zurück.« Und: »Wenn sich die Societät des Rechtes begibt, die Todesstrafe zu verfügen, so tritt die Selbsthilfe unmittelbar wieder hervor: die Blutrache klopft an die Thüre.«

Da gibt sich der Staat – im Namen Gottes, mit steter Rechtfertigung übrigens der Theologen der »christlichen« Kirchen[56] – das Recht und die Pflicht, Menschen als Schuldigen das Recht zu leben abzusprechen und abzunehmen; da teilt sich die Menschheit, aller psychologischen, religiösen und rechtsphilosophischen Vernunft zuwider, in einen »guten«, also lebenswerten, und einen »schlechten«, also lebensunwerten Teil, und es sitzen die einen zu Gericht über die anderen und vermessen sich, an Gottes Statt zu urteilen[57].

Was hinter diesem Zwiespalt steht, ist nicht etwa eine Unklarheit in GOETHES Denken oder eine – zu große – Zeitabhängigkeit des Dichters und Geheimrats von den Gegebenheiten am Hofe. Die Ursache liegt in jenem Bruch, auf den wir bei der Interpretation des *Märchens* bereits gestoßen sind: Es gibt keine wirkliche Verbindung zwischen dem Individuellen und dem Allgemeinen, ganz im Gegenteil: es gibt ein ständiges Ausweichen vor den konkreten Problemen des Persönlichen ins Kollektive und umgekehrt ein Ausweichen vor den gesellschaftlichen Problemen ins Private. Das Individuelle wird kollektiviert und das Kollektive wird personalisiert; und zwischen beiden Uferseiten der Wirklichkeit versinkt jede Aussage von einiger Verbindlichkeit in einem Morast pathetischer Zweideutigkeiten, wie sie in Kanzelreden und Kanzleierklärungen sich bis heute größter Beliebtheit erfreuen: »Der Friede beginnt bei jedem Einzelnen.« »Der Friede beginnt in der Familie.« »Lasset uns beten um den Frieden.« »Gott gebe den Regierenden Gedanken des Friedens.« Also ergeht die Rhetorik der Individualisierung des Kollektiven mit dem Zweck und Ergebnis, daß über die Verflechtungen von Macht, Geld, Rüstung und Geschäft keine kritische Öffentlichkeit hergestellt werden kann. – »Wir alle tragen Verantwortung.« »Wir alle müssen unseren Beitrag leisten.« Also redet man den Einzelnen ins Kollektiv, ohne daß deutlich würde, was er dort zu suchen hätte.

Das Problem des GOETHEschen *Märchens* ebenso wie des GOETHEschen Werkes liegt in der Unverbundenheit des Persönlichen und des Politischen. HEGELS Versuch einer dialektischen Vermittlung beider Bereiche wies zwar in eine richtige Richtung, fiel aber notgedrungen viel zu spekulativ und ideologisch vereinnahmend zugunsten der herrschenden Macht aus, als daß er bei der anstehenden Veränderung der absolutistischen und feudalistischen Machtkonstellationen praktisch hilfreich hätte werden können; von GOETHE selber wurde er im übrigen kaum beachtet. Es bleibt einzugestehen, daß wir erst heute, in den letzten Jahrzehnten des 20. Jh.'s begonnen haben, die »Logik« zu begreifen, nach welcher Lebensvorgänge auf verschiedenen hierarchischen Ebenen in vernetzten Strukturen Individuelles und Kollektives auf komplexe Weise miteinander verbinden. GOETHE zu seiner Zeit konnte nur ahnen, wie die sittliche Haltung eines Einzelnen psychologisch sich mit der Sittlichkeit der Gesellschaft verknüpft, in einem Prozeß stetiger Verinnerlichung und Rückentäußerung, und er vermochte kaum erst darüber nachzudenken, wie zwischen Individuum und Gesellschaft die Systeme von Wirtschaft, Sozialpsychologie, Verwaltung, Justiz und, nicht zu vergessen: von Tradition und Konvention als ebenso vermittelnde wie trennende Faktoren fungieren. Gleichwohl hätte GOETHE im Grunde nur die Hauptintuition seiner »Pflanzenmorphologie« weiterverfolgen müssen, um zumindest der Sache nach auf die Vorstellung der »Selbstorganisation« aller Lebensvorgänge zu stoßen; der Gedanke der evolutiven Entfaltung des Lebens hätte durch sich selbst eine Revolution gegenüber allem obrigkeitlichen Denken im Gefälle der Macht von oben nach unten bedeutet!

Statt dessen zeigte sich GOETHE von einem tiefen Mißtrauen gegenüber allem erfüllt, was »von unten« kam: – psychologisch gegenüber der Welt der Affekte und des Unbewußten, politisch gegenüber allen Tendenzen der Demokratisierung des Volkes wie der Emanzipierung des Einzelnen. Wenn es im *Märchen* noch hieß: »Erkenne das Höchste«, so kann sich GOETHE in den »Sprüchen« seines Alterswerkes über den Grundbegriff der Französischen Revolution: die *Egalité*, die »Gleichheit« aller Menschen (vor dem Gesetz!), wie folgt mokieren:

> Das Größte will man nicht erreichen,
> Man beneidet nur seinesgleichen;
> Der schlimmste Neidhart ist in der Welt,
> Der jeden für seinesgleichen hält.[58]

Da ist das Verlangen nach sozialer Gerechtigkeit, nach Rechts- und Chancengleichheit für GOETHE nichts als Ausdruck von Gleichmacherei aus Neid. Mit diesem »Argument« läßt sich auch heute noch jede ernstgemeinte Sozialreform im Keim ersticken. Dahinter aber fürchtet GOETHE Anarchie und Aufruhr und ist von der Unfähigkeit des Volkes, sich selbst zu regieren, so überzeugt wie von einem unbezweifelbaren Axiom:

> Mir ist das Volk zur Last,
> Meint es doch dies und das:
> Weil es die Fürsten haßt,
> Denkt es, es wäre was.[59]

Da wird der demokratische Freiheitswille als »Haß« diffamiert und das Gefühl für den eigenen Wert als bloße Reaktionsbildung auf den Willen zur Destruktion der vorgegebenen Ordnung »entlarvt«. »Absurder«, wirklich, kann es nicht kommen! In »Sprüchen« wie diesen, auch wenn sie gereimt sind, reimt sich gar nichts mehr. Hier erweist sich GOETHE nicht nur als wertkonservativ (wie in gewissem Sinne die gesamte Bewegung der Romantik!), hier zeigt er sich als Reaktionär.

Und aus diesem Umfeld nun muß man das *Märchen herauslösen*, um es zu verstehen! So wie GOETHE in dieser Erzählung zumindest eine Vorstellung davon zu vermitteln versuchte, wie das Leben eines Einzelnen glücklich sein könnte in der Liebe, indem es zur Einheit von Sinn und Sinnlichkeit, Seele und Körper, Sollen und Wollen sich hinentwickelt, so spannt er in dieser Geschichte auch seine politischen Träume hinüber zu einer Menschheit und Menschlichkeit, in welcher Macht und Weisheit, Schönheit und Wahrheit auf das glücklichste und beständigste zusammenfinden und in welcher der Integriertheit der Anteile der Psyche die Integration der verschiedenen Teile von Staat und Gesellschaft entspricht. Allerdings, man darf sich nicht täuschen: die *Brücke* ist nur im *Märchen* gebaut, und indem sie nur erst in der Vorstellung existiert, hat sie bei allem Verlockenden nicht nur den Geist der Zeit, sondern die Macht dessen, was immer noch für »Realität« gilt, entschieden gegen sich. *Mehr* kann ein Märchen freilich nicht tun, als diesen Gegensatz möglichst bewußtzumachen und, so stark als es geht, die Sehnsucht wachzurufen, ihn endlich zu überwinden. Ein Fenster im *Tempel* der Welt hat sich aufgetan, und das *Licht* eines neuen Morgens strömt, erhellend, hinein. Es ist alles bereit. Nun müßte alles beginnen. *Post ficta facta facienda* – alles wahre Vorstellen ist nur ein vorbereitendes Tun.

>Märchen, noch so wunderbar,
>Dichterkünste machen's wahr.

Mit diesen Worten faßte GOETHE seine *Balladen* 1814 unter einem Motto zusammen[60]. Doch Dichtung macht nichts wahr, es sei denn, sie bewahrt sich und bewährt sich im Leben. Anderenfalls bliebe wahr die Kritik FRIEDRICH NIEZTSCHES: »Denn allzu viel lügen die Dichter.«[61]

ANMERKUNGEN

Vorwort

1 So der berühmte Traktat von IMMANUEL KANT: *Zum ewigen Frieden*, 1795, im Erscheinungsjahr von GOETHES *Märchen*.
2 Tatsächlich ließ GOETHE am 16.1.1794 als Direktor des Weimarer Hoftheaters *Die Zauberflöte* mit dem neuen Text von CHRISTIAN VULPIUS aufführen; der Erfolg war so groß, daß die Musik an 82 Abenden erklang. GOETHES *Bemerkungen zur Zauberflöte* zeigen die Ernsthaftigkeit der Auseinandersetzung mit dieser im freimaurerischen Geist der Versöhnung geschriebenen Oper. Vgl. GABRIELE BUSCH-SALMEN: MOZART, in: Metzler Goethe-Lexikon, 341–342.
3 KATHARINA MOMMSEN: Goethe Märchen, 199.
4 Wie GOETHE zu den Auslegungsversuchen von Freunden bemerkte; vgl. K. MOMMSEN: a.a.O., 198.
5 Vgl. RICHARD NÜRNBERGER: Das Zeitalter der französischen Revolution und Napoleons, in: Propyläen Weltgeschichte, VIII 59–191, S. 105–107: Robespierre und die Diktatur der Ausschüsse. GEORG BÜCHNER: Dantons Tod, I 3, S. 78 läßt Robespierre sagen: »Die Waffe der Republik ist der Schrecken, die Kraft der Republik ist die Tugend. Die Tugend, weil ohne sie der Schrecken verderblich, der Schrecken, weil ohne ihn die Tugend ohnmächtig ist. Der Schrecken ist ein Ausfluß der Tugend, er ist nichts anderes als die schnelle, strenge und unbeugsame Gerechtigkeit.«
6 FRIEDRICH SCHILLER: Über die ästhetische Erziehung des Menschen (1795), in: Werke, hg. v. P. Stapf, 2. Bd., 570–655.
7 A.a.O., 209–210. – Tatsächlich spricht GOETHE von der unseligen »Zeit jener Spekulationen« und von dem Schaden, der durch SCHILLERS philosophische Neigungen für dessen Poesie entstanden sei: »Denn durch sie kam er (sc. SCHILLER, d.V.) dahin, die Idee höher zu halten als alle Natur, ja die Natur dadurch zu vernichten. Was er sich denken konnte, mußte geschehen, es mochte nun der Natur gemäß oder ihr zuwider sein. Es ist betrübend, wenn man sieht, wie ein so außerordentlich begabter Mensch sich mit philosophischen Denkweisen herumquälte, die ihm nichts helfen konnten.« Zit. n. RICHARD FRIEDENTHAL: Goethe, 382–383.
8 RICHARD FRIEDENTHAL: A.a.O., 351; GOETHE weigerte sich, die politisch wie militärisch absurde Bataille nachträglich schönzureden; erst genau 30 Jahre später schrieb er die *Campagne in Frankreich*, 1822, in der er

zwar nicht anklagend, doch recht ungeschminkt die Ereignisse schilderte; sein berühmter Ausspruch vom 20. Sept. 1792: »Von hier und heute geht eine neue Epoche der Weltgeschichte aus, und ihr könnt sagen, ihr seid dabeigewesen«, zerbricht an dem »Mischmasch von Irrtum und Gewalt«, der die menschliche Geschichte ist.

9 GOETHE: Unterhaltungen deutscher Ausgewanderten, 1795.
10 Zit. n. K. MOMMSEN: A.a.O., 129; vgl. FRIEDRICH VON MÜLLER: Unterhaltungen mit Goethe, 1870.
11 *West-östlicher Diwan*, Fassung in der *Ausgabe letzter Hand*, 1827, S. 137.
12 Goethe Märchen, 93.
13 BETTINA VON ARNIM: Goethes Briefwechsel mit einem Kind, Dritter Teil. Bruchstücke aus Briefen, S. 463.

Deutung

1 GOETHE: Gedichte, An den Mond, 128–130.
2 GOETHE: Die Leiden des jungen Werther, 1774.
3 Vgl. ASTRID SEELE: Frauen um Goethe, 24–45, die (S. 34) zu Recht die »tatsächlich vorhandenen Ähnlichkeiten Lottes mit ihrem literarischen Abbild ... als Ablenkungsmanöver« GOETHES bezeichnet.
4 GOETHE: Clavigo, 1774.
5 GOETHE: Stella, Berlin 1776.
6 GOETHE: Stella, Tübingen 1816; Werke, 20 Bde.; Bd. 6, 2. Fassung.
7 GOETHE: Die Wahlverwandtschaften, 1809. – Es st zu viel erwartet, wenn RUDOLF STEINER: Goethes Geistesart in ihrer Offenbarung durch seinen Faust und durch das Märchen von der Schlange und der Lilie, Berlin 1918 »das ganze menschliche Seelenleben« in dem »Märchen« dargestellt sieht; eine solche Erwartung muß zu einer Deutung führen, wie KONRAD DIETZFELBINGER: Das Märchen, Dingfelder Verlag 1990, S. 99–194, sie vorgelegt hat; man hat es am Ende mit einem »Seelenleben« zu tun, das vor lauter geheimen Andeutungen und willkürlichen Allegoresen im besten Falle eine zutreffende Warnung vor den Gefahren von Bewußtseinseinseitigkeit (Intellektualität), Unbewußtheit und dumpfer Ichdurchsetzung enthält, doch keine einzige der Problemstellungen psychologisch genügend aufgreift und durchgeht, die das »Märchen« kennzeichnen. Nicht »das ganze Seelenleben«, wohl aber die Frage, wie Liebe möglich sei in einer Welt tödlicher Angst und Gewissenszensur, steht in GOETHES Märchen auf dem Spiel.
8 »Der Himmel weint« ist eine beliebte Metapher für »Regen«, und »Regen« wiederum ist ein beliebtes Symbol menschlicher Traurigkeit. Zum

»*Strom des Lebens*« vgl. GOETHE: An meine Mutter, in: *Gedichte*, 13, wo von der »Zärtlichkeit für dich / Aus meiner Brust« die Rede ist, »obgleich des Lebens Strom / Vom Schmerz gepeitscht bald stürmend drüber fließt.« Vom »Fluß der Welt ... zwischen Ideal und Wirklichkeit« spricht EVA ALEXANDER MEYER: Politische Symbolik bei Goethe, Heidelberg 1949, 32, doch vertut sie diese richtige Einsicht, indem sie im Folgenden die Symbole des Märchens als politisch-zeitgeschichtliche Metaphern liest.

9 KARL KERÉNYI: Die Mythologie der Griechen, II 144f.; 222f.; schon das *Gilgamesch-Epos*, 10. Tafel, IV 1–14, III 2–50, IV 1–8, erzählt davon, wie Gilgamesch und der *Schiffer Urschanabi* über *die Wasser des Todes* setzen; GOETHE konnte davon nicht wissen, doch die Griechen haben ihren »Charon« vermutlich von den Babyloniern entlehnt.

10 GOETHE: Hermann und Dorothea, 1796.

11 In *Faust*, 1. Teil, Studierzimmer, Vers 1912–1917 ist mit *Irrlichtelieren* eine Geistigkeit beschrieben, die nicht »wohl dressirt, in spanische Stiefel eingeschnürt« ist, auf daß sie so, unter dogmatischem Zwang, »hinschleiche die Gedankenbahn«. Im *Märchen* geht es offensichtlich nicht um eine nur intellektuelle Form menschlichen Geistes, sondern um die Unform eines Geistes, der zunächst nichts ist als Intellekt und erst langsam sich läutert zu einer dienstbaren Geistigkeit.
CAMILLA LUCERNA: Wozu dichtete Goethe »Das Märchen«?, in: Goethe. Neue Folge des Jahrbuchs der Goethe-Gesellschaft, hg. v. A. B. Wachsmuth, Bd. 25, Weimar 1963, 206–219, S. 213 berichtet von »einer unverbürgten, aber glaubwürdigen Angabe einer Szene, ... die Goethe bei einem Abendspaziergang an den Ufern der Saale bei Jena beobachten konnte« und die dem Anfang der Erzählung womöglich als Anlaß diente: »Übermütige Studenten ließen sich in einem schmalen Kahne, den sie schaukelten, durch einen alten Fischer an das gegenüberliegende Ufer des Flusses bringen. Dort, auf einer mit Bäumen besetzten Wiese, sah man eine schöne, weißgekleidete Frau in weiblicher Begleitung umherstreifen und hörte sie singen. Sie hatte eine herrliche Stimme. Jene Gegend nannte man damals wie heute das ›Paradies‹: Wenn es sich so verhielte, so bildete »traumpsychologisch« diese Szene die Realerinnerung, den ›Tagesrest‹, der in der Poesie der Tiefenschichten der Seele sich zu dem Märchen»traum« ausgestaltet hätte. CAMILLA LUCERNA: Goethes Rätselmärchen. Eine Betrachtung, in: Euphorion. Zeitschrift für Literaturgeschichte, hg. v. R. Alewyn, 3. Folge, 53. Bd., Heidelberg 1959, 41–60, S. 45, fühlt sich bei den »*Irrlichtern*« an »Emporkömmlinge der Revolutionszeit« erinnert; sie charakterisiert das Portrait dieser Unwesen sehr treffend: »Daß sie, wo und wie immer, ergattertem Weisheitsgold ein landläufiges Gepräge zu geben wissen, als Kolporteure damit herumwerfen, ihren Spaß mit aller Welt treiben oder zu treiben versuchen, un-

bekümmert um allerlei Unheil, das dadurch entsteht, sich aber höfisch benehmen, als heiter, gutmütig, unterhaltsam und dienstwillig erweisen, wenn man sie zu nehmen versteht, wird im Lauf der durch sie in Bewegung gesetzten Handlung gezeigt ...Obwohl Schmeichler, Schmarotzer, Diener des Königs Schein, sind einzig sie jetzt imstande, die Pforte eines versunkenen Heiligtums aufzuschließen und das Bild eines mürrischen Herrschers darin zum Einsturz zu bringen.« Leider hat die Autorin ihre sehr zutreffenden Beobachtungen und Bemerkungen mit keinerlei psychologischer Fragestellung verbunden. – Stattdessen hat PETER MORGAN: The Fairy-Tale as Radical Perspective: Enlightenment as Barrier and Bridge to Civic Values in Goethes *Märchen*, in: Orbis Litterarum 1985, 40, 222–243, S. 235 im Rahmen seiner sozialgeschichtlichen Deutung des *Märchens* die *Irrlichter* als »›agents provocateurs‹ der Aufklärung« gedeutet; in dem *Gold*, das sie schlecken, sieht er (S. 224) »das neue Geld des bürgerlichen Kapitalismus im Gegensatz zu dem alten reinen Gold universeller Weisheit.«

12 GOETHE: Faust, Erster Teil, Abend, Vers 2802 f.
13 GOETHE: Zur Farbenlehre (1810), in: Naturwissenschaftliche Schriften II, Werke Bd. 13 der Hamburger Ausgabe in 14 Bden., München 1981, 314–525, Nr. 765, S. 495: »Gelb. Es ist die nächste Farbe zum Licht.« Vgl. auch GEORG SCHWEDT. Goethes Experimente mit »chemischen Farben«, in: Chemie in unserer Zeit, 33. Jg. 4/1999, 206–211.
14 Vgl. C. G. JUNG: Theoretische Überlegungen zum Wesen des Psychischen (Der Geist der Psychologie, 1946), in: Werke VIII 187–267, S. 229, der das »Bewußtsein seit alters durch Ausdrücke ... von Lichterscheinungen ... charakterisiert« findet und Gold und Feuer in Zusammenhang bringt.
15 GOETHE: Die Leiden des jungen Werther, 4. September.
16 A.a.O., 26. Mai.
17 GOETHE: Faust, Erster Teil, Nacht, Verse 570–573.
18 A.a.O., 2. Teil, Laboratorium, Verse 6855 ff.
19 GOETHE: Gedichte, 326.
20 LUDWIG KLAGES: Der Geist als Widersacher der Seele, 3 Bde., [3]1953. Neudruck in: L. Klages, sämtliche Werke, hg. v. E. Frauchinger, G. Funke, K. J. Groffmann, R. Heiss, H. E. Schröder, 1. Abt.: Philosophie, Bd. 1–2, 1. Bd. (Buch 1–4) [2]1981, 2. Bd. (Buch 5) [2]1983.
21 BERND LUTZ: Artischocken, in: Metzler Goethe-Lexikon, 26. – Es blieb EVA ALEXANDER MEYER: Politische Symbolik bei Goethe, Heidelberg 1949, 23 vorbehalten, in den Feldfrüchten »den besonderen Humor« zu erkennen, »eine Armee (sc. des Feldzugs von 1792, d.V.) als ein Gebilde aus Artischocken, Kohlköpfen und Zwiebeln bestehend darzustellen.« Es ist methodisch nicht möglich, die Symbolsprache des *Märchens* zu lesen

als zeitgeschichtliche Allegoriese, so daß die schwindende Hand der *Alten* z.B. mit der »Besetzung des Rheinlandes« (a.a.O., 23) zu identifizieren wäre; ein richtiger Hinweis aber liegt darin, die drei Früchte mit den drei Herrschaftssymbolen der Könige in Beziehung zu setzen.

22 GOETHE: Gedichte, 306.
23 GOETHE: Faust, Prolog, Vers 335; 1. Teil, Studierzimmer, Vers 2049. – Sehr schön verweist KATHARINA MOMMSEN: Bilde, Künstler! Rede nicht! Goethes Botschaft an Schiller im »Märchen«, in: Theatrum Europaeum. Festschrift für Elida Maria Szarota, München 1982, 491–516, S. 498; 501 auf die gegenläufige Gemeinsamkeit der *Irrlichter* und der *Schlange* hin: beide bewegen sich in Zickzackform.
24 Vgl. E. DREWERMANN: Strukturen des Bösen, 138–40; OTHMAR KEEL: Die Welt der altorientalischen Bildsymbolik und das Alte Testament. Am Beispiel der Psalmen, Zürich–Einsiedeln–Köln 1972, 76.
25 Vgl. F. J. STENDEBACH: Der Mensch, wie ihn Israel vor 3000 Jahren sah, Stuttgart 1972, 79–80.
26 Vgl. O. LORETZ: Schöpfung und Mythos, Mensch und Welt nach den Anfangskapiteln der Genesis, Stuttgart 1968, 112-113. CAMILLA LUCERNA: Wozu dichtete Goethe »Das Märchen«?, in: Goethe. Neue Folge des Jahrbuchs der Goethe-Gesellschaft, hg. v. a. B. Wachsmuth, Weimar 1963, 206–219, S. 213 hebt völlig korrekt »Goethes Widerwillen gegen die Lehren vom Sündenfall und vom radikal Bösen« an dieser Stelle hervor und fügt hinzu: »Denn in dem Gedanken, jenes Urstreben nach Erkenntnis und Höherentfaltung gerade im Bild einer Schlange darzustellen, birgt sich ein weltanschaulicher Protest. Die entgegengesetzte Richtung, die der Dichter mit ›glühendem Ernst‹ dem der Bibel entlehnten Symbol zu geben unternahm, ist bisher nur sehr selten beachtet worden.« Auch FRIEDRICH OHLY: Römisches und Biblisches in Goethes »Märchen«, in; Zeitschrift für Deutsches Altertum und Deutsche Literatur, hg. v. J. Schwietering, 21. Bd., Wiesbaden 1961/1962, 147–166, der die Bezüge vor allem zum Pantheon und zur Apokalypse in Dan 2; 7 und Apk 20; 21 herausgearbeitet hat, verfehlt eine zentrale Aussage in GOETHES *Märchen*, indem er die Umkehrung des Erlösungsgedankens im Christentum inklusive all der damit verbundenen moralischen Konsequenzen nicht erkennt.
27 E. DREWERMANN: Strukturen des Bösen, 154–74; 75–78.
28 Selbst 200 Jahre nach Goethes Märchen erklärt der »Weltkatechismus« der römischen Kirche aus dem Jahre 1992, daß »sogar die physische Natur« durch den Sündenfall der Engel und durch den Haß des Satans »schweren Schaden genommen hat« (Nr. 395) Es geht zu wie in GOETHE: Faust, 1. Teil, Walpurgisnachtstraum, Vers 4343–4346, wo der Dogmatiker spricht: »Ich lasse mich nicht irre schrein, / Nicht durch Kritik noch

Zweifel. / Der Teufel muß doch etwas sein; / Wie gäb's denn sonst noch Teufel?«
29 Vgl. GOETHE: Faust, 1. Teil, Abend, Vers 2687–2728, wo Faust im »Kerker« der »Seligkeit« der Liebe gefangen sich fühlt.
30 A.a.O., 1. Teil, Trüber Tag, Feld, S. 137.
31 Num 21, 4a–9. Die Geschichte dürfte in legendärer Form von dem Ausbruch einer Seuche handeln, greift dabei aber auf das ursprüngliche Bild der Schlange in den »heidnischen« Fruchtbarkeitskulten zurück.
32 GOETHE: Gedichte, 327.
33 Vgl. BRÜDER GRIMM: Kinder- und Hausmärchen, Nr. 16: Die drei Schlangenblätter; Nr. 17: Die weiße Schlange.
34 KATHARINA MOMMSEN: Goethe Märchen, 219–220 sieht in dem Schattenriesen eine Warnung an F. SCHILLER vor einer Abhängigkeit von dem Großlicht KANT; doch paßt ein solches Verständnis des »Riesen« weder zu den Zeitangaben von der Stärke der Schattenkraft des Riesen noch zu dem Ziel der »Irrlichter«, die »schöne Lilie« besuchen zu wollen. Auch sollte man denken, daß der »Riese« seinen »Schatten« in hellem Sonnenschein wirft, und bei aller (zwiespältigen!) Hochachtung, die GOETHE gegenüber KANT empfand, – daß mit KANT der Welt die Sonne auf- und untergegangen sei, war niemals seine Meinung. Und wie nun vollends das »Licht« KANTENS über SCHILLER einen *Schatten* werfen sollte, der jener *alten Frau* ein Drittel ihrer »Erdfrüchte« raubt, so daß sie die Schulden der *Irrlichter* nicht bezahlen kann, muß ganz und gar unerfindlich bleiben. Tatsächlich basiert diese Deutung auf einer Eintragung aus den Zeitumständen der Entstehung des *Märchens,* die KATHARINA MOMMSEN: Märchen des Utopien. Goethes »Märchen« und Schillers Ästhetische Briefe, in: Literaturwissenschaft und Geistesgeschichte. Festschrift für Richard Brinkmann, Tübingen 1981, 244–257; DIES.: Bilde, Künstler! Rede nicht! Goethes Botschaft an Schiller im »Märchen«, in: Theatrum Europaeum. Festschrift für Elida Maria Szarota, München 1982, 491–516, ausgezeichnet recherchiert; das *Märchen* selbst aber sagt und meint außerordentlich viel mehr und anderes, als im Erzähllanlaß selbst enthalten ist. Vgl. unten Anm. 225. – Sehr richtig meint GÜNTER NIGGEL: Verantwortliches Handeln als Utopie? Überlegungen zu Goethes »Märchen«, in: Verantwortung und Utopie. Zur Literatur der Goethezeit. Ein Symposium, hg. v. W. Wittkoski, Tübingen 1988, S. 94 :»... auch die neuesten Versuche, Goethes ›Märchen‹ als eine versteckte poetische Antwort auf Schillers Briefe ›Über die ästhetische Erziehung des Menschen‹ zu deuten, bleiben an der Oberfläche. Denn die These ... erfaßt mit dieser persönlichen Allegorese wiederum nur einen Teilaspekt des ›Märchens‹, trifft also höchstens, wenn überhaupt, eine Nebenabsicht dieser Dichtung, niemals ihre Grundintention.« Dem ist nur zuzustimmen.

CAMILLA LUCERNA: Wozu dichtete Goethe »Das Märchen«?, in; Goethe. Neue Folge des Jahrbuchs der Goethe-Gesellschaft, hg. v. A. B. Wachsmuth, 25. Bd., Weimar 1963, 206–219, S. 215 sieht zu Recht den *Schattenriesen* als Gegensatz zu dem *Alten* mit der *Lampe*: »Unter den ›dramatischen‹ Personen, die das Märchen ›machen‹, dominiert der Mann mit der Lampe nicht nur als Typus des ewigen Weisen. Sind doch in ihm auch alle Kräfte menschlichen Könnens versammelt. Nur körperlich ins All aufzufliegen, das unternahm er damals noch nicht. Er tritt erst als Bauer, als Bergmann auf, dann als Errater der ›guten Stunde‹ und Leiter des angekündigten Umwandlungsprozesses, weil er alle Kräfte kennt und zu behandeln weiß, endlich als Prinzenerzieher und ›heiliger Vater‹, der sowohl Tempel als Reich neu mitzugestalten und mitzuverwalten vermag. Sein Gegenspieler ist der nur zeitenweise, von Weltalter zu Weltalter einmal zu bannende Riese, von dessen bewußtlos wirkendem Schatten alle Massenvernichtungen zu befürchten sind.« Richtig ist auch, wenn C. LUCERNA (a.a.O., S. 208) erklärt: »Der Schatten des Riesen ist nicht die französische Revolution. Er deutet nur, wie dies ja Schiller brieflich am 16. Oktober 1795 tat, auf sie, wie auf alle bewußtlos en gros zerstörenden Kräfte.« Andererseits kann die Deutung des *Schattens* so allgemein nicht bleiben – er sieht etwa dem Schreckensbild, das GOYA 1808–1812 malte: *Der Koloß* (vgl. PAOLO LECALDANO: Goya. Die Schrecken des Krieges, 1975, München 1976, Abb. 81) vollkommen unähnlich. Man kann also nicht sagen, wie EVA ALEXANDER MEYER: Politische Symbolik bei Goethe, Heidelberg 1949, 33, der Schatten des Riesen sei der Krieg, sei »Deutschland …, als es durch den Feldzug 1792 das Herrschertum schützen wollte«. »Der Haß der Völker wird furchtbare Rivalität« (oder: Realität?). Vielmehr bedarf es einer genaueren inhaltlichen Einordnung des Symbols des Schattenriesen in den Kontext des Märchens: der Riese »badet« im Strom (der Zeit), er besitzt seine Macht nur am Morgen und Abend (des Lebens), kurz, er ist die gestaltgewordene »Schattenseite« der unaufhaltsamen Zeitlichkeit des Daseins.

35 Apk 12,9. *Der Weltkatechismus* der römischen Kirche aus dem Jahre 1992 nimmt in § 391 diese Stelle zum »Beweis« für das Dogma vom Sündenfall der »Engel«. Zur Auslegung der Stelle vgl. E. DREWERMANN: Tiefenpsychologie und Exegese, II 568–576.

36 Zur *Up-uat* vgl. ADOLF ERMAN: Die Religion der Agypter, Berlin–Leipzig 1934, 43.

37 So, überzeugend, KATHARINA MOMMSEN: Goethe Märchen, 205; vgl. *dies.*: Bilde, Künstler! Rede nicht! Goethes Botschaft an Schiller im Märchen, in; Theatrum Europaeum. Festschrift für Elida Maria Szarota, München 1982, 510–512. Eine besondere Frage stellt die Topographie des *Märchens* dar.

Auf die Geometrie des *Kreises* in GOETHES *Märchen* hat besonders INGRID KREUZER: Strukturprinzipien in Goethes Märchen, in: Jahrbuch der Deutschen Schillergesellschaft, 21. Jg. 1977, 216–246, S. 227–231 hingewiesen. Die »Topographie« allerdings, die sie von dem Märchen erstellt, weicht durch zwei Annahmen von dem Bild ab, das wir auf S. 68–69 zur besseren Übersicht, nicht als geheime Seelenlandkarte, entworfen haben: Als erstes läßt sie den Strom sich in Nord-Süd-Richtung erstrecken (wie den Rhein), so daß der »Fährmann z.B. ... Passagiere nur von Ost nach West, niemals in umgekehrter Richtung übersetzen« darf (S. 224, Anm. 21) und so, daß »die Route des Fährmanns« den nördlichen Übergang markiert, während der südliche Übergang zur Mittagsstunde von der Schlange gebildet wird. Für eine solche Anordnung aber spricht nichts, außer, daß »Mittag« vom Sonnenlauf her »Süden« bedeutet; die *Schlange* aber kann auch von Süden nach Norden über den Fluß übersetzen; zudem ist die *Schlange* nicht einfach die Sonne. Von der verjüngenden Kraft des »Stromes« her ist ganz im Gegenteil die mythisch gut belegte Flußrichtung von Westen nach Osten (die Gegenrichtung des Sonnenlaufs am Tage) anzunehmen. Darüber hinaus möchte INGRID KREUZER ein »Spielfeld« in dem *Märchen* konstruieren, das sich (S. 232) aus zwei Dreiecken zusammensetzt, wobei ein Dreieck aus den Endpunkten der *Fährmanns*-Hütte, dem *Garten der Lilie* und der *Rotunde* gebildet wird und das andere aus der *Fährmanns*-Hütte, der Hütte des *Alten* und der *Rotunde*; die Diagonale des so entstehenden Parallelogramms soll der Weg des *Tempels* von der *Rotunde* zur *Fährmanns*-Hütte bilden; doch gibt die Autorin selber zu, daß die »geometrische Form des *Dreiecks* ... als Strukturierungsmittel nicht ganz so offensichtlich zutage« tritt. (S. 231) Man muß sagen: sie tritt überhaupt nicht zu Tage und beruht allein auf dem Symmetriewillen der Autorin; allerdings trifft es sehr zu, daß im Märchen die verschiedenen Figuren einander spiegelbildlich symmetrisch zugeordnet sind, nur muß sich das nicht auch noch unbedingt in der räumlichen Geometrie des »Spielfelds« des Handlungsablaufs widerspiegeln. – Bei der Versetzung des »Tempels« an die Stelle des Vatikans soll natürlich nicht gesagt werden, daß sich das Pantheon in den Petersdom umgeformt hätte; ganz im Gegenteil: die römische Kirche, der Katholizismus ist eben nicht die Erfüllung des Anliegens der Renaissance; was in der Gestalt des Petersdoms äußerlich aufgeführt wurde, muß innerlich neu geschaffen und vollendet werden, und dazu gehört der geradezu »heidnische« Umbau der wichtigsten Lehrinhalte der Kirche Roms und der gesamten christlichen Theologie. Nur wenn in dem »Tempel« der Religion der Geist der griechisch-römischen Klassik – entgegen dem Ungeist eines fundamentalistischen Dogmatismus – (wieder) zum Ausdruck kommt, ist die Versetzung und Hebung des in den Tiefen der Zeit ruhenden

»Pantheons« als gelungen zu betrachten. Was GOETHE dabei für »Religion« hielt, sagte er selber in den ZAHMEN XENIEN (Gedichte, 367):
>   Wer Wissenschaft und Kunst besitzt,
>   Hat auch Religion;
>   Wer jene beiden nicht besitzt,
>   Der habe Religion.

38 Vgl. ERIK IVERSEN: Obelisks in Exile, Bd. 1: The Obelisks of Rome, Kopenhagen 1968. Auch vor dem *Pantheon* war ein Obelisk mit Brunnen durch Papst Clemens XI (1700–1721) aufgestellt worden; vgl. LABIB HABACHI: Die unsterblichen Obelisken Ägyptens, aus dem Engl. v. I. v. Beckerath, Mainz 1982, 158–159.

39 Zum *Ablaßhandel*, mit dem der Bau des Petersdoms finanziert wurde, vgl. LEOPOLD RANKE: Deutsche Geschichte im Zeitalter der Reformation (1874), Wiesbaden (Vollmer Verlag) o.J., 136–139.

40 Vgl. KATHARINA MOMMSEN: Goethe Märchen, 205. Zum römischen Pantheon vgl. KONRAT ZIEGLER: Pantheon, in: Der kleine Pauly. Lexikon der Antike in 5 Bden., hg. v. K. Ziegler–W. Sontheimer, Bd. 4, München (dtv) 1979, Sp. 471–474: »Die Rotunde hat einen äußeren Durchmesser von ca. 56, einen inneren von ca. 42 m. Dem lichten Durchmesser entspricht fast genau die gleiche Höhe, so daß der Innenraum gleichsam eine in einem Zylinder von halber Höhe gesetzte Kugel von 42 m Durchmesser darstellt.« Dabei geht es vor allem um den »Geist« des Pantheon. Besonders FRIEDRICH OHLY: Römisches und Biblisches in Goethes »Märchen«, in: ZfdA 91, 1961/62, 147–166, S. 150–152, 158 f. hat in der Verwandlung des versunkenen Pantheon in die Peterskirche die Wende des römischen ins christliche Zeitalter gesehen, den »Mythos der geschichtlichen Verwandlung an der Schwelle in die neue Zukunft.« Doch diese Deutung ist nur halbrichtig, wo nicht falsch: Das Pantheon wandelt sich nicht in den Petersdom, es tritt an die Stelle des Petersdoms! Und dies ist kein Ereignis vor langer Zeit, sondern die Hoffnung für die nächste Zukunft. Mit einem Wort: es geht darum, den Gedanken der Renaissance, der verjüngenden Wiedergeburt durch den Geist der Antike, endlich durchzuführen und damit den »Petersdom, den römischen Vatikanstaat, das System des kirchlichen Dogmatismus und Ritualismus durch Wissenschaft und Kunst als die Formen »wahrer« Religion zu ersetzen!

41 Vgl. K. ZIEGLER: A.a.O., Sp. 469–470: »Die Normalform des Götteranrufs in einer polytheistischen Religion ist die, daß der Mensch die Götter seiner Sippe oder seines Volkes mit Namen anruft ... Im 4. Jh. (εc. v. Chr.) häufen sich die Anrufe ›der Götter‹, ›aller Götter‹.«

42 *Die Erzählungen aus den 1001 Nächten*, aus dem Arab. v. E. Littmann, nach der Calcuttaer Ausgabe v. 1839, (Wiesbaden 1953), Frankfurt 1976 (it 224), 4. Bd., 659–791, die 269.–270. Nacht.

43 BRÜDER GRIMM: Kinder- und Hausmärchen, Nr. 116: Das blaue Licht. Daß die *Lampe* des *Alten* »nur leuchten darf, wo schon Licht ist«, erklärt RUDOLF EPPELSHEIMER: Die Mission der Kunst in Goethes Brücken-Märchen, Schloß Hamborn 1999, 40 damit, daß der »Anfang der Erleuchtung ... aus der irdischen Sphäre selbst kommen« muß. »Nur wer schon hat, dem wird gegeben, damit er die Fülle habe.« Die *Lampe* selbst bezeichnet er zu Recht als »Laterna alchymica«, geht es doch um die Kunst, nach welcher die Alchimie suchte, wie sich Steine (oder Metalle) in Gold verwandeln ließen. – Indem der *Alte* mit der *Lampe* durch die Gänge des Gebirges geht, weist er zugleich Züge eines *Bergmannes* auf; vgl. dazu JOSEF DÜRLER: Die Bedeutung des Bergbaus bei Goethe und in der deutschen Romantik, Frauenfeld–Leipzig 1936; OTTO KRÄTZ: Goethe und die Naturwissenschaften, München 1992, 18–31: Die Begegnung mit der Alchemie; 44-51: Das Bergwerk Ilmenau; RONAL D. GRAY: Goethe the Alchemist. A Study of Alchemical Symbolism in Goethe's Literary and Scientific Works, Cambridge–New York 1952.

44 Vgl. G. W. HEGEL: Philosophie der Geschichte, Stuttgart (reclam 4881–4885) 1961, eingef. v. Th. Litt, 603–605.

45 Vgl. MARTIN NOTH: Das Geschichtsverständnis der alttestamentlichen Apokalyptik (1954), in: Theologische Bücherei, Bd. 6, München 1966, 248–273. Es geht vor allem um den »Traum« in *Dan 2*: »vor Daniel findet sich im Alten Testament keine Spur ... von einer Weltzeitalterlehre.« Auch die Deutung des Traums in *Dan 2* bezieht »die vier metallenen Teile der Statue nicht auf vier Weltzeitalter, sondern auf Weltreiche«. (S. 253) – Der Mythos der Zeitenwende »nimmt bei Goethe ... eschatologische Züge an, wenn sich nunmehr im verwandelten Tempel die Erneuerung des Königtums vollzieht, indem eine neue Herrschaft an die Stelle der bisherigen Reiche, verkörpert in den vier metallenen Königen, treten soll; denn die Vorstellung, daß vier Reiche von einem fünften und letzten abgelöst werden, stammt aus ältesten prophetisch-apokalyptischen Texten, mit denen Goethes ›Märchen‹ gegen sein Ende zu vergleichbar wird«, meint richtig GÜNTER NIGGL: Verantwortliches Handeln als Utopie? Überlegungen zu Goethes »Märchen«, in: Verantwortung und Utopie, 91–108, S. 99. Vgl. FRIEDRICH OHLY: Römisches und Biblisches in Goethes »Märchen«, in: ZfdA 91, 1961/62, 147–166, S. 162–165. – Von drei Zeitaltern berichtet HESIOD: Erga, Vers 106–201, in: Sämtliche Gedichte, übers. und erl. von W. Marg, Stuttgart 1970, S. 311–315; 346–350. Römisch liegt die Lehre von den 4 Weltaltern am eindrucksvollsten vor in OVID: Metamorphosen, 1. Teil, 1. Buch, Vers 89–150, 400–416, übers. v. R. Suchier, München (GGTb. 583–584) o.J.

46 GOETHE: Maximen und Reflexion, Nr.175. MAX MORRIS: Herzogin Luise von Weimar in Goethes Dichtung, in: Morris: Goethe-Studien, Berlin

² 1902, 1–7, S. 29–73 zum »Märchen«, S. 50 sah in dem vierten König eine Anspielung auf Ludwig XVI. von Frankreich; ebenso HANS MAYER: Vergebliche Renaissance: Das »Märchen« bei Goethe und Gerhart Hauptmann, in: Mayer: Von Lessing bis Thomas Mann. Wandlungen der bürgerlichen Literatur in Deutschland, Pfullingen 1959, 356–382, S. 374 ff. Es ist desgleichen auszuschließen, daß GOETHE sich der Meinung angeschlossen hätte, die MARTIN LUTHER: Vorrede über den Propheten Daniel, 1544 äußerte, das 4. Reich der Apokalyptik sei das Heilige Römische Reich Deutscher Nation. Richtig schreibt GÜNTER NIGGL in: Verantwortung und Utopie, 91–108, S. 103: »Wohl aber kann der gemischte König ein Bild für das generelle Chaos der Zeit sein, das ein sich selbst immer mehr zersetzender Absolutismus und die daraus entspringenden Wirren der Revolution hervorgerufen haben. Als einziges Heilmittel gegen diese allgemeine Zerrüttung des politischen und moralischen Lebens kennt Goethes ›Märchen‹ die sittliche Erneuerung des Menschen, dargestellt in den symbolischen Szenen der gegenseitigen Hilfe und Opferbereitschaft und im krönenden Bild eines dauerhaften, weil von Weisheit und Liebe geleiteten Königtums.« Bemerkenswert ist an dieser Stelle, daß die Gestalt des gemischten Königs erst später durch die *Irrlichter* zum Einsturz gebracht wird. NIGGL (a.a.O.,, 101) meint: »Statt Vernichtung und Neuschöpfung durch göttliche Hand entwirft Goethe im ›Märchen‹ das Bild einer sich in Stufen entwickelnden und reifenden Erneuerung der kulturellen und politischen Welt dank der wachsenden Einsicht des Menschen in die Notwendigkeit eines gemeinsamen, für das Ganze verantwortlichen Handelns.« Das ist richtig, doch buchstäblich nur zu zwei Dritteln; die wichtigste Komponente des »Märchens« fehlt: die psychologische Läuterung und Reifung der Liebe.
47 GOETHE: Oden an meinen Freund, in: Gedichte, 21–24, S. 23.
48 GOETHE: Maximen und Reflexionen, 722; 721.
49 Vgl. R. GEIGER: Goethes Märchen, 1993; KONRAD DIETZFELBINGER: Das Märchen, 132 sieht in *der Alten* »die irdische Welt« verkörpert, die »auch die Daseinsgrundlage für den Gelehrten- und Intellektuellenstand schafft«. HANS ENDRES: Goethes Vision der Zeitenwende, Isselbach 1993, 23; 35 sieht in dem *Alten* den »Repräsentant des höchsten Menschtums« verkörpert, verheiratet »mit einer Repräsentantin des unbewußtesten, primitivsten Menschseins: Ein ganz und gar irdisches ›Weibchen‹, das krasse Gegenteil des erhabenen ›Ewig-Weiblichen‹ …, von kindlicher Naivität und Ichbezogenheit«. Die schöne Lilie sieht er als »das Gegenstück zum Irdisch-Weiblichen«.
50 GOETHE; Mahomets Gesang, in: Gedichte, 42–44, S. 44.
51 Vgl. BRÜDER GRIMM: Kinder- und Hausmärchen, Nr. 91: Brüderchen und Schwesterchen; Nr. 161: Schneeweißchen und Rosenrot u. a. m.

52 GOETHE: Zur Farbenlehre (1810), in: Naturwissenschaftliche Schriften II, Werke Bd. 13 der Hamburger Ausgabe in 14 Bden., durchges. u. komm. v. D. Kuhn und R. Wankmüller, München 1981, 314–525, Nr. 63, S. 345: »Ein Schatten von der Sonne auf eine weiße Fläche geworfen, gibt uns keine Empfindung von Farbe, solange die Sonne in ihrer völligen Kraft wirkt. Er scheint schwarz oder, wenn ein Gegenlicht hinzudringen kann, schwächer, halberhellt, grau.« Vgl. auch FRANZ STRUNZ: Goethe als Naturforscher, Wien 1917; OTTO KRÄTZ: Goethe und die Naturwissenschaften, München 1992, 158–183: Optik und Farbenlehre.

53 Anlaß zu GOETHES Persiflage war CH. M. WIELANDS Singspiel *Alceste* von 1773; vgl. GOETHE: Dichtung und Wahrheit, III 15; vgl. GERO VON WILPERT: Goethe-Lexikon, 404–405.

54 KONRAD DIETZFELBINGER: Das Märchen, 127–128 meint: »›Früchte der Erde‹ sind es tatsächlich. Denn das Licht des Himmels hat keinen oder wenig Anteil an ihrer Erzeugung. Alle drei Sorten entstehen nicht aus Blüten, die dem Licht geöffnet sind, und daher sind es keine im Licht gereiften und süß gewordenen Endprodukte des pflanzlichen Lebens. Die Zwiebel ist eine Verdickung der pflanzlichen Wurzel, die unter der Erde aus Kräften der Erde gebildet wird; das Kohlhaupt eine Wucherung von Blättern knapp über der Erde, in der sich die Kräfte der Pflanze vorzeitig konzentrieren. Sie werden zur übermäßigen Bildung von Blättern verwendet, statt in Blüte und Frucht einzugehen. Desgleichen ist der Artischockenboden eine Verdickung der Kelchblätter dieser Pflanze, nun schon weit über dem Boden ansetzend und immerhin Trägerin und Grundlage der Blüte, aber doch nicht Blüte und Frucht selbst.«

55 Vgl. ASTRID SEELE: Frauen um Goethe, 90–98; vgl. GERO VON WILPERT: Goethe-Lexikon, 471.

56 GERO VON WILPERT: Goethe-Lexikon, 1140–1141 zählt auf, wozu OTTILIE durch ihre Schuldgefühle getrieben wird: »zu endgültiger Entsagung, Verzicht auf Liebeserfüllung, religiöser Wendung, Verstummen, Nahrungsverweigerung und Rücknahme ihrer Existenz«.

57 Auch EDUARD stirbt und wird neben OTTILIE begraben.

58 Mk 15,17.20; zur Stelle vgl. EUGEN DREWERMANN: Das Markus-Evangelium, II 599–623.

59 Vgl. BRÜDER GRIMM: Kinder- und Hausmärchen, Nr. 161: Schneeweißchen und Rosenrot, oder Nr. 51: Fundevogel.

60 Vgl. WILHELM STEKEL: Die Sprache des Traumes, 121.

61 Einwenden mag man vielleicht, daß GOETHE unter den Ambivalenzgefühlen katholischer Madonnenmystik niemals gelitten habe, doch ändert eine solch richtige Feststellung nichts an der Tatsache, daß auch außerhalb religiöser Überhöhung der psychische Konflikt, der in dem *Märchen* geschildert wird, unverändert derselbe ist. Vergessen darf man zudem

nicht, wie stark das Frauenbild in der Goethezeit von dem Ideal-(und Real-)Bild der *Mutter* geprägt war. »Das wichtigste Kennzeichen, nicht nur alle Generationen, sondern auch alle Stände durchziehend, stellte sicherlich der Kinderreichtum dar, verbunden mit einer nach heutigen Begriffen kaum vorstellbar hohen Kindersterblichkeit ... Der ständige und zermürbende Wechsel von anstrengenden Schwangerschaften über die Freude am Nachwuchs und seine Taufe bis hin zum Kinderbegräbnis bestimmte den Famlienalltag häufig weit mehr als ein Jahrzehnt, oft zwei Jahrzehnte lang«, schreibt ASTRID SEELE: Frauen um Goethe, 8–9. Was Wunder also, daß die Frau wesentlich als *Mutter* – und daneben zum zweiten als »*Äbtissin*« – gesehen wurde. Im Katholizismus unserer Tage haben sich diese Verhältnisse lediglich besonders verfestigt. Der dritte Frauentyp in den Schriften GOETHES erscheint als das *Kind*, das er in Gestalt von CHRISTIANE VULPIUS denn auch geheiratet hat. Die *schöne Lilie* ist für eine Zeitlang als Kind schon eine »Äbtissin« und in gewissem Sinne nicht weniger »irrlichtelierend« als der *Jüngling*.

62 Im Orient gilt der Hund eben deswegen bis heute als verächtlich, – so bereits im Alten Testament Ex 22,31; 1 Kg 14,11 und im Neuen Testament Mt 7,6, vgl. GERD HEINZ-MOHR: Lexikon der Symbole, 140–141. W. STEKEL: Die Sprache des Traumes, 106–109 meint: »Der Hund ... ist eigentlich das schamloseste Tier. Er verrichtet seine Notdurft auf der Straße, zeigt deutlich homosexuelle Instinkte und absolviert auch im Gegensatz zu anderen Tieren seine Liebesaffären auf der Straße.« (106) Insbesondere das »Beißen« bzw. »Anbeißen« enthält zahlreiche sexualsymbolische Assoziationen. Nicht als Symbol, sondern als politische Metapher betrachtet EVA ALEXANDER MEYER: Politische Symbolik bei Goethe, Heidelberg 1949,25 den *Mops*, wenn sie in ihm »eine symbolisch-plastische Wiedergabe des Inhalts von *Reineke Fuchs*« zu erkennen meint, als Anspielung auf den Tod des französischen Königs.

63 Vorzüglich beschrieben bei ANTON TSCHECHOW: Die Dame mit dem Hündchen (1899), in: Die Dame mit dem Hündchen. Späte Erzählungen 1893–1903, aus dem Russ. v. H. von Schulz, Düsseldorf–Zürich ^{3}(durchges. u. erw.) 1988, 691–708.

64 W. STEKEL: Die Sprache des Traumes, 106.

65 GOETHE: März, in: Gedichte, 372.

66 Vgl. RUPERT HOCHLEITNER: Fotoatlas der Mineralien und Gesteine, München 1980, Nr. 143. Zur Mineralogie GOETHES vgl. OTTO KRÄTZ: Goethe und die Naturwissenschaften, München 1992, 52–65.

67 Vgl. WILHELM BOUSSET: Die Offenbarung Johannis (^{6}1906), Neudruck: Göttingen 1966, 449–450, der die Steine im Brustschild des Hohenpriesters (Ex 28,17 ff.) und die Steine im Gewande des Urmenschen (Ez 28,13) mit der Aufzählung der Steine in Apk 21,19 vergleicht.

68 Vgl. JOHANN CHRISTIAN FRIEDRICH HÖLDERLIN: Patmos, in: Die vaterländischen Gesänge, in: Werke und Briefe, hg. v. F. Beißner und J. Schmidt, 1. Bd.: Gedichte, Hyperion, Frankfurt/M. 1969, S. 183:
Voll Güt ist. Keiner aber fasset / Allein Gott.
Wo aber Gefahr ist, wächst / Das Rettende auch.
Im Finstern wohnen / Die Adler und furchtlos gehn
Die Söhne der Alpen über den Abgrund weg / Auf leichtgebaueten Brücken.
Drum, da gehäuft sind rings, um Klarheit, / Die Gipfel der Zeit,
Und die Liebsten nahe wohnen, ermattend auf / Getrenntesten Bergen,
So gib unschuldig Wasser, / O Fittige gib uns, treuesten Sinns
Hinüberzugehn und wiederzukehren.
69 Etymologisch hängen *See* und *Seele* zusammen; vgl. FRIEDRICH KLUGE: Etymologisches Wörterbuch, 696–697; danach bedeutet das urgermanische *saiwalo* »die vom See stammende, zum See gehörige« und ist eine l-Ableitung von *saiwa-z*. »Bestimmte Seen galten den Germanen als Aufenthaltsort der Seelen vor der Geburt und nach dem Tode.«
70 GOETHE: Dichtung und Wahrheit, 16. Buch, III 754–755.
71 A.a.O., 5. Buch, I 191.
72 Vgl. HEINRICH VON KLEIST: Amphitryon, in: Sämtliche Werke, hg. v. H. Sembdner (München 1961), München (dtv) 1964, S. 91–159, Vers 2310–2315.
73 GOETHE: Wilhelm Meisters Lehrjahre, 4. Buch, 11. Kap., S. 250.
74 Zur Interpretation des Buches *Tobit* vgl. E. DREWERMANN–INGRITT NEUHAUS: Voller Erbarmen rettet er uns. Die Tobit-Legende tiefenpsychologisch gedeutet, Freiburg–Basel–Wien 1985.
75 Zum Motiv der *Preisjungfrau* und seiner ödipalen Herkunft vgl. OTTO RANK: Das Inzest-Motiv in Dichtung und Sage. Grundzüge einer Psychologie des dichterischen Schaffens, Leipzig–Wien 1912, 382–388.
76 Vgl. W. STEKEL: Die Sprache des Traumes: »Der Vogel ist in allen Sprachen der Welt der Penis. Daher das gebräuchliche Wort für den Geschlechtsakt: Vögeln. Auch der Vogelhändler in der Zauberflöte (Papageno) ist ein Penis: Ein zeugender Papa. Das Vöglein singt = Koitus; das Vöglein spricht = Ejaculatio … Vögel fangen = coire … Der Phallus wurde früher bildlich dargestellt mit zwei Flügeln, zwei Hühnerfüßen oder zwei Glöckchen«, die den Hoden entsprechen.
77 Vgl. C. G. JUNG: Symbole der Wandlung. Analyse des Vorspiels zu einer Schizophrenie, Ges. Werke V, Olten 1973, S. 444: »Der Vogel … dürfte … auf die ›hilfreichen Tiere‹ weisen, welche als Vögel Luftwesen, das heißt Geister … darstellen.«
78 Vgl. ASTRID SEELE: Frauen um Goethe, 24; 26.
79 A.a.O., 29.
80 Gen 3,3. Zur Stelle vgl. E. DREWERMANN: Strukturen des Bösen, I 58–62.

81 Vgl. JACQUES BROSSE: Mythologie der Bäume (Mythologie des arbres, Paris 1989), dt. v. M. Jacober, Olten 1990, 118–122: »Das Fest der heiligen *Pinie*; S. 175–176: Die *Zypresse*. – CAMILIA LUCERNA: Goethes Rätselmärchen. Eine Betrachtung, in: Euphorion. Zeitschrift für Literaturgeschichte, hg. von R. Alewyn, 3. Folge, 53. Bd., Heidelberg 1959, 41–60, S. 56 spricht sehr zu Recht von dem »herrlichen Park« der *schönen Lilie*, »der ein Friedhof für unfreiwillig durch ihre Berührung getötete Wesen ist«. Aber dann geht sie dieser Feststellung psychologisch nicht weiter nach. Richtig erkennt sie (S. 56), daß die Gestalt *der Alten* und der *schönen Lilie* als »zwei Vertreterinnen der Weiblichkeit« miteinander verbunden sind: »Durch typische (sic!) Eigenschaften ihres Geschlechtes sind das alte Weib und die Jungfrau einander sehr ähnlich. Lebhaften Gemütsbewegungen unterworfen, Komplimenten zugänglich, schmuckliebend, auf ihre Reize bedacht, freuen sie sich an Kleingetier, das mit sich spielen läßt. Beide sind gutherzig und wohlgesinnt, begehen aber aus Unvorsichtigkeit Fehler auf Fehler. Als Märchenfiguren sind beide auch Trägerinnen polar wirksamer, mit Leben und Tod verbundener Kräfte. Ihre Embleme: Korb und Harfe, weisen schon auf verschiedene Funktionen. Der Korb der Alten mahnt an den Mutterschoß; er kann zur Wiege dienen, er dehnt sich zum Sarg ... Die Alte zeigt sich beladen mit täglichen Plagen und Bangigkeiten. Die ewig Junge stellt in sich das Ideal jungfräulicher Schönheit ... dar.« Man muß diese Feststellungen nur psychodynamisch miteinander verknüpfen, um zu verstehen, warum die Alte und die *schöne Lilie* wie »Mutterschoß« und »Grab« und umgekehrt: wie Tod und Leben zusammenhängen; eben weil, wie C. LUCERNA: Wozu dichtete Goethe »Das Märchen«, in: Goethe. Neue Folge des Jahrbuchs der Goethe-Gesellschaft, 25. Bd., Weimar 1963, 206–219, S. 216 richtig sieht, *die Alte* »nicht ohne ans Tragische streifende ›Bedeutung‹« ist, »Früchte schleppend, Totes abstoßend, von Lebendem bedrückt an die Erde«, und »mit ihrem dehnbaren Korb an Wiege und Sarg, mit dem Mops an das fehlende Kind ›erinnert‹«, verdient ihre mütterliche Ambivalenz in der Wahrnehmung des *Jünglings* eine eigene psychologische Würdigung. Es ist eine wechselseitige Bewegung, wenn schließlich *die Alte* sich zu Leben und Liebe »verjüngt« und die »Junge« zu einer erwachsenen, liebesfähigen Frau wird. Diese Zusammenhänge gehen notgedrungen unter, wenn man das Märchen zeitbezogen typologisch, statt psychologisch liest.

82 GOETHE: Trilogie der Leidenschaft, in: Gedichte, 380-386; vgl. GERO VON WILPERT: Goethe Lexikon, 45: An Werther.

83 Vgl. G. W. F. HEGEL: Die Vernunft in der Geschichte, hg. v. J. Hoffmeister, ⁵(verb.) Hamburg (Philos. Bibl. 171a) 1955, S. 149–150: Das Prinzip der Entwicklung; S. 171: »die Weltgeschichte bewegt sich auf einem höhern Boden, als der ist, auf dem die Moralität ihre eigentümliche

Grundlage hat, welche die Privatgesinnung, das Gewissen der Individuen ... ist.«
84 Vgl. ERIK HORNUNG: Geist der Pharaonenzeit, Zürich–München 1989, Der Tempel als Kosmos, 115–130: »Tempel sind Nahtstellen zwischen dieser Welt und dem jenseitigen Reich der Götter und der Toten.« (115)
85 Vgl. ULRICH VON WILAMOWITZ-MOELLENDORFF: Der Glaube der Hellenen, I und II, 3. Aufl. Darmstadt 1959; für die GOETHE-Zeit bes. wichtig wurde J. J. WINCKELMANN: Geschichte der Kunst des Altertums, Rom 1763.
86 Vgl. das Märchen *Der goldene Vogel*, in: BRÜDER GRIMM: Kinder- und Hausmärchen, Nr. 57. Zur Interpretation vgl. E. DREWERMANN–INGRITT NEUHAUS: Der goldene Vogel, Zürich–Düsseldorf [9]1993.
87 Vgl. *Der Eisenhans*, in: BRÜDER GRIMM: Kinder- und Hausmärchen, Nr. 136.
88 Vgl. Gen 16,1–16; die Geschichte der Hagar, oder 1 Kg 19,4–8: die Geschichte des Propheten Elija; zur Deutung der Stelle vgl. EUGEN DREWERMANN: Tröstet, tröstet mein Volk, München 1999, 55–72.
89 Vgl. *Das Wasser des Lebens*, in: BRÜDER GRIMM: Kinder- und Hausmärchen, Nr. 97.
90 Vgl. Die Erzählungen aus den 1001 Nächten, vollst. Ausg. in 12 Bden., nach dem arab. Urtext der Calcuttaer Ausgabe aus dem Jahre 1839 übers. v. E. Littmann (Wiesbaden 1953), München (it 224) 1976, Bd. X 346–361; 382–384, die Geschichte des Juweliers Hasan von Basra.
91 GOETHE: Lilis Park, in: Gedichte, 98-101.
92 Vgl. HOMER: Odyssee, X. Gesang, Vers 212–219; übers. v. R. Hampe, Stuttgart 1979, S. 160.
93 Vgl. ERNST THOMAS REIMBOLD: Der Pfau. Mythologie und Symbol, München 1983, S. 57 ff.: Die vielfältigen Erscheinungsformen des Pfaus in der Renaissance; S. 68: Im Klassizismus wird der Pfau das verzaubernde Sinnbild bewußter Frauenschönheit.
94 Vgl. BRÜDER GRIMM: Kinder- und Hausmärchen, Nr. 161; zur Interpretation vgl. EUGEN DREWERMANN–INGRITT NEUHAUS: Schneeweißchen und Rosenrot, Zürich–Düsseldorf [8]1992.
95 Vgl. BRÜDER GRIMM: Kinder- und Hausmärchen, Nr. 88: Das singende springende Löweneckerchen.
96 GOETHE: Frech und froh, in: Gedichte, 241.
97 A. SEELE: Frauen um Goethe, 29.
98 Vgl. GOETHE: An meine Mutter, in: Gedichte, 13, in dem mehrfach von dem Fluß und dem *Strom* des Lebens die Rede ist.
99 Vgl. BARBARA ESCHENBURG: Der Kampf der Geschlechter. Der neue Mythos in der Kunst 1850–1930, Köln 1995, S . 9–42.
100 Zitiert auf dem Einband der Insel-Ausgabe von GOETHES *Märchen*.

101 GOETHE: Dichtung und Wahrheit, II 438 ff.
102 A.a.O., II 440–442.
103 Zur Szene vgl. 10. Buch von *Dichtung und Wahrheit*, II 482 ff.
104 A.a.O., 11. Buch, 506–507.
105 A.a.O., 512.
106 A.a.O., 512-513.
107 A.a.O., 513.
108 GERO VON WILPERT: Goethe-Lexikon, 143–144.
109 GOETHE: Dichtung und Wahrheit, 10. Buch, II 483.
110 A.a.O., 482.
111 A.a.O., 11. Buch, 517.
112 A.a.O., 517.
113 A.a.O., 519.
114 Zit. n. A. SEELE: Frauen um Goethe, 21.
115 GOETHE: Dichtung und Wahrheit, 12. Buch, II 579.
116 GOETHE: Wilhelm Tischbeins Idyllen, 6, in: Gedichte, 374–376.
117 Vgl. JAN ASSMANN: Stein und Zeit. Mensch und Gesellschaft im alten Ägypten, München 1991.
118 Vgl. *Das Mädchen ohne Hände*, in: BRÜDER GRIMM: Kinder- und Hausmärchen, Nr. 31; zur Interpretation der Erzählung vgl. EUGEN DREWERMANN–INGRITT NEUHAUS: Das Mädchen ohne Hände, Zürich–Düsseldorf [12]1992.
119 Vgl. GÜNTHER KEHNSCHERPER: Hünengrab und Bannkreis. Von der Eiszeit an – Spuren früher Besiedlung im Ostseegebiet, Leipzig–Jena 1990, S. 127–147: Dolmen, Ganggrab und Steinkreis.
120 Vgl. GEORGES POSENER: Lexikon der ägyptischen Kultur, 232–233.
121 GOETHE: Grenzen der Menschheit, in: Gedichte, 146–147.
122 GOETHE: Chinesisch-Deutsche Jahres- und Tageszeiten Xl., in: Gedichte, 387–391, S. 390.
123 Vgl. F. NIETZSCHE: Der Wille zur Macht. Versuch einer Umwertung aller Werte, ausgew. u. geordnet v. P. Gast, unter Mitwirkung von E. Förster-Nietzsche, Stuttgart 1964, Nachw. v. A. Baeumler, Nr.1053–1067: Die ewige Wiederkunft, S. 689–697.
124 GOETHE: West-östlicher Diwan. Moganni Nameh. Buch des Sängers.
125 GOETHE: Aussöhnung, in: Gedichte, 385–386.
126 RUDOLF EPPELSHEIMER: Die Mission der Kunst in Goethes Brücken-Märchen, Schloß Hamborn 1999, 61; 82–83 sieht vor allem in der zarten Morgenröte, die später die blassen Wangen *Liliens* färben werden, ein Bild, »rein und offen zugleich zu sein«, und zitiert FRIEDRICH VON LOGAU: Die Galathee:
»Wie willst du weiße Lilien
Zu roten Rosen machen?

Küß eine schöne Galathee,
Sie wird errötend lachen.«
127) Vgl. BRÜDER GRIMM: Kinder- und Hausmärchen, Nr. 26: Rotkäppchen.
128 Zur *Erythrophobie* vgl. ANNEMARIE DÜHRSSEN: Psychogene Erkrankungen bei Kindern und Jugendlichen, Göttingen ⁶1967, 268–271.
129 GOETHE: Harzreise im Winter, in: Gedichte, 50–52.
130 Vgl. GOETHE: Zur Farbenlehre, in: Naturwissenschaftliche Schriften II, Werke, Bd. 13, Hamburger Ausgabe in 14 Bden., durchges. u. D. Kuhn und R. Wankmüller, München 1981, S. 314–523, Nr. 653–661: Vögel, Nr. 660, S. 469–470: »Der schuppenartig hervortretende Teil, den das Licht bescheint, ist aus dem Gelben ins Rote gesteigert. So sieht die Brust eines solchen Tieres hochrot aus; wenn man aber in die Federn bläst, erscheint das Gelbe.«
131 GOETHE: An meine Mutter, in: Gedichte, 13 spricht von der Zärtlichkeit, die er für seine Mutter empfindet, obwohl sie unter des Lebens Strom nicht stets »Ihr Haupt der Sonne zeigt und ringsumher / Zurückgeworfne Strahlen trägt.« S. FREUD: Eine Kindheitserinnerung aus »Dichtung und Wahrheit« (1917), in: Ges. Werke XII, London 1947, 13–26, S. 26 faßte seine GOETHE-Studie mit den Worten zusammen: »Wenn man der unbestrittene Liebling der Mutter gewesen ist, so behält man fürs Leben jenes Eroberungsgefühl, jene Zuversicht des Erfolges, welche nicht selten wirklich den Erfolg nach sich zieht« Zum Verhältnis FREUDS zu GOETHE vgl. KLAUS BRATH. Goethe und Freud – eine besondere Seelenverwandtschaft, in: Psychologie heute, Sept. 1999, 38–43.
132 GOETHE: Faust, 2. Teil, 1. Akt, Kaiserliche Pfalz, Vers 4893–4901.
133 A.a.O., Vers 4917–4922.
134 F. SCHILLER: Don Carlos. Infant von Spanien (1782; gedruckt 1787), in: Werke, hg. v. P. Stapf, 1. Bd.: Dramen, Wiesbaden (Vollmer Verlag) o. J., S. 323–509, 3. Akt, 10. Auftritt, S. 429.
135 Zur Interpretation des Seewandels Jesu vgl. E. DREWERMANN: Das Markus-Evangelium, I 441–450.
136 Zur Stelle vgl. NORMAN W. PORTEOUS: Das Danielbuch, aus dem Engl. v. W. Beyerlin u. R. Walz, Das Alte Testament Deutsch Bd. 23, Göttingen 1962, 75–96.
137 IMMANUEL KANT: Die Religion innerhalb der Grenzen der bloßen Vernunft, Königsberg 1793; Werke in 12 Bden., hg. v. W. Weischedel, Frankfurt/M. 1968, Bd. VIII 645–879, S. 842.
138 GOETHE: Faust, Prolog im Himmel, Vers 350.
139 Vgl. Joh 1,5.9–11; 3,19.
140 Vgl. GERO VON WILPERT: Goethe-Lexikon, 58: Astrologie.
141 Vgl. HANS ENDRES: Goethes Vision der Zeitenwende, Isselbach ²1993,

53: »Auch das ist ein Grundgesetz der Schöpfung: Selbst der Weiseste und Heiligste kann nicht, nein, darf nicht allein helfen. Nur wenn alles zusammenwirkt, was notwendig ist, und wenn es an der Zeit ist, geschieht das Heil, das alles vorhergegangene Unheil aufhebt.«

142 Vgl. K. MOMMSEN: Goethe. Märchen, 221: »An keiner Stelle tritt die Idee des Märchens so eindrucksvoll in Erscheinung, die Goethes Mitteilung an Schiller auf die Formel brachte: *Das gegenseitige Hülfleisten der Kräfte und das Zurückweisen aufeinander* – die Idee, die als konkreten Hintergrund hatte die Zusammenarbeit der Freunde Goethe und Schiller im Dienste der Kunst.«

143 GOETHE: Gespräche, Bd. 3, 2. Teil, 1825–1832, auf Grund der Ausgabe und des Nachlasses von F. von Biedermann, 1854, ergänzt und hg. v. W. Herwig, Düsseldorf–Zürich 1972, S. 82, Nr. 5911.

144 GOETHE: Xenien, in: Gedichte, 209.

145 BRÜDER GRIMM: Kinder- und Hausmärchen, Nr. 197; zur Interpretation vgl. E. DREWERMANN–INGRITT NEUHAUS: Die Kristallkugel, Zürich–Düsseldorf ^{6}1993.

146 Vgl. G. W. F. HEGEL: Vorlesungen über die Philosophie der Religion, hg. v. H. Glockner, Sämtliche Werke in 20 Bden., Bd. 15/16, Stuttgart–Bad Cannstatt ^{4}1965, II 159; zur Darstellung der HEGELschen Philosophie vgl. E. DREWERMANN: Strukturen des Bösen, III 60–96.

147 GOETHE: Schriften zu Kunst und Literatur, Hamburger Ausgabe, Bd. 12, S. 343.

148 GOETHE: Leiden des jungen Werther, 21. Dezember.

149 A.a.O.

150 GOETHE: Die Wahlverwandtschaften, 2. Teil, 17. Kap., Ottilie den Freunden.

151 BENEDIKT JESSING: Opfertod, in: Metzler Goethe-Lexikon, 367.

152 GOETHE: Iphigenie auf Tauris, 1. Aufzug, 3. Auftritt.

153 K. MOMMSEN: Goethe Märchen, 227.

154 A.a.O., 227–228.

155 OTTO RANK: Das lnzestmotiv in Dichtung und Sage. Grundzüge einer Psychologie des dichterischen Schaffens, Leipzig–Wien 1912.

156 Zu Recht verweist K. MOMMSEN: Goethe Märchen, 226 auf einen Spruch aus dem *West-östlichen Diwan*:
Was willst du untersuchen, / Wohin die Milde fließt?
Ins Wasser wirf deine Kuchen; / Wer weiß, wer sie genießt.
GOETHE: West-östlicher Diwan, Hikmet Nameh – Buch der Sprüche.

157 Zur Auslegung der Stelle vgl. E. DREWERMANN: Tiefenpsychologie und Exegese, II 379–392; *ders*.: Den eigenen Weg gehen, Predigten zu den Büchern Exodus bis Richter, hg. v. B. Marz, München–Zürich 1995, 27–46.

158 Der Grund, warum die linke Seite dem Unbewußten zuzuordnen ist, ergibt sich aus der Organisation des Gehirns: von der linken Hirnhälfte, in welcher die Sprachzentren liegen, führen die Nervenbahnen zur rechten Körperhälfte, während die rechte Hirnhälfte das bildhafte Vorstellungsvermögen beherbergt und mit der linken Körperhälfte verbunden ist. – Zum *Opfer der Schlange* werden – schon aus Gründen der Hilflosigkeit der Erklärer – die widersprüchlichsten Auffassungen vorgetragen. CAMILLA LUCERNA: Goethes Rätselmärchen. Eine Betrachtung, in: Euphorion. Zeitschrift für Literaturgeschichte, hg. v. R. Alewyn, 3. Folge, 53. Bd., Heidelberg 1959, 41–60, S. 58 sieht richtig, wenn sie die *Schlange* bei der Wiedererweckung des Jünglings als »animalische Lebenskraft« bezeichnet. Doch warum muß die *Schlange* sich opfern? BERND WITTE: Das Opfer der Schlange. Zur Auseinandersetzung Goethes mit Schiller in den »Unterhaltungen deutscher Ausgewanderten« und im »Märchen«, in: Unser Commercium. Goethes und Schillers Literaturpolitik, hg. v. W. Barner, E. Lämmert, N. Oellers, Veröffentlichungen der deutschen Schillergesellschaft, Bd. 42, Stuttgart 1984, 461–484, hält es (S. 477) für »unmißverständlich«, daß »das Zusammensacken des vierten, des zusammengesetzten Königs« »auf den Tod Ludwigs XVI. sich bezieht; desgleichen sieht er in der *schönen Lilie* eine Erinnerung »an die bourbonische Lilie«, in dem »Friedhof«, der sie umgibt, ist für ihn »nur zu deutlich« die »Unfruchtbarkeit« der zergliedernden taxinomischen Naturwissenschaft eines Linné oder Buffon« abgebildet (S. 478), und in dem Tod des *Kanarienvogels* erkennt er »das Ende einer reflektierten Naturpoesie« »und das Ende der absoluten Monarchie in der Französischen Revolution« (478); die Übergabe der Macht an den *Jüngling* schließlich »heißt nichts anderes, als daß die Kunst in der Gegenwart die Funktionen zu erfüllen hat, die in der jüngsten Vergangenheit der politischen Macht, im Mittelalter der Kirche und in der Antike der Philosophie, zugekommen waren«. (478) Die Reise des *Jünglings* zur *schönen Lilie* soll demnach eine »Reise an den Hof der Natur« sein, wobei die Begleitung der Alten mit ihrer schwindenden Hand »als Sinnbild der Zerstörungen« zu verstehen sein soll, »die die Französische Revolution in Deutschland angerichtet hat.« (479) Die *Irrlichter* symbolisieren für den Autor die aus Frankreich kommende Aufklärung (475), und in diesem Kontext hat die *Schlange* denn auch als Bild des Dichters »das Opfer« zu vollziehen, auf dessen Darbringung die Glückseligkeit der neuen ästhetischen Ordnung beruht«. (481) Die Interpretation, die so zustande kommt, begeht insgesamt methodisch den Fehler, Symbole als Allegorien zu lesen. Was bleibt, ist die wichtige Feststellung, daß die *Schlange* durch ihr Opfer zum Heilbringer und Erlöser wird, »als der sie der gnostischen Sekte

der Ophiten galt.« (481) – PETER MORGAN: The Fairy-Tale as Radical Perspective: Enlightenment as Barrier and Bridge to Civic Values in Goethes Märchen, in: Orbis Litterarum 1985, 40, 222–243, S. 238 sieht in dem Selbstopfer der *Schlange* »die jakobinische Problematik des ›volonté générale‹ und der individuellen Not« symbolisiert; im *Märchen* transformierten sich, so meint er, »die individuellen Charaktere selbst in ›Stadt-Bürger‹« (239); und indem der Tempel »zu einer modernen Stadt ... mit Palast, Parlament und konstitutioneller Monarchie« sich wandle (240), zeige sich die »progressive und humanistische Tendenz« (239) des *Märchens.* Richtig an MORGANS Deutung ist der Hinweis, daß es nötig wäre, zur Frage der Wirkung von GOETHES *Märchen* auch die Probleme von Wirtschaft, Macht und Politik zu diskutieren; es ist zugegebenermaßen eine *Schwäche* des *Märchens,* daß es vor allem wirtschaftliche Fragen bei seinem Anspruch auf Welterneuerung nicht stellt; doch löst man diese Tatsache nicht dadurch, daß man in das *Gold* der *Irrlichter* die fehlende Thematik hineingeheimnist. – Vorherrschend derzeit scheint beim Opfertod der *Schlange* die »ästhetische Deutung«, die B. WITTE nur aufzugreifen brauchte. Begründet hat sie am besten KATHARINA MOMMSEN: Bilde Künstler! Rede nicht! Goethes Botschaft an Schiller im *Märchen*, in: Theatrum Europaeum. Festschrift für Elida Maria Szarota, München 1982, 491–516, S. 507: »Der Schlange gab Goethe eine bedeutende, weitgehend aus freiem Willensentscheid hervorgehende Handlung: ihr Selbstopfer. Indem sie freiwillig ihre Existenz aufgibt, verwandelt sie sich in ein Kunstwerk von zeitloser Dauer und Nützlichkeit.« Doch diese Deutung verkennt die Alternativlosigkeit, die das »freiwillige« Selbstopfer der *Schlange* kennzeichnet: sie kommt lediglich der Tatsache zuvor, daß sie »geopfert« werden wird, wenn sie sich nicht selber opfert! Ausgangspunkt zum Verständnis der Stelle muß diese unerbittliche Notwendigkeit bilden, und zwar im Zusammenhang mit all den anderen Bildern: des *Stroms* (des Lebens), der vitalen, verjüngenden Kraft der *Schlange* selber sowie der Problematik *der Alten* und des *Schattenriesen.* – Eben das zu tun versucht RUDOLF EPPELSHEIMER: Die Mission der Kunst in Goethes Brücken-Märchen. Eine Kulturprognose, Schloß Hamborn 1999, 65–70, der, von der Anthroposophie herkommend, »das Schicksal der grünen Schlange im dialektischen Weltverständnis Goethes begründet« sieht: »es liegt«, sagt er, »in der Konsequenz der Evolution, daß gewisse Prozesse und steigernde Metamorphosen verwirklicht werden. Sie vollziehen sich um so organischer und reiner, je mehr sie aus der inneren Bereitschaft ihrer Träger hervorgehen. Damit resultiert aus der Zeitwende, wie sie das Brückenmärchen darstellt, auch eine Umkehrung dessen, was zur Zeit der biblischen Genesis Geltung hatte.« (65) Sehr zu Recht weist R. EPPELSHEI-

MER (a.a.O., S. 30) auf das Gegenbild der *Schlange* im *Märchen* zu der Schlange in Gen 3,1–7 hin: Jetzt, als leuchtende Brücke, ist die Schlange wirklich »zum Licht-Träger im schönsten Sinne geworden, zum wahren Lucifer ... Die grüne Schlange ist in Goethes Weissagung die *Erlöserin,* ähnlich wie im Evangelium das Lamm Gottes, Christus, der Erlöser ist. Und als ›Grundpfeiler‹ der Brücke und ihres Tempels ist sie eine Entsprechung zum biblischen ›Eckstein‹ Christus (Eph 2,20) und zu dem Wort der Apokalypse: ›Wer überwindet, den will ich zum Pfeiler im Tempel meines Gottes machen‹.« (3,12) In Umkehrung der Sündenfallerzählung, meint R. EPPELSHEIMER (30), gelte es nun, den »Schritt zur Frucht vom Baum des Lebens, der damals noch verwehrt war«, endlich zu vollziehen. »Dies aber hat, nach der Schrift (sc. nach Gen 3,22, d.V.), zur Folge, daß der Mensch fortan ewig lebt, *daß er zur Einsicht in das Ewige seines Wesens gelangt.* Und eben dies ist eine Grundeinsicht der poetischen Alchymie des Brücken-Märchens, daß Tod und Sterben nur Schwelle und Verwandlung sind; daß der Mensch in Wahrheit unsterblich ist. Er muß sich diese Urtatsache seines Daseins nur ins Bewußtsein rufen.« In der Tat, es geht beim Opfer der *Schlange* um die Überwindung des Todes, der Todesangst, durch die Annahme der Endlichkeit des irdisch-animalischen Daseins in all seiner Schönheit und Größe. Dann aber ist es gerade die Einsicht des *Märchens,* daß es ein und dasselbe ist, die Angst vor der Liebe aufzulösen und die Angst vor dem Tod zu überwinden; dieser Zusammenhang läßt sich nicht »metaphysisch« begreifen, er muß psychologisch durchgearbeitet werden. Erst so wird die Funktion von Kunst und Dichtung deutlich. ARTHUR SCHNITZLER wird die Äußerung zugeschrieben, alle Dichtung habe es nur mit zwei Themen zu tun: mit der Liebe und dem Tod. Wohlgemerkt: die Dichtung schafft nicht (magisch) noch erfindet sie (phantastisch-ästhetisch) die Überwindung des Todes und die Bejahung der Liebe, aber sie kreist um dieses Thema, und je wahrer sie spricht, desto stärker wird sie von dieser Thematik getragen und macht sie diese Thematik erträglich. Insofern kann R. EPPELSHEIMER (66–67) mit Recht an den Mythos von ORPHEUS erinnern, mit einer bemerkenswerten Konzentration des Themas allerdings: ORPHEUS begibt sich in das Schattenreich des *Hades* aus Liebe zu EURYDIKE; seine »Dichtung«, das Lied seiner Leier, ist der Klagegesang unglücklicher Liebe, der selbst die Götter zu rühren vermag; getötet wird ORPHEUS aus Eifersucht von den Mänaden, doch sein Haupt auf der Insel Lesbos singt weiter. KARL KERÉNYI: Pythagoras und Orpheus (1934–1937), in: Humanistische Seelenforschung, München–Wien 1966, 15–51, sah in dem Orpheus-Mythos ein Bild für die Einheit des Lebens in seinen zerreißenden Widersprüchen sowie einen Akt der Selbstreinigung der Seele, die in der

Zerstörung, die zum Leben gehört, zur Einsicht der Identität von Jäger und Beute, Täter und Opfer, Tötendem und Getötetem gelangt.
159 GOETHE: Sah ein Knab ein Röslein stehn, in: Gedichte, 78.
160 SIGMUND FREUD: Totem und Tabu (1912), Ges. Werke, Bd. IX, London 1944, 5–25: Die lnzestscheu.
161 Zur Deutung der Stelle vgl. E. DREWERMANN: Das Markus-Evangelium, II 188–215, S. 209–214.
161 Vgl. E. DREWERMANN–INGRITT NEUHAUS: Der goldene Vogel, Zürich–Düsseldorf ⁹1993.
163 Vgl. Brüder Grimm: Kinder- und Hausmärchen, Nr. 142: Semeli-Berg; Nr. 97: Das Wasser des Lebens.
164 Zur Stelle vgl. ARTHUR WEISER: Die Psalmen 1, Psalm 1–60, Das Alte Testament Deutsch Bd. 14, Göttingen ⁶1963, 156–159. Zu Recht sagt GÜNTER NIGGL: Verantwortliches Handeln als Utopie? Überlegungen zu Goethes »Märchen«, in: Verwantwortung und Utopie, 91–108, S. 100–101: »Der Tempel selbst, sein säulengeschmückter Vorhof und die auf Edelsteinen errichtete Brücke, wo unversehens ›viele Tausende‹ … hin- und herwogen, erinnern an das himmlische Jerusalem, dessen kubischer Bau auf zwölf Edelsteinen ruht und in das man die Pracht und Herrlichkeit der Völker bringen wird (Off. 21, 16.19 ff. 26) … Andererseits bleibt bei Goethe jedes transzendente Moment der biblischen Vorlage außer Betracht. Kein Zorngericht Gottes vernichtet hier die alte Welt, nicht vom Himmel kommt die neue Stadt heruntergefahren, damit Gott in einem Zelt unter den Menschen wohne (Off. 21,2 f.). Vielmehr steigt der Tempel aus den Tiefen der Geschichte empor, um in einer innerweltlichen translatio imperii (sc. Herrschaftsübergabe, d.V.) die fortwirkenden Kräfte der Tradition für das neue Reich fruchtbar werden zu lassen. Insofern erinnert dieser Märchenschluß zugleich an säkularisierten Chiliasmus mittelalterlicher Weltkaiser-Prophetien, die an Stelle des wiederkehrenden Christus (Off. 20,4) einen irdischen Weltmonarchen für Tausend Jahre erwartet haben.«
165 ALEXANDER VON HUMBOLDT: Ansichten der Natur, Tübingen 1808; Leipzig (RUB 2948–2950) 1982, hg. v. W. Bölsche. – Ganz entsprechend der Einstellung GOETHES suchte HUMBOLDT den Reichtum der Natur in einer »ästhetischen Behandlung naturhistorischer Gegenstände« zu erfassen, wie er in der Vorrede sagte.
166 Zu den Ureinwohnern Australiens vgl. DAVID MC KNIGHT: Die Ureinwohner im Norden Australiens, in: Bild der Völker, 1. Bd.: Australien und Ozeanien, hg. v. E. Evans-Pritchard (1974), aus dem Engl. v. H. Werner, Wiesbaden 1974, 40–47.
167 I. KANT: Grundlegung zur Metaphysik der Sitten, Riga 1785; Werke in 12 Bden., hg. von W. Weischedel, Frankfurt/M. 1968, VII 7–102, S. 61:

»Handle so, daß du die Menschheit, sowohl in deiner Person, als in der Person eines jeden andern, jederzeit zugleich als Zweck, niemals bloß als Mittel brauchest.«

168 C. G. JUNG: Mysterium Coniunctionis. Untersuchungen über die Trennung und Zusammensetzung der seelischen Gegensätze in der Alchemie, unter Mitarbeit von Marie-Louise Franz, Ges. Werke XIV, 2. Bd., Olten–Freiburg 1971, 1–139: Rex und Regina, bes. S. 109–121: Die Beziehung des Königssymbols zum Bewußtsein.

169 LAOTSE: Tao te king, Nr. 81; Nr. 48. – GOETHES Einstellung zum alten China verrät ein Zyklus aus 14 Gedichten, die 1827 unter dem Titel *Chinesisch-deutsche Jahres- und Tageszeiten* entstanden, in: *Gedichte*, 387–389; vgl. INGE WILD: Chinesisch-deutsche Jahres- und Tageszeiten, in: Metzler Goethe-Lexikon, 77–79. Wie wenig GOETHE die Welt des alten China, oder auch des alten Indiens oder Ägyptens kannte, zeigt sein Ausspruch in: Maximen und Reflexionen, Nr. 763, S.148: »Chinesische, indische, ägyptische Alterthümer sind immer nur Curiositäten; es ist sehr wohlgetan, sich und die Welt damit bekannt zu machen; zu sittlicher und ästhetischer Bildung aber werden sie uns wenig fruchten.«

170 LAOTSE: Tao te king, Nr. 24.

171 Zum *Tag Jahwes* vgl. GERHARD VON RAD: Theologie des Alten Testaments, Bd 2: Die Theologie der prophetischen Überlieferung, München 1960, 133–137.

172 HANS CONZELMANN: Die Mitte der Zeit. Studien zur Theologie des Lukas, Tübingen ⁴(verb. u. erg.) 1964.

173 Auch das *Matthäus*-Evangelium vertritt eine ähnliche Deutung der menschlichen Geschichte; vgl. E. DREWERMANN: Das *Matthäus*-Evangelium, I 140–184. – Den Bewußtseinswandel, der mit der »neuen Zeit« eintritt, versucht HANS ENDRES: Goethes Vision der Zeitenwende, Isselbach 1993; 65; 79 unter *jung*ianischen und esoterischen Voraussetzungen als Wechsel vom Fische- zum Wassermannzeitalter plausibel zu machen, – eine »kosmische Vereinigung des Urmännlichen (Yang) mit dem Urweiblichen (Yin)«, doch hat das alles mit GOETHES *Märchen* nur insoweit noch etwas zu tun, als GOETHE in der Tat ein neues Zeitalter hervorbringen wollte oder hervortreten sah, in dem alle Teile der menschlichen Psyche ergänzend miteinander zusammenwirken sollten.

175 F. SCHILLER: Gedichte. Späte Gedichte. Der Antritt des neuen Jahrhunderts, in: Werke, II 260–261.

176 Vgl. HELMUT VON GLASENAPP: Indische Geisteswelt. Glaube, Dichtung und Wissenschaft der Hindus. Eine Auswahl von Texten in deutscher Übersetzung. Eingel. u. hg. v. H. v. Glasenapp, Baden-Baden o.J., 217–222: Erotische Krishna-Mystik.

177 Vgl. zur Stelle RUDOLF SCHNACKENBURG: Das Johannesevangelium,

3. Teil: Kommentar zu Kap. 13–21, Freiburg–Basel–Wien ⁴1982, 204–206: »Die Anrede ›heiliger Vater‹, wegen der singulären Verbindung dieses Attributs mit Gott bei Joh auffällig, könnte sich aus liturgischem Brauch ... erklären.«

178 FRIEDRICH SCHILLER: Die vier Weltalter, in: Werke, II 268–270. – Wenn HANS ENDRES: Goethes Vision von der Zeitenwende, Isselbach 1993, 55 in dem *Alten* einen »Christus« oder »Avatar« erkennt, so entgeht ihm, daß die Christus-Rolle dem *Jüngling* zufällt; richtiger ist es, in dem *Alten* »Intuition« und »geistige Wachsamkeit« (S. 57) oder die Repräsentanz »des höchsten Menschentums« (S. 23) zu sehen.

180 GOETHE: Römische Elegien, 1788–1790, in: Gedichte, 157–173.

181 INGE WILD: Römische Elegien, in: Metzler Goethe-Lexikon, 421.

182 GOETHE: Römische Elegien, XIX, in: Gedichte, 170–172.

183 A.a.O., I, in: Gedichte, 157.

184 A.a.O., IV, in: Gedichte, 159. In *Künstlers Morgenlied* (Gedichte, 54) stellt GOETHE seinen »Tempel« mit den Worten vor:

> Der Tempel ist euch aufgebaut,
> Ihr hohen Musen all,
> Und hier in meinem Herzen ist
> Das Allerheiligste.
>
> Wenn morgens mich die Sonne weckt,
> Warm froh ich schau umher,
> Steht rings ihr ewig Lebenden
> In heil'gem Morgenlanz
>
> ...
>
> Ich trete vor den Altar hin
> Und lese, wie sich's ziemt,
> Andacht liturg'scher Lektion
> Im heiligen Homer.

185 A.a.O., Römische Elegien XI, in: Gedichte, 164. Zur Geburt des *Eros* aus Aphrodite und Hermes vgl. KARL KERÉNYI: Die Mythologie der Griechen, I 137.

186 GOETHE: Römische Elegien, III, in: Gedichte, S. 158.

187 GOETHE: Maximen und Reflexionen, Nr. 477, S. 99; 288. – Wenn EVA ALEXANDER MEYER: Politische Symbolik bei Goethe, Heidelberg 1949, 33 »die Hütte des Fährmanns als die Verfassung ... und sein Ruder als das Gesetz« ansieht, so legt sie damit den schwebenden Kontrast von Idealität und Realität, der sich im *Märchen* ausspricht, auf einen zu engen zeitgeschichtlichen Bedeutungsgehalt fest, und sie übersieht zudem,

daß »Selbstbestimmung« (Demokratie) nicht die »Brücke« bildete, die GOETHE als Übergang in die neue Zeit hätte anempfehlen wollen.
188 Den Bezug zum *Märchen* stellt K. MOMMSEN: Goethe Märchen, 207 her.
189 GOETHE: Wilhelm Meisters Lehrjahre, 8. Buch, 2., Kapitel, 532.
190 Zur Einrichtung des Jubel-Jahres vgl. ROLAND DE VAUX: Das Alte Testament und seine Lebensordnungen, I 282–285, der betont, daß »kein Anzeichen« dafür vorliegt, »daß die Vorschriften je Anwendung fanden«. Vgl. Lev 27, 16-25 und Num 36,4. »Man hat den Eindruck, daß die Vorschriften über das Jubeljahr einen Idealzustand der Gerechtigkeit und der sozialen Gleichheit aufstellen, der zu keiner Zeit verwirklicht wurde.« Niedergeschrieben wurden die Verordnungen wohl erst nach dem Exil, vermutlich nach Nehemia.
191 K. MOMMSEN: Goethe Märchen, 211.
192 GOETHE: Venetianische Epigramme, Nr. 33, in: Gedichte, 181.
193 FRIEDRICH SCHILLER: An einen Moralisten, in: Frühe Gedichte, Werke II 64–65.
194 C G. JUNG: Psychologische Deutung des Trinitätsdogmas (1940/41), in: Ges. Werke Xl: Zur Psychologie westlicher und östlicher Religion, Olten 1971, 121–218, S. 196–204: Die Psychologie der Quaternität.
195 GOETHE: Maximen und Reflexionen, Nr. 241, S. 55.
196 FRIEDRICH SCHILLER: Die schlimmen Monarchen, in: Frühe Gedichte, Werke II 65–68. – EVA ALEXANDER MEYER: Politische Symbolik bei Goethe, Heidelberg 1949, 15 verweist zu Recht auf die Lächerlichkeit des Vierten Königs, auf »die humoristische, satirische oder auch gemütliche Seite« dieser Art von Monarchenkritik und setzt dieses Moment in Beziehung zu GOETHES Lustspiel *Der Bürgergeneral* von 1793.
197 GOETHE: Xenien, Nr. 139, in: Gedichte, S. 227.
198 GOETHE: Faust, 2. Teil, Vers 4778–4781.
199 GOETHE: Xenien, Nr. 150, in: Gedichte, S. 229.
200 Statt einfach den *Habicht* mit Apoll zu verbinden und dann auf die Dichtkunst zu schließen, legt die Verfolgung des *Kanarienvogels* durch den *Habicht* es viel näher, an die Episode aus HESIOD: Erga, Vers 202–211, in: Hesiod: Sämtliche Gedichte, Zürich–Stuttgart 1970, S. 315–316 von dem Habicht und der Nachtigall zu denken; der Habicht steht in diesem Sinngedicht für den »König«, dem die Gesinnung des »Habichts« zugetraut wird, indem in seinen »Klauen« der Schwache wehrlos ist. Auch in der Sage von *Tereus*, den Zeus in einen Habicht verwandelt, als er *Philomela* tödlich verfolgt, geht es um den Gedanken tödlicher Bedrohung; vgl. KARL KERÉNYI: Die Mythologie der Griechen, Bd. 2: Die Heroengeschichten, München (dtv 1346) 1966, 227. In der Kunst des hohen Mittelalters war der Habicht als Raubvogel ein Todessymbol; vgl. Herder Lexikon Symbole, Freiburg 1978, 67.

201 Vgl. K. MOMMSEN: Goethe Märchen, 223.
202 W. SCHADEWALDT: Der Gott von Delphi und die Humanitätsidee, Frankfurt/M. (sv 471) 1975, 27.
203 GOETHE: Metamorphose der Tiere, in: Gedichte, 201–203.
204 GOETHE: Vom Berge, in: Gedichte, 103.
205 Vgl. GOETHE:Vom Berge. Spätere Fassung, in: Gedichte, 103:
    Wenn ich, liebe Lili, dich nicht liebte,
    Welche Wonne gäb' mir dieser Blick!
    Und doch, wenn ich, Lili, dich nicht liebte,
    Fänd' ich hier und fänd' ich dort mein Glück?
206 GOETHE: Wonne der Wehmut, in: Gedichte, 104.
207 JOHANN PETER ECKERMANN: Gespräche mit Goethe in den letzten Jahren seines Lebens, hg. v. O. Schönberger, Stuttgart (reclam) 1994, 617; zu GOETHES Beziehung zu seiner Schwester vgl. ASTRID SEELE: Frauen um Goethe, 50.
208 GOETHE: Wilhelm Meisters Wanderjahre, 1. Buch, 2. Kapitel: Sankt Joseph der zweite, in: Hamburger Ausgabe, Bd. 8: Romane und Novellen. II, S. 14–15; zur Josephsidentifikation vgl. K. R. EISSLER: Goethe, II 1230–1235.
209 A.a.O., S. 25 ff.: Der Lilienstengel, S. 26; vgl. ADOLF BECK: Der »Geist der Reinheit« und die »Idee des Reinen«. Deutsches und Frühgriechisches in Goethes Humanitätsideal, in; Goethe (Neue Folge des Jahrbuchs der Goethe Gesellschaft) 7, 1942, 160–169; 8, 1943, 19–57.
210 GOETHE: Faust, Erster Teil, Vor dem Tor, Vers 1034–1045.
211 GOETHE: Mich ängstigt das Verfängliche, in: Chinesisch-deutsche Jahres- und Tageszeiten Xl, in: Gedichte, 390.
212 GOETHE: Das Blümchen Wunderschön. Lied des gefangenen Grafen.
213 GOETHE: Im Gegenwärtigen Vergangenes, in: Westöstlicher Diwan. Buch des Sängers. Moganni Nameh, S. 17.
214 F. SCHILLER: Die politische Lehre, in: Votivtafeln. Gedichte. Klassische Gemeinschaft, in: Werke II 245.
215 LAOTSE: Tao te king, Nr.17, S. 57.
216 F. SCHILLER: Der beste Staat, in: Votivtafeln. Gedichte. Klassische Gemeinschaft, in: Werke II 248.
217 Vgl. GOETHE: Italienische Reise, 3. Nov. 1786, 169–173, S. 170: »Mich ergriff (sc. belm Besuch einer Meßfeier im Petersdom, d.V.) ein wunderbares Verlangen, das Oberhaupt der Kirche möge den goldenen Mund auftun und, von dem unaussprechlichen Heil der seligen Seelen mit Entzücken sprechend, uns in Entzücken versetzen. Da ich ihn aber vor dem Altare sich nur hin und her bewegen sah, bald nach dieser, bald nach jener Seite sich wendend, sich wie ein gemeiner Pfaffe gebärend und murmelnd, da regte sich die protestantische Erbsünde, und mir

wollte das bekannte und gewohnte Meßopfer hier keineswegs gefallen. Hat doch Christus schon als Knabe durch mündliche Auslegung der Schrift und in seinem Jünglingsleben gewiß nicht schweigend gelehrt und gewirkt; denn er sprach gern, geistreich und gut, wie wir aus den Evangelien wissen. Was würde der sagen, dacht' ich, wenn er hereinträte und sein Ebenbild auf Erden summend und hin und nieder wankend anträfe? Das ›Venito iterum crucifigi (sc. Soll er nur kommen, um wieder gekreuzigt zu werden, d.V.)!‹ fiel mir ein, und ich zupfte meinen Gefährten, daß wir ins Freie der gewölbten und gemalten Säle kämen.«
– Zu GOETHES Religiosität vgl. auch ERIKA LORENZ: Taten des Lichts – und Leiden, in: Christ in der Gegenwart, Nr. 30/99, S. 245–246, die vor allem die *Ehrfurcht* »vor dem, was neben uns, unter uns und über uns ist«, als den Mittelpunkt von GOETHES Naturfrömmigkeit hervorhebt. »Dazu kommt als viertes, die Ehrfurcht vor sich selbst, die nicht narzißtisch gemeint ist, sondern als direktester Zugang zu dem im Leib, Geist und Seele wirkenden Gott.«

218 F. SCHILLER: Die schöne Brücke, in: Gedichte, Werke II 153. Zu den Gedichten SCHILLERS über den *Obelisken*, die *schöne Brücke* und den *Petersdom* vgl. KATHARINA MOMMSEN: Bilde, Künstler! Rede nicht! Goethes Botschaft an Schiller im »Märchen«, in: Theatrum Europaeum. Festschrift für Elida Maria Szarota, München 1982, 491–516, S. 510–512. Die SCHILLER-Wendung: »Aufgerichtet hat mich ... der Meister« bringt K. MOMMSEN (S. 510) mit der Auferweckung des Jünglings von Naim (Lk 7,14) in Verbindung, – wo Jesus dem Jüngling sagt: »Richte dich auf«. Doch der Jüngling der Bibel »steht auf« und wird nicht aufgerichtet, schon gar nicht »auf hohem Gestell«; das Beispiel zeigt die Gefahr, die entsteht, wenn man die Symbole des *Märchens* partout als eine Art Privatallegorie zwischen GOETHE und SCHILLER verstehen möchte.

219 F. SCHILLER: Das Ideal und das Leben, in: Gedichte, Werke II 117–121.
220 LAOTSE: Tao te king, Nr. 49, S. 92.
221 F. SCHILLER: Macht des Weibes, in: Gedichte, Werke II 153.
222 WILHELM H. KÖHLER: Deutsche Malerei des 13. bis 16. Jahrhunderts, in: Gemäldegalerie Berlin, 37–104, S. 85.
223 A.a.O., 85.
224 FRANÇOIS RABELAIS: Gargantua und Pantagruel, Lyon 1532–1564; übers. v. G. Regis, 2 Bde., München 1964.
225 Mit dieser Deutung des *Schattenriesen* entfernen wir uns weit von der Interpretation, die K. MOMMSEN: Goethe Märchen, 218–219 literarhistorisch zu geben suchte, indem sie in dem *Riesen* ein »Bilderrätsel« für »die Abhängigkeit« SCHILLERS »von der Philosophie« KANTS sah: »Als Verfasser kantianischer Schriften gleicht er (sc. SCHILLER, d.V.) dem halb ohnmächtigen Riesen. Statt selber zu leuchten und zu schei-

nen, ist er wie der Riese angewiesen auf ein großes von außen kommendes Licht. Nur mit dem Schatten, den das Licht ihn werfen läßt, vermag der Riese etwas auszurichten. Alle eigenen übergroßen Kräfte, wie sie die Natur ihm gab, liegen dabei völlig brach.« Genau davon kann keine Rede sein! S. o. Anm. 34! Der *Riese* ist an sich *nichts*! Er ist nicht ein an sich bedeutendes Etwas, von dem nur ein Schatten geblieben wäre, er ist in sich selbst überhaupt nur ein Schattenphänomen. Alle Zuordnungen: das Auftreten der Alten und die Thematik der Verjüngung, das Motiv vom Strom der Zeit und des Lebens, die Szene vom »Diebstahl« der »Erdfrüchte«, mit denen die »Schuld« gegenüber dem *Strom* bezahlt werden müßte, und schließlich jetzt die Umwandlung des *Riesen* in ein Sonnenuhrstandbild zeigen die Verbindung des *Schattenriesen* zu dem Problem der Zeit; von einem Einfluß der Philosophie KANTS auf SCHILLER oder auf sonst wen ist weit und breit im *Schatten* des *Riesen* oder im Lichte der aufgehenden Sonne durchaus nichts zu sehen. – Im folgenden weist CHRISTIAN OESTERREICH: Zur Sprache von Goethes »Märchen«, in: Deutsche Vierteljahresschrift für Literaturwissenschaft und Geistesgeschichte, 44. Jg., 1970, 44. Bd., 489–495, S. 494, Anm. 20 darauf hin, daß es »wohl als soziale Ironie von Goethe gemeint sei, wenn sich der ›Menschenstrom‹ vorübergehend ähnlich wie der ›Fluß‹ am Anfang verhält, der anschwoll und übertrat. An die Stelle einliniger Entwicklung tritt die Figur einer Spirale. Das Ende enthält einen neuen Anfang.«

226 SIEGFRIED MORENZ: Gott und Mensch im alten Ägypten, 63–66; 75: Der »König ist am Beginn der geschichtlichen Zeit in den Jahren der Schrifterfindung als ›Horus‹ Verkörperung des falkengestaltigen Weltgottes, den er seinerseits dadurch über andere Göttergestalten erhob.« (63)

227 Wichtig ist die Differenzierung, die JÜRGEN VON BECKERATH: Handbuch der ägyptischen Königsnamen, 7–13 vornimmt: »Der Name des falkengestaltigen Himmelsgottes Horus (ägyptisch Hor, eigtl. Hrw ›der oben Befindliche‹) setzt den Pharao ... nicht ... diesem Gott gleich, denn der lebende König wurde nie im vollen Sinn dieses Wortes als Gott angesehen. Vielmehr wird ihm durch diesen Titel die Befähigung zu seiner einem normalen Menschen nicht möglichen Vermittlerrolle übertragen worden sein.« (7) Es sind die altägyptischen Vorstellungen von dem König als dem »Sohn der Sonne«, die in Europa bis zu dem »Sonnenkönig« Ludwig XIV. in Geltung waren und das Vorbild der Lehre vom »Gottgnadentum« des Königs oder Kaisers abgaben; daher ist es richtig und wichtig, an diese Vorstellungen, die auch den römischen Kaiserkult, der Goethe wohlvertraut war, zutiefst geprägt haben, immer wieder zu erinnern.

Bedeutung

1 GOETHE: An die Günstigen, in: Gedichte, 244:
   Dichter lieben nicht zu schweigen,
   wollen sich der Menge zeigen.
   Lob und Tadel muß ja sein!
   Niemand beichtet gern in Prosa;
   Doch vertraun wir oft sub rosa
   In der Musen stillem Hain.

   Was ich irrte, was ich strebte,
   Was ich litt und was ich lebte,
   Sind hier Blumen nur im Strauß;
   Und das Alter wie die Jugend,
   Und der Fehler wie die Tugend
   Nimmt sich gut in Liedern aus.
2 GOETHE: Trilogie der Leidenschaft. An Werther, in: Gedichte, 380–381.
3 THEODOR REIK: Warum verließ Goethe Friederike. Eine psychoanalytische Monographie, in: Imago, hrsg. v. S. Freud, Bd. 15, Wien 1929; Neudruck: Tübingen (edition diskord) 1990, Vorwort v. Hanna Gekle, S. 456–457.
4 A.a.O., 535. – Zu der Beziehung GOETHES ZU FRIEDERIKE ELISABETH BRION vgl. die Briefauswahl in: J. W. V. GOETHE: »Du Einzige, die ich so lieben kann …« Liebesbriefe, hg. u. erl. v. W. Fuld, München (Diana 59) 1999, 25–40.
5 Kurt R. Eissler: Goethe. Eine psychoanalytische Studie, 1190.
6 A.a.O., 1189.
7 A.a.O., 1189.
8 A.a.O., 1187.
9 Zur Psychologie der *Eiaculatio praecox* vgl. nach wie vor KARL ABRAHAM: Über Ejaculatio praecox, in: Gesammelte Schriften in 2 Bden., hg. u. eingel. v. J. Cremerius, Bd. 1, Frankfurt/M. (Fischer Tb. 7319) 1982, 46–63, der neben verdrängtem Sadismus eine feminine Identifizierung und damit die Verlegung der erogenen Zone an die Wurzel des Gliedes sowie eine intensive Urethralerotik annimmt, bei der Samen mit Urin gleichgesetzt wird – ein passives Verströmen also als Lusterlebnis. Der entscheidende Satz lautet: »Die … in dauernder Hast lebenden Neurotiker erblicken meist im Koitus eine lästige Aufgabe, die schnell abgemacht werden muß.« (S. 52) Das Seltsame an EISSLERS These ist die Annahme, daß ein *überraschender* Kuß, wie GOETHE ihn schildert, die Reaktion ausgelöst haben könnte. Bei allem Respekt – wie soll das gehen?

10 J. P. ECKERMANN: Gespräche mit Goethe, 5. 3. 1830, S. 736; vgl. ASTRID SEELE: Frauen um Goethe, 46. Es war GOETHES Schwester CORNELIA, die auf Grund der »Widerwärtigkeit«, sich einem Manne hinzugeben, und des damit verbundenen ehelichen Unglücks ihrem Bruder »leidenschaftlich« die »beabsichtigte Verbindung mit Lili widerriet.« ECKERMANN: A.a.O., 28. 3. 1831, S. 508.
12 KURT R. EISSLER: Goethe, 1196; mit Bezug zu *Goethes Gespräche*, hg. v. Flodoard Freiherr von Biedermann, 5 Bde., Leipzig 1909, I 62 f.
13 A.a.O., 1198.
14 Vgl. SIGMUND FREUD: Bruchstück einer Hysterie-Analyse (»Dora«; 1905) Ges. Werke, V. Bd., London 1942, 161–286, S. 188.
15 Vgl. BERNARD ALEXANDER: Spinoza und die Psychoanalyse, in: Almanach für das Jahr 1928, 14, 1928, 26–44; vgl. auch GOTTHOLD DEILE: Goethe als Freimaurer, Berlin 1908. BARUCH (BENEDICTUS) SPINOZA: Die Ethik nach geometrischer Methode dargestellt (1677), übers. aus dem Lat. u. komm. v. O. Baensch (^{2}1910), eingel. v. R. Schottlaender, Hamburg (Philos. Bibl. 92) 1955. – Vgl. auch: WALTER BERNARD: Freud und Spinoza, Psychiatry 9, 1946, 99–108.
16 GOETHE: Dichtung und Wahrheit, 14. Buch, S. 695; vgl. 16. Buch, S. 743 ff.
17 K. R. EISSLER: Goethe, 1058.
18 MICHAEL LÖSCH: Who's who bei Goethe, 253–254.
19 GOETHE: Wilhelm Meisters Lehrjahre, 5. Buch, 10. Kapitel, S. 328: Singet nicht in Trauertönen.
20 A.a.O., 5. Buch, 12. Kap., S. 339 f.; 8. Buch, 6. Kapitel, 575.
21 K. R. EISSLER: Goethe, 1059.
22 A.a.O., 1059–1060.
23 Zu dem Verhältnis GOETHES ZU FRAU VON STEIN vgl. A. SEELE: Frauen um Goethe, 59–74.
24 K. R. EISSLER: Goethe, 1214.
25 A.a.O., 1214.
26 A.a.O., 1214.
27 A.a.O., 1151. Vgl. WILHELM BODE: Neues über Goethes Liebe, Berlin 1921, 38.
28 Vgl. K R. EISSLER: Goethe, 1475; 1482. Vgl. auch: PRIAPEA. Die Gedichte des Corpus Priapeorum, lat. u. dt., hg. v. C. Fischer, eingef. v B. Kytzler, Salzburg 1969.
29 K. R. EISSLER: Goethe, 1161; vgl. 1164
30 GOETHE: Römische Elegien, XVIII, in: Gedichte, 170; vgl. K. R. EISSLER: Goethe, 1399–1401.
31 K. R. EISSLER: Goethe, 1215.
32 ASTRID SEELE: Frauen um Goethe, 75.

33 K. R. EISSLER: Goethe, 1285.
34 GOETHE: Mädchen, in: Gedichte, 302.
35 GOETHE: Howards Ehrengedächtnis. Nimbus, in: Gedichte, 351.
36 GOETHE: Sprüche, in: Gedichte, 334; vgl. a.a.O., 333:
Sag', was enthält die Kirchengeschichte?
Sie wird mir in Gedanken zunichte;
Es gibt unendlich viel zu lesen,
Was ist denn aber das alles gewesen?
37 A.a.O., Gedichte, 335.
38 K. R. EISSLER: Goethe, 1264.
39 A.a.O., 1265.
40 GOETHE: Venetianische Epigramme, Nr. 42, in: Gedichte, 184.
41 Vgl. GOETHE: Versuch, die Metamorphose der Pflanzen zu erklären, § 51.
42 Vgl. BERND LUTZ: Absurd, in: Metzler Goethe-Lexikon, 3–4.
43 GOETHE: Wilhelm Meisters Wanderjahre, 3. Buch, 13. Kap.
44 DIETER FUCHS: Napoleonische Kriege, in: Metzler Goethe-Lexikon, 352. Gleichwohl bleibt es wahr, wenn GÜNTER NIGGL: Verantwortliches Handeln als Utopie? Überlegungen zu Goethes »Märchen«, in: Verantwortung und Utopie, 91–108, S. 102–103 sagt, daß »Goethe die Erfüllung seines utopischen Entwurfs nicht in unendliche Ferne, sondern in die Nähe der eigenen Epoche« rücke. GOETHE »lehnt ... die pessimistische Vorstellung von Utopie, die in ihr nur ein unverbindliches Produkt der Einbildungskraft, einen von vornherein unerfüllbaren schönen Traum zu erblicken vermag, ausdrücklich ab und verstärkt damit noch Vorbehalte, die schon der Geistliche im Rahmengespräch der ›Ausgewanderten‹ gegen Karls Definition des Märchens als eines freien Phantasiestücks geäußert hatte.« In einem Brief an den PRINZEN AUGUST VON GOTHA. Weimar, 21. Dez. 1795, WA IX, Bd. 10, S. 352 erklärte *Goethe* denn auch, daß das »*Märchen*« »nur ein so frevelhaftes Zeitalter als das unsrige für ein Märchen ausgeben kann.« GOETHE also wollte durchaus, daß sein »*Märchen*« kein Märchen bleibe; aber damit fällt das Problem auf das »*Märchen*« zurück: wie läßt sich ein ›frevelhaftes Zeitalter‹ in ein »goldenes« (zurück)verwandeln? Zu dem Briefwechsel zwischen GOETHE und PRINZ AUGUST VON GOTHA vgl. CAMILLA LUCERNA: Wozu dichtete Goethe »Das Märchen«?, in: Goethe. Neue Folge des Jahrbuchs der Goethe-Gesellschaft, hg. v. A. B. Wachsmuth, 25. Bd., Weimar 1963, 206–219, S. 210–212.
45 BRÜDER GRIMM: Kinder- und Hausmärchen, Nr. 60; zur Interpretation vgl. E. DREWERMANN: Die zwei Brüder. Grimms Märchen tiefenpsychologisch gedeutet, Zürich 1998.
46 GOETHE: Wilhelm Meister, 3. Buch.
47 W. DANIEL WILSON: Das Goethe-Tabu, 25.

48 Vgl. EKKEHARDT KRIPPPENDORF: »Wie die Großen mit den Menschen spielen.« Versuch über Goethes Politik, Frankfurt/M. 1988; vgl. auch WILHELM MOMMSEN: Die politischen Anschauungen Goethes, Stuttgart 1948.
49 W. DANIEL WILSON: Das Goethe-Tabu, Kap. 1: »Und sendet gegen fremdes Geld, Die Vöglein in die weite Welt«, S. 47–75.
50 FRIEDRICH SCHILLER: Kabale und Liebe (1784), II 2: »Gestern sind siebentausend Landskinder nach Amerika fort – Die zahlen alles.«
51 W. DANIEL WILSON: Das Goethe-Tabu, Kap. 2: »Die guten Unterthanen immer im Gleise zu erhalten«, S. 76–116.
52 A.a.O., Kap. 4: »Die neueste Jenaische Klugheit«, S. 175–251.
53 Goethes Amtliche Schriften. Veröffentlichung des Staatsarchivs Weimar. (Bd. 1–4:) Goethes Tätigkeit im Geheimen Consilium. Hrsg. v. Willy Flach, (ab Bd. 2:) Helma Dahl, Weimar 1950–1987, Bd. 1, S. 251. Vgl. W. DANIEL WILSON: Das Goethe-Tabu, 7; vgl. TILMAN JENS: Goethe und seine Opfer. Eine Schmähschrift, Düsseldorf 1999, 55–77: Cornelia Gretchen und eine leibhaftige Kindsmörderin (Anna Lathovina Höhn).
54 GOETHE: Vor Gericht, in: Gedichte, 85.
55 GOETHE: Maximen und Reflexionen, 684; 685.
56 Noch der *Weltkatechismus* der römischen Kirche von 1992 erklärt in § 2266 die Todesstrafe in gewissen Fällen für zulässig; der Vatikan fällt damit den Menschenrechtsbewegungen in aller Welt in den Rücken, trotz mancher Mahnungen von JOHANNES PAUL II. insbesondere an die Adresse der USA, das Massenmorden in den Todestrakten ihrer Gefängnisse zumindest zu verringern.
57 »Richtet nicht, damit ihr nicht (von Gott) gerichtet werdet«, sagt Jesus bekanntlich in Mt 7,1–5.
58 GOETHE: Egalité, in: Gedichte, 331.
59 A.a.O., 330.
60 Vgl. KATHARINA MOMMSEN: »Märchen des Utopien«. Goethes »Märchen« und Schillers »Ästhetische Briefe«, in: Literaturwissenschaft und Geistesgeschichte. Festschrift für Richard Brinkmann, Tübingen 1981, 244–257, S. 257.
61 FRIEDRICH NIETZSCHE: Also sprach Zarathustra. Ein Buch für alle und keinen (1883–84): Teil 1–3; 1885: Teil 4, mit einem Nachw. v. W. Gebhard, Stuttgart (Kröner Bd. 75)1988, 2. Teil, Von den Dichtern, S. 138–141.

BIBLIOGRAPHIE

Werke Goethes, Gespräche mit Goethe, Briefe von und an Goethe

Johann Wolfgang von Goethe: Clavigo (1774), in: Hamburger Ausgabe, Bd. 4: Dramatische Dichtungen II, hg. v. Erich Trunz, München [13](durchges.) 1994, 260–306

Johann Wolfgang von Goethe: Die Leiden des jungen Werther (1774), in: Hamburger Ausgabe, Bd. 6: Romane und Novellen I, hg. u. komm. v. Erich Trunz, München [14](überarb.) 1996, 7–124

Johann Wolfgang von Goethe: Stella (1775: Erste Fassung; 1805: Zweite Fassung), in: Hamburger Ausgabe, Bd. 4: Dramatische Dichtungen II, hg. v. Erich Trunz, München [13](durchges.) 1994, 307–351

Goethes Amtliche Schriften: Veröffentlichungen des Staatsarchivs Weimar. (Bd. 1–4): Goethes Tätigkeit im Geheimen Consilium (1776–1785). Hg. v. Willy Flach, (ab Bd. 2:) Helma Dahl, Weimar 1950–1987, Bd.1

Johann Wolfgang von Goethe: Iphigenie auf Tauris (1787), in: Hamburger Ausgabe, Bd. 5: Dramatische Dichtungen III, hg. v. Lieselotte Blumenthal, München [12](durchges.) 1994, 7–67

Johann Wolfgang von Goethe: Der Bürgergeneral (1793), hg. v. E. Beutler, Zürich–Stuttgart 1948–1954 (Artemis Ausgabe), Bd. 6, eingef. v. K. May

Johann Wolfgang von Goethe: Unterhaltungen deutscher Ausgewanderten (1795), in: Hamburger Ausgabe, Bd. 6: Romane und Novellen I, hg. u. komm. v. Erich Trunz, München [14](überarb.) 1996, 125–240

Johann Wolfgang von Goethe: Das Märchen (1795), in: Katharina Mommsen (Hg.): Goethe Märchen. Der neue Paris. Die neue Melusine. Das Märchen; Frankfurt/M. (it 825), 1984, 60–103

Johann Wolfgang von Goethe: Hermann und Dorothea (1797), in: Hamburger Ausgabe, Bd. 2: Gedichte und Epen II, hg. u. komm. v. Erich Trunz, München [15](durchges.) 1994, 437–514

Johann Wolfgang von Goethe: Die Wahlverwandschaften (1809), in: Hamburger Ausgabe, Bd. 6: Romane und Novellen I, hg. u. komm. v. Benno von Wiese, München [14](überarb.) 1996, 242–490

Johann Wolfgang von Goethe: Zur Farbenlehre (1810), in: Naturwissenschaftliche Schriften II, Werke Bd. 13 der Hamburger Ausgabe in 14 Bden., durchges. u. komm. v. D. Kuhn und R. Wankmüller, München 1981, 314–525

Johann Wolfgang von Goethe: Natur. Schriften, Gedanken, Briefe, Gespräche. Mit GOTTFRIED BENNS Essay: Goethe und die Naturwissenschaften (1949), ausgew. u. hg. von Carlgeorg Stoffregen, München–Zürich 1962

Johann Wolfgang von Goethe: West-östlicher Diwan (1819), hg. u. erl. v. Hans-J. Weitz, mit Essays zum »Diwan« von HUGO VON HOFMANNSTHAL, OSKAR LOERKE und KARL KROLOW, Frankfurt/M. (it 2282) 1998

Johann Wolfgang von Goethe: Wilhelm Meisters Lehrjahre (1777–1785; veröff. 1911), hg. von Erich Schmidt, mit 6 Kupferstichen von Catel, 7 Musikbeispielen und Anmerkungen, Frankfurt/M. (it 2286) 1980

Johann Wolfgang von Goethe: Wilhelm Meisters Wanderjahre (1829) / Ein Novellenkranz, nach dem ursprünglichen Plan hg. v. Eugen Wolff, Frankfurt/M. 1916

Johann Wolfgang von Goethe: Italienische Reise (1829). Mit Zeichnungen des Autors, hg. u. erl. von Christoph Michel, Frankfurt/M. (it 175) 1976

Johann Wolfgang von Goethe: Faust: Der Tragödie erster und zweiter Teil (1831: 1. Teil; postum: 2. Teil 1832) Urfaust, hg. u. komm. v. Erich Trunz (Goethes Werke, Bd. 3, Hamburger Ausgabe), München 1976

Johann Wolfgang von Goethe: Dichtung und Wahrheit (postum 1833), mit den zeitgenössischen Illustrationen ausgewählt von Jörn Göres, Frankfurt/M. (it 149–151) 1975

Johann Wolfgang von Goethe: Gedichte, hg. u. komm. v. Erich Trunz (Goethes Werke, Bd. 1, Hamburger Ausgabe), München 1974

Johann Wolfgang von Goethe: Gespräche, Bd. 3, 2. Teil, 1825–1832, auf Grund der Ausgabe und des Nachlasses von F. von Biedermann, 1854, ergänzt und hg. v. W. Herwig, Düsseldorf–Zürich 1972

Johann Wolfgang von Goethe: Gespräche, hg. v. Flodoard Freiherr von Biedermann, 5 Bde., Leipzig 1909

Johann Peter Eckermann: Gespräche mit Goethe in den letzten Jahren seines Lebens, hg. v. Otto Schönberger, Stuttgart (reclam) 1994

Johann Wolfgang von Goethe: Maximen und Reflexionen. Text der Ausgabe von 1907 mit den Erläuterungen und der Einleitung Max Heckers, Nachw. v. Isabella Kuhn, Frankfurt/M. (it 200) 1976

Johann Wolfgang von Goethe: »Du Einzige, die ich so lieben kann ...« Liebesbriefe, hg. u. erl. v. Werner Fuld, München (Diana Tb. 62/0059) 1999

Johann Wolfgang von Goethe: Lieber Engel, ich bin ganz dein! Goethes schönste Briefe an Frauen, hg. v. Angelika Maass, Frankfurt/M. (it 2150) 1999

Hans Gerhard Gräf (Hg.): Goethes Ehe in Briefen, Frankfurt/M. 1922

Bettina von Arnim: Goethes Briefwechsel mit einem Kinde (hg. nach H. Grimm: Goethes Briefwechsel mit einem Kinde. Seinem Denkmal, Berlin 1881), red. v. R. Barth, München (Edition Deutsche Bibliothek) 1985

August Diermann (Hg.): Goethes Liebschaften und Liebesbriefe, Halle a. S. (Otto Hendel Verlag) o.J. (Hendel-Bücher, 2331/34)
Catharina Elisabeth Goethe: Briefe an ihren Sohn Johann Wolfgang, an Christiane und August von Goethe, hg. v. Jürgen Fackert, Stuttgart (reclam 2786) 1971
Käte Tischendorf: Goethes Mutter, wie sie selber in ihren Briefen sich gibt, und was ihre junge Freundin Bettina Brentano von ihr erzählt, mit Zeichnungen von Karl Köster, München (Wilhelm Langewiesche-Brandt) o.J. (um 1920)

Biographisches zu Goethe

Benedikt Jeßing – Bernd Lutz – Inge Wild (Hg.): Metzler Goethe-Lexikon, Redaktion: Sabine Matthes, Stuttgart–Weimar 1999
Gero von Wilpert: Goethe-Lexikon, (Kröner Tb. 407), Stuttgart 1998
Adolf Beck: Der »Geist der Reinheit« und die »Idee des Reinen«. Deutsches und Frühgriechisches in Goethes Humanitätsideal, in: Goethe (Neue Folge des Jahrbuchs der Goethe-Gesellschaft) 7, 1942, 160–169; 8, 1943, 19–57
Wilhelm Bode: Neues über Goethes Liebe, Berlin 1921
Peter Boerner: Johann Wolfgang von Goethe, Hamburg (rm 50100) 1964
Gotthold Deile: Goethe als Freimaurer, Berlin 1908
Josef Dürler: Die Bedeutung des Bergbaus bei Goethe und in der deutschen Romantik, Frauenfeld–Leipzig 1936
Kurt R. Eissler: Goethe. A Psychoanalytic Study. 1775–1786, Detroit 1963; dt.: Goethe. Eine psychoanalytische Studie, aus dem Amerik. v. P. Fischer, hg. v. R. Scholz, in Verb. mit W. Mauser und J. Cremerius, Basel–Frankfurt/M. (Stroemfeld–Roter Stern) 1983
Richard Friedenthal: Goethe. Sein Leben und seine Zeit, München–Zürich (Piper 2850) 1999
Jörn Göres: Goethes Leben in Bilddokumenten, Augsburg 1999
Ronal D. Gray: Goethe the Alchemist. A Study of Alchemical Symbolism in Goethe's Literary and Scientific Works, Cambridge–New York 1952
Karl-Heinz Hahn: Goethe in Weimar. Ein Kapitel deutscher Kulturgeschichte, fotografiert von Jürgen Karpinski, Leipzig 1986
Tilman Jens: Goethe und seine Opfer. Eine Schmähschrift, Düsseldorf 1999
Otto Krätz: Goethe und die Naturwissenschaften, unter Mitwirkung von Helga Merlin und Ludwig Vesely, München 1992
Ekkehardt Krippendorf: »Wie die Großen mit den Menschen spielen.« Versuch über Goethes Politik, Frankfurt/M. 1988
Erika Lorenz: Taten des Lichts – und Leiden, in: Christ in der Gegenwart, Nr. 30/99, S. 245–246

Wilhelm Mommsen: Die politischen Anschauungen Goethes, Stuttgart 1948

Max Morris: Herzogin Luise von Weimar in Goethes Dichtung, in: Morris: Goethe-Studien, Berlin ²1902

Theodor Reik: Warum verließ Goethe Friederike. Eine psychoanalytische Monographie, in: Imago, hg. v. S. Freud, Bd. 15, Wien 1929; Neudruck Tübingen (edition diskord) 1990, Vorwort v. Hanna Gekle

Georg Schwedt: Goethes Experimente mit »chemischen Farben«, in: Chemie in unserer Zeit, 33. Jg. 4/1999, 206–211

Astrid Seele: Frauen um Goethe, Hamburg (rm 50492) 1997

Franz Strunz: Goethe als Naturforscher, Wien 1917

W. Daniel Wilson: Das Goethe-Tabu. Protest und Menschenrechte im klassischen Weimar, München (dtv 30710) 1999

Interpretationen zum »Märchen«

Roger Ayrault: Le conte de Goethe (Essai de Lecture), in: Hommage à Maurice Marache (1916–1970), Paris. Les Belles Lettres (Institut Maurice Marache. Etudes Allemandes et Autrichiennes) 1972, 161–175

Hans Endres: Goethes Vision der Zeitenwende, Isselbach ²1993

Rudolf Eppelsheimer: Die Mission der Kunst in Goethes Brücken-Märchen. Eine Kulturprognose, Schloß Hamborn 1999

Rudolf Geiger: Goethes Märchen, Stuttgart (Urachhaus) 1993

Johann Wolfgang von Goethe: Das Märchen. Die Geheimnisse, mit einer Interpretation des »Märchens« von KONRAD DIETZFELBINGER und einem Aufsatz Goethes über »Die Geheimnisse« mit 14 Gemälden von Ruth Maria Kubitschek, Dießen am Ammersee (Dingfelder Verlag) 1990

Ingrid Kreuzer: Strukturprinzipien in Goethes Märchen, in: Jahrbuch der Deutschen Schillergesellschaft, 21. Jg. 1977, 216–246

Camilla Lucerna: Goethes Rätselmärchen. Eine Betrachtung, in: Euphorion. Zeitschrift für Literaturgeschichte, hg. v. R. Alewyn, 3. Folge, 53. Bd., Heidelberg 1959, 41–60

Camilla Lucerna: Wozu dichtete Goethe »Das Märchen«?, in: Goethe. Neue Folge des Jahrbuchs der Goethe-Gesellschaft, hg. v. A. B. Wachsmuth, Bd. 25, Weimar 1963, 206–219

Hans Mayer: Vergebliche Renaissance: Das »Märcheen« bei Goethe und Gerhart Hauptmann, in: Mayer: Von Lessing bis Thomas Mann. Wandlungen der bürgerlichen Literatur in Deutschland, Pfullingen 1959, 356–382

Eva Alexander Meyer: Politische Symbolik bei Goethe, Heidelberg 1949

Katharina Mommsen: »Märchen des Utopien«. Goethes »Märchen« und

Schillers »Ästhetische Briefe«, in: Literaturwissenschaft und Geistesgeschichte. Festschrift für Richard Brinkmann, Tübingen 1981, 244–257
Katharina Mommsen: Bilde, Künstler! Rede nicht! Goethes Botschaft an Schiller im »Märchen«, in: Theatrum Europaeum. Festschrift für Elida Maria Szarota, München 1982, 491–516
Katharina Mommsen: Johann Wolfgang von Goethe: Märchen. Der neue Paris. Die neue Melusine. Das Märchen, hg. u. erl. v. Katharina Mommsen, Frankfurt/M. (it 825) 1984
Peter Morgan: The Fairy-Tale as Radical Perspective: Enlightenment as Barrier and Bridge to Civic Values in Goethes *Märchen*, in: Orbis Litterarum 1985, 40, 222–243
Günter Niggl: Verantwortliches Handeln als Utopie? Überlegungen zu Goethes »Märchen«, in: Verantwortung und Utopie. Zur Literatur der Goethezeit. Ein Symposium, hg. v. W. Wittkoski, Tübingen 1988, 91–108
Christian Oesterreich: Zur Sprache von Goethes »Märchen«, in: Deutsche Vierteljahrsschrift für Literaturwissenschaft und Geistesgeschichte, 44. Jg., 1970, 44. Bd., 489–495
Friedrich Ohly: Römisches und Biblisches in Goethes »Märchen«, in: Zeitschrift für Deutsches Altertum und Deutsche Literatur, hg. v. J. Schwietering, 21. Bd., Wiesbaden 1961/1962, 147–166
Rudolf Steiner: Goethes Geistesart in ihrer Offenbarung durch seinen Faust und durch das Märchen von der Schlange und der Lilie, Berlin 1918
Bernd Witte: Das Opfer der Schlange. Zur Auseinandersetzung Goethes mit Schiller in den »Unterhaltungen deutscher Ausgewanderten« und im »Märchen«, in: Unser Commercium. Goethes und Schillers Literaturpolitik, hg. v. W. Barner, E. Lämmert, N. Oellers, Veröffentlichungen der deutschen Schillergesellschaft, Bd. 42, Stuttgart 1984, 461–484

Psychoanalyse und Tiefenpsychologie, Symbolik, Märchen und Märcheninterpretationen

Karl Abraham: Über Ejaculatio praecox, in: Gesammelte Schriften in 2 Bden., hg. u. eingel. v. J. Cremerius, Bd. 1, Frankfurt/M. (Fischer Tb 7319) 1982, 46–63
Bernard Alexander: Spinoza und die Psychoanalyse, in: Almanach für das Jahr 1928, 26–44
Walter Bernard: Freud und Spinoza, Psychiatry 9, 1946, 99–108
Klaus Brath: Goethe und Freud – eine besondere Seelenverwandtschaft, in: Psychologie heute, Sept. 1999, 38–43
Jacques Brosse: Mythologie der Bäume (Mythologie des arbres, Paris 1989), dt. v. M. Jacober, Olten 1990

Brüder Grimm: Kinder- und Hausmärchen. Ausgabe letzter Hand mit den Originalanmerkungen der Brüder Grimm, hg. v. Heinz Rölleke, Stuttgart (reclam 3191–3193) 1980
Eugen Drewermann – Ingritt Neuhaus: Das Mädchen ohne Hände, Zürich–Düsseldorf [12]1992
Eugen Drewermann – Ingritt Neuhaus: Der goldene Vogel, Zürich–Düsseldorf [9]1993
Eugen Drewermann – Ingritt Neuhaus: Die Kristallkugel, Zürich–Düsseldorf [6]1993
Eugen Drewermann – Ingritt Neuhaus: Schneeweißchen und Rosenrot, Zürich–Düsseldorf [8]1992
Eugen Drewermann: Die zwei Brüder. Grimms Märchen tiefenpsychologisch gedeutet, Solothurn–Düsseldorf 1995
Annemarie Dührssen: Psychogene Erkrankungen bei Kindern und Jugendlichen, Göttingen [6]1967
Die Erzählungen aus den 1001 Nächten, vollst. Ausg. in 12 Bden., übers. v. E. Littmann (Wiesbaden 1953), München (it 224) 1976
Sigmund Freud: Bruchstücke einer Hysterie-Analyse (»Dora«; 1905) Ges. Werke, V. Bd., London 1942, 161–286
Sigmund Freud: Totem und Tabu (1912), Ges. Werke, Bd. IX, London 1944
Sigmund Freud: Eine Kindheitserinnerung aus »Dichtung und Wahrheit« (1917), in: Ges. Werke XII, London 1947, 13–26
Herder Lexikon Symbole, Freiburg 1978, bearb. v. Marianne Oesterreicher-Mollwo
C. G. Jung: Symbole der Wandlung. Analyse des Vorspiels zu einer Schizophrenie (1911), Ges. Werke V, Olten 1973
C. G. Jung: Psychologische Deutung des Trinitätsdogmas (1940/41), in: Ges. Werke XI: Zur Psychologie westlicher und östlicher Religion, Olten–Freiburg 1971, 121–218
C. G. Jung: Theoretische Überlegungen zum Wesen des Psychischen (Der Geist der Psychologie, 1946), in: Werke VIII, Olten 1971, 187–267
C. G. Jung: Mysterium Coniunctionis. Untersuchungen über die Trennung und Zusammensetzung der seelischen Gegensätze in der Alchemie, unter Mitarbeit von Marie-Louise von Franz, Ges. Werke XIV, 2. Bd., Olten–Freiburg 1971, 1–139
Otto Rank: Das Inzest-Motiv in Dichtung und Sage. Grundzüge einer Psychologie des dichterischen Schaffens, Leipzig–Wien 1912
Ernst Thomas Reimbold: Der Pfau. Mythologie und Symbol, München 1983
Wilhelm Stekel: Die Sprache des Traumes. Eine Darstellung der Symbolik und Deutung des Traumes in ihren Beziehungen zur kranken und gesunden Seele, München [3](unverändert) 1927

Philosophie und Religionsgeschichte, Theologie und Exegese

Jan Assmann: Stein und Zeit. Mensch und Gesellschaft im alten Ägypten, München 1991
Jürgen von Beckerath: Handbuch der ägyptischen Königsnamen, München–Berlin 1984
Wilhelm Bousset: Die Offenbarung Johannis ([6]1906), Neudruck: Göttingen 1966
Weltkatechismus (Catéchisme de l'Église Catholique), Paris 1992
Hans Conzelmann: Die Mitte der Zeit. Studien zur Theologie des Lukas, Tübingen [4](verb. u. erg.) 1964
Eugen Drewermann: Strukturen des Bösen. Die jahwistische Urgeschichte in exegetischer, psychoanalytischer und philosophischer Sicht, 3 Bde., Paderborn 1978
Eugen Drewermann: Tiefenpsychologie und Exegese, 2. Bde., Olten–Freiburg 1984–1985
Eugen Drewermann – Ingritt Neuhaus: Voller Erbarmen rettet er uns. Die Tobit-Legende tiefenpsychologisch gedeutet, Freiburg–Basel–Wien 1985
Eugen Drewermann: Das Markus-Evangelium. Bilder der Erlösung, 2 Bde., Olten-Freiburg 1987–1988
Eugen Drewermann: Das Matthäus-Evangelium. Bilder der Erfüllung, 3 Bde., Olten–Freiburg 1992–1994
Eugen Drewermann: Den eigenen Weg gehen, Predigten zu den Büchern Exodus bis Richter, hg. v. B. Marz, München–Zürich 1995
Eugen Drewermann: Tröstet, tröstet mein Volk. Die Botschaft der Propheten Elija und Jesaja, hg. v. B. Marz, München 1999
Adolf Erman: Die Religion der Ägypter, Berlin–Leipzig 1934
Das Gilgamesch-Epos, neu übersetzt und mit Anmerkungen versehen von Albert Schott, durchgesehen und ergänzt von Wolfram von Soden, Stuttgart (reclam 7235/35 a) 1958
Helmut von Glasenapp: Indische Geisteswelt. Glaube, Dichtung und Wissenschaft der Hindus. Eine Auswahl von Texten in deutscher Übersetzung. Eingel. u. hg. v. H. von Glasenapp, Baden-Baden o.J.
Labib Habachi: Die unsterblichen Obelisken Ägyptens, aus dem Engl. v. I. v. Beckerath, Mainz 1982
G. W. F. Hegel: Vorlesungen über die Philosophie der Religion, eingef. v. Ph. Marheineke, hg. v. H. Glockner, Sämtliche Werke in 20 Bden., Bd. 15/16, Stuttgart–Bad Cannstadt [4]1965
G. W. Hegel: Philosophie der Geschichte, Stuttgart (reclam 4881–4885) 1961, eingef. v. Th. Litt
G. W. Hegel: Die Vernunft in der Geschichte, hg. v. J. Hoffmeister, [5](verb.) Hamburg (Philos. Bibl. 171a) 1955

Hesiod: Sämtliche Gedichte. Theogonie, Erga, Frauenkataloge, übers. v. W. Marg, Zürich–Stuttgart 1970
Homer: Odyssee, übers. v. R. Hampe, Stuttgart 1979
Erik Hornung: Geist der Pharaonenzeit, Zürich–München 1989
Erik Iversen: Obelisks in Exile, Bd. 1: The Obelisks of Rome, Kopenhagen 1968
Immanuel Kant: Grundlegung zur Metaphysik der Sitten, Riga 1785; Werke in 12 Bden., hg. v. W. Weischedel, Frankfurt/M. 1968, VII 7–102
Immanuel Kant: Die Religion innerhalb der Grenzen der bloßen Vernunft, Königsberg 1793; Werke in 12 Bden., hg. v. W. Weischedel, Frankfurt/M. 1968, Bd. VIII 645–879
Othmar Keel: Die Welt der altorientalischen Bildsymbolik und das Alte Testament. Am Beispiel der Psalmen, Zürich–Einsiedeln–Köln 1972
Karl Kerényi: Pythagoras und Orpheus (1934–1937), in: Humanistische Seelenforschung, München–Wien 1966, 15–51
Karl Kerényi: Die Mythologie der Griechen, 2 Bde., München (dtv 1345–1346) 1966
Ludwig Klages: Der Geist als Widersacher der Seele, 3 Bde., ³1953. Neudruck in: L. Klages, sämtliche Werke, hg. v. E. Frauchinger u. a., 1 Abt.: Philosophie, Bd. 1–2, 1. Bd. (Buch 1–4) ²1981, 2. Bd. (Buch 5) ²1983
Lao tse: Tao te king. Das Buch des Alten vom Sinn und Leben, aus dem Chines. v. Richard Wilhelm (1910), Düsseldorf–Köln 1957
O. Loretz: Schöpfung und Mythos. Mensch und Welt nach den Anfangskapiteln der Genesis, Stuttgart 1968
Martin Luther: Vorrede über den Propheten Daniel, 1544
Siegfried Morenz: Gott und Mensch im alten Ägypten, Zürich–München ²(erw.) 1984
Friedrich Nietzsche: Also sprach Zarathustra. Ein Buch für alle und keinen (1883–84: Teil 1–3; 1885: Teil 4), mit einem Nachw. v. W. Gebhard, Stuttgart (Kröner Bd. 75) 1988
Friedrich Nietzsche: Der Wille zur Macht. Versuch einer Umwertung aller Werte, ausgew. u. geordnet v. P. Gast, unter Mitwirkung von E. Förster-Nietzsche, Stuttgart 1964, Nachw. v. A. Baeumler
Martin Noth: Das Geschichtsverständnis der alttestamentlichen Apokalyptik (1954), in: Theologische Bücherei, Bd. 6, München 1966, 248–273
Ovid: Metamorphosen, übers. v. R. Suchier, München (GGTb. 583–584) o.J.
Norman W. Porteous: Das Danielbuch, aus dem Engl. v. W. Beyerlin u. R. Walz, Das Alte Testament Deutsch Bd. 23, Göttingen 1962
Georg Posener (Hg.): Lexikon der ägyptischen Kultur (Dictionnaire de la Civilisation Égyptienne), aus dem Franz. v. J. und I. Beckerath, Wiesbaden (Löwit-Verlag) o.J. (1960)

Gerhard von Rad: Theologie des Alten Testaments, Bd. 2: Die Theologie der prophetischen Überlieferung, München 1960

W. Schadewaldt: Der Gott von Delphi und die Humanitätsidee, Frankfurt/M. (sv 471) 1975

Rudolf Schnackenburg: Das Johannesevangelium, 3. Teil: Kommentar zu Kap. 13–21, Freiburg–Basel–Wien ⁴1982

Baruch (Benedictus) Spinoza: Die Ethik nach geometrischer Methode dargestellt (1677), übers. aus dem Lat. u. komm. v. O. Baensch (²1910), eingel. v. R. Schottlaender, Hamburg (Philos. Bibl. 92) 1955

F. J. Stendebach: Der Mensch, wie ihn Israel vor 3000 Jahren sah, Stuttgart 1972

Roland de Vaux: Das Alte Testament und seine Lebensordnungen (Les Institutions de l' Ancien Testament, Paris 1958–1960), 2 Bde., aus dem Franz. v. L. Hollerbach, Freiburg–Basel–Wien ²1964

Arthur Weiser: Die Psalmen I, Psalm 1–60, Das Alte Testament Deutsch Bd. 14, Göttingen ⁶1963

Ulrich von Wilamowitz-Moellendorff: Der Glaube der Hellenen, I und II, 3. Aufl. Darmstadt 1959

Konrat Ziegler: Pantheon, in: Der kleine Pauly. Lexikon der Antike in 5 Bden., hg. v. K. Ziegler – W. Sontheimer, Bd. 4, München (dtv) 1979, Sp. 471–474

Belletristik und Kulturgeschichte

Georg Büchner: Dantons Tod (1835), in: Werke und Briefe, hg. v. K. Pörnbacher, G. Schaub, H.-J. Simm, E. Ziegler, Münchner Ausgabe, München (dtv 2202) 1990, 67–133

Barbara Eschenburg: Der Kampf der Geschlechter. Der neue Mythos in der Kunst 1850–1930, Köln 1995, S. 9–42

Rupert Hochleitner: Fotoatlas der Mineralien und Gesteine, München 1980

Johann Christian Friedrich Hölderlin: Patmos, in: Die vaterländischen Gesänge, in: Werke und Briefe, hg. v. F. Beißner und J. Schmidt, 1. Bd.: Gedichte, Hyperion, Frankfurt/M. 1969

Alexander von Humboldt: Ansichten der Natur, Tübingen 1808; Leipzig (RUB 2948–2950) 1982, hg. v. W. Bölsche

Günther Kehnscherper: Hünengrab und Bannkreis. Von der Eiszeit an – Spuren früher Besiedlung im Ostseegebiet, Leipzig–Jena 1990

Heinrich von Kleist: Amphitryon, in: Sämtliche Werke, hg. v. H. Sembdner (München 1961), München (dtv) 1964, S. 91–159

Friedrich Kluge: Etymologisches Wörterbuch, Berlin–New York ²¹(unv.) 1975

David Mc Knight: Die Ureinwohner im Norden Australiens, in: Bild der Völker, 1. Bd.: Australien und Ozeanien, hg. v. E. Evans-Pritchard (1974), aus dem Engl. v. H. Werner, Wiesbaden 1974, 40–47

Wilhelm H. Köhler: Deutsche Malerei des 13. bis 16. Jahrhunderts, in: Gemäldegalerie Berlin, Berlin, 37–104

Priapea: Die Gedichte des Corpus Priapeorum, lat. u. dt., hg. v. C. Fischer, eingef. v. B. Kytzler, Salzburg 1969

François Rabelais: Gargantua und Pantagruel, Lyon 1532–1564; übers. v. G. Regis, 2 Bde., München 1964

Leopold Ranke: Deutsche Geschichte im Zeitalter der Reformation (1874), Wiesbaden (Vollmer Verlag) o.J.

Friedrich Schiller: Don Carlos. Infant von Spanien (1782; gedruckt 1787), in: Werke, hg. v. P. Stapf, 1. Bd.: Dramen, Wiesbaden (Vollmer Verlag) o.J., S. 323–509

Friedrich Schiller: Kabale und Liebe. Ein bürgerliches Trauerspiel (1784), in: Werke, hg. von Paul Stapf, 1. Bd., Wiesbaden (Emil Volmer-Verlag) o.J., 231–322

Friedrich Schiller: Über die ästhetische Erziehung des Menschen (1795), in: Werke, hg. v. P. Stapf, 2. Bd.: Gedichte, Erzählungen, Zur Philosophie und Geschichte, Übersetzungen, Bearbeitungen, Wiesbaden (Vollmer Verlag) o.J., S. 570–655

Friedrich Schiller: Gedichte, in: Werke, hg. v. Paul Stapf, 2. Bd., Wiesbaden (Emil Volmer-Verlag) o.J., 5–286

Anton Tschechow: Die Dame mit dem Hündchen (1899), in: Die Dame mit dem Hündchen. Späte Erzählungen 1893–1903, aus dem Russ. v. H. Schulz, Düsseldorf–Zürich ³(durchges. u. erw.) 1988, 691–708

Christoph Martin Wieland: Alceste. Singspiel in fünf Aufzügen (1773), Berlin 1931, hg. v. W. Kurrelmeyer, in: Ges. Schriften, 1. Abt., Bd. 9

J. J. Winckelmann: Geschichte der Kunst des Altertums, Rom 1763